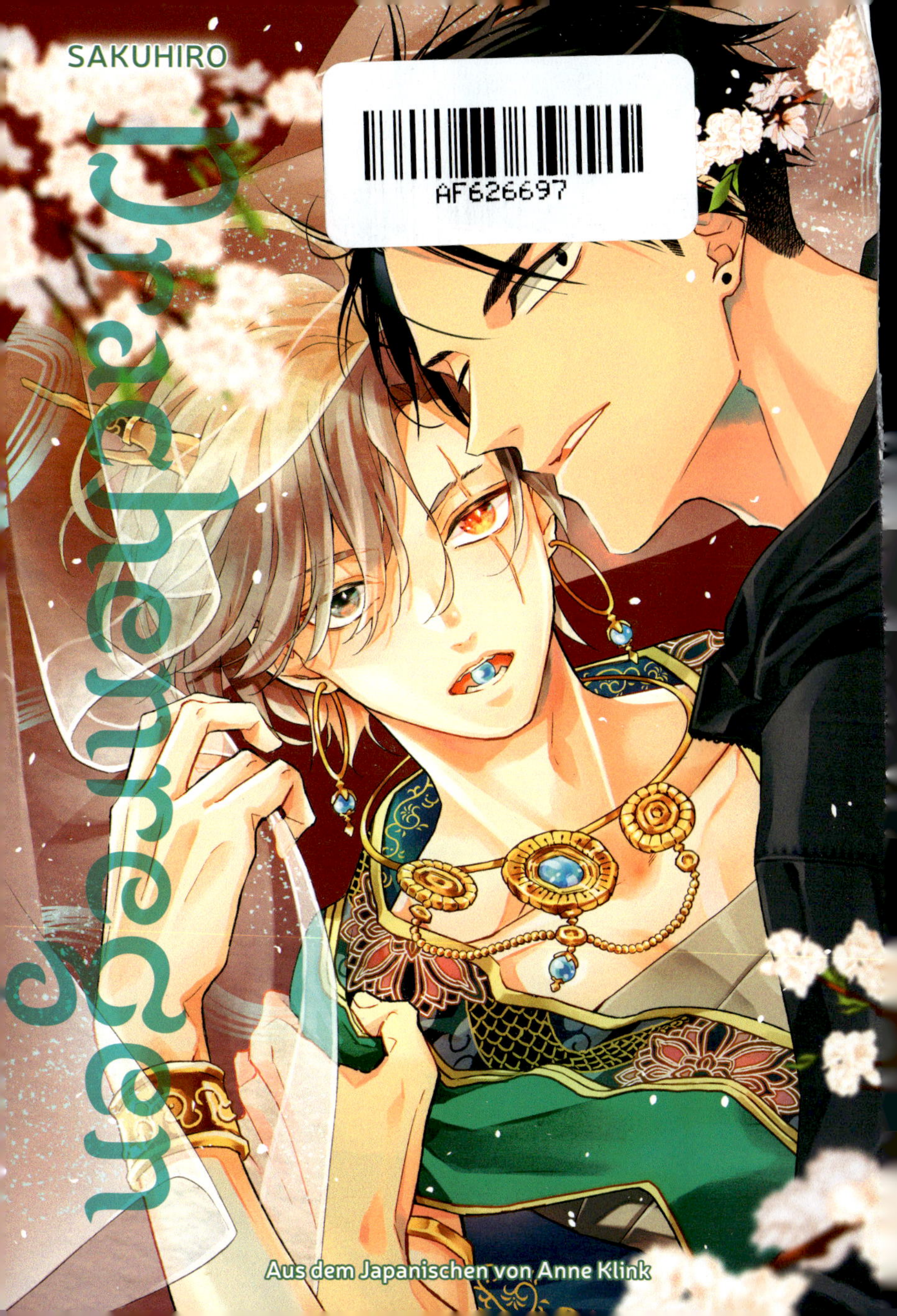
SAKUHIRO
Drachenregen
Aus dem Japanischen von Anne Klink

Inhalt

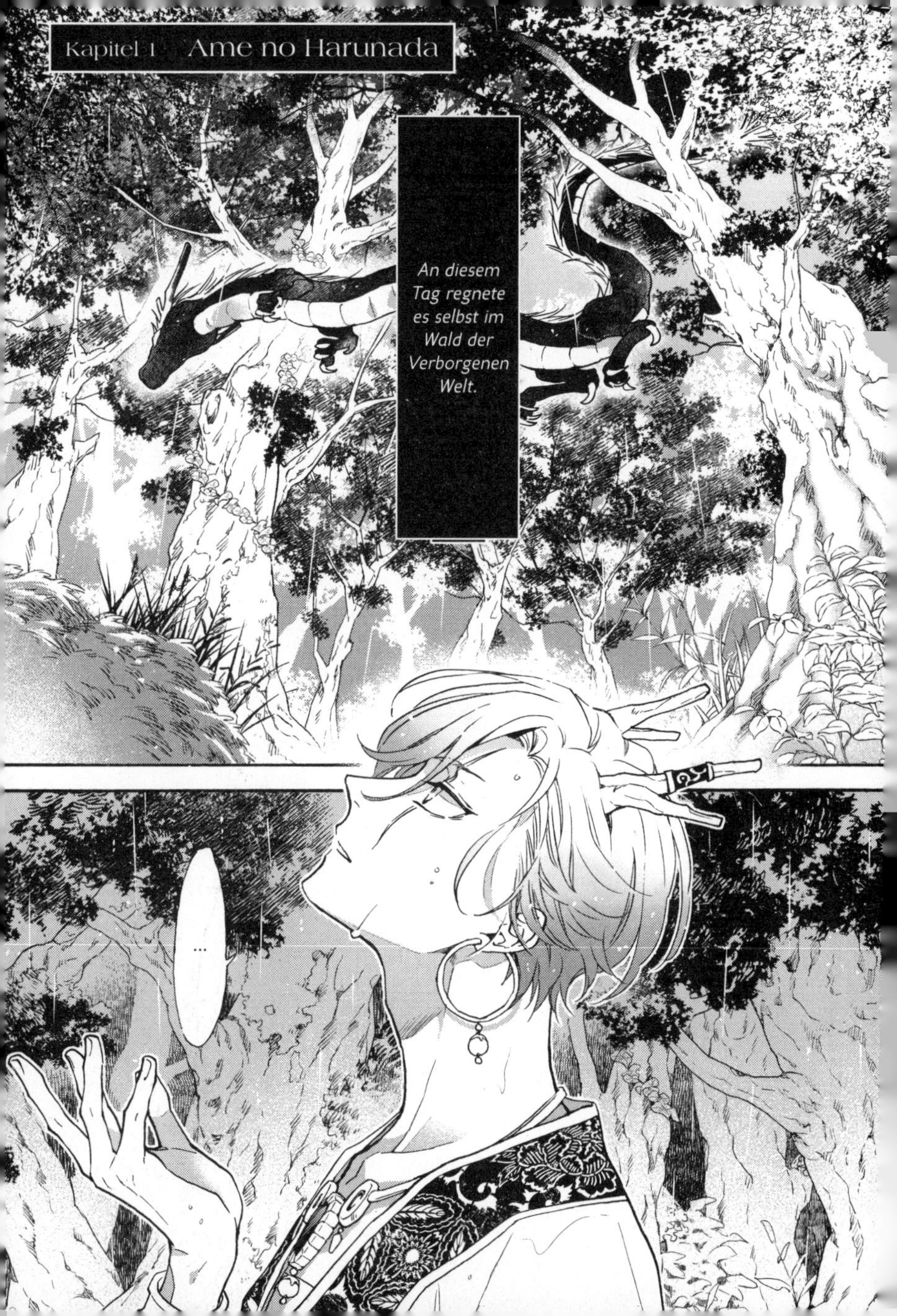
Kapitel 1 Ame no Harunada
An diesem Tag regnete es selbst im Wald der Verborgenen Welt.
…

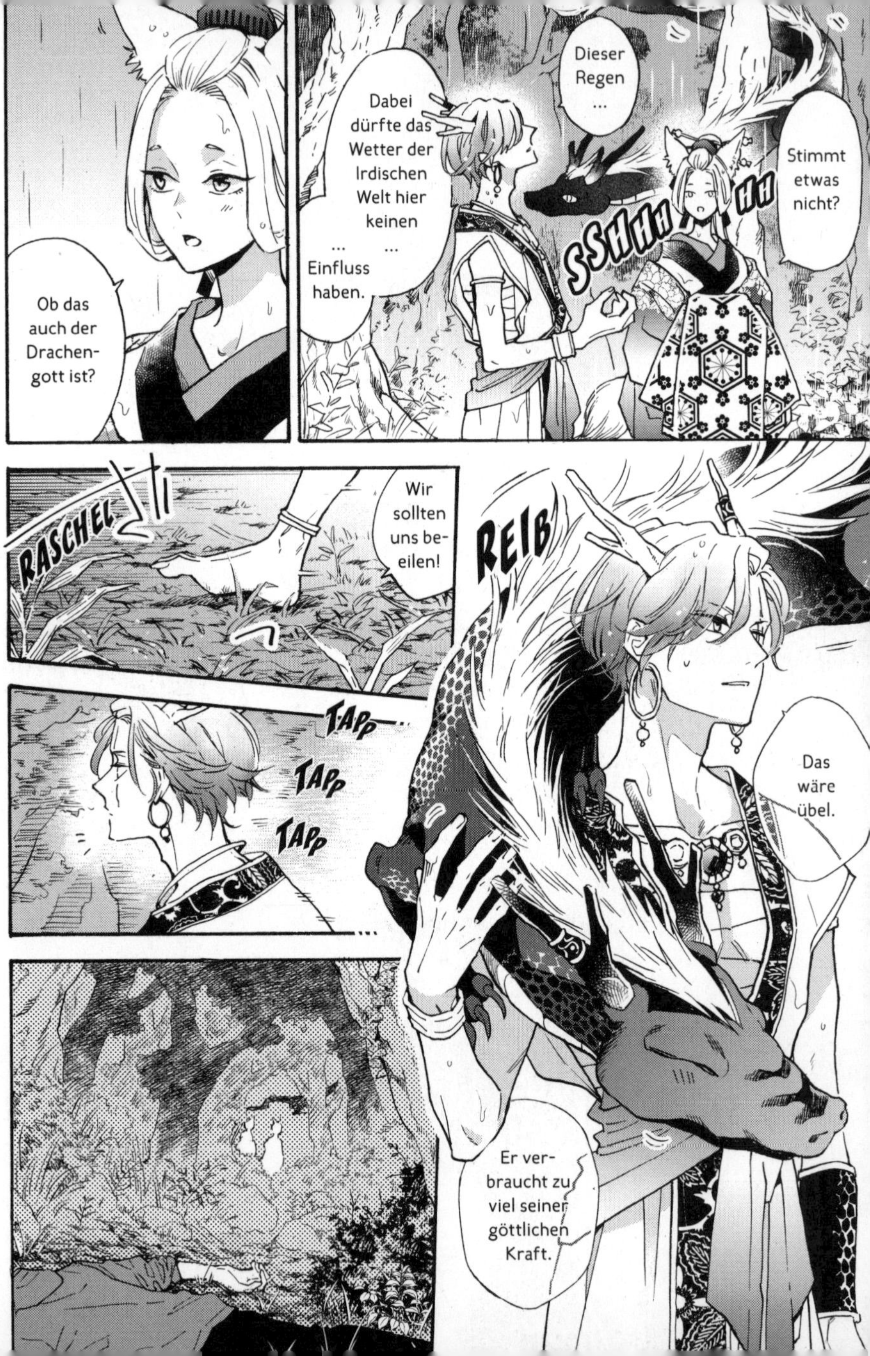
Stimmt etwas nicht?
SSHHHHHH
Dieser Regen …
Dabei dürfte das Wetter der Irdischen Welt hier keinen … … Einfluss haben.
Ob das auch der Drachengott ist?
REIB
Das wäre übel.
Er verbraucht zu viel seiner göttlichen Kraft.
Wir sollten uns beeilen!
RASCHEL
TAPP
TAPP
TAPP

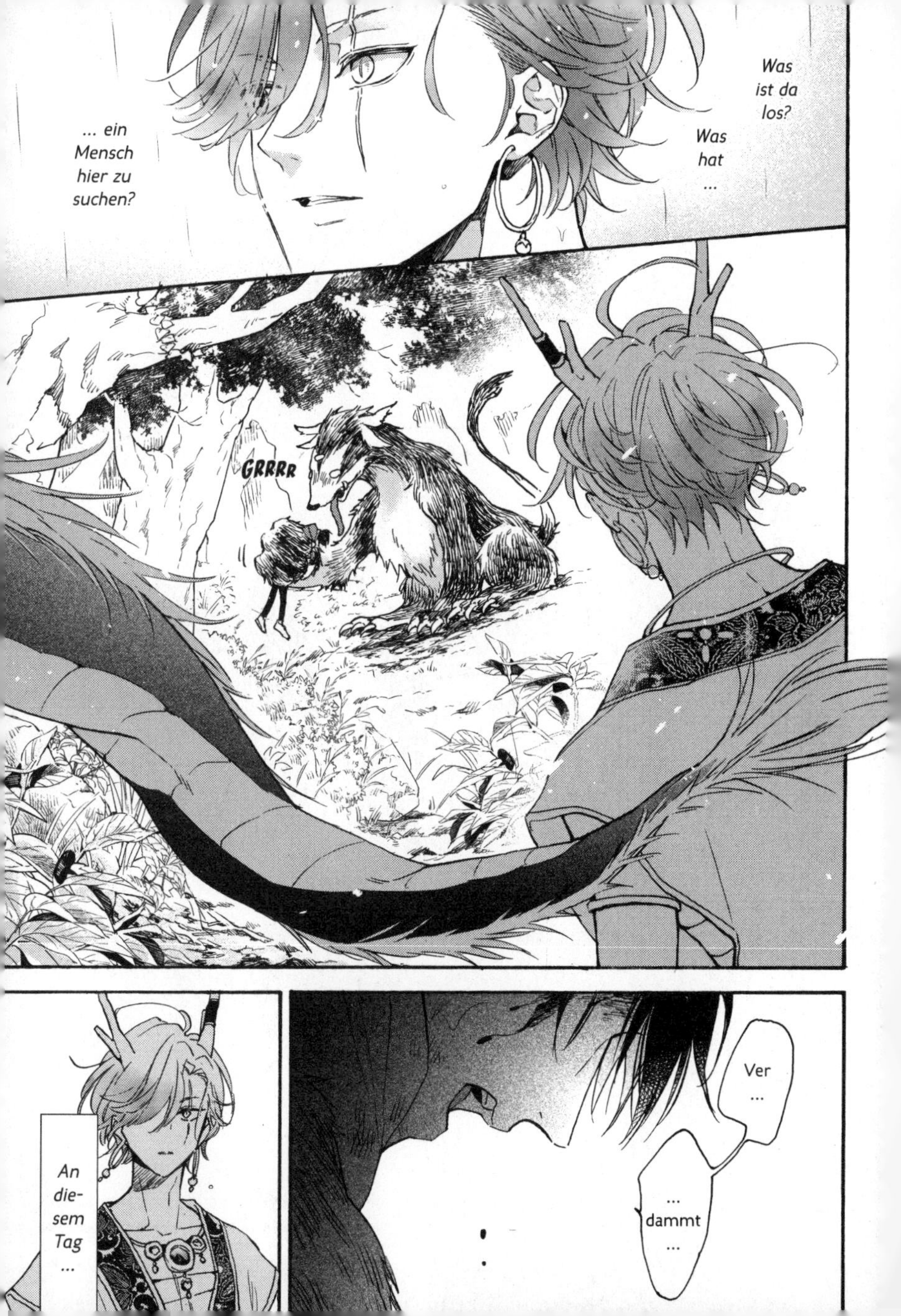
Was ist da los?
Was hat ...
... ein Mensch hier zu suchen?
GRRRR
Ver ...
... dammt ...
An diesem Tag ...

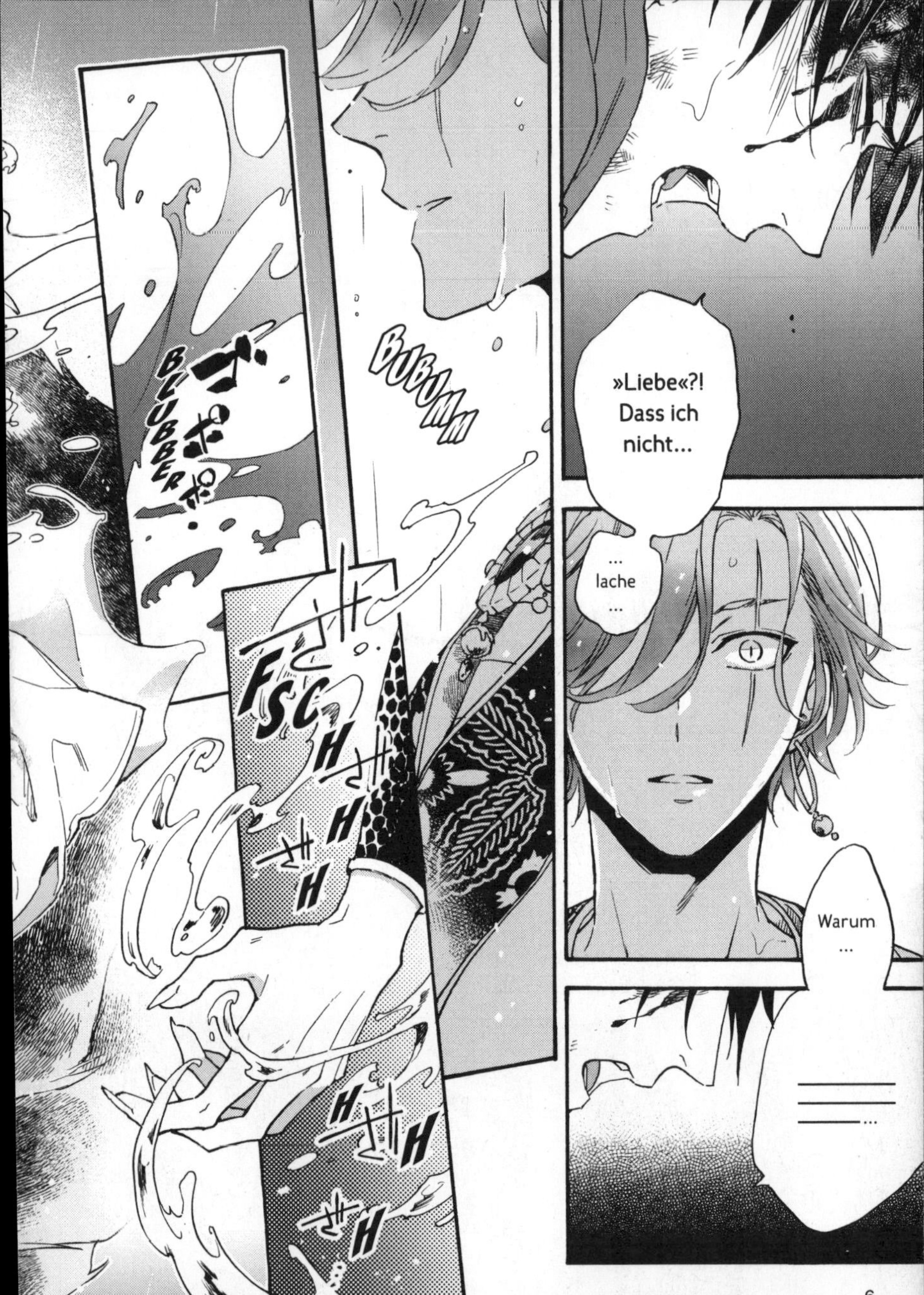
»Liebe«?! Dass ich nicht…
… lache …
Warum …
———
———
———…
BUBUMM
BLUBBER
FSCHHHH…

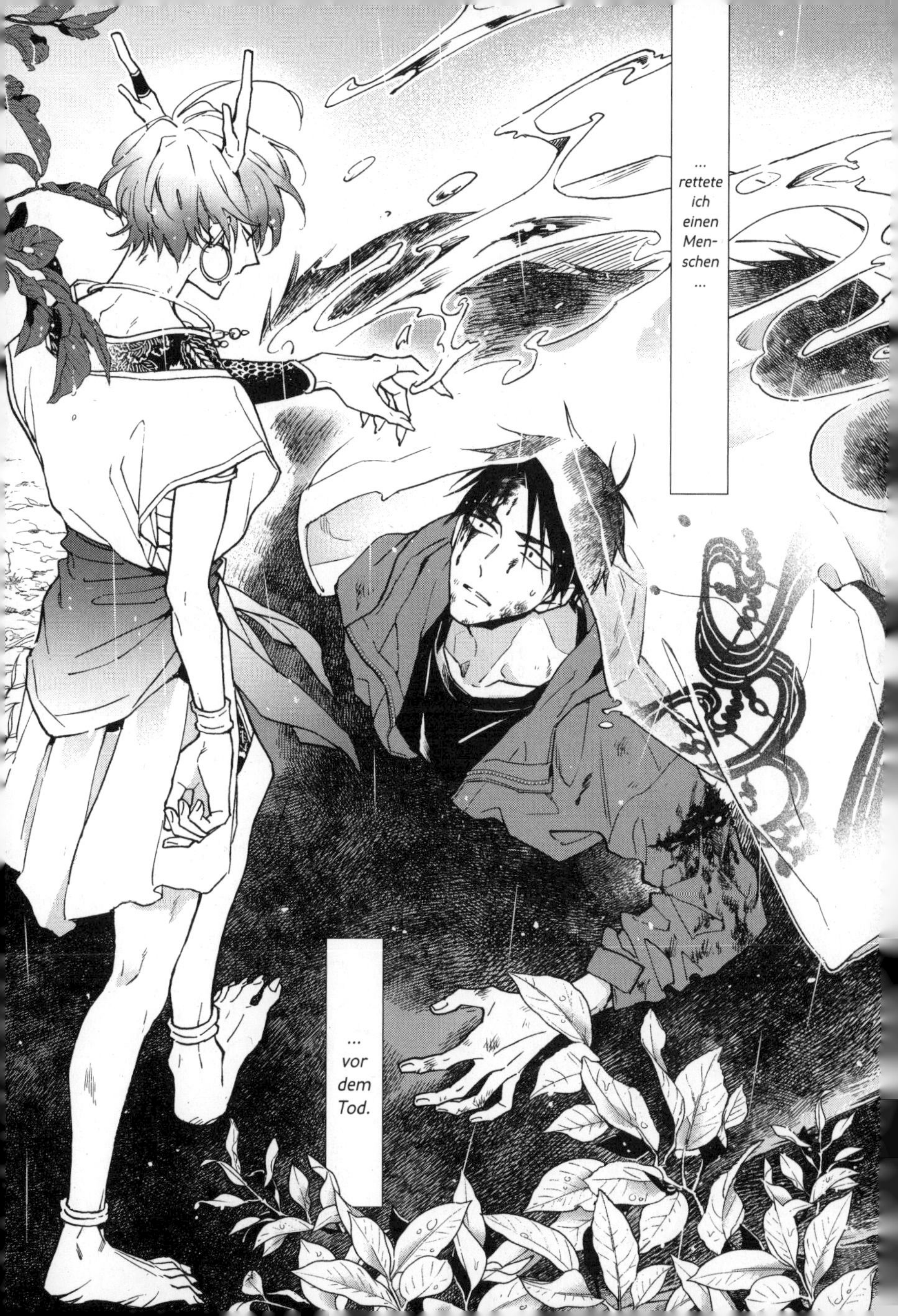
... rettete ich einen Men-schen ...
... vor dem Tod.

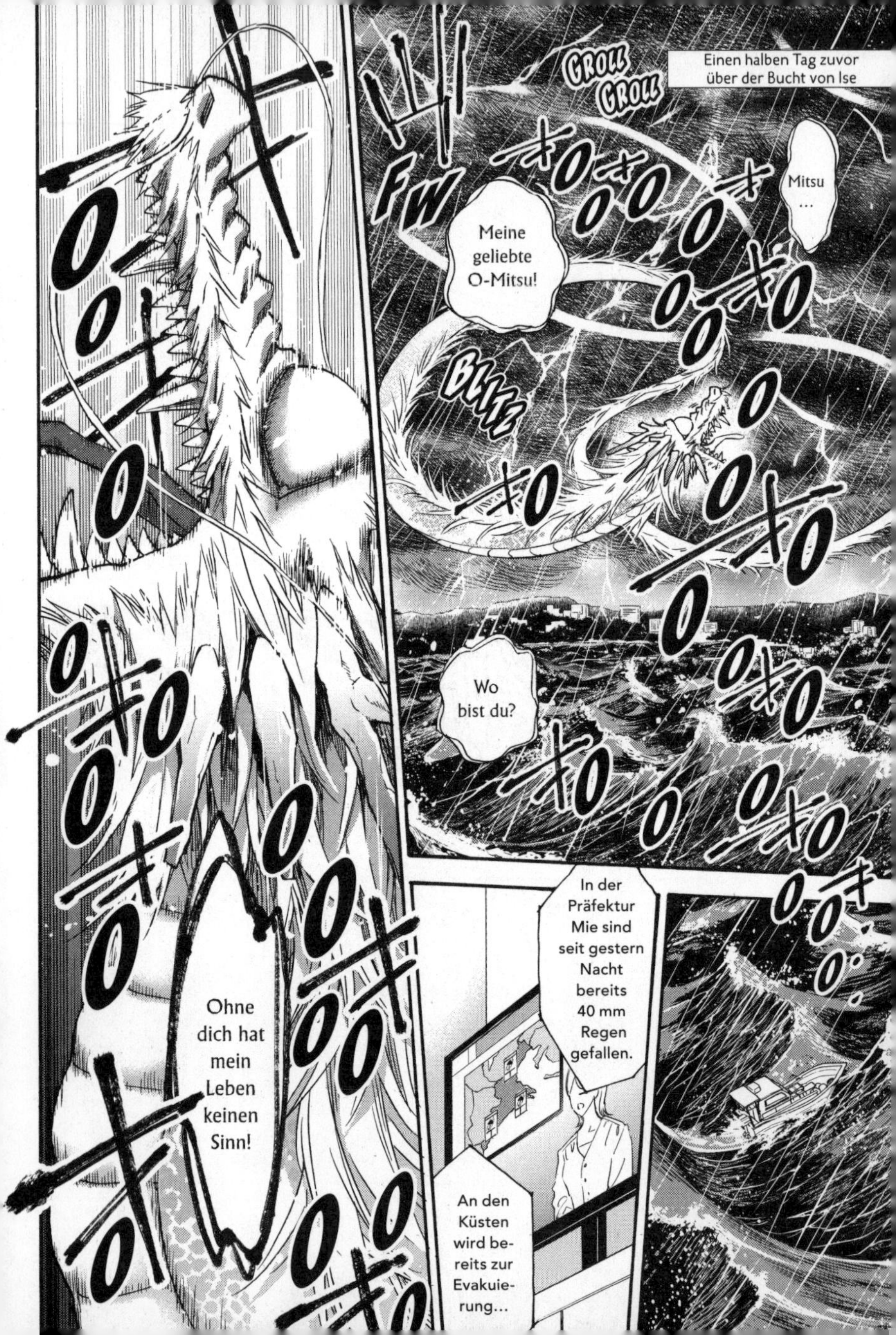

Einen halben Tag zuvor über der Bucht von Ise
GROLL GROLL
Mitsu …
Meine geliebte O-Mitsu!
FW
BLITZ
Wo bist du?
In der Präfektur Mie sind seit gestern Nacht bereits 40 mm Regen gefallen.
An den Küsten wird bereits zur Evakuierung…
Ohne dich hat mein Leben keinen Sinn!

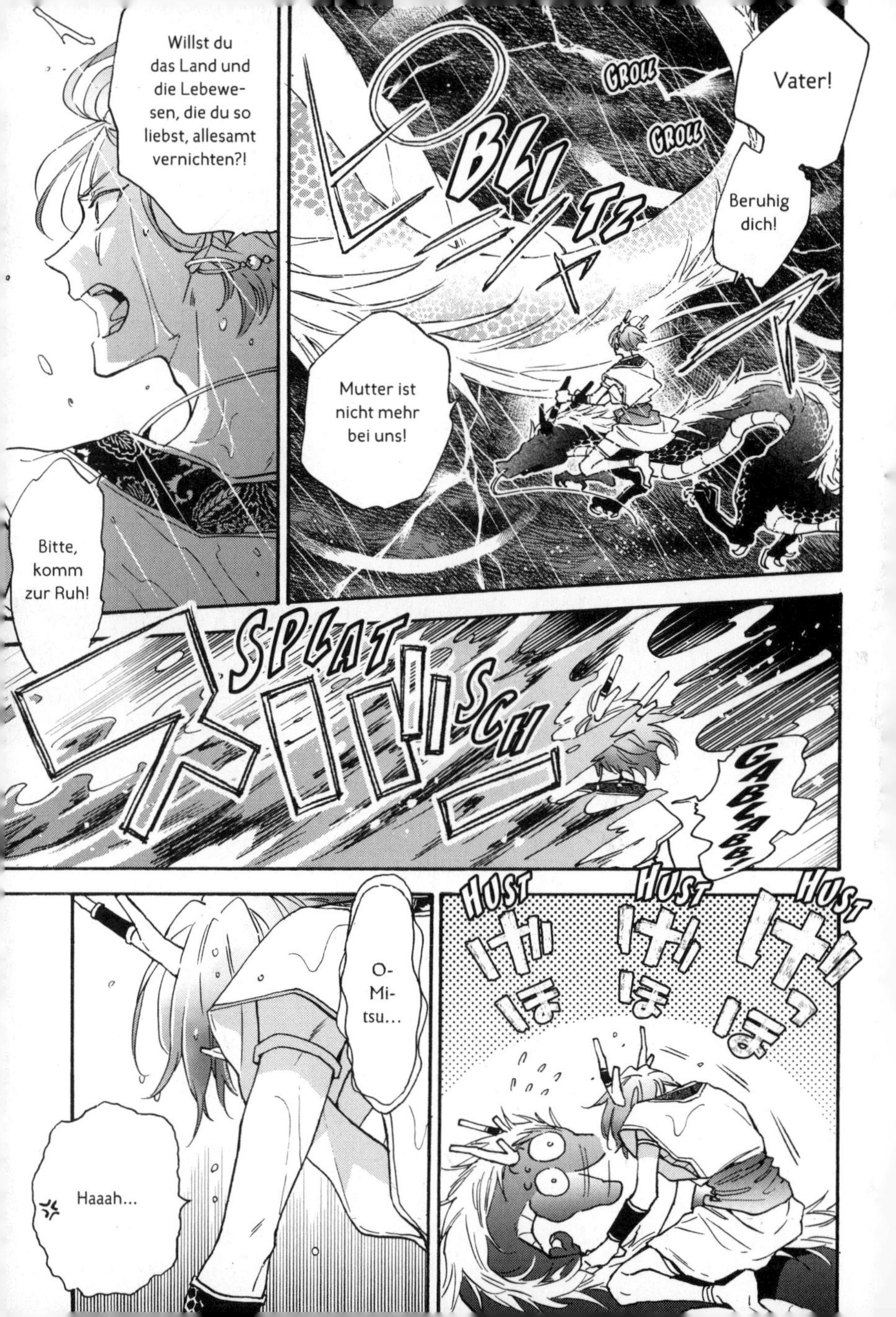

Vater!
Beruhig dich!
GROLL
GROLL
BLITZ
Mutter ist nicht mehr bei uns!
Willst du das Land und die Lebewesen, die du so liebst, allesamt vernichten?!
Bitte, komm zur Ruh!
GABLABB!
SPLATSCH
HUST
HUST
HUST
O-Mitsu…
Haaah…

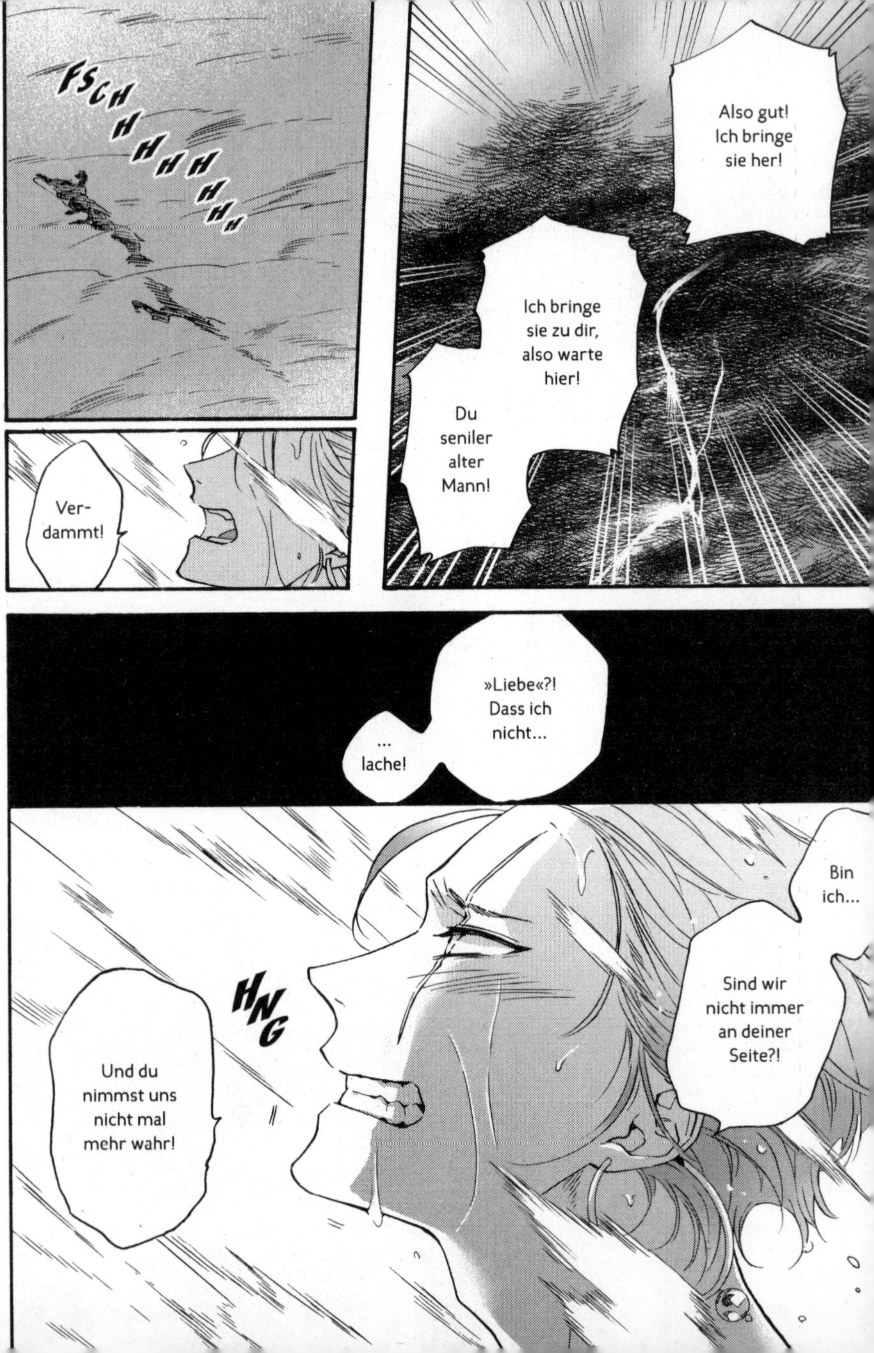
Also gut! Ich bringe sie her!
FSCHHHHHHHH
Ich bringe sie zu dir, also warte hier!
Du seniler alter Mann!
Ver-dammt!
»Liebe«?! Dass ich nicht...
... lache!
Bin ich...
Sind wir nicht immer an deiner Seite?!
HNG
Und du nimmst uns nicht mal mehr wahr!

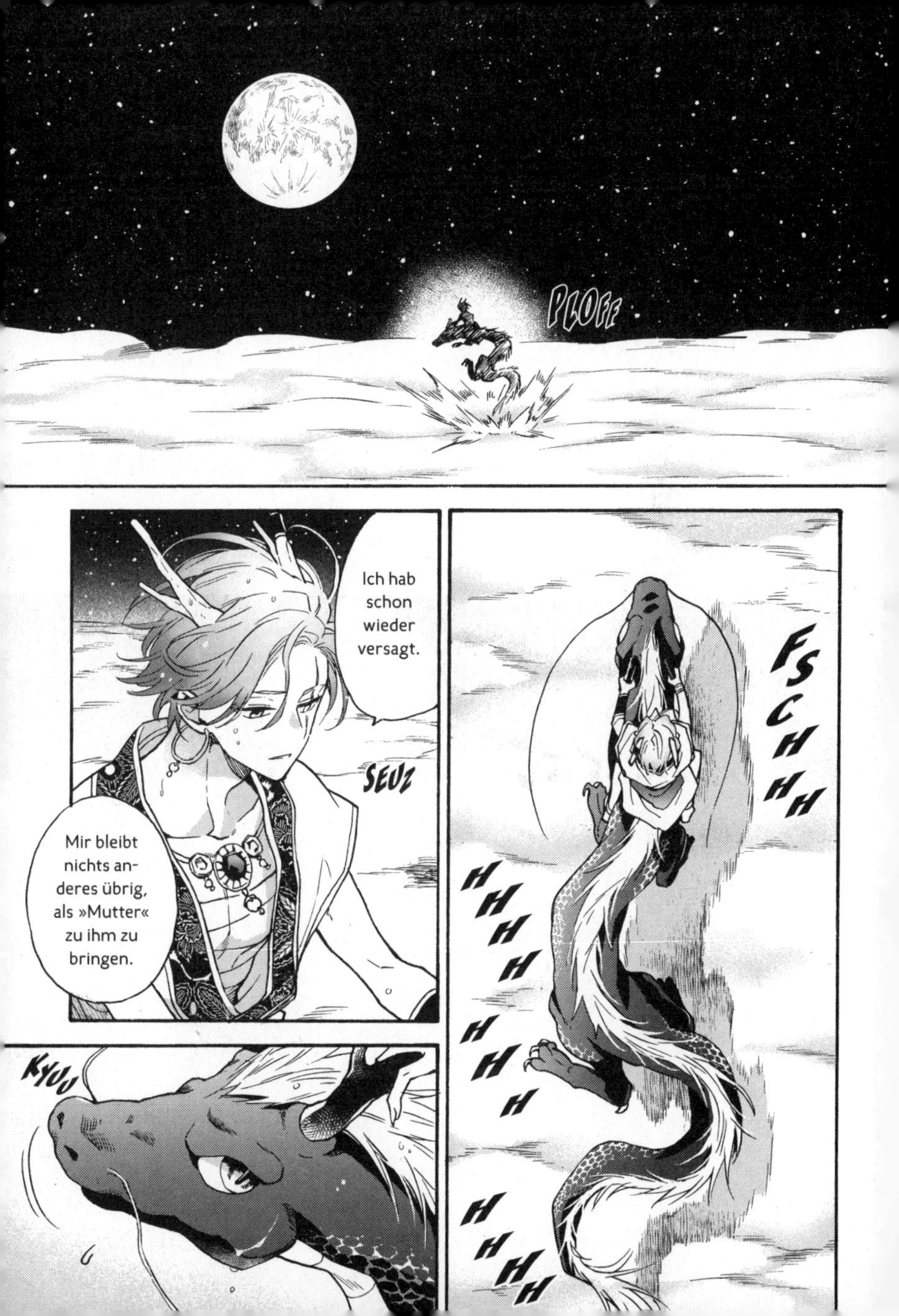
PLOFF
FSCHHHHHHHHHHHHHHH
Ich hab schon wieder versagt.
SEUZ
Mir bleibt nichts anderes übrig, als »Mutter« zu ihm zu bringen.
KYUU

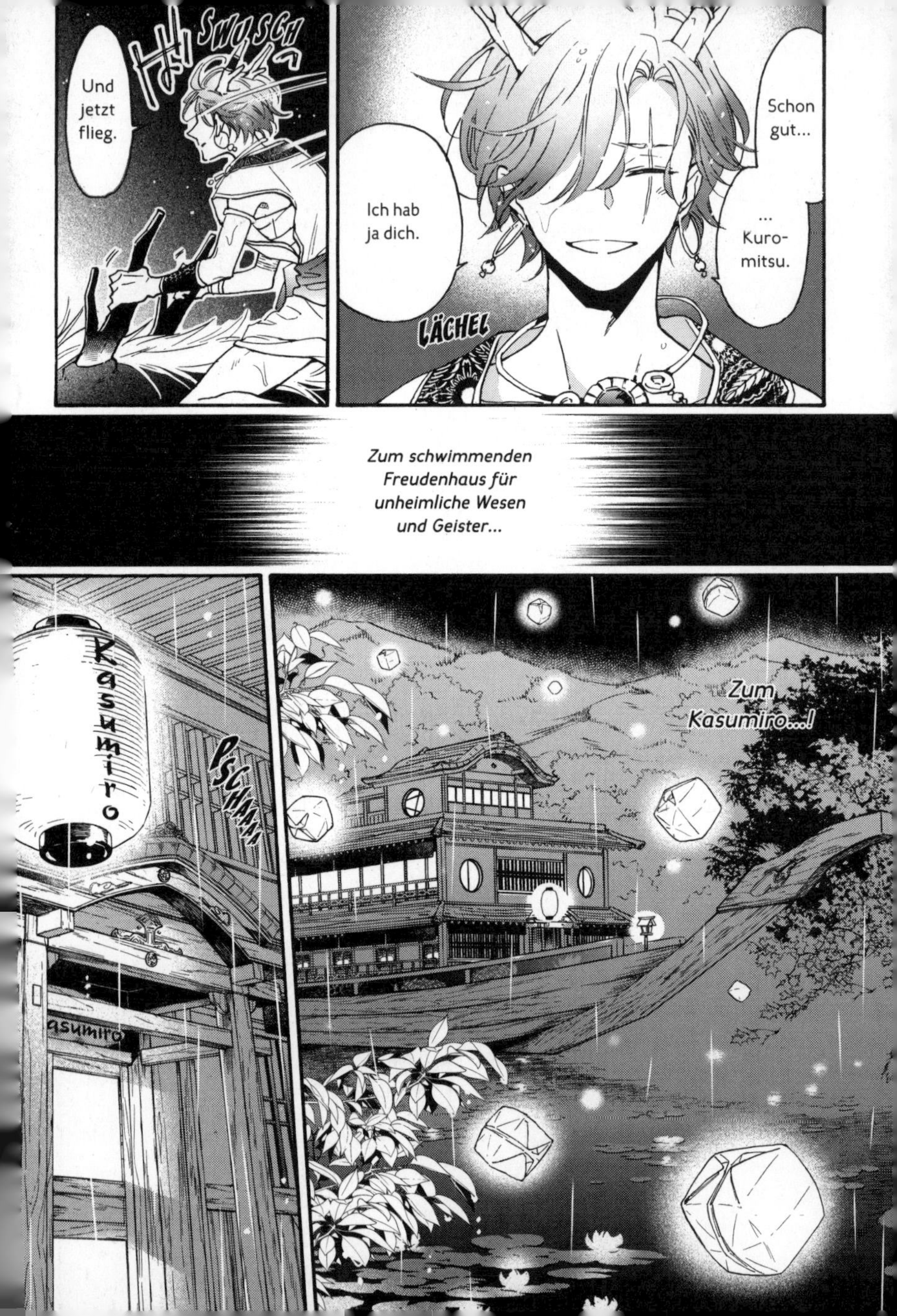
Schon gut...
... Kuromitsu.
Ich hab ja dich.
LÄCHEL
Und jetzt flieg.
SWUSCH
Zum schwimmenden Freudenhaus für unheimliche Wesen und Geister...
Zum Kasumiro...!
PSCHAAAA
Kasumiro
Kasumiro

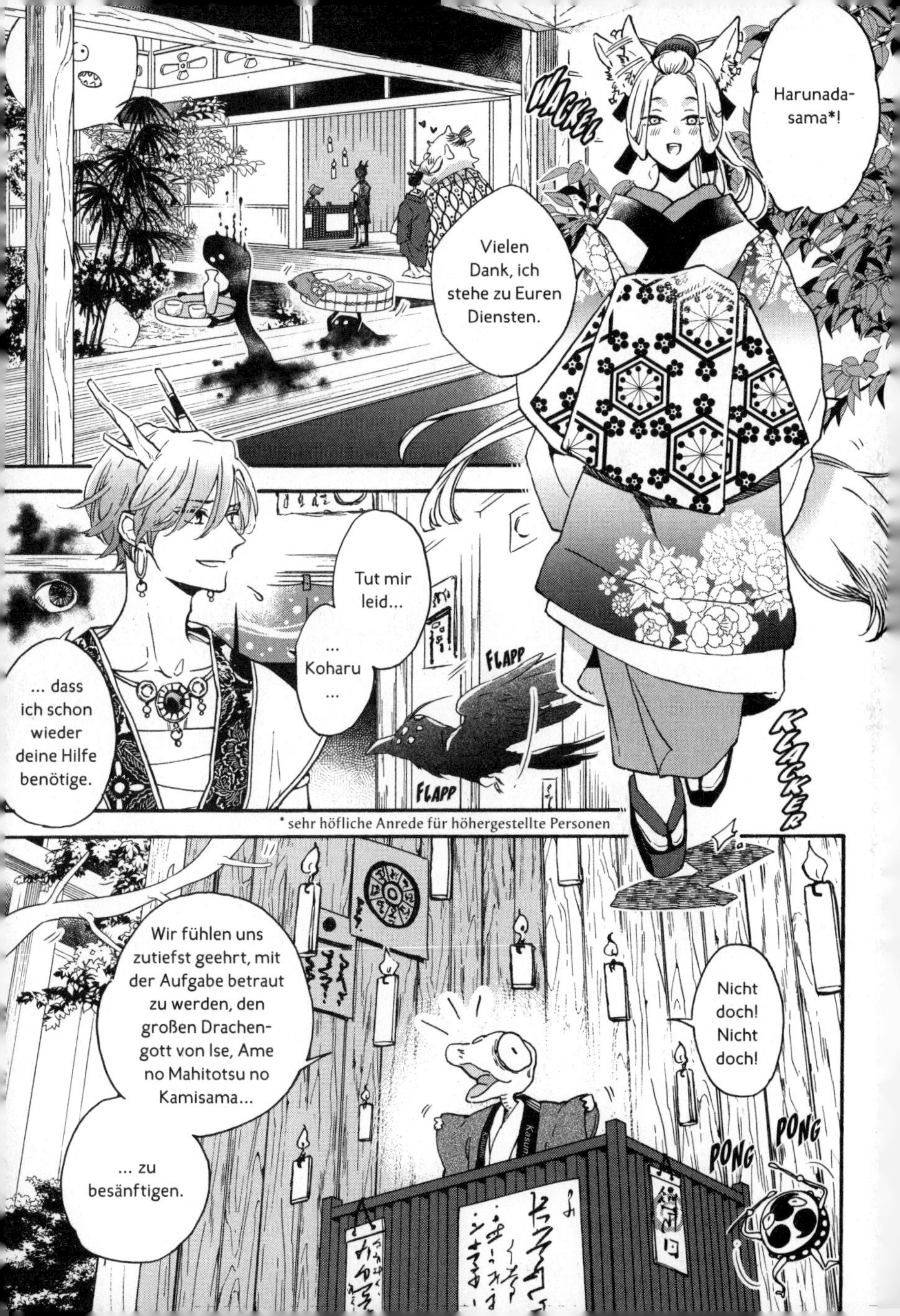
Harunada-
sama*!
WACKEL
Vielen Dank, ich stehe zu Euren Diensten.
Tut mir leid…
… Koharu …
… dass ich schon wieder deine Hilfe benötige.
FLAPP
FLAPP
KLACKER
* sehr höfliche Anrede für höhergestellte Personen
Nicht doch! Nicht doch!
Wir fühlen uns zutiefst geehrt, mit der Aufgabe betraut zu werden, den großen Drachengott von Ise, Ame no Mahitotsu no Kamisama…
… zu besänftigen.
PONG
PONG

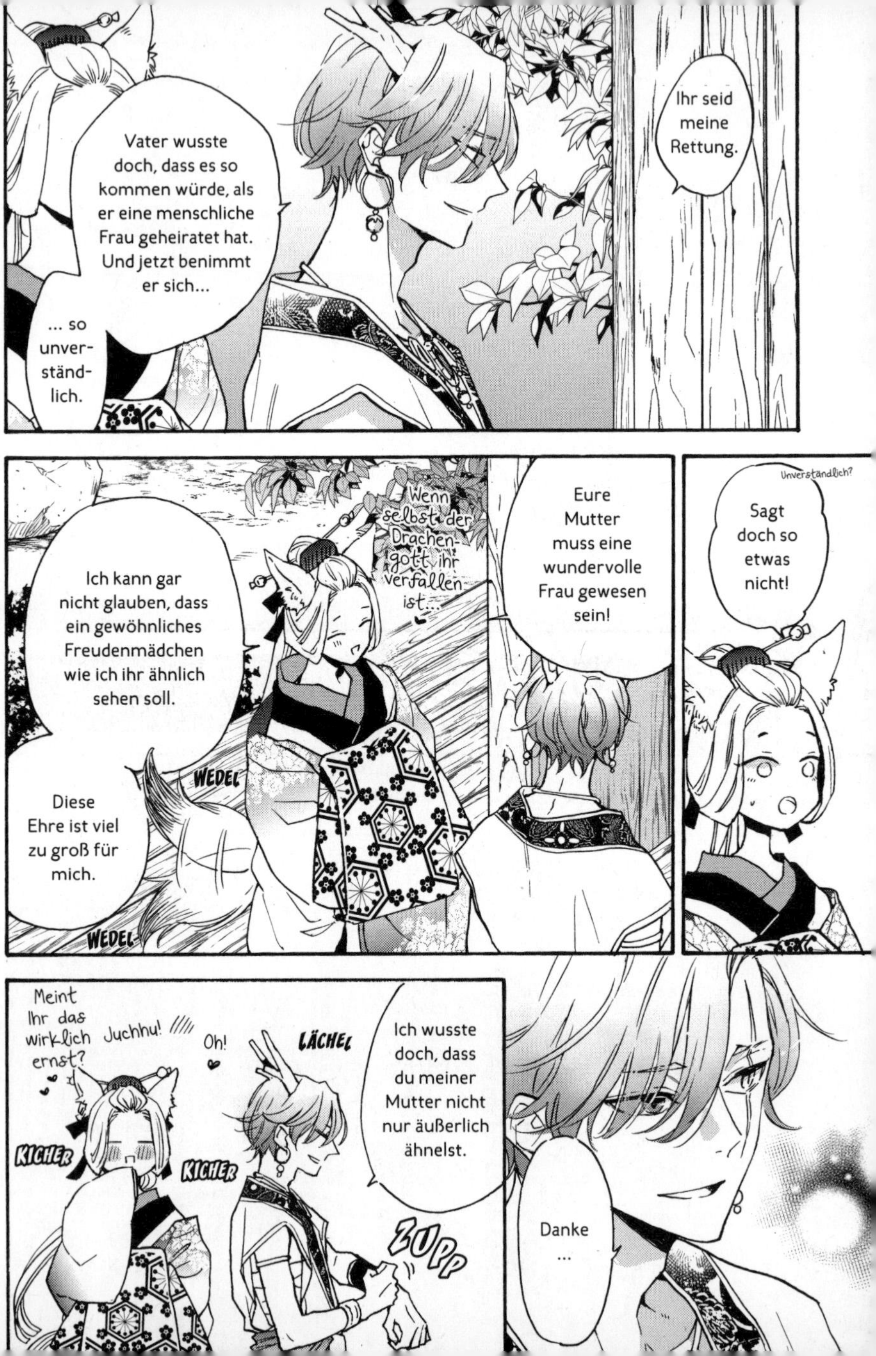
Ihr seid meine Rettung.
Vater wusste doch, dass es so kommen würde, als er eine menschliche Frau geheiratet hat. Und jetzt benimmt er sich…
… so unverständlich.
Unverständlich?
Sagt doch so etwas nicht!
Eure Mutter muss eine wundervolle Frau gewesen sein!
Wenn selbst der Drachengott ihr verfallen ist…
Ich kann gar nicht glauben, dass ein gewöhnliches Freudenmädchen wie ich ihr ähnlich sehen soll.
WEDEL
Diese Ehre ist viel zu groß für mich.
WEDEL
Danke …
Ich wusste doch, dass du meiner Mutter nicht nur äußerlich ähnelst.
LÄCHEL
ZUPP
Oh!
Juchhu!
Meint Ihr das wirklich ernst?
KICHER
KICHER

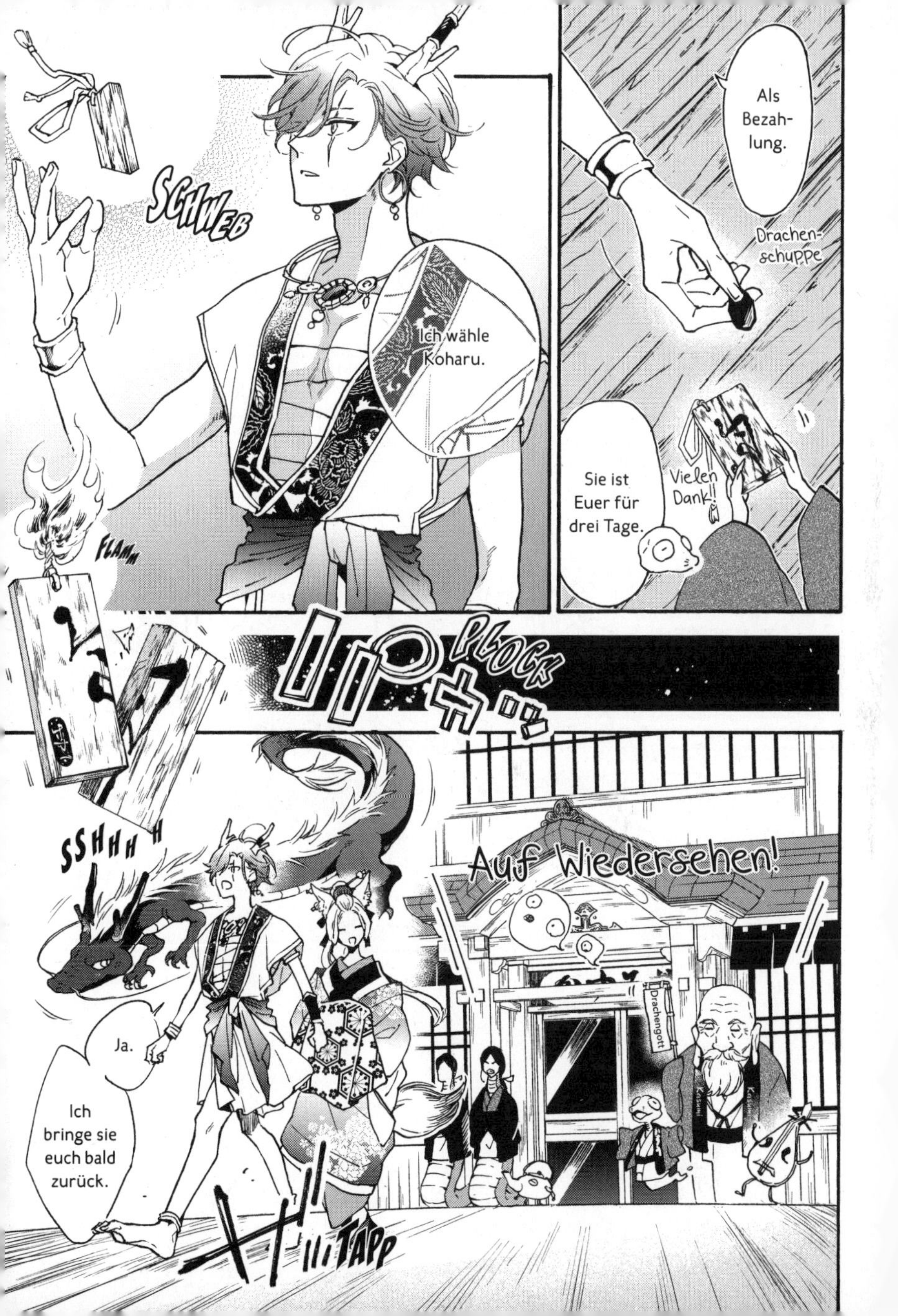
Als Bezahlung.
Drachenschuppe
Ich wähle Koharu.
SCHWEB
Vielen Dank!!
Sie ist Euer für drei Tage.
FLAMM
PLOCK
Auf Wiedersehen!
Drachengott
SSHHHH
Ja.
Ich bringe sie euch bald zurück.
TAPP

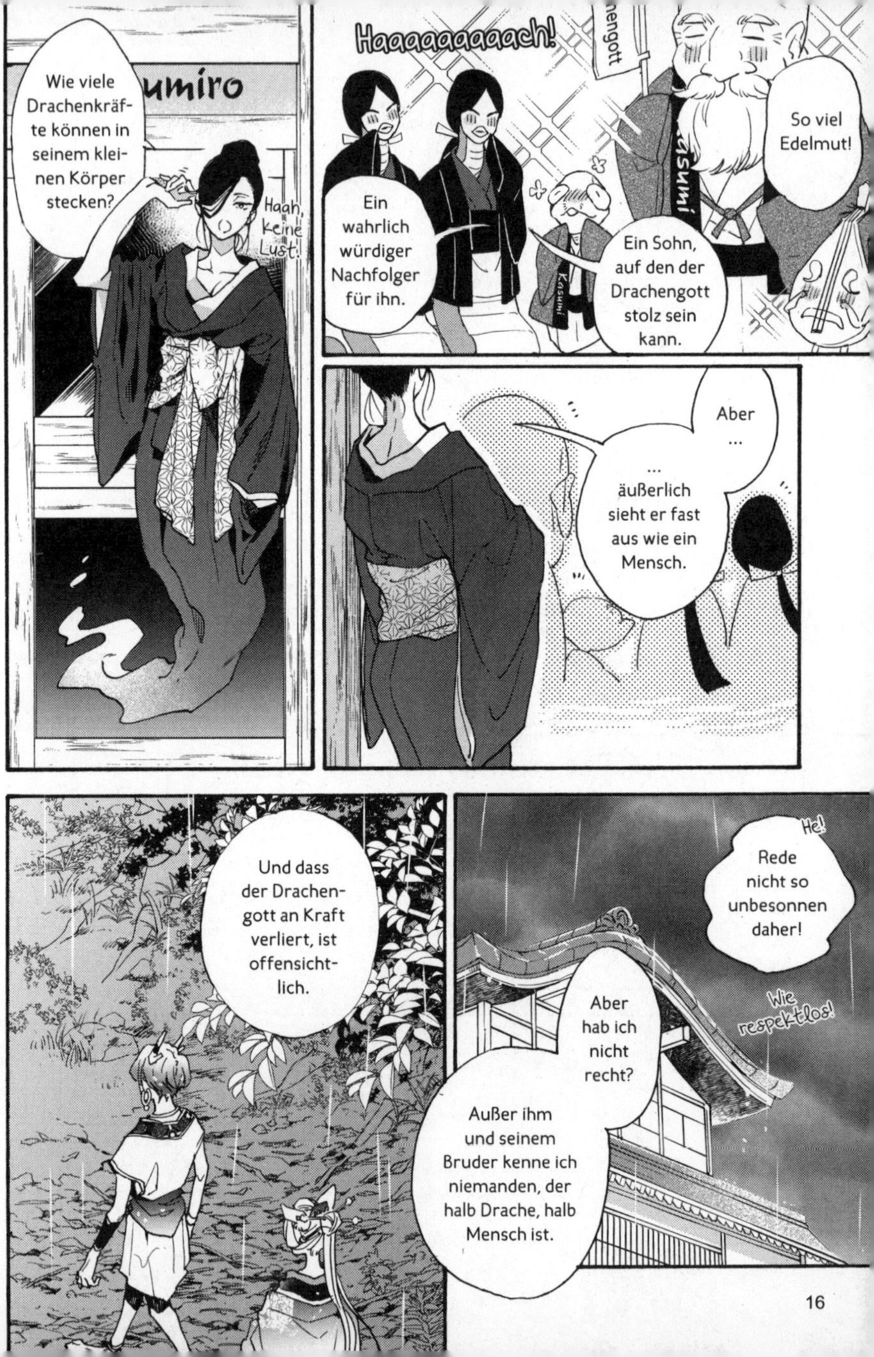

Haaaaaaaaaach!
So viel Edelmut!
Ein Sohn, auf den der Drachengott stolz sein kann.
Ein wahrlich würdiger Nachfolger für ihn.
Wie viele Drachenkräfte können in seinem kleinen Körper stecken?
Haah, keine Lust!
Aber …
… äußerlich sieht er fast aus wie ein Mensch.
He!
Rede nicht so unbesonnen daher!
Wie respektlos!
Aber hab ich nicht recht?
Außer ihm und seinem Bruder kenne ich niemanden, der halb Drache, halb Mensch ist.
Und dass der Drachengott an Kraft verliert, ist offensichtlich.

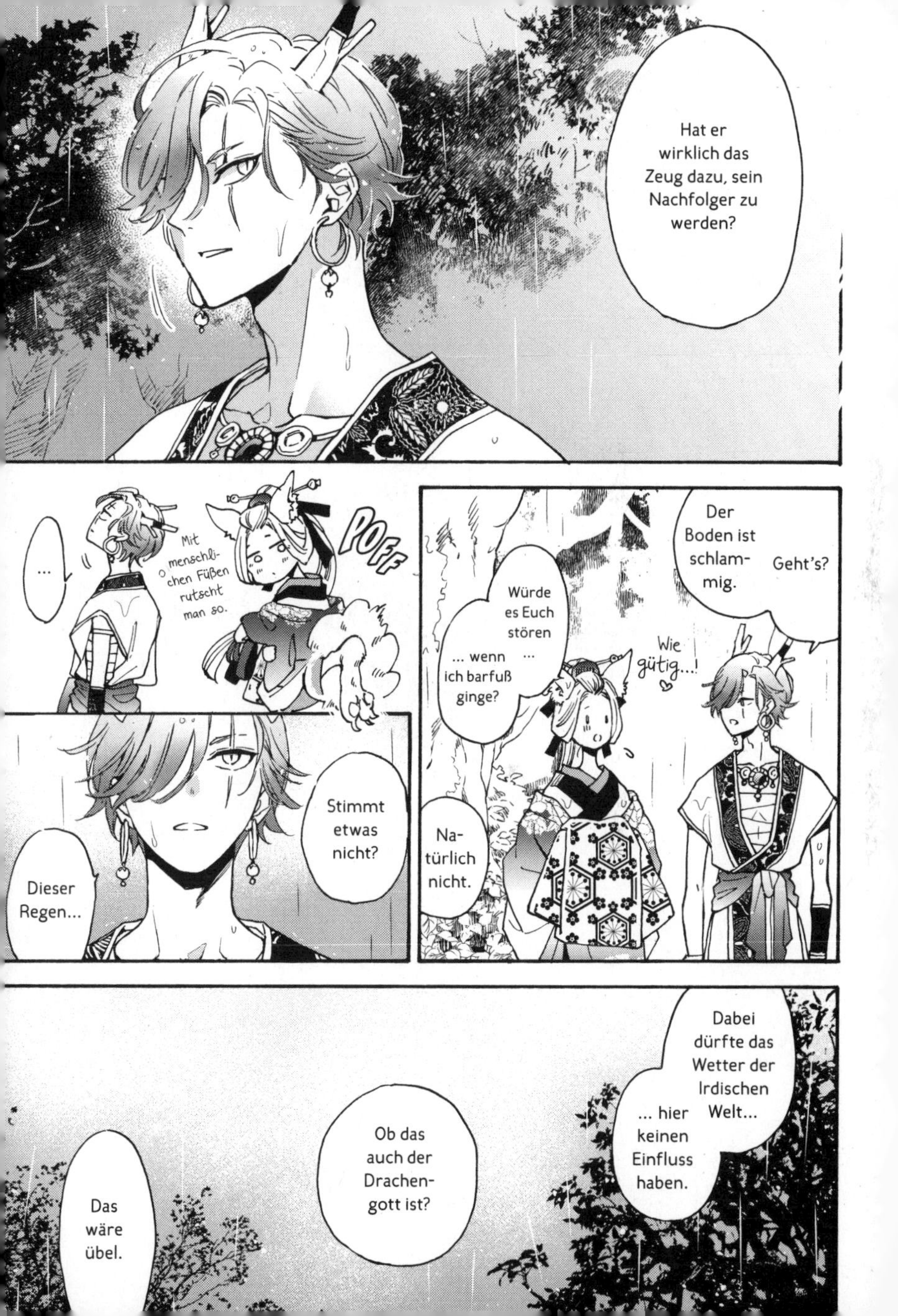

Hat er wirklich das Zeug dazu, sein Nachfolger zu werden?
Der Boden ist schlammig.
Geht's?
Würde es Euch stören ...
... wenn ich barfuß ginge?
Wie gütig...!
Natürlich nicht.
POFF
Mit menschlichen Füßen rutscht man so.
...
Stimmt etwas nicht?
Dieser Regen...
Dabei dürfte das Wetter der Irdischen Welt...
... hier keinen Einfluss haben.
Ob das auch der Drachengott ist?
Das wäre übel.

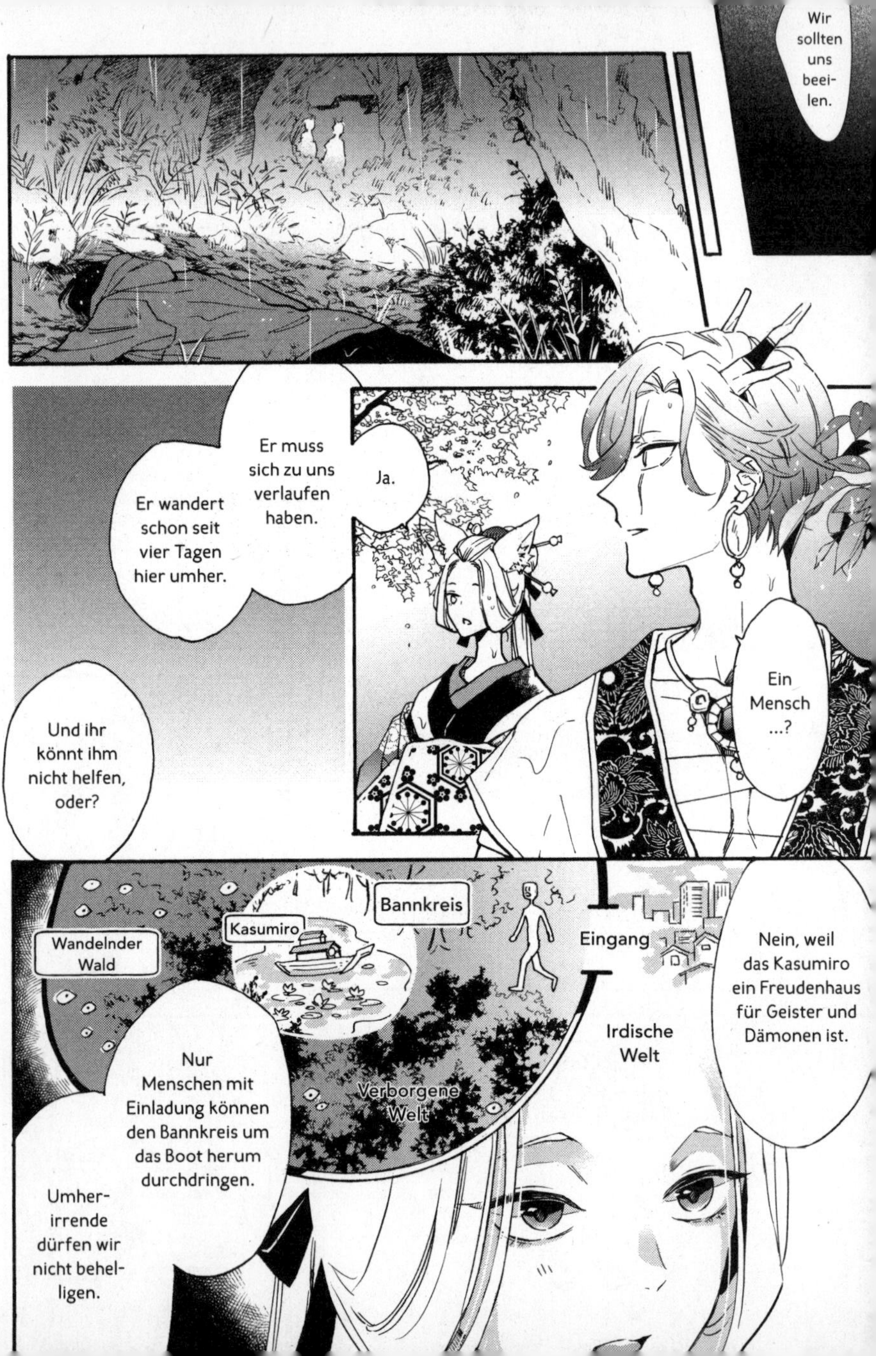

Wir sollten uns beeilen.
Ein Mensch ...?
Ja.
Er muss sich zu uns verlaufen haben.
Er wandert schon seit vier Tagen hier umher.
Und ihr könnt ihm nicht helfen, oder?
Nein, weil das Kasumiro ein Freudenhaus für Geister und Dämonen ist.
Irdische Welt
Eingang
Bannkreis
Kasumiro
Wandelnder Wald
Verborgene Welt
Nur Menschen mit Einladung können den Bannkreis um das Boot herum durchdringen.
Umherirrende dürfen wir nicht behelligen.

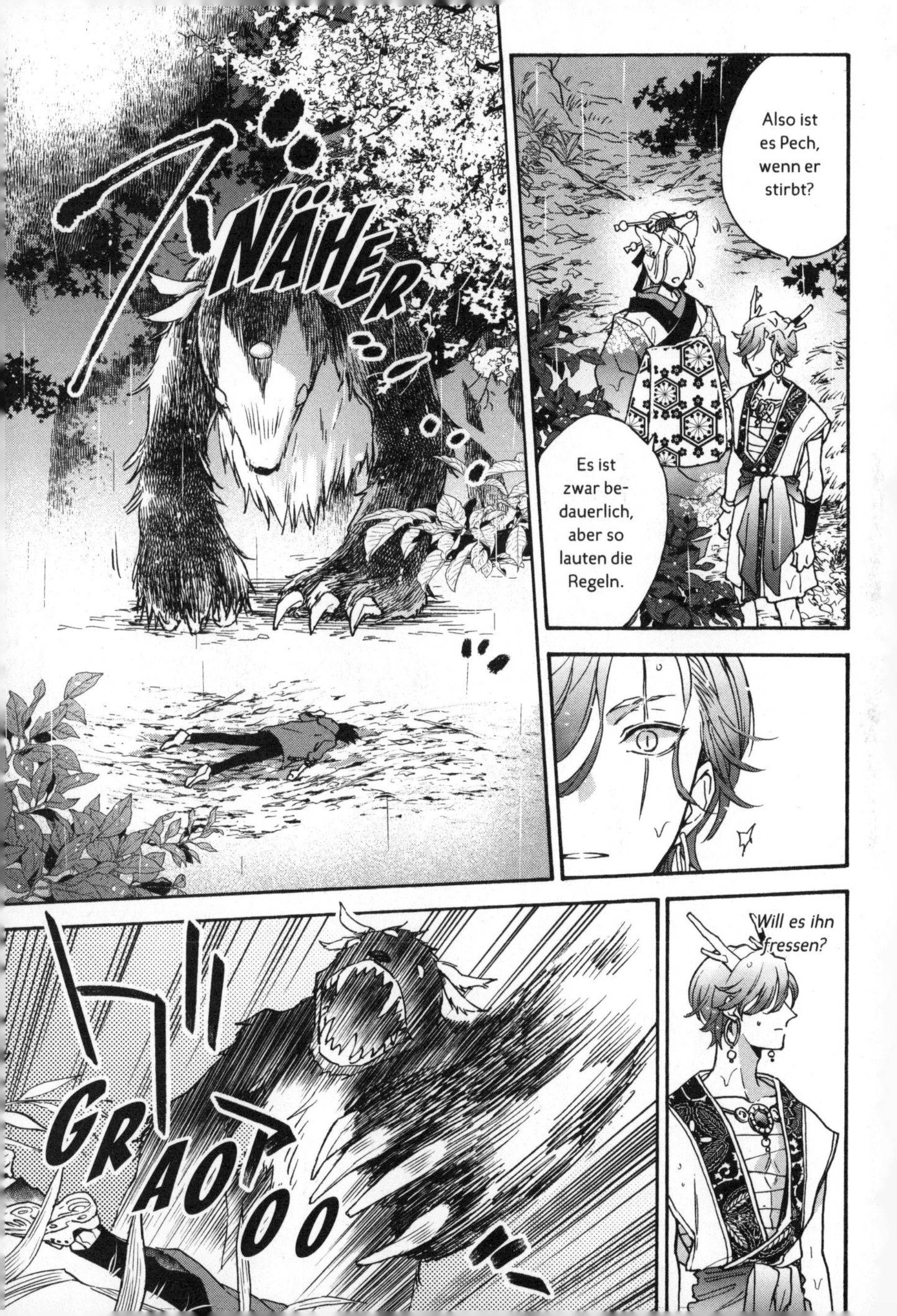
Also ist es Pech, wenn er stirbt?
Es ist zwar bedauerlich, aber so lauten die Regeln.
NÄHER..!
Will es ihn fressen?
GRAOOOO..!

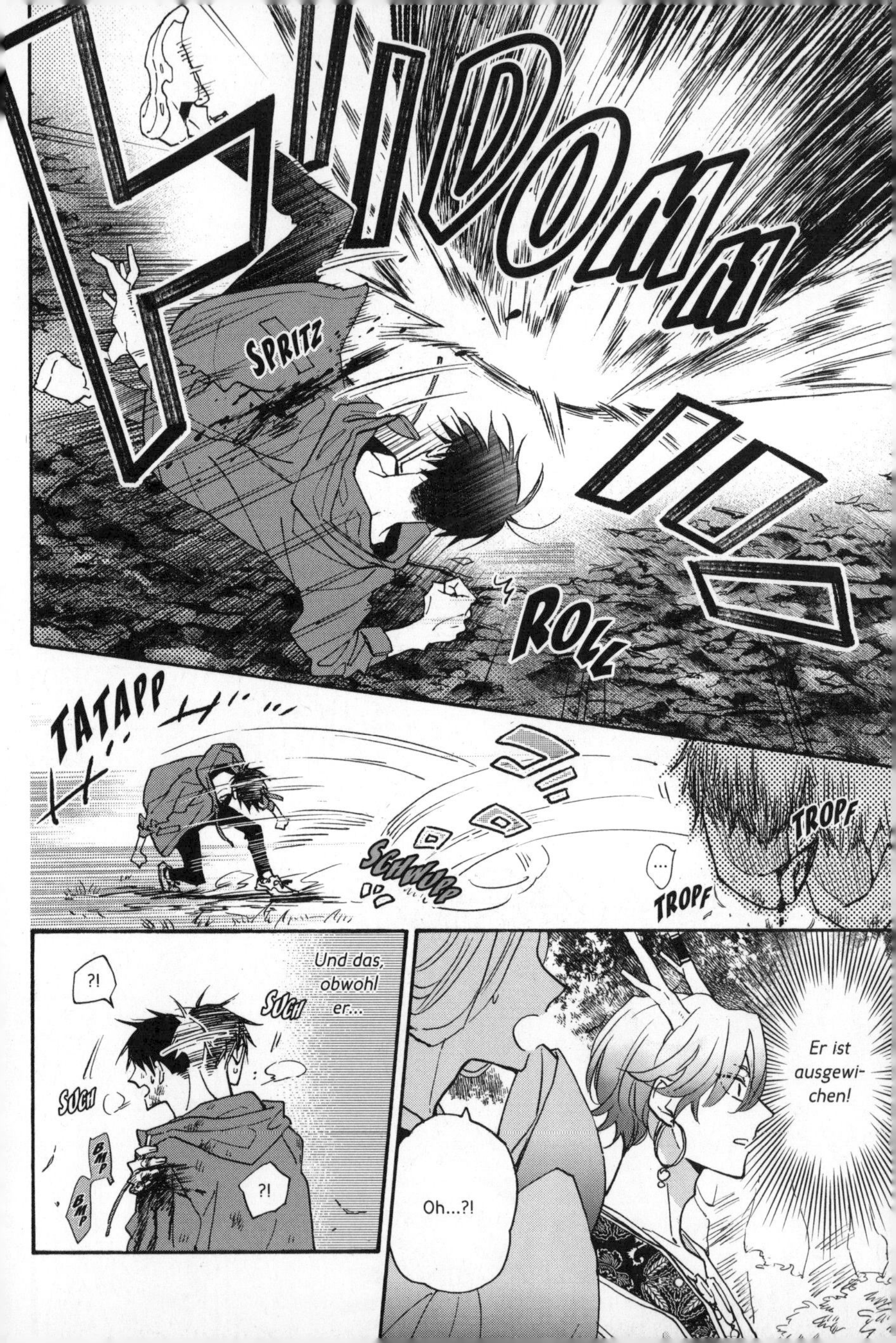
SPRITZ
ROLL
TROPF
TROPF
...
TATAPP
Er ist ausgewichen!
Oh...?!
Und das, obwohl er...
?!
SUCH
SUCH
BMP
BMP
?!

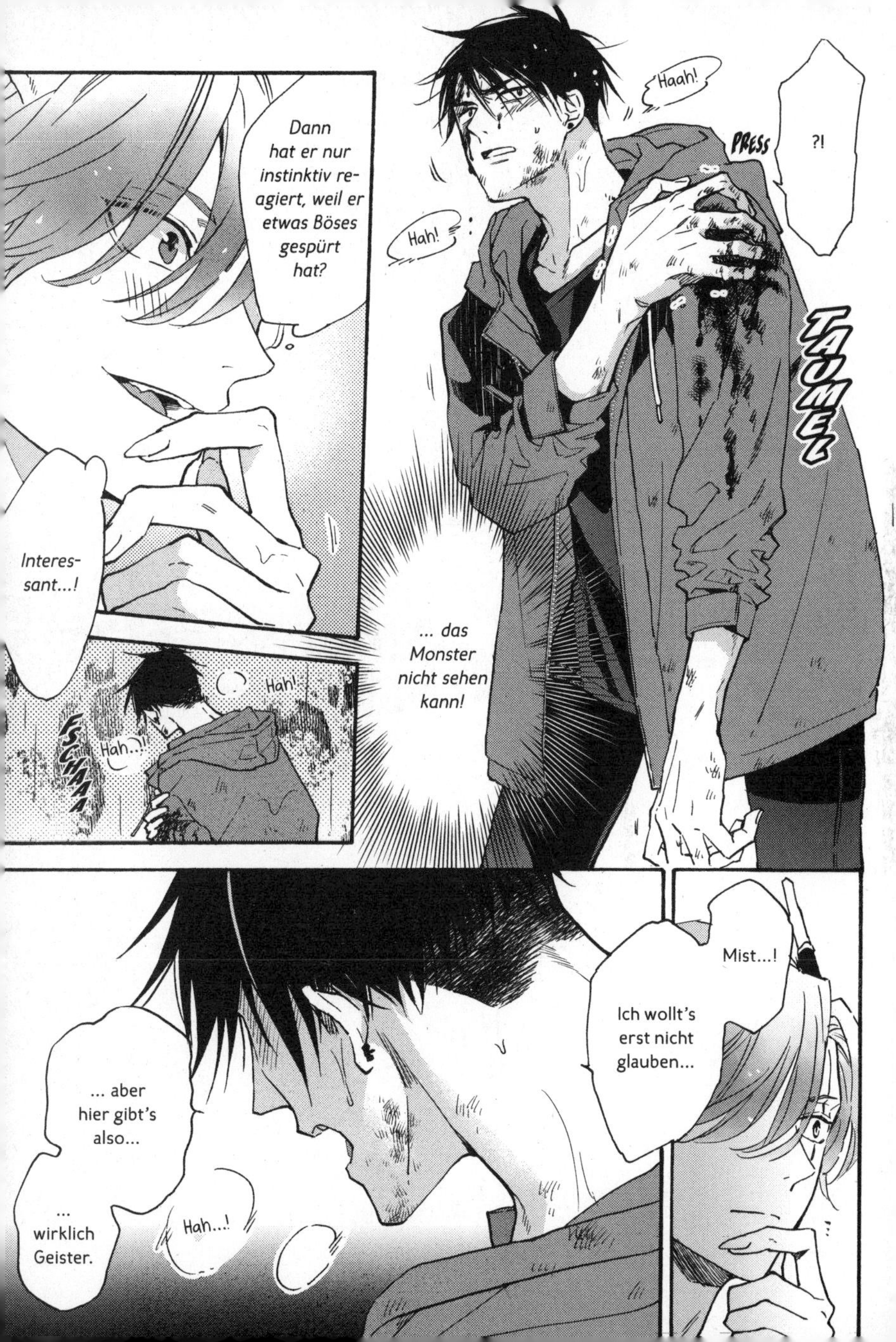

?!
PRESS
Haaah!
Hah!
TAUMEL
Dann hat er nur instinktiv reagiert, weil er etwas Böses gespürt hat?
Interessant...!
Hah!
Hah...!
FSCHAAA
... das Monster nicht sehen kann!
Mist...!
Ich wollt's erst nicht glauben...
... aber hier gibt's also...
... wirklich Geister.
Hah...!

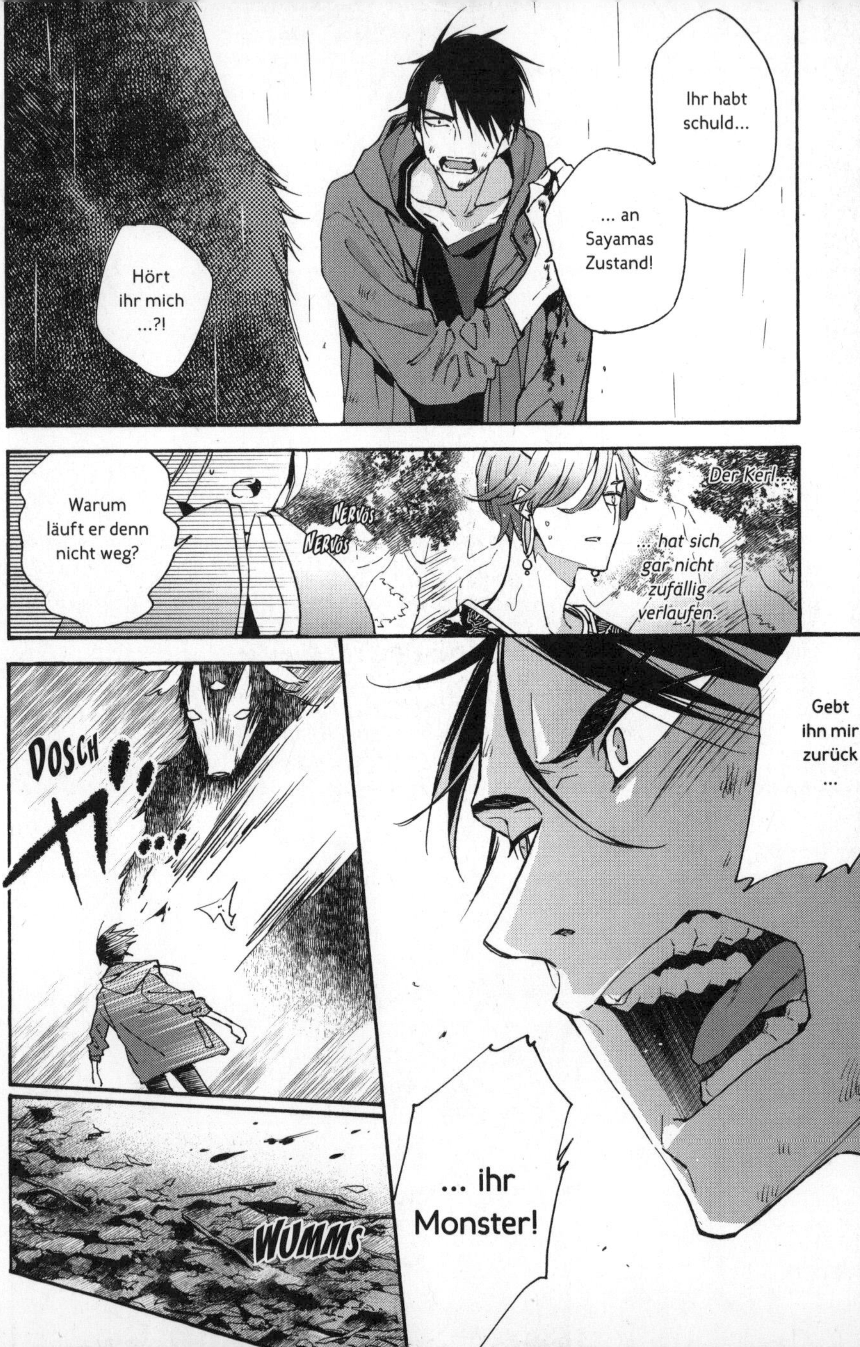
Ihr habt schuld...
... an Sayamas Zustand!
Hört ihr mich ...?!
Der Kerl
... hat sich gar nicht zufällig verlaufen.
Warum läuft er denn nicht weg?
NERVÖS
NERVÖS
Gebt ihn mir zurück ...
... ihr Monster!
DOSCH
WUMMS

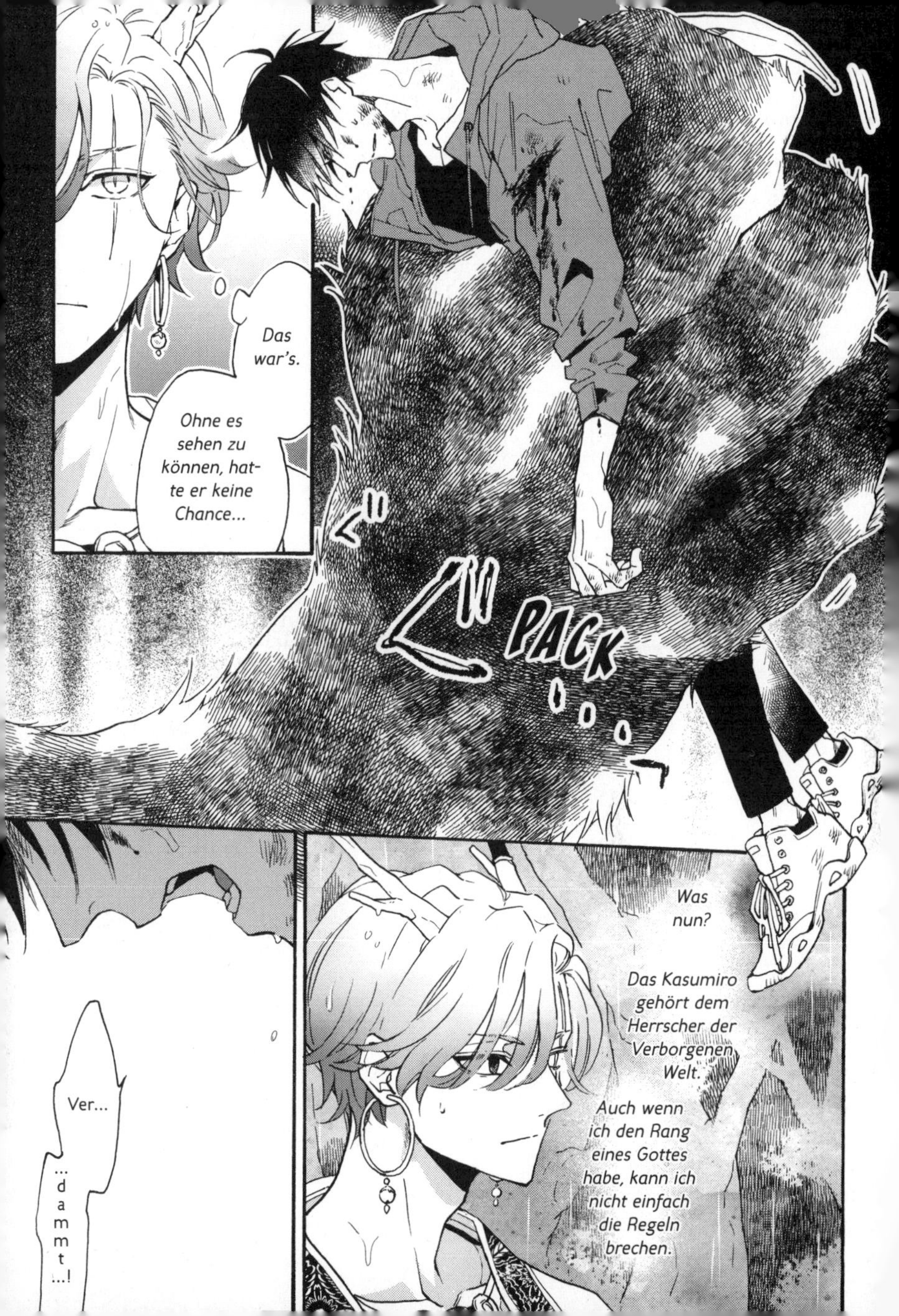
Das war's.
Ohne es sehen zu können, hatte er keine Chance...
PACK
Was nun?
Das Kasumiro gehört dem Herrscher der Verborgenen Welt.
Auch wenn ich den Rang eines Gottes habe, kann ich nicht einfach die Regeln brechen.
Ver...
...dammt...!

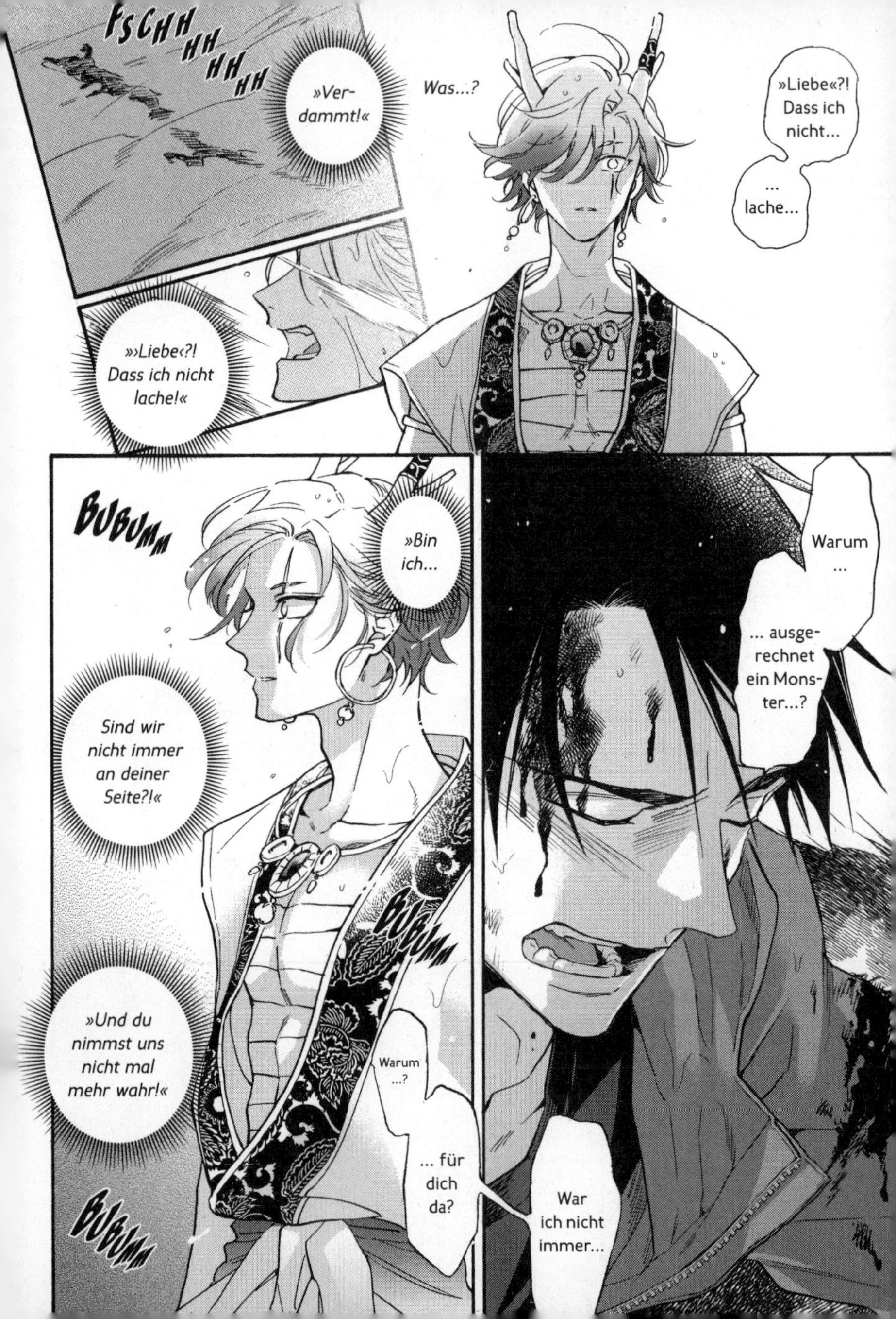
»Liebe«?! Dass ich nicht...
... lache...
Was...?
FSCHHHHHHHH
»Ver-dammt!«
»›Liebe‹?! Dass ich nicht lache!«
Warum ...
... ausge-rechnet ein Mons-ter...?
War ich nicht immer...
... für dich da?
Warum ...?
»Bin ich...
BUBUMM
Sind wir nicht immer an deiner Seite?!«
BUBUMM
»Und du nimmst uns nicht mal mehr wahr!«
BUBUMM

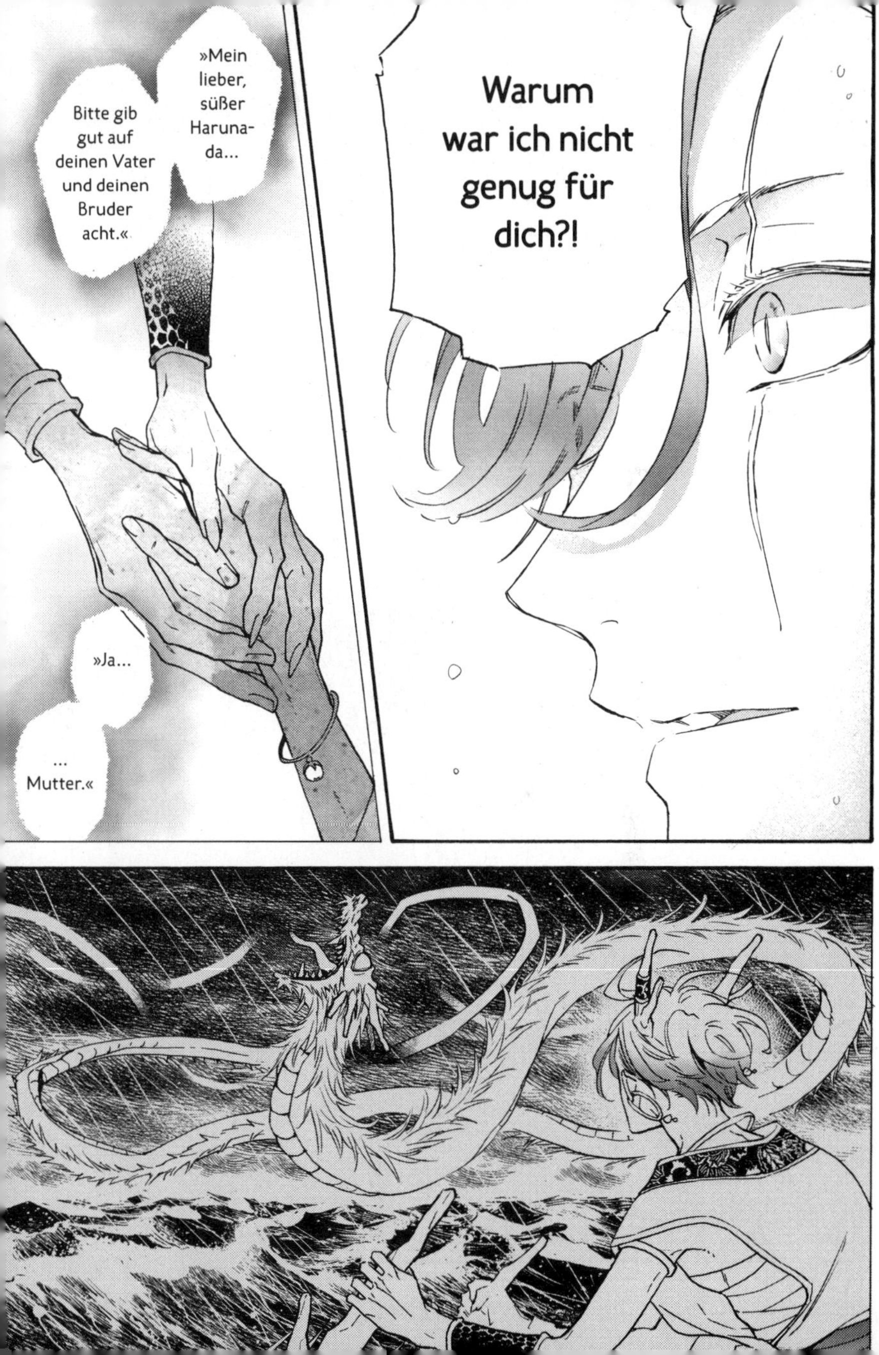
Warum war ich nicht genug für dich?!
»Mein lieber, süßer Haruna-da…
Bitte gib gut auf deinen Vater und deinen Bruder acht.«
»Ja…
… Mutter.«

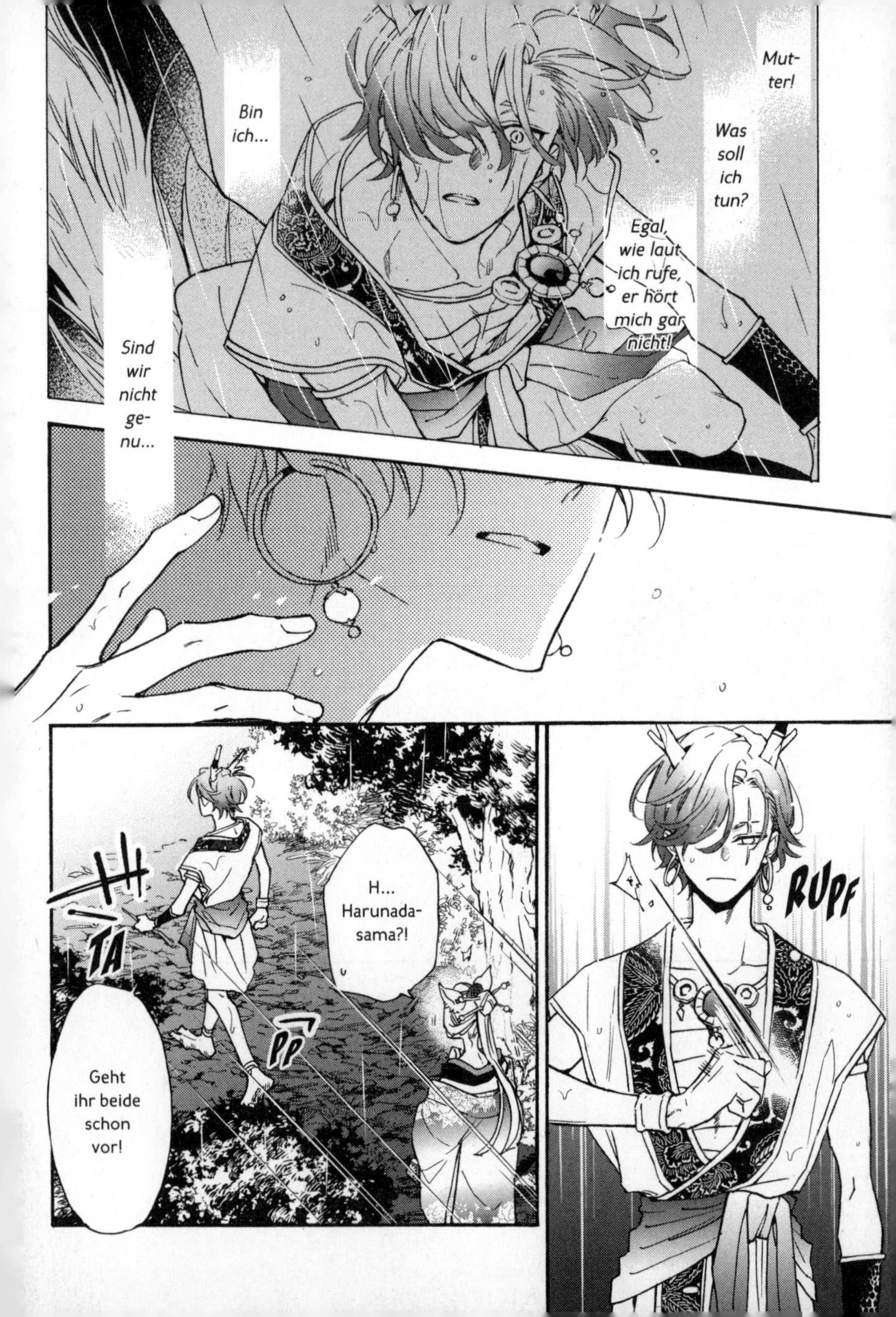
Mutter!
Was soll ich tun?
Egal, wie laut ich rufe, er hört mich gar nicht!
Bin ich...
Sind wir nicht genu...
RUPF
H... Harunada-sama?!
TA
PP
Geht ihr beide schon vor!

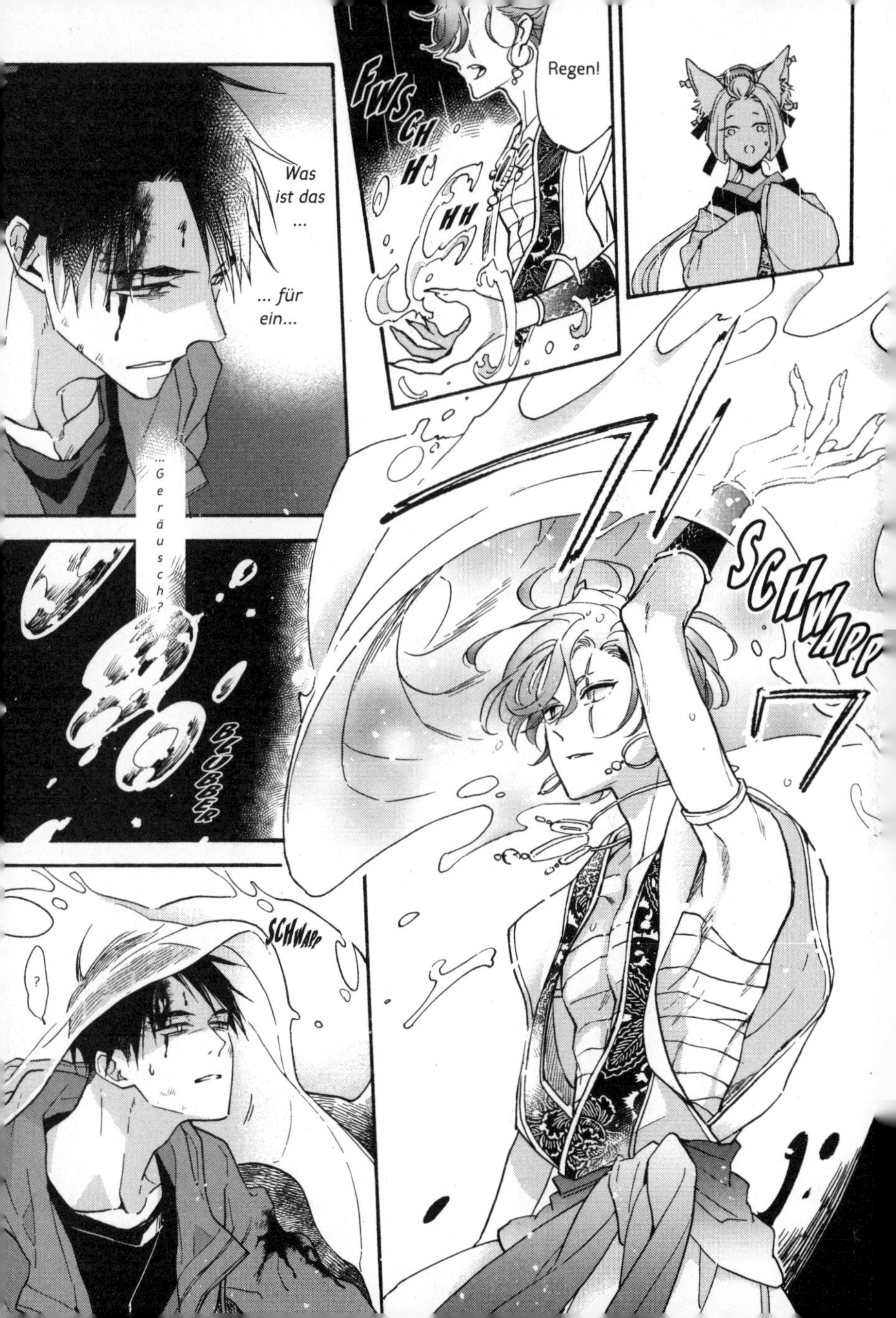
Regen!
FWSCHHHH
Was ist das ...
... für ein...
...Geräusch?
BLUBBER
SCHWAPP
?
SCHWAPP

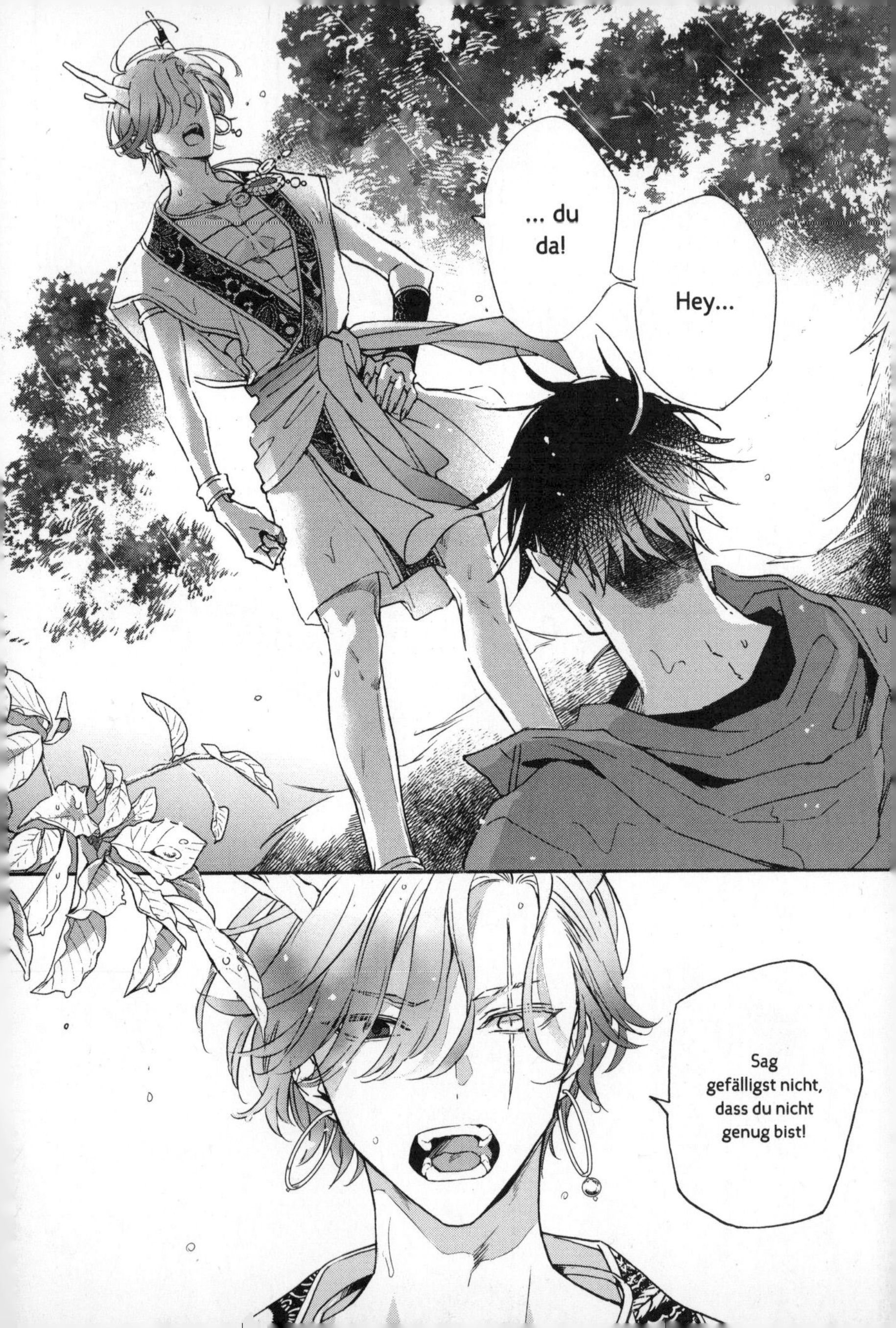
Hey...
... du da!
Sag gefälligst nicht, dass du nicht genug bist!

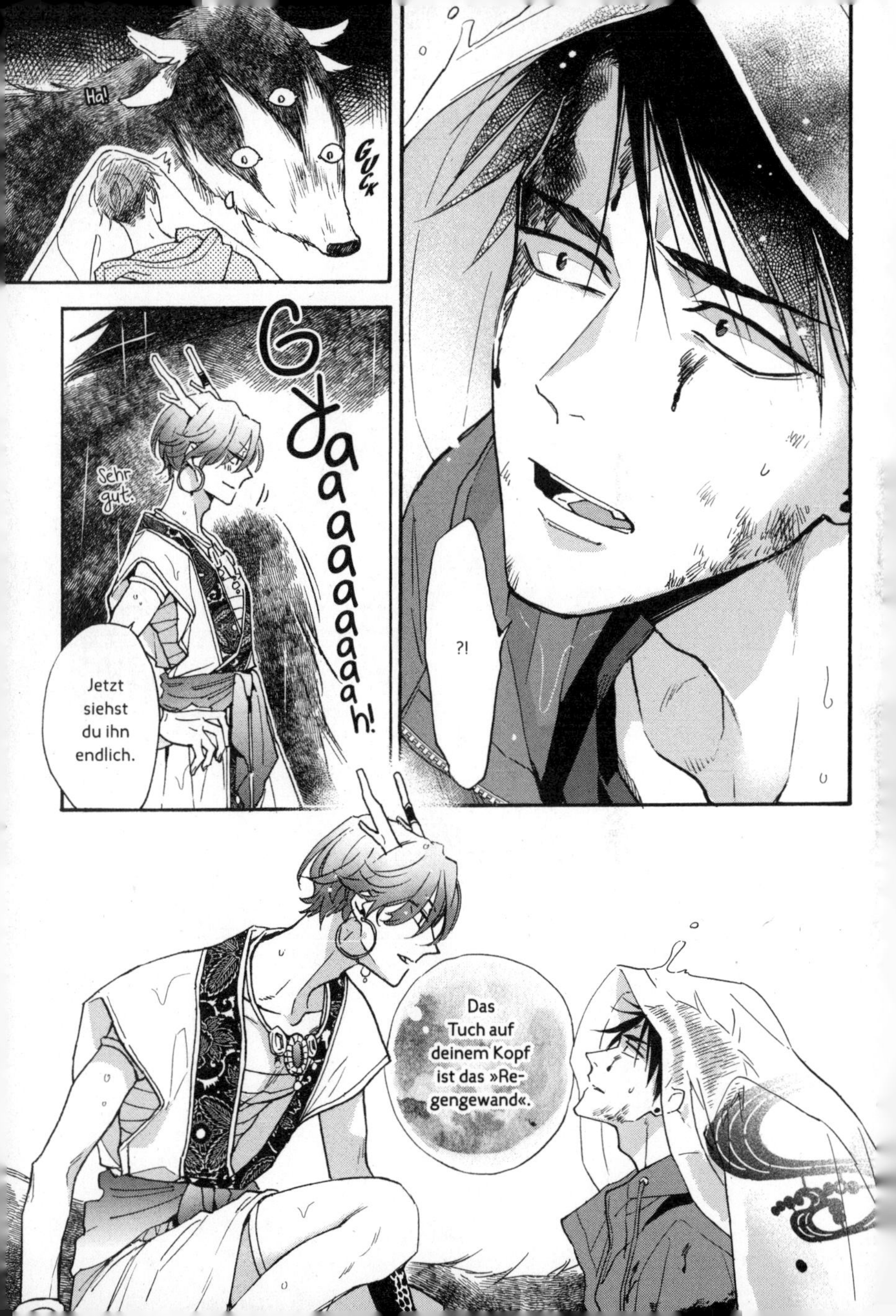
Ha!
GLUCK
?!
Gyaaaaaaaaaah!
Sehr gut.
Jetzt siehst du ihn endlich.
Das Tuch auf deinem Kopf ist das »Regengewand«.

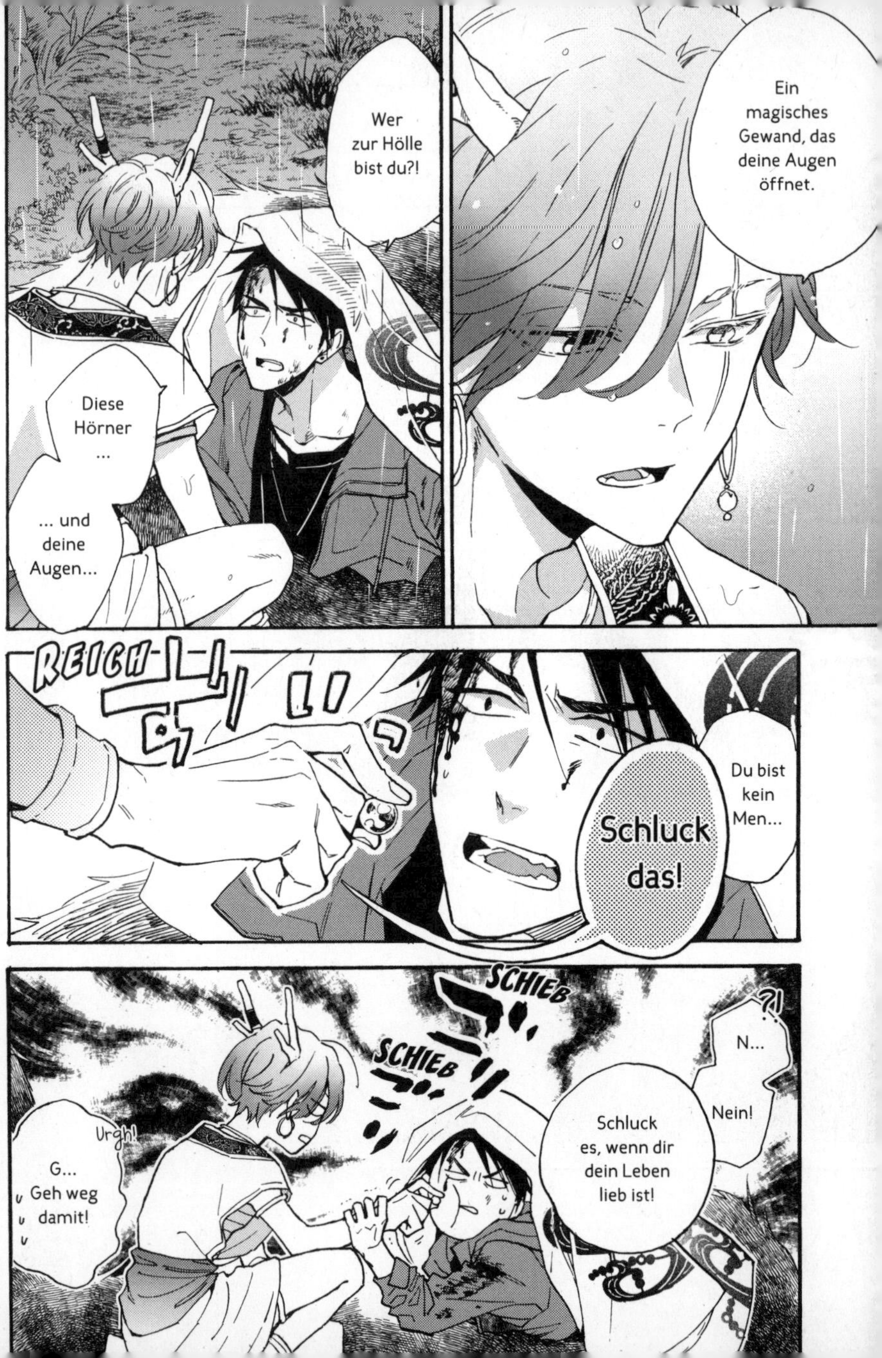
Ein magisches Gewand, das deine Augen öffnet.
Wer zur Hölle bist du?!
Diese Hörner ...
... und deine Augen...
Du bist kein Men...
Schluck das!
REICH
?!
N...
Nein!
Schluck es, wenn dir dein Leben lieb ist!
SCHIEB
SCHIEB
Urgh!
G... Geh weg damit!

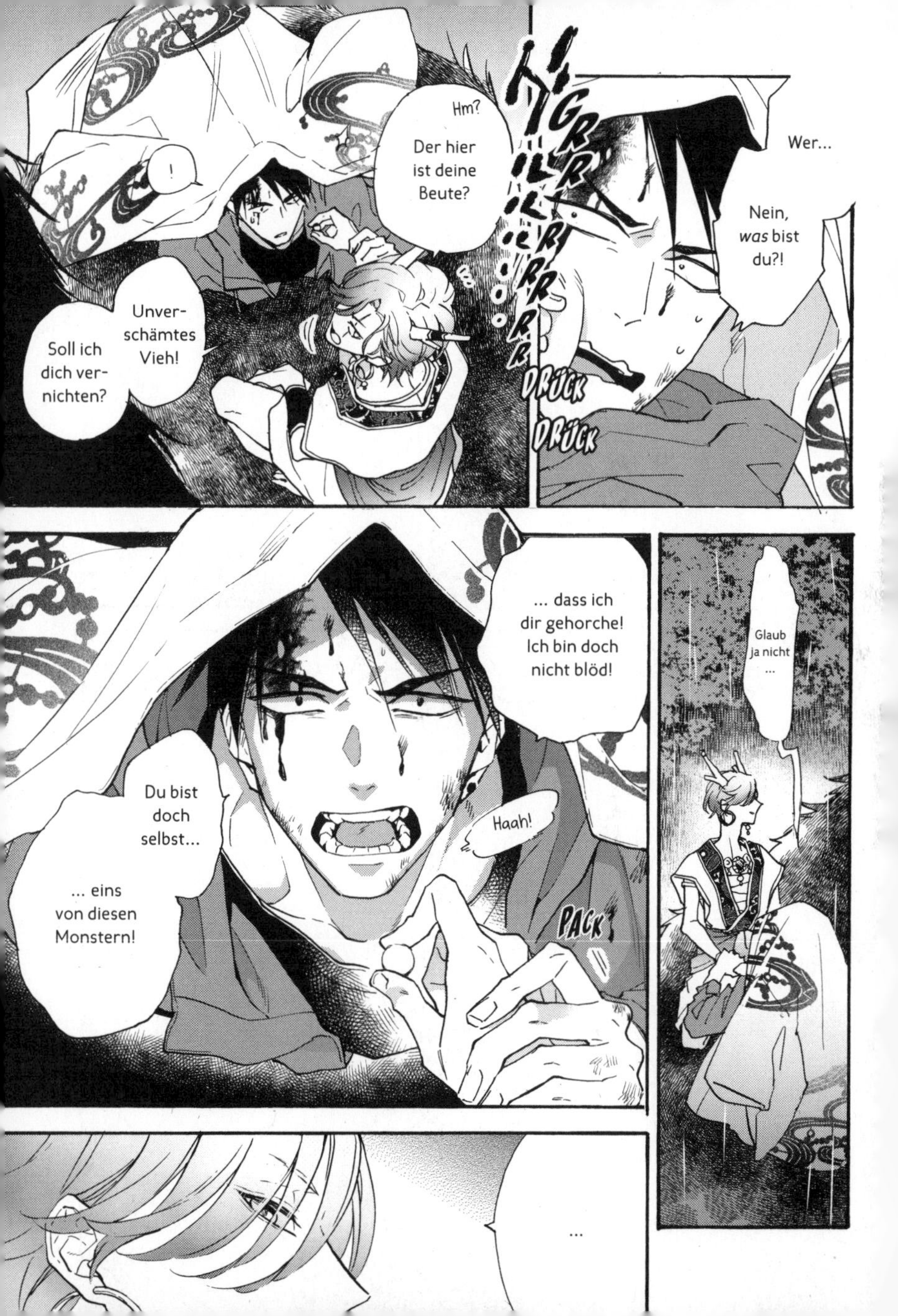
Wer...
Nein, *was* bist du?!
GRRRRRRR
DRÜCK
DRÜCK
Hm?
Der hier ist deine Beute?
!
Unverschämtes Vieh!
Soll ich dich vernichten?
Glaub ja nicht ...
... dass ich dir gehorche! Ich bin doch nicht blöd!
Haah!
Du bist doch selbst...
... eins von diesen Monstern!
PACK
...

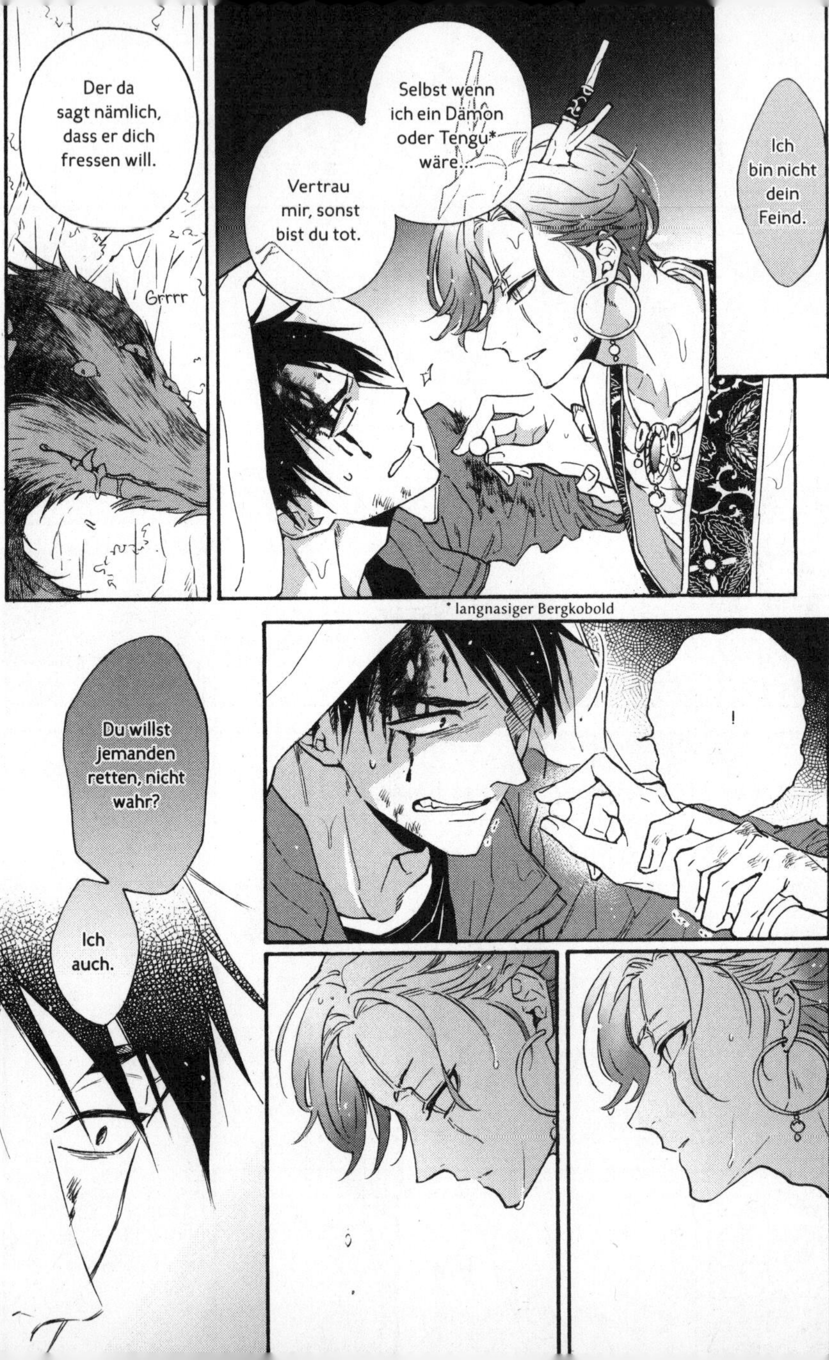

* langnasiger Bergkobold

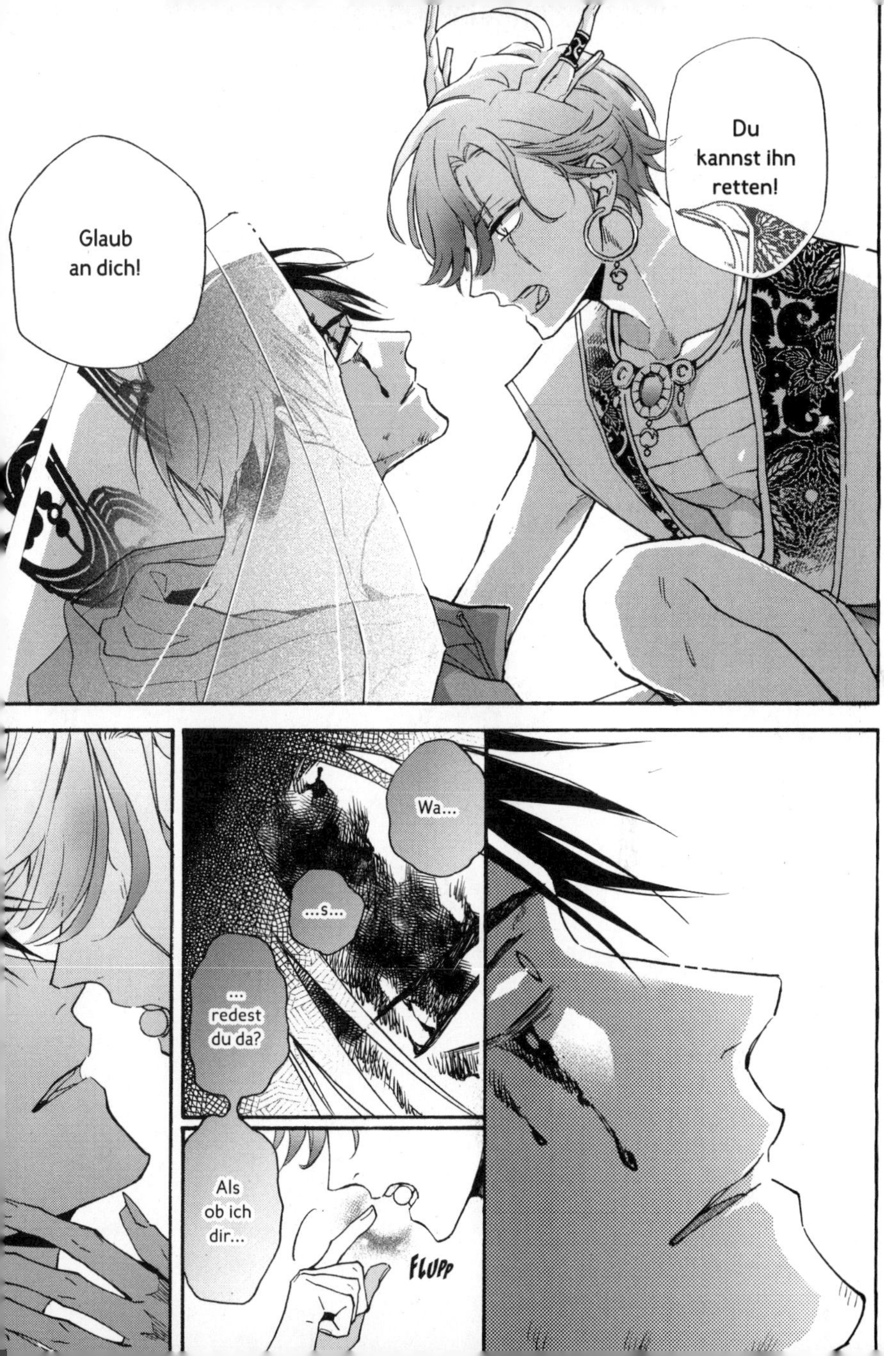
Du kannst ihn retten!
Glaub an dich!
Wa...
...s...
... redest du da?
Als ob ich dir...
FLUPP

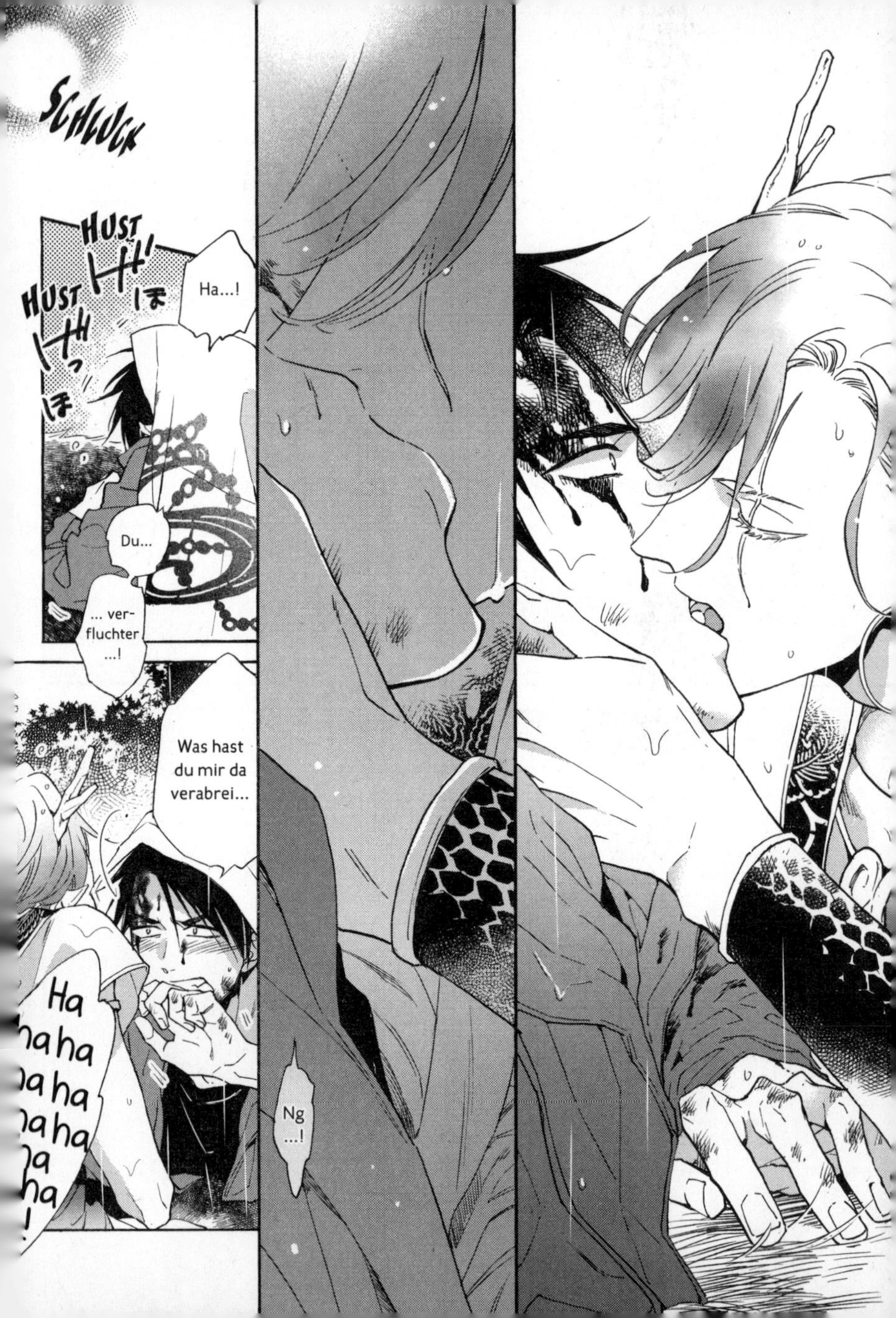

Ng
...!
SCHLUCK
HUST
HUST
Ha...!
Du...
... verfluchter ...!
Was hast du mir da verabrei...
Ha ha ha ha ha ha ha ha ha ha ha!

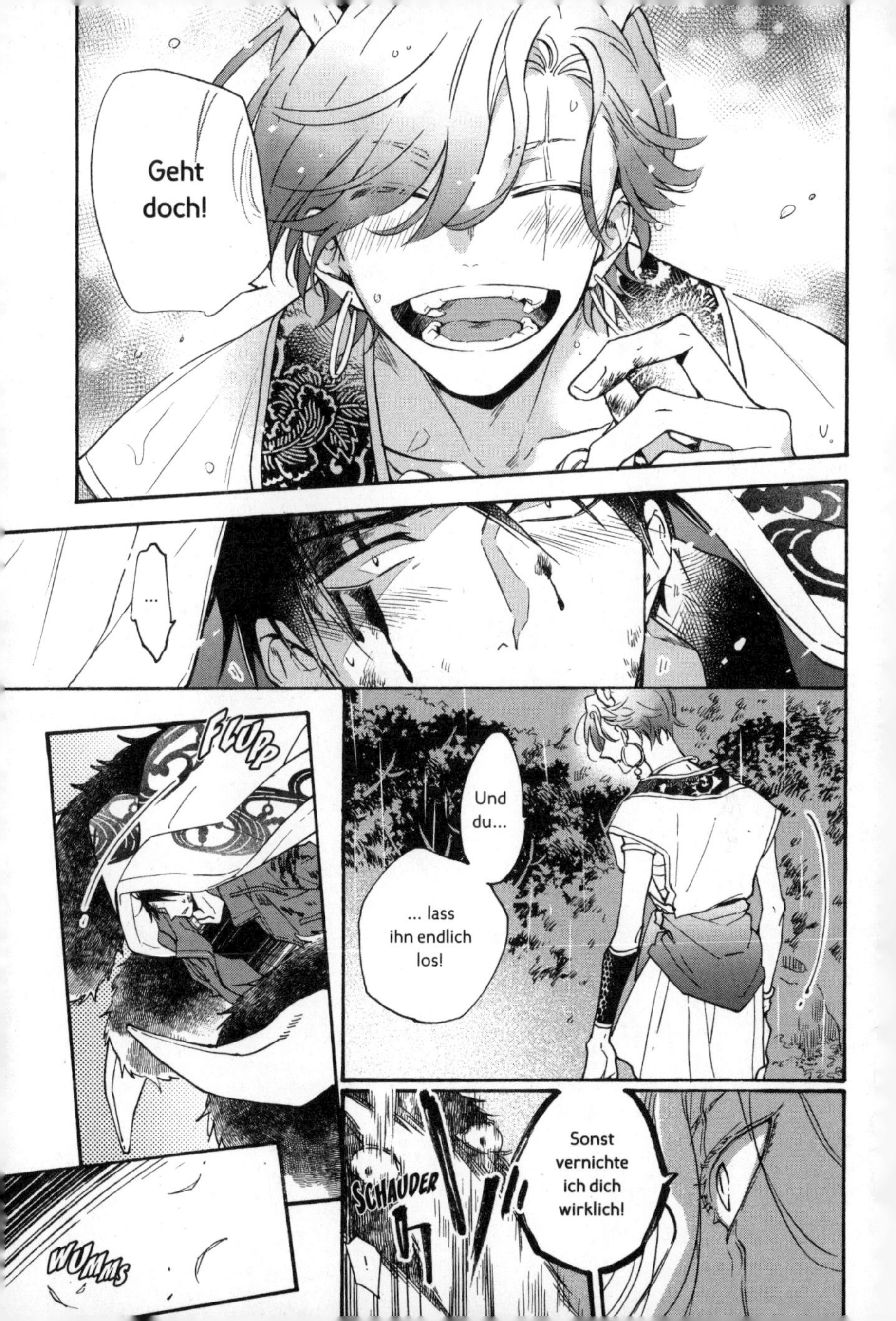
Geht doch!
...
Und du...
... lass ihn endlich los!
FLUPP
Sonst vernichte ich dich wirklich!
SCHAUDER
WUMMS

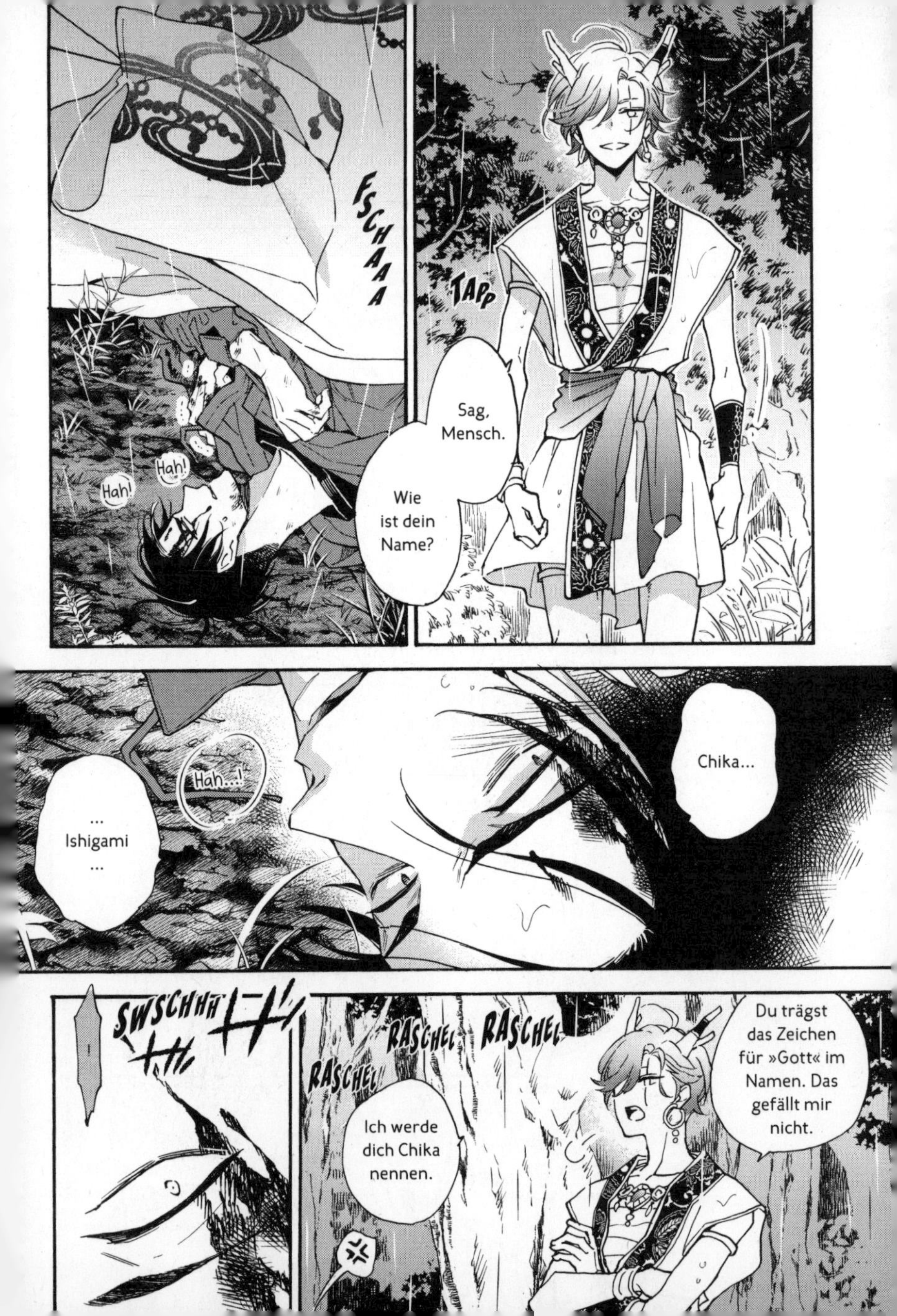
TAPP
Sag, Mensch.
Wie ist dein Name?
FSCHAAAA
Hah!
Hah!
Chika...
Hah...!
... Ishigami ...
Du trägst das Zeichen für »Gott« im Namen. Das gefällt mir nicht.
RASCHEL
RASCHEL
RASCHEL
Ich werde dich Chika nennen.
SWSCHHH

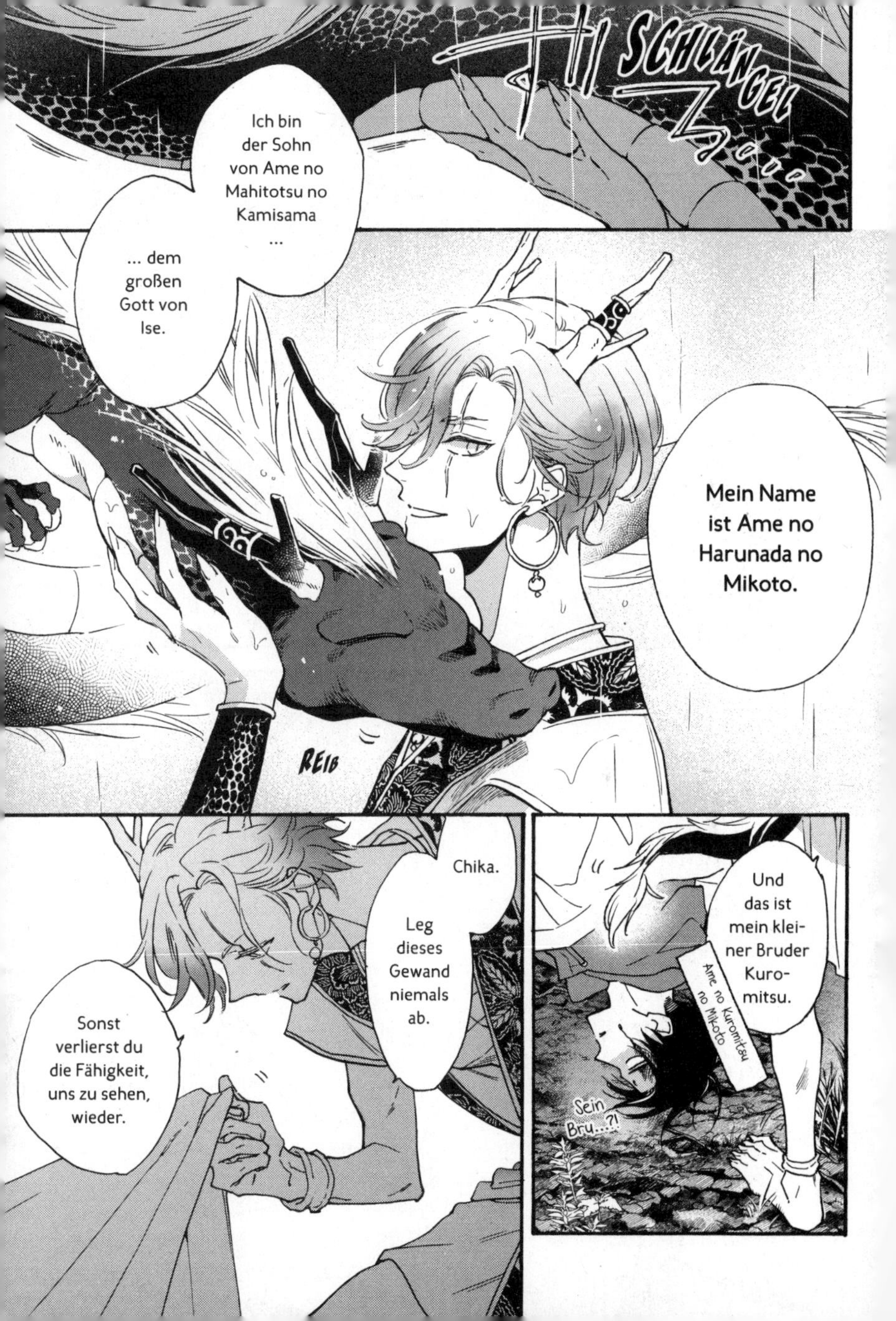
SCHLÄNGEL
Ich bin der Sohn von Ame no Mahitotsu no Kamisama ...
... dem großen Gott von Ise.
Mein Name ist Ame no Harunada no Mikoto.
REIB
Und das ist mein kleiner Bruder Kuromitsu.
Ame no Kuromitsu no Mikoto
Sein Bru...?!
Chika.
Leg dieses Gewand niemals ab.
Sonst verlierst du die Fähigkeit, uns zu sehen, wieder.

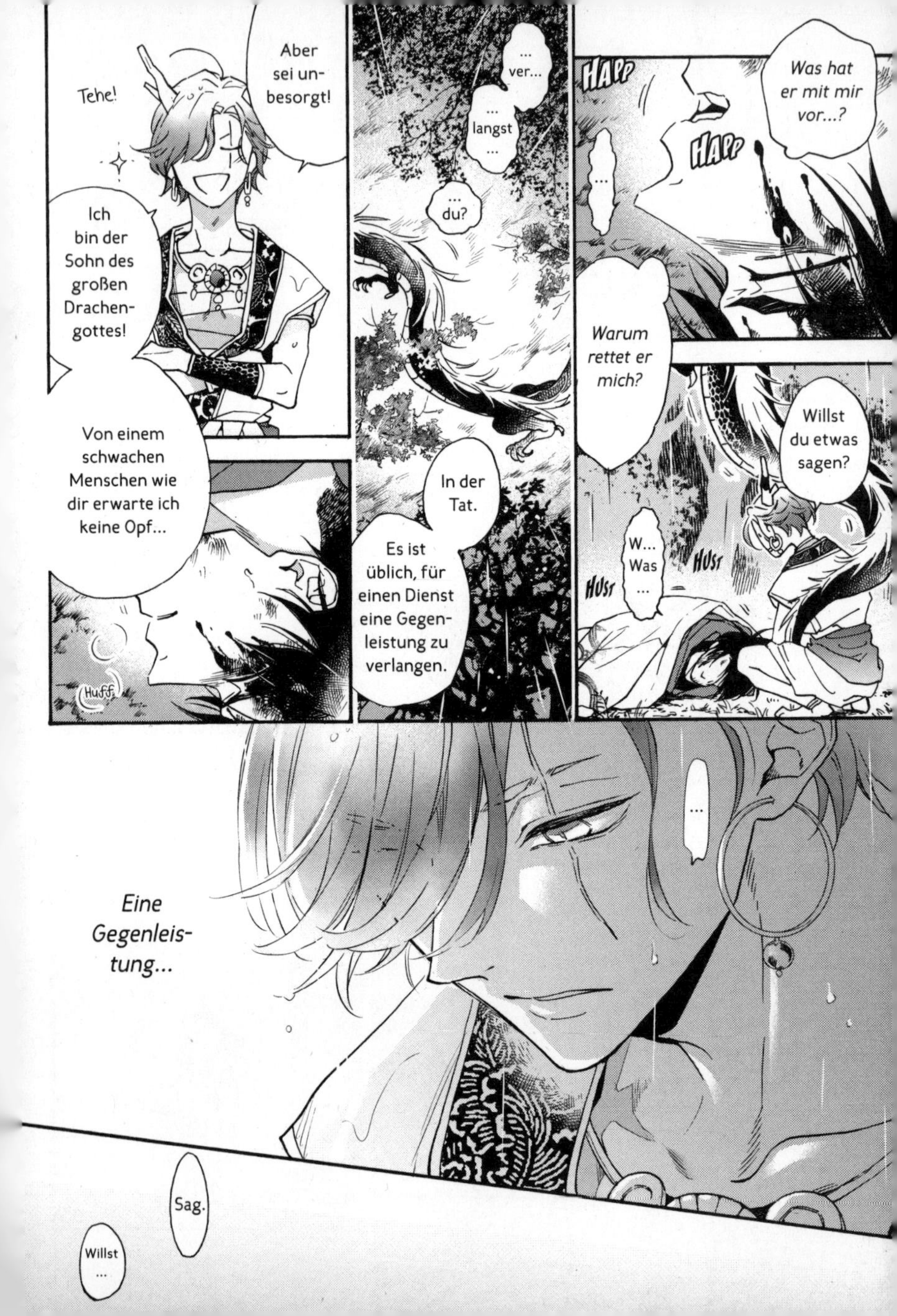
HAPP
Was hat er mit mir vor...?
HAPP
...
Warum rettet er mich?
Willst du etwas sagen?
W... Was ...
HUST
HUST
... ver...
... langst ...
... du?
In der Tat.
Es ist üblich, für einen Dienst eine Gegenleistung zu verlangen.
Aber sei unbesorgt!
Tehe!
Ich bin der Sohn des großen Drachengottes!
Von einem schwachen Menschen wie dir erwarte ich keine Opf...
Huff
...
Eine Gegenleistung...
Sag.
Willst ...

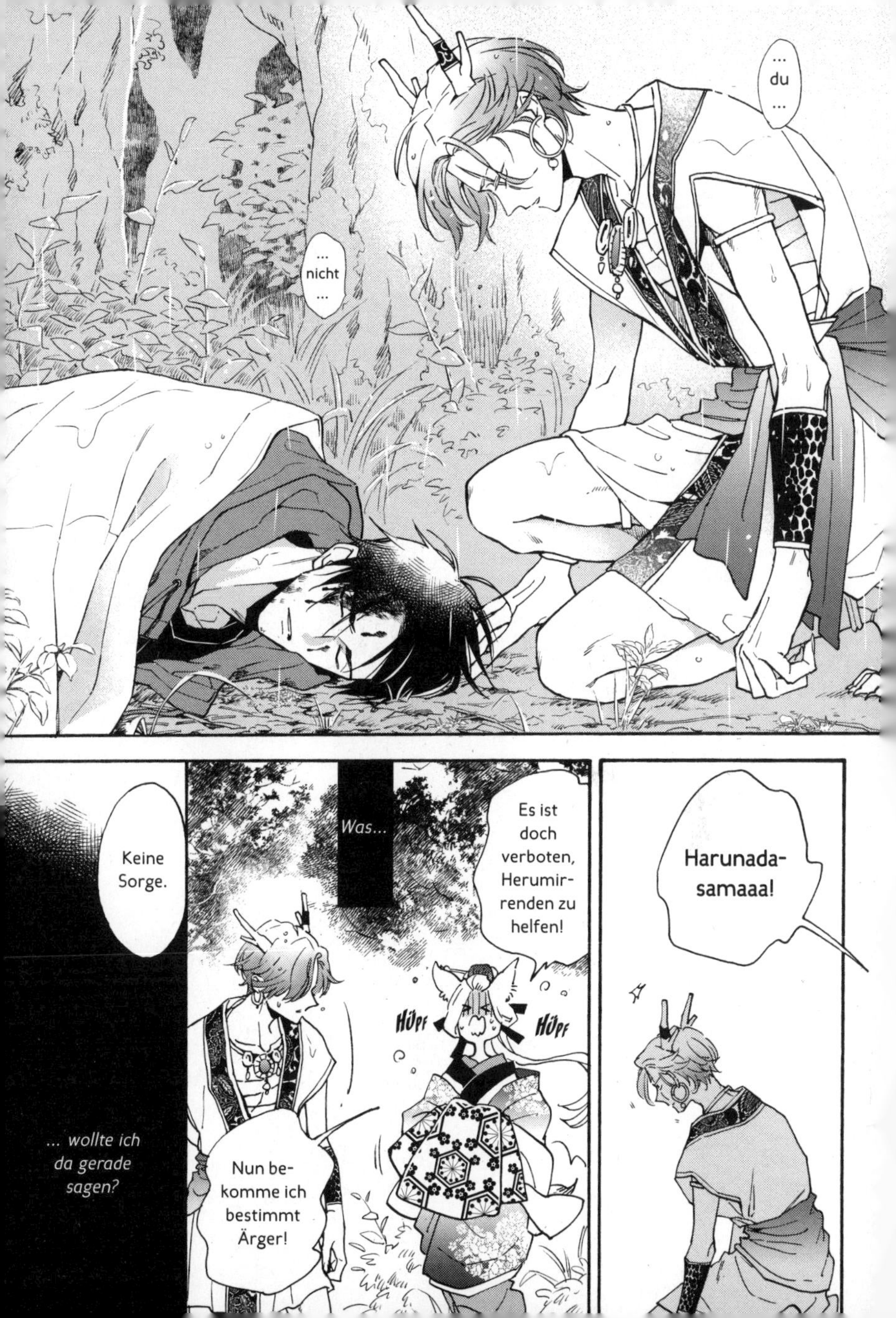

... du ...
... nicht ...
Harunada-samaaa!
Es ist doch verboten, Herumirrenden zu helfen!
HÜPF
HÜPF
Nun bekomme ich bestimmt Ärger!
Was...
Keine Sorge.
... wollte ich da gerade sagen?

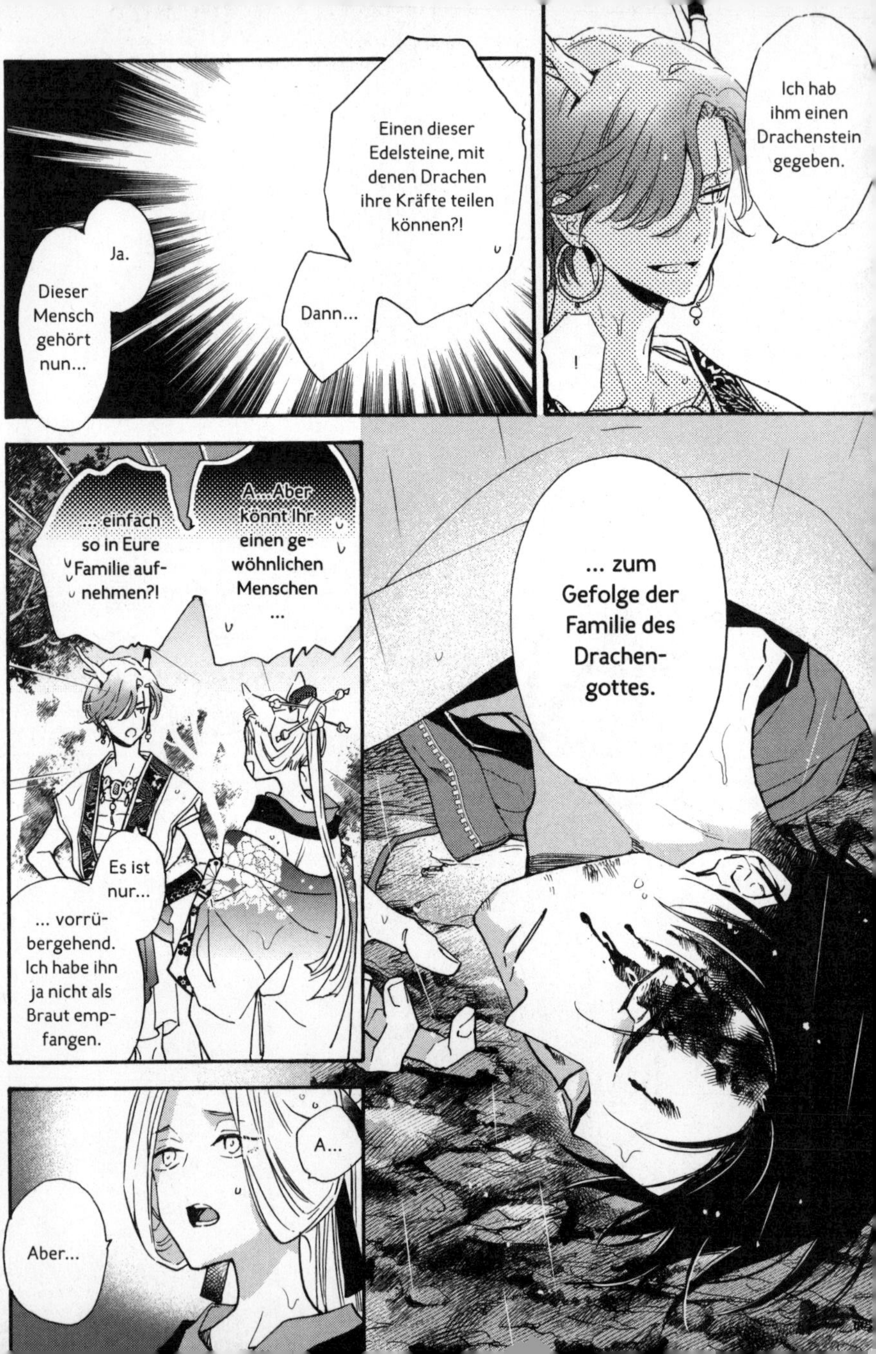
Ich hab ihm einen Drachenstein gegeben.
!
Einen dieser Edelsteine, mit denen Drachen ihre Kräfte teilen können?!
Dann...
Ja.
Dieser Mensch gehört nun...
... zum Gefolge der Familie des Drachengottes.
A... Aber könnt Ihr einen gewöhnlichen Menschen ...
... einfach so in Eure Familie aufnehmen?!
Es ist nur...
... vorrübergehend. Ich habe ihn ja nicht als Braut empfangen.
A...
Aber...

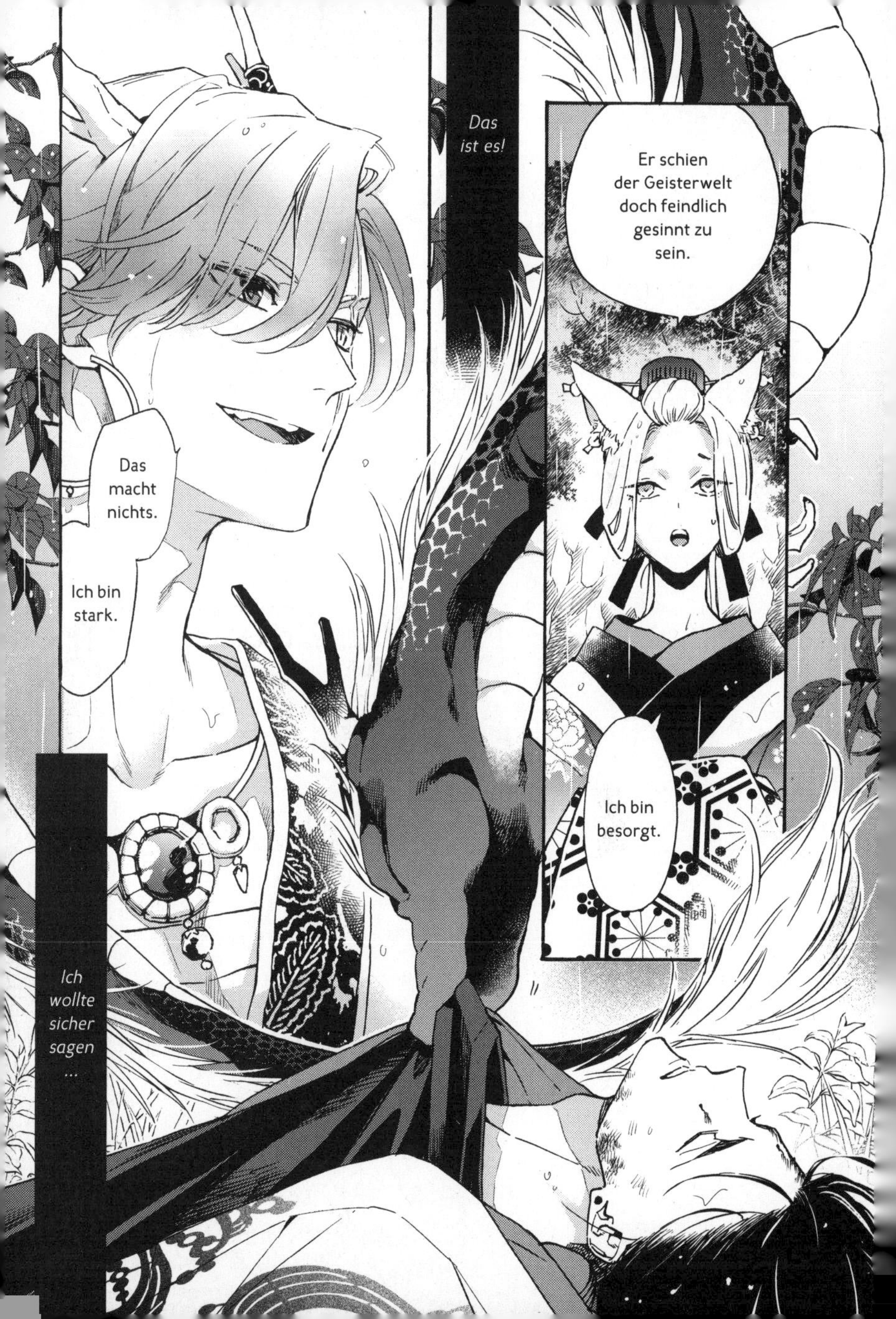
Er schien der Geisterwelt doch feindlich gesinnt zu sein.
Das ist es!
Ich bin besorgt.
Das macht nichts.
Ich bin stark.
Ich wollte sicher sagen …

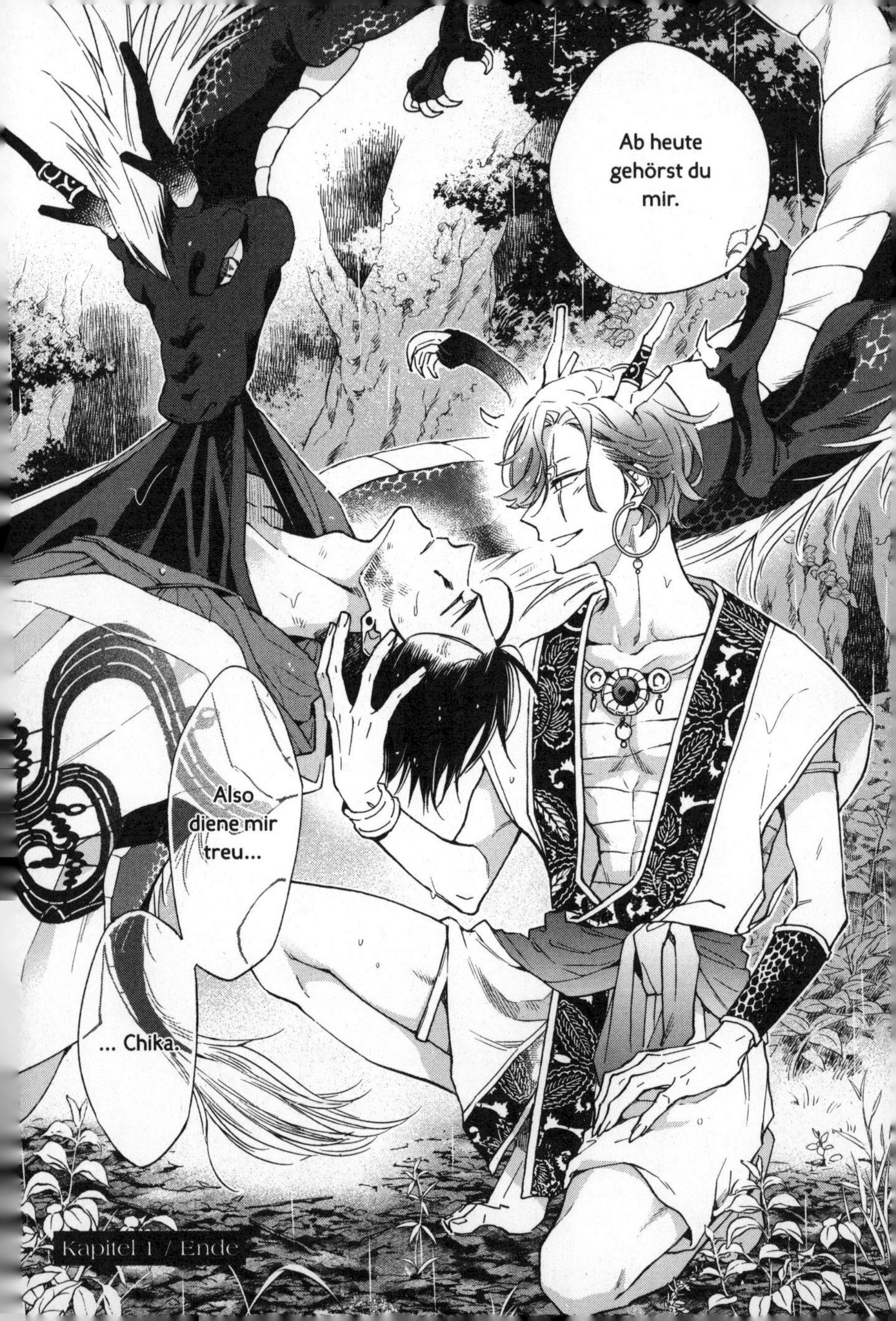
Ab heute gehörst du mir.
Also diene mir treu…
… Chika.
Kapitel 1 / Ende

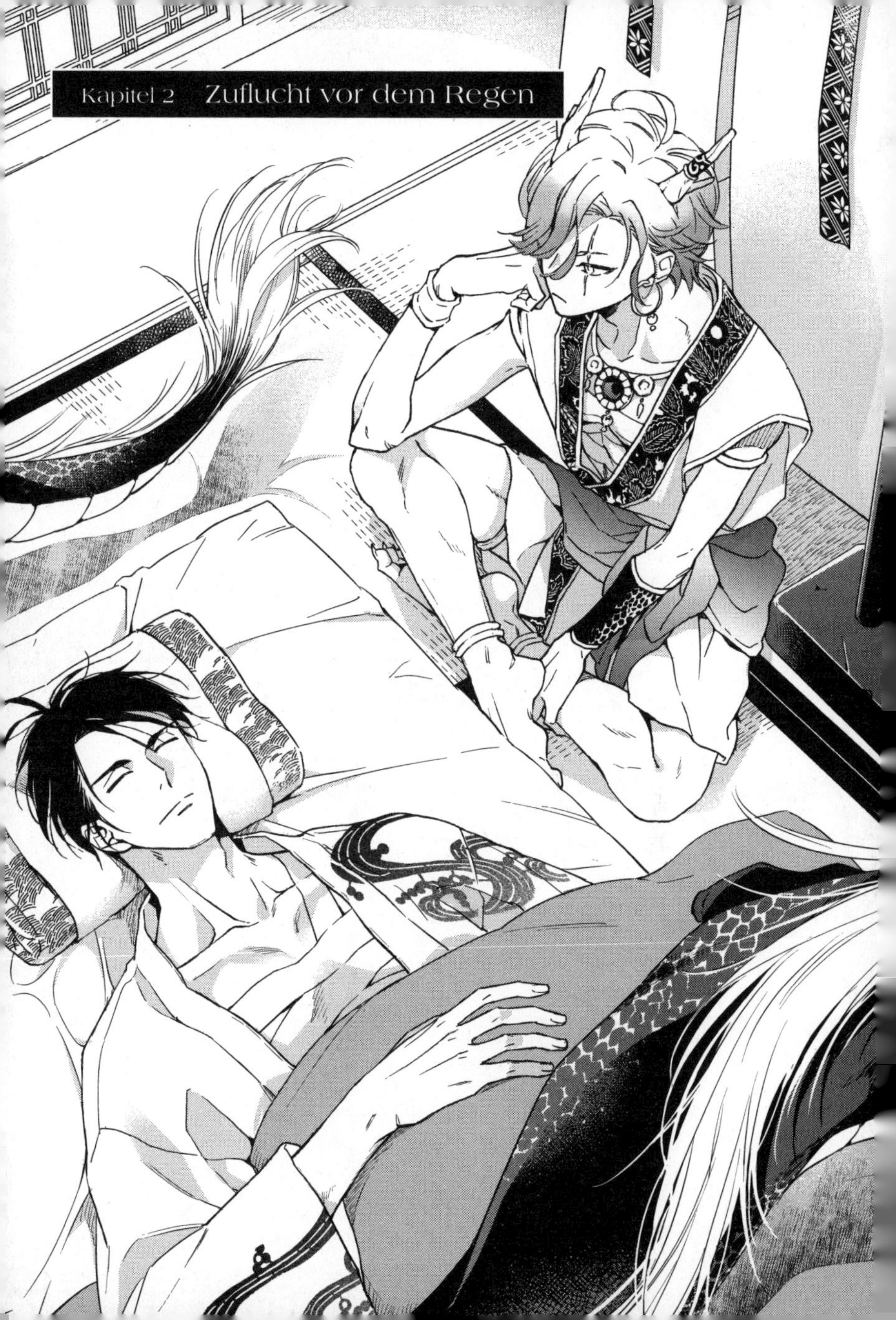
Kapitel 2 Zuflucht vor dem Regen

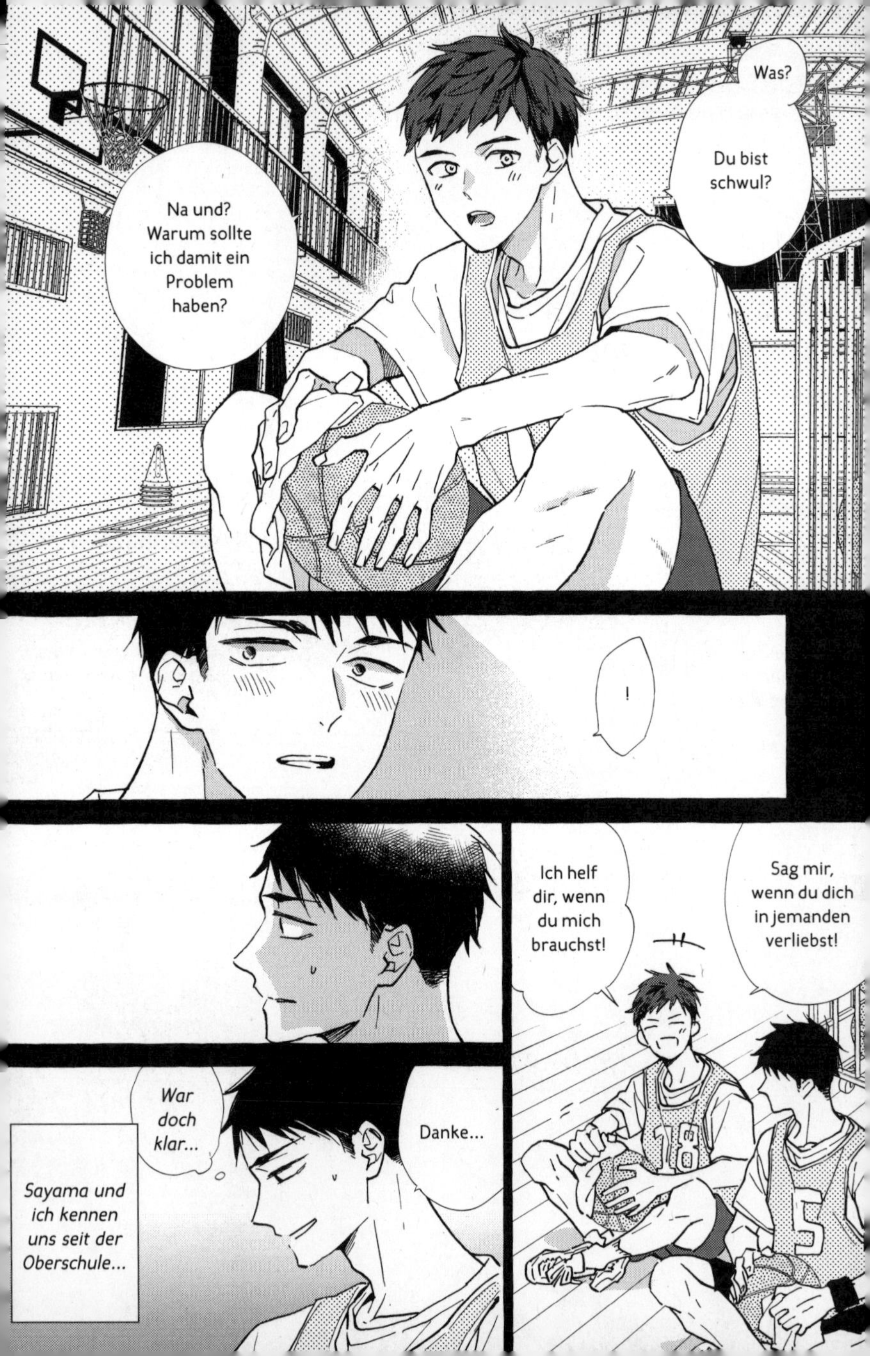
Was?
Du bist schwul?
Na und? Warum sollte ich damit ein Problem haben?
!
Sag mir, wenn du dich in jemanden verliebst!
Ich helf dir, wenn du mich brauchst!
Danke...
War doch klar...
Sayama und ich kennen uns seit der Oberschule...

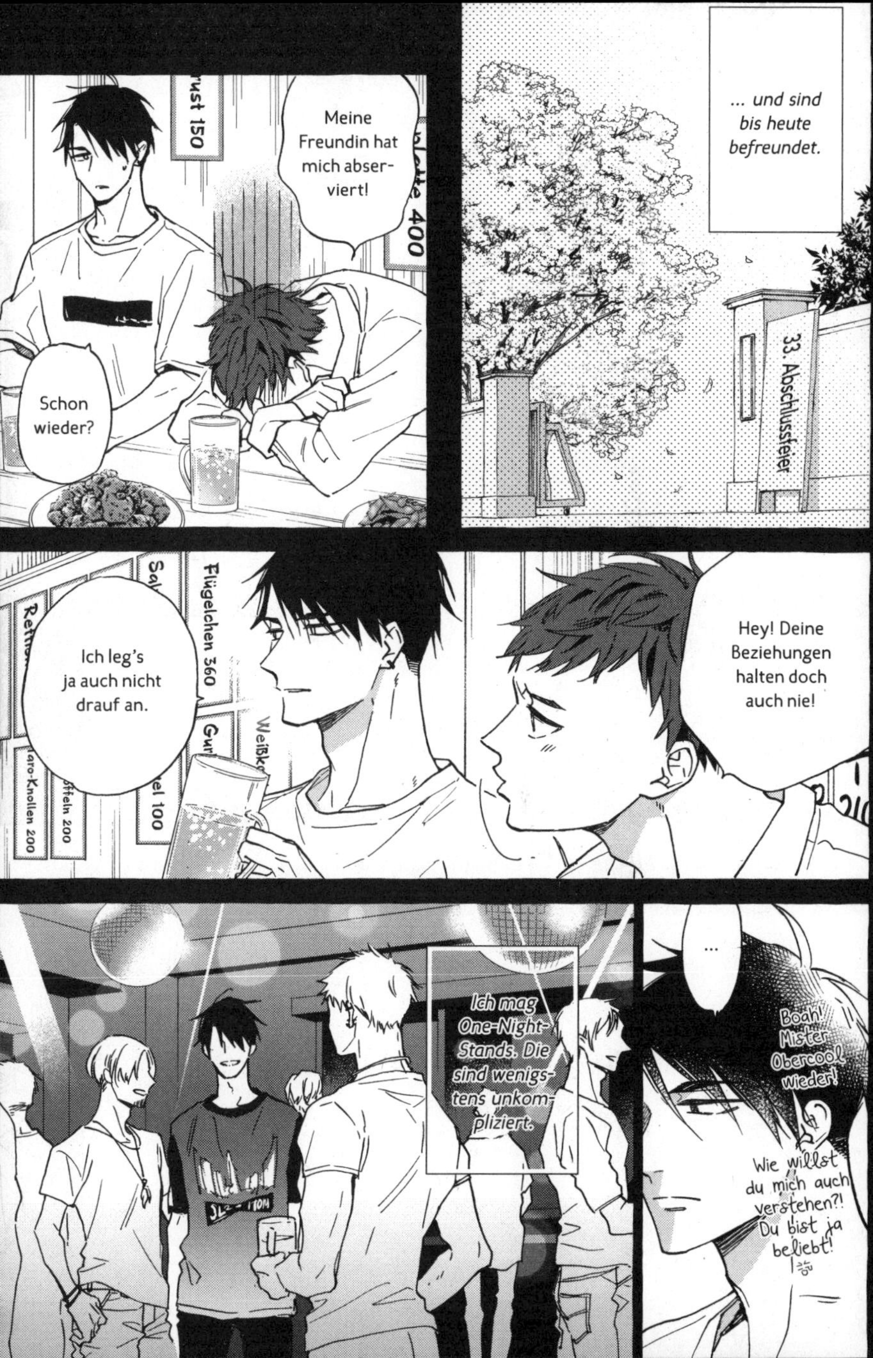
... und sind bis heute befreundet.
33. Abschlussfeier
Meine Freundin hat mich abserviert!
Schon wieder?
Hey! Deine Beziehungen halten doch auch nie!
Ich leg's ja auch nicht drauf an.
Flügelchen 360
...
Boah! Mister Obercool wieder!
Wie willst du mich auch verstehen?! Du bist ja beliebt!
Ich mag One-Night-Stands. Die sind wenigstens unkompliziert.

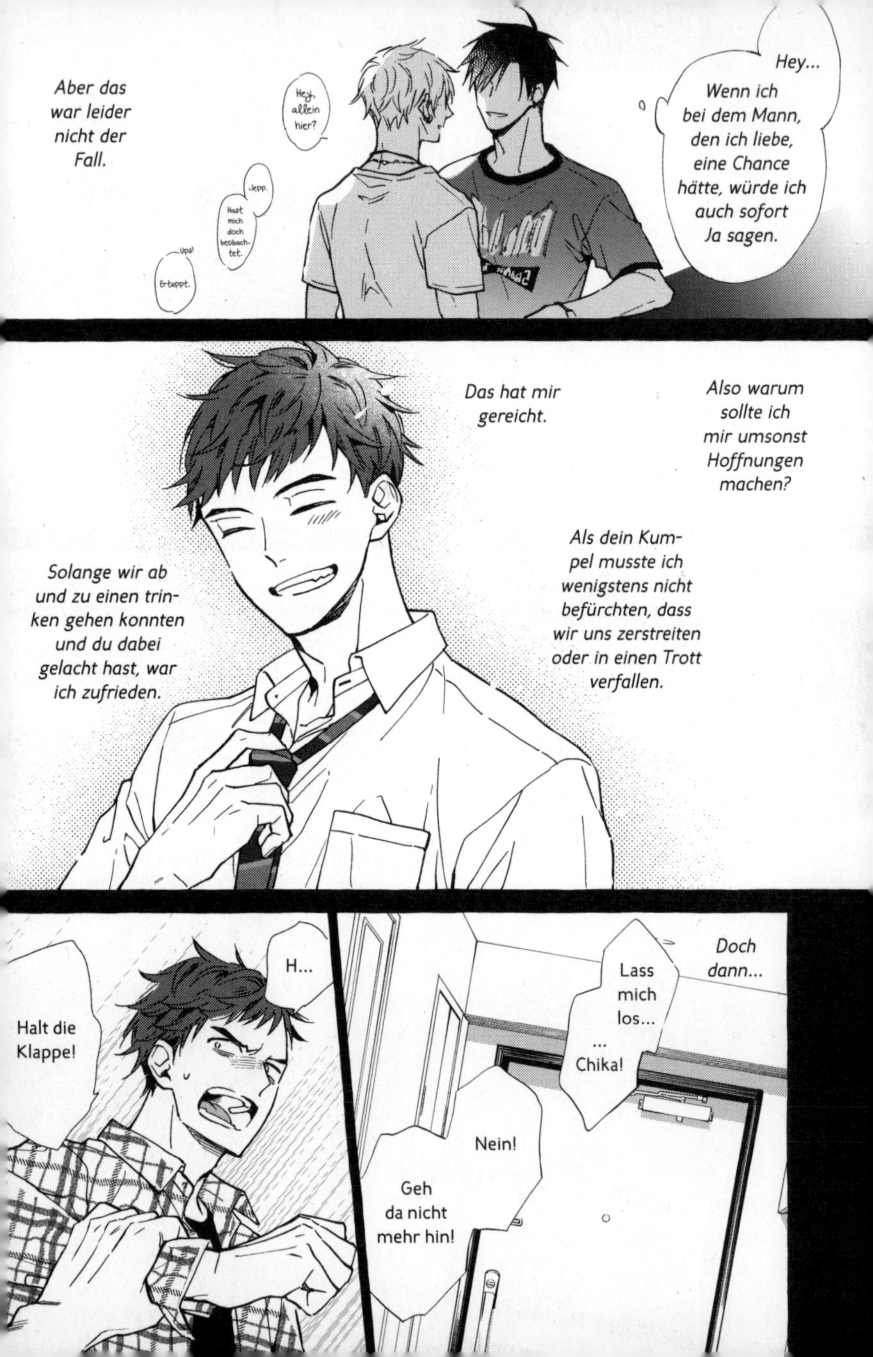
Hey... Wenn ich bei dem Mann, den ich liebe, eine Chance hätte, würde ich auch sofort Ja sagen.
Hey, allein hier?
Jepp.
Hast mich doch beobachtet.
Ups!
Ertappt.
Aber das war leider nicht der Fall.
Also warum sollte ich mir umsonst Hoffnungen machen?
Das hat mir gereicht.
Als dein Kumpel musste ich wenigstens nicht befürchten, dass wir uns zerstreiten oder in einen Trott verfallen.
Solange wir ab und zu einen trinken gehen konnten und du dabei gelacht hast, war ich zufrieden.
Doch dann...
Lass mich los... ... Chika!
Nein!
Geh da nicht mehr hin!
H...
Halt die Klappe!

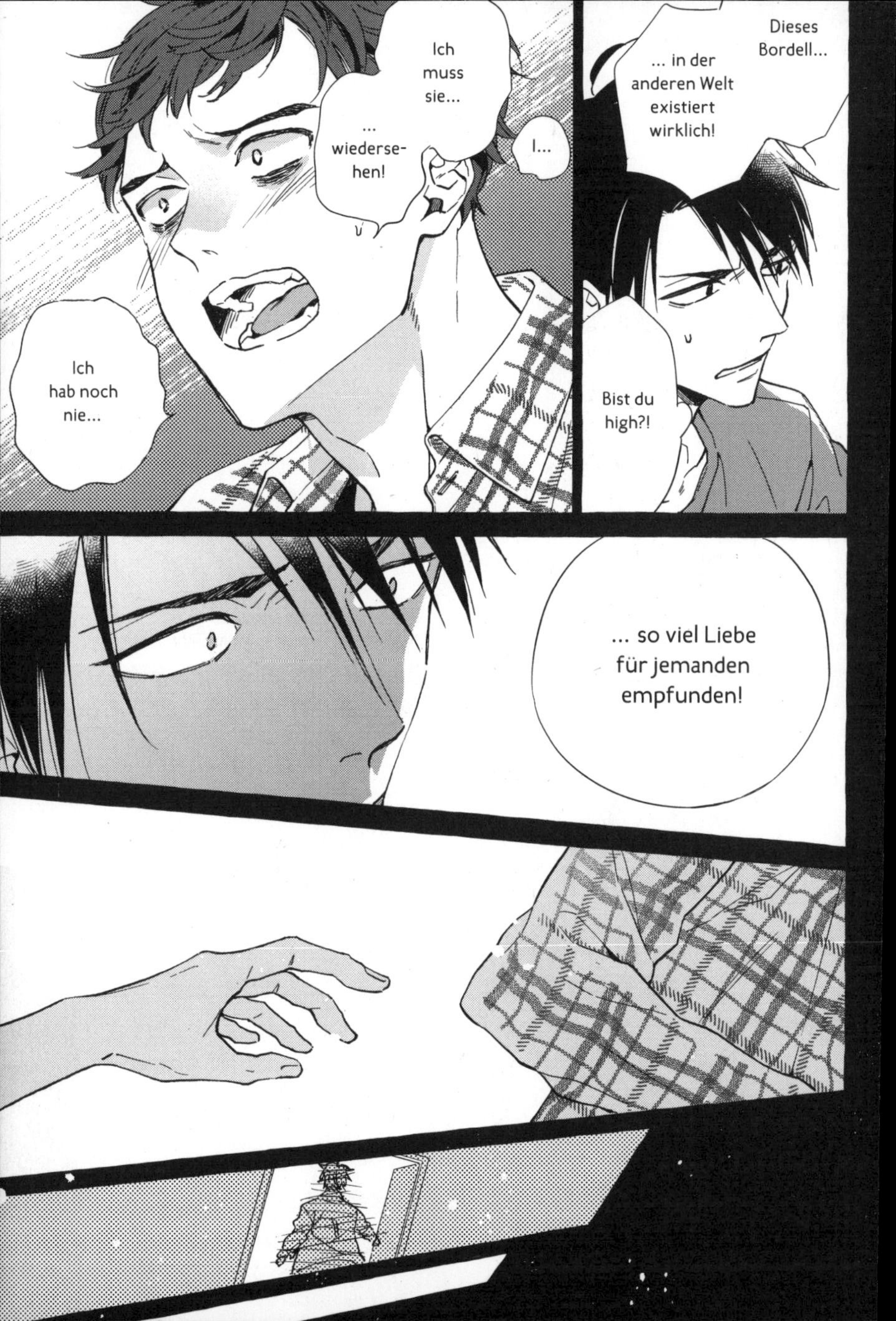
Dieses Bordell...
... in der anderen Welt existiert wirklich!
Bist du high?!
I...
Ich muss sie...
... wiederse- hen!
Ich hab noch nie...
... so viel Liebe für jemanden empfunden!

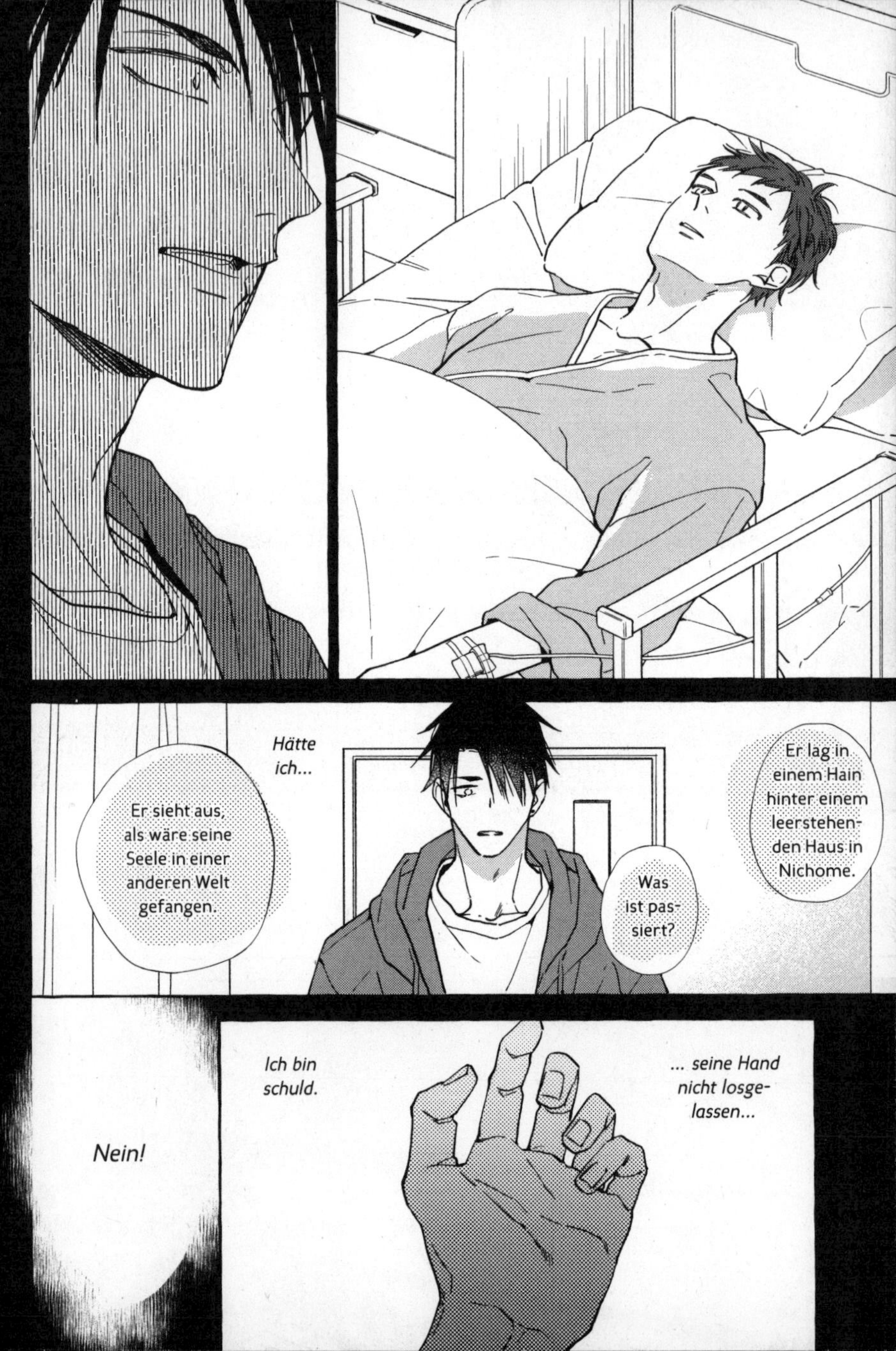
Er lag in einem Hain hinter einem leerstehenden Haus in Nichome.
Was ist passiert?
Hätte ich...
Er sieht aus, als wäre seine Seele in einer anderen Welt gefangen.
... seine Hand nicht losgelassen...
Ich bin schuld.
Nein!

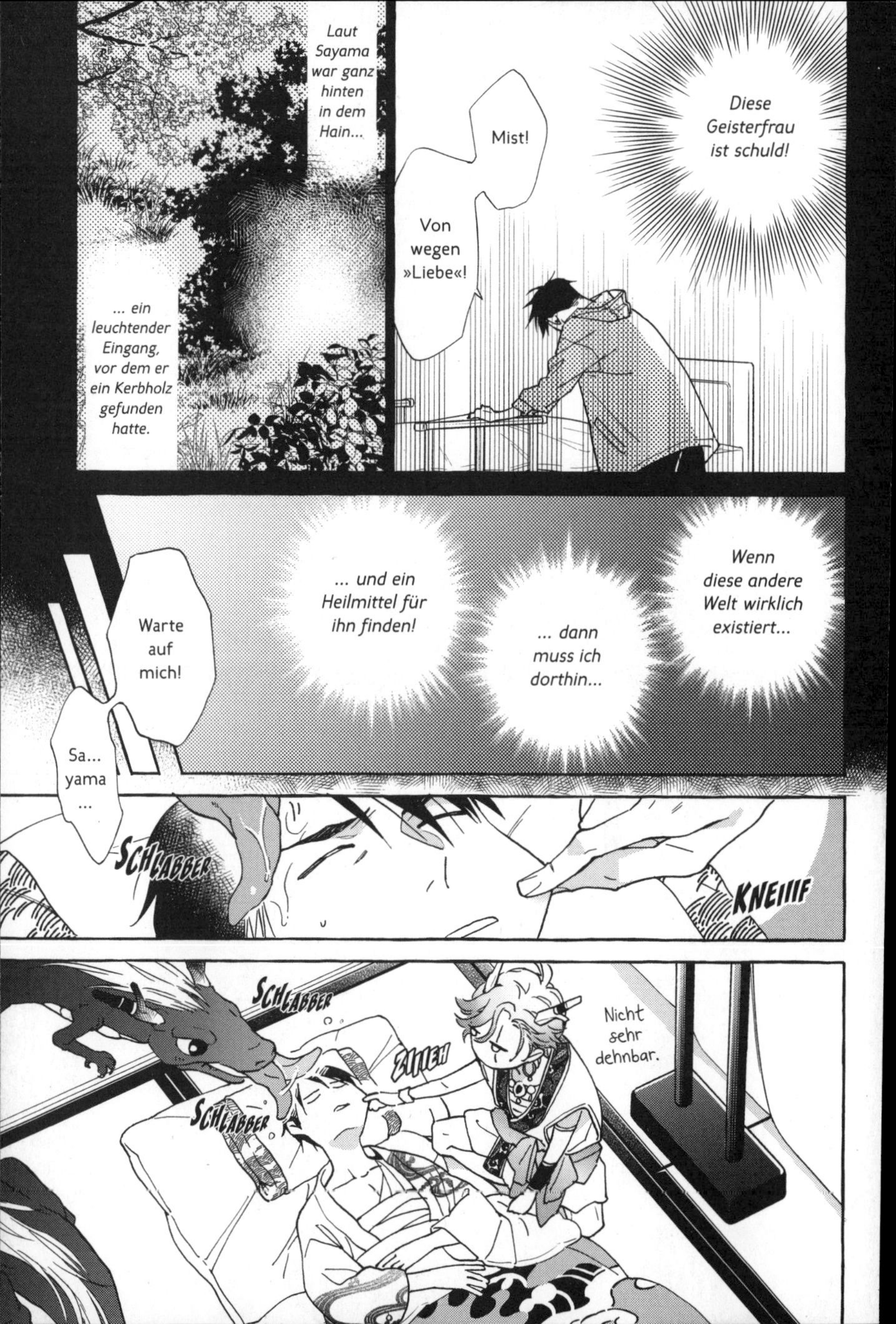
Diese Geisterfrau ist schuld!
Mist!
Von wegen »Liebe«!
Laut Sayama war ganz hinten in dem Hain...
... ein leuchtender Eingang, vor dem er ein Kerbholz gefunden hatte.
Wenn diese andere Welt wirklich existiert...
... dann muss ich dorthin...
... und ein Heilmittel für ihn finden!
Warte auf mich!
KNEIIIF
SCHLABBER
Sa... yama ...
Nicht sehr dehnbar.
ZIIIEH
SCHLABBER
SCHLABBER

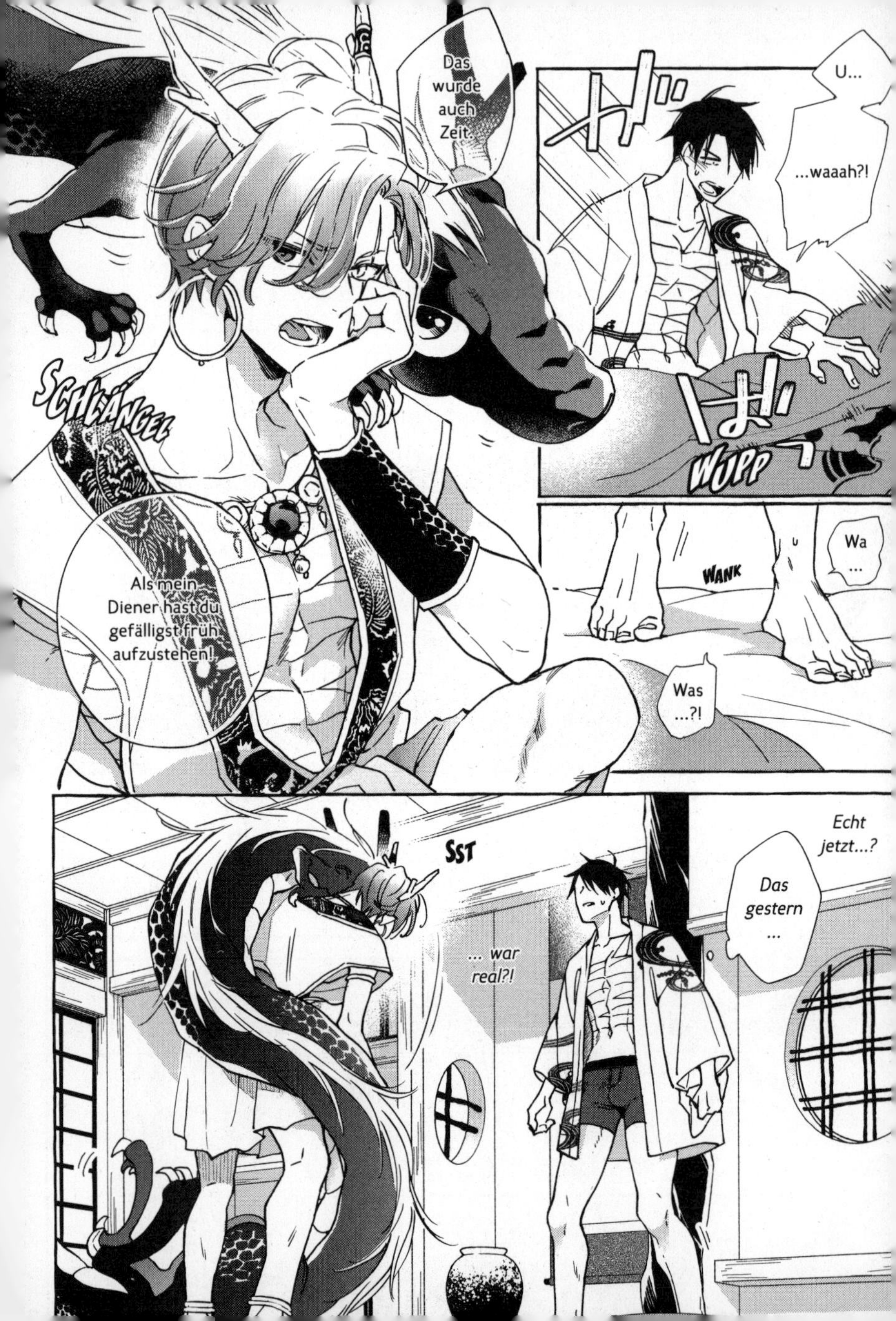

U...
...waaah?!
WUPP
Das wurde auch Zeit.
SCHLÄNGEL
Wa ...
WANK
Was ...?!
Als mein Diener hast du gefälligst früh aufzustehen!
Echt jetzt...?
Das gestern ...
SST
... war real?!

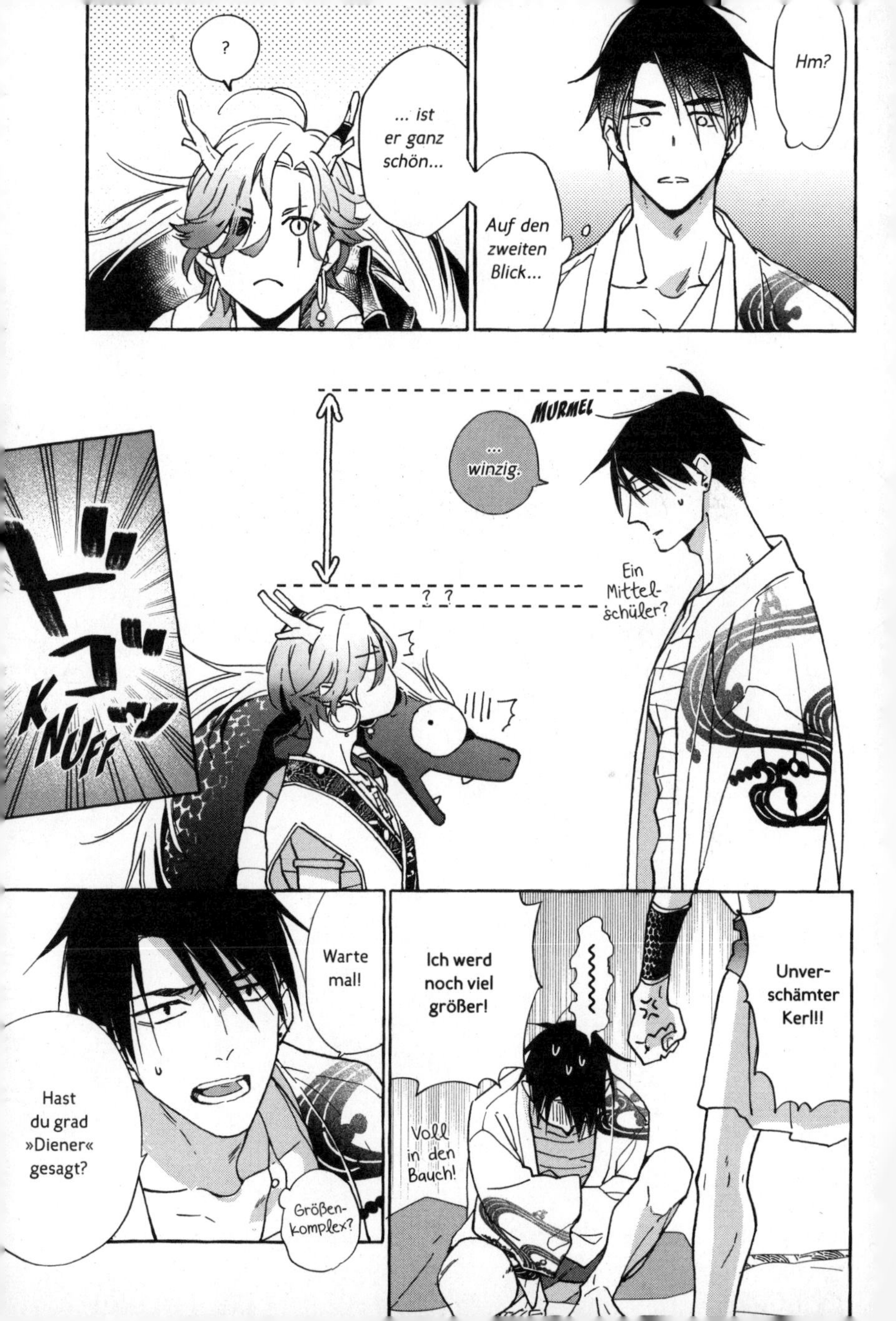

Hm?
?
Auf den zweiten Blick...
... ist er ganz schön...
MURMEL
... winzig.
Ein Mittel-schüler?
? ?
KNUFF
Unver-schämter Kerl!!
Ich werd noch viel größer!
Voll in den Bauch!
Warte mal!
Hast du grad »Diener« gesagt?
Größen-komplex?

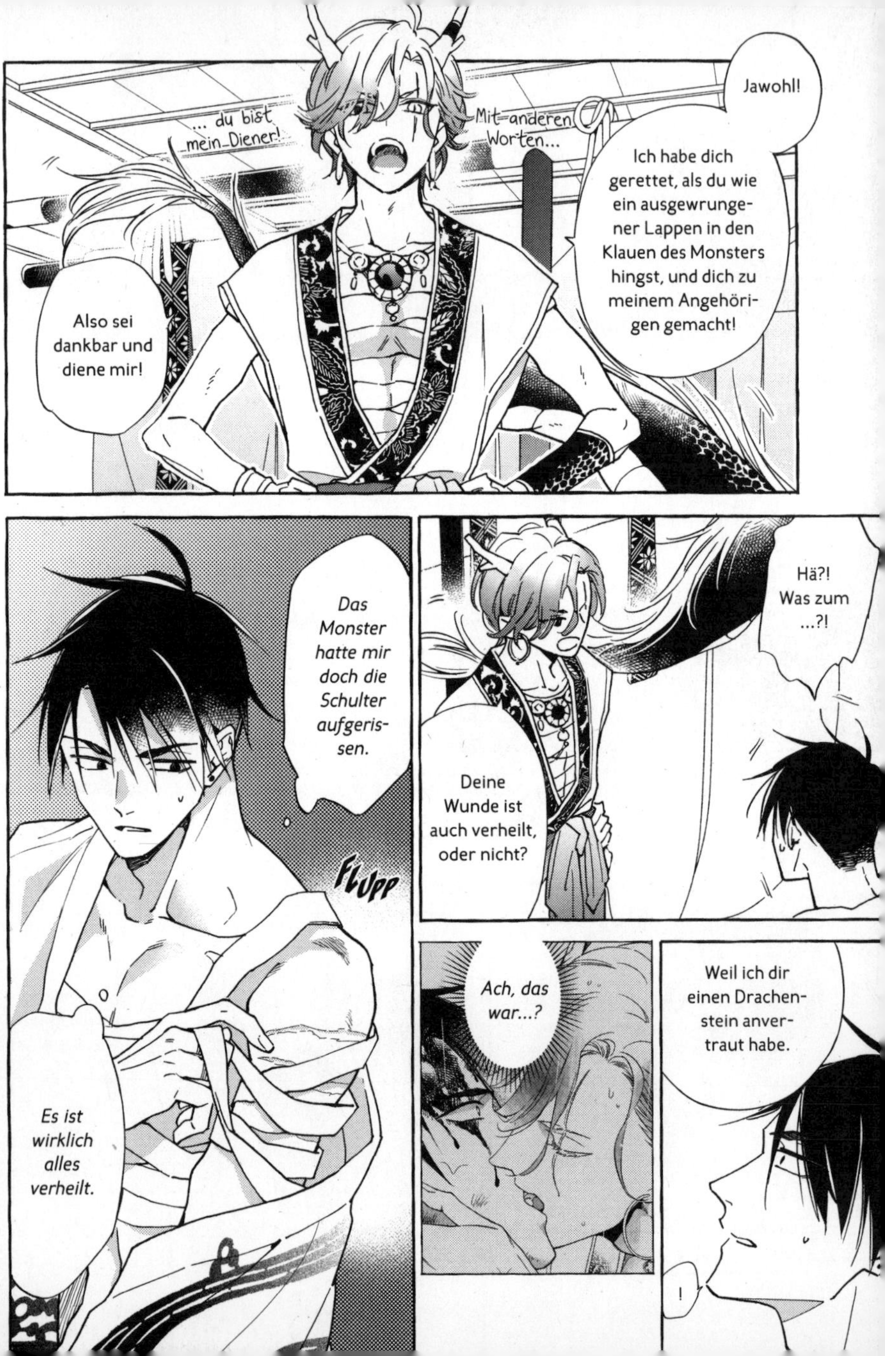
Jawohl!
Ich habe dich gerettet, als du wie ein ausgewrungener Lappen in den Klauen des Monsters hingst, und dich zu meinem Angehörigen gemacht!
Mit anderen Worten…
… du bist mein Diener!
Also sei dankbar und diene mir!
Hä?! Was zum …?!
Deine Wunde ist auch verheilt, oder nicht?
Das Monster hatte mir doch die Schulter aufgerissen.
FLUPP
Es ist wirklich alles verheilt.
Weil ich dir einen Drachenstein anvertraut habe.
!
Ach, das war…?

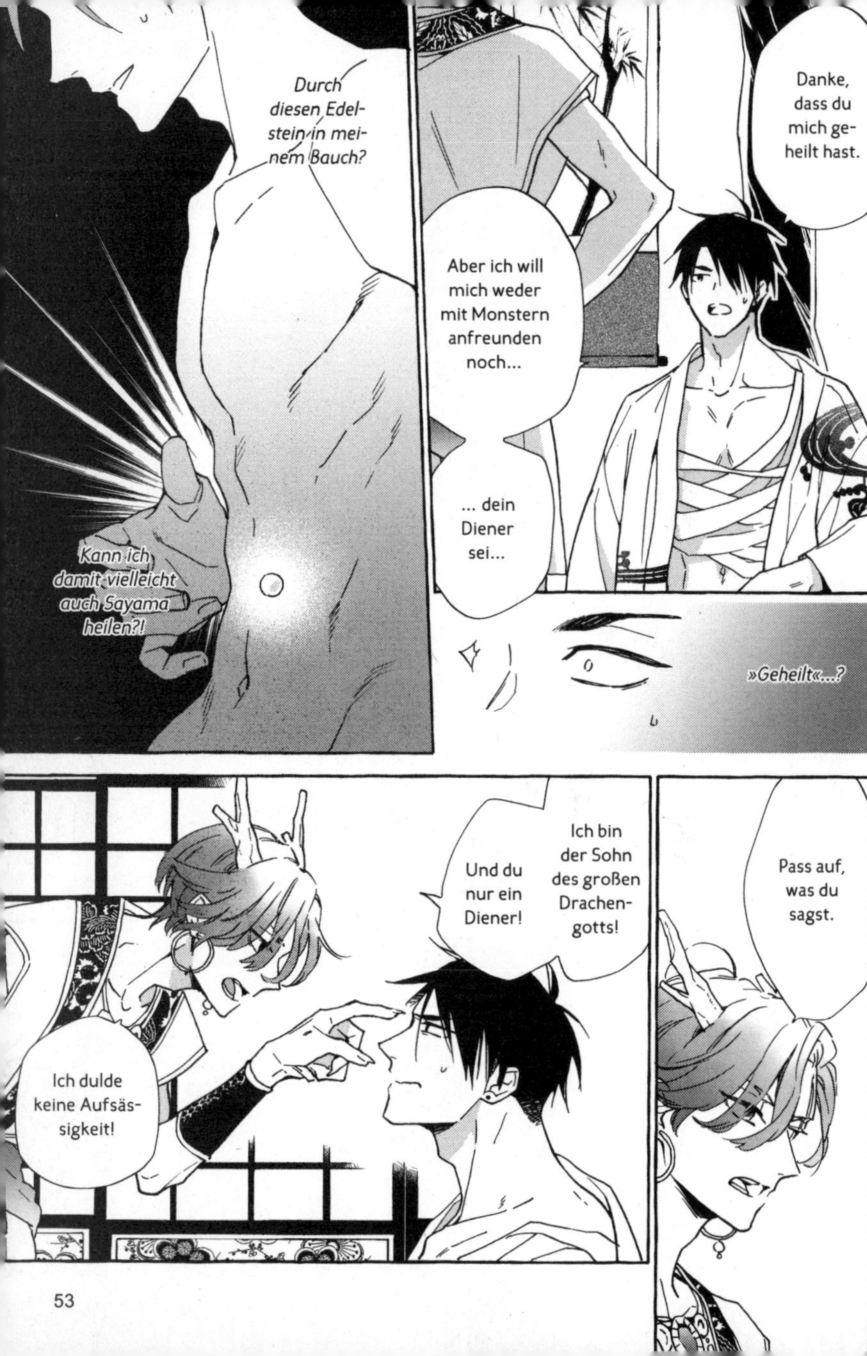
Danke, dass du mich geheilt hast.
Aber ich will mich weder mit Monstern anfreunden noch...
... dein Diener sei...
»Geheilt«...?
Durch diesen Edelstein in meinem Bauch?
Kann ich damit vielleicht auch Sayama heilen?!
Pass auf, was du sagst.
Ich bin der Sohn des großen Drachengotts!
Und du nur ein Diener!
Ich dulde keine Aufsässigkeit!

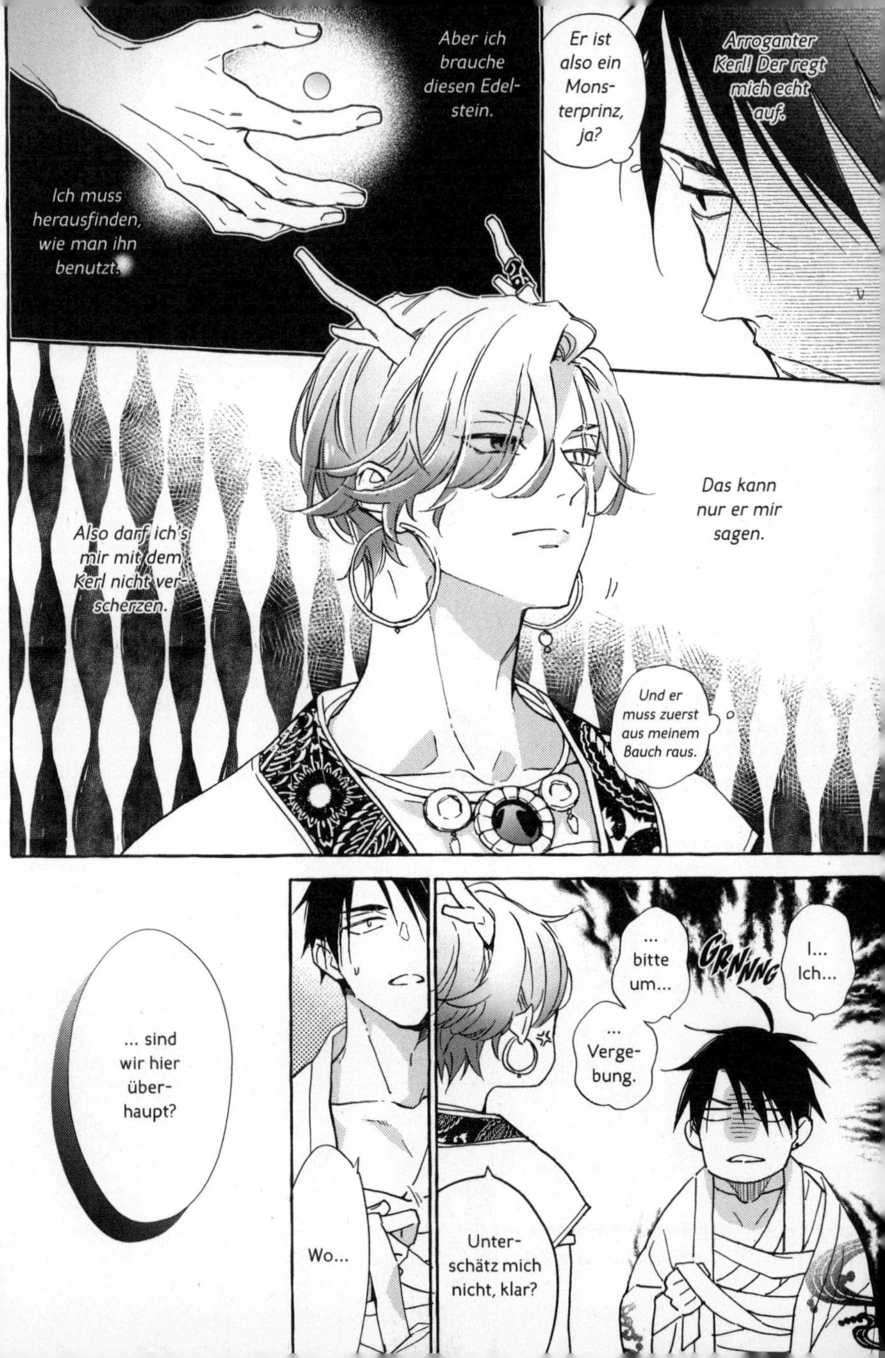

Arroganter Kerl! Der regt mich echt auf.
Er ist also ein Monsterprinz, ja?
Aber ich brauche diesen Edelstein.
Ich muss herausfinden, wie man ihn benutzt.
Das kann nur er mir sagen.
Also darf ich's mir mit dem Kerl nicht verscherzen.
Und er muss zuerst aus meinem Bauch raus.
I... Ich...
GRNNNG
... bitte um...
... Vergebung.
Unterschätz mich nicht, klar?
Wo...
... sind wir hier überhaupt?

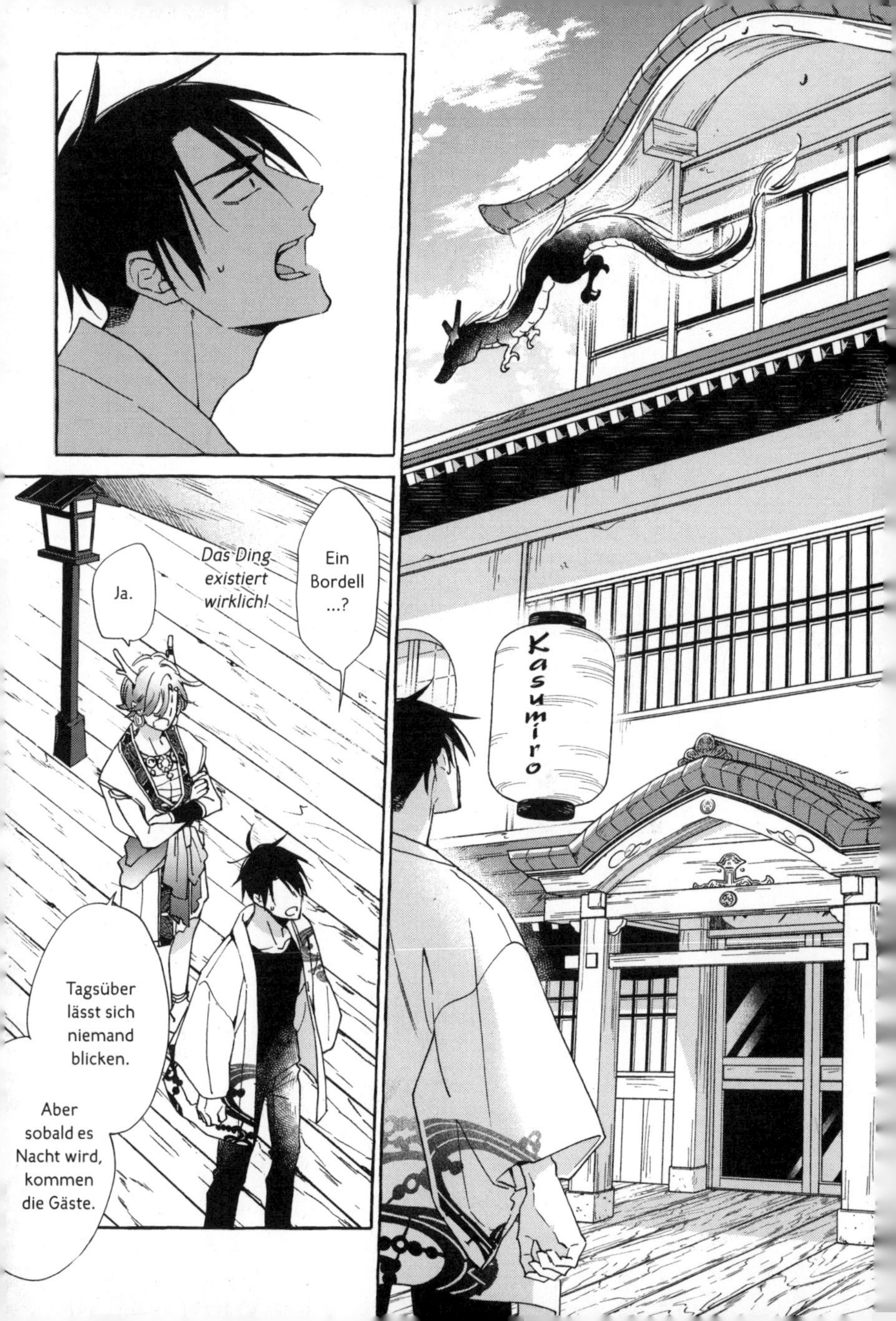
Kasumiro
Ein Bordell ...?
Das Ding existiert wirklich!
Ja.
Tagsüber lässt sich niemand blicken.
Aber sobald es Nacht wird, kommen die Gäste.

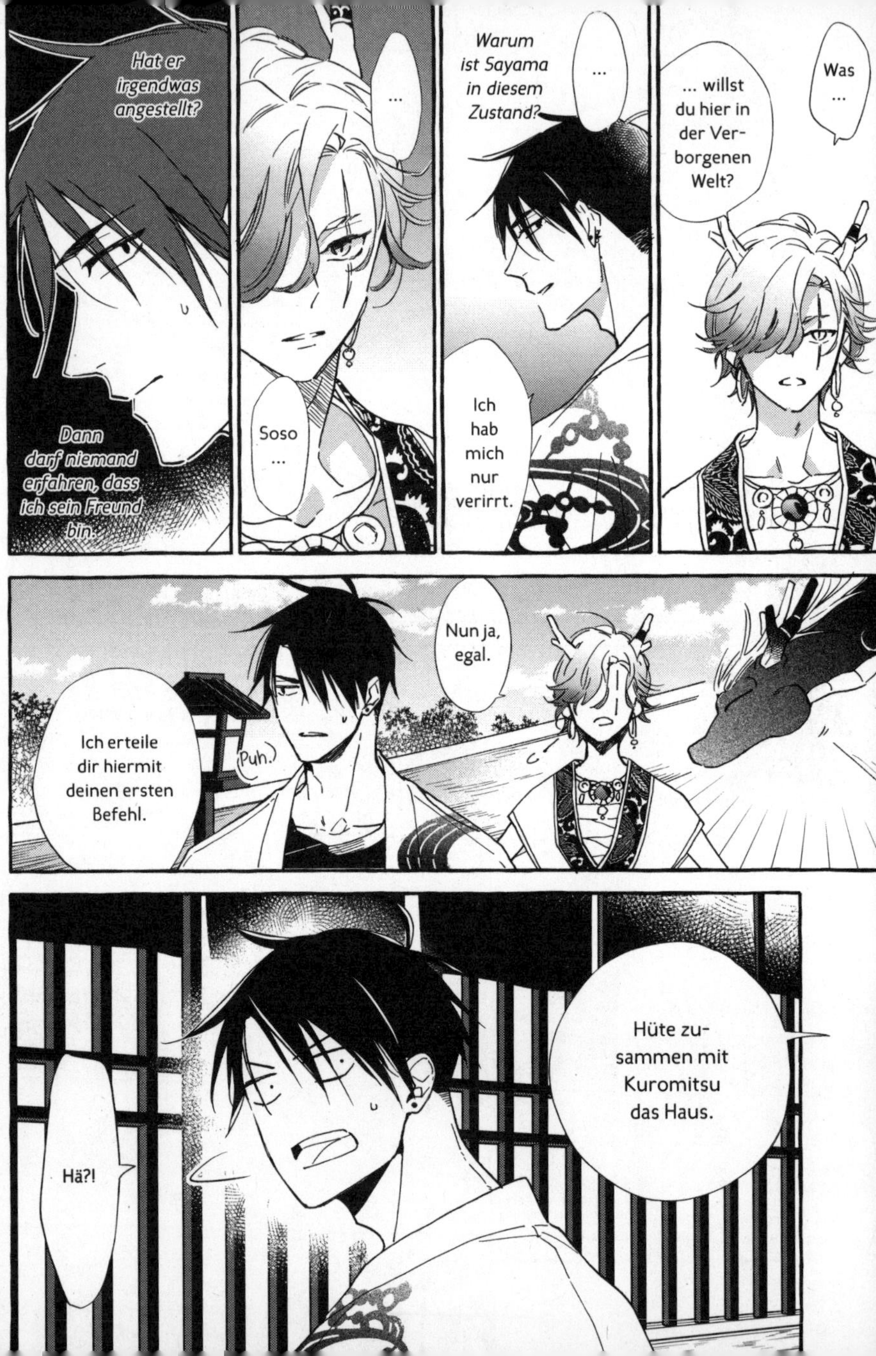
Was ...
... willst du hier in der Verborgenen Welt?
...
Warum ist Sayama in diesem Zustand?
Ich hab mich nur verirrt.
...
Soso ...
Hat er irgendwas angestellt?
Dann darf niemand erfahren, dass ich sein Freund bin.
Nun ja, egal.
(Puh.)
Ich erteile dir hiermit deinen ersten Befehl.
Hüte zusammen mit Kuromitsu das Haus.
Hä?!

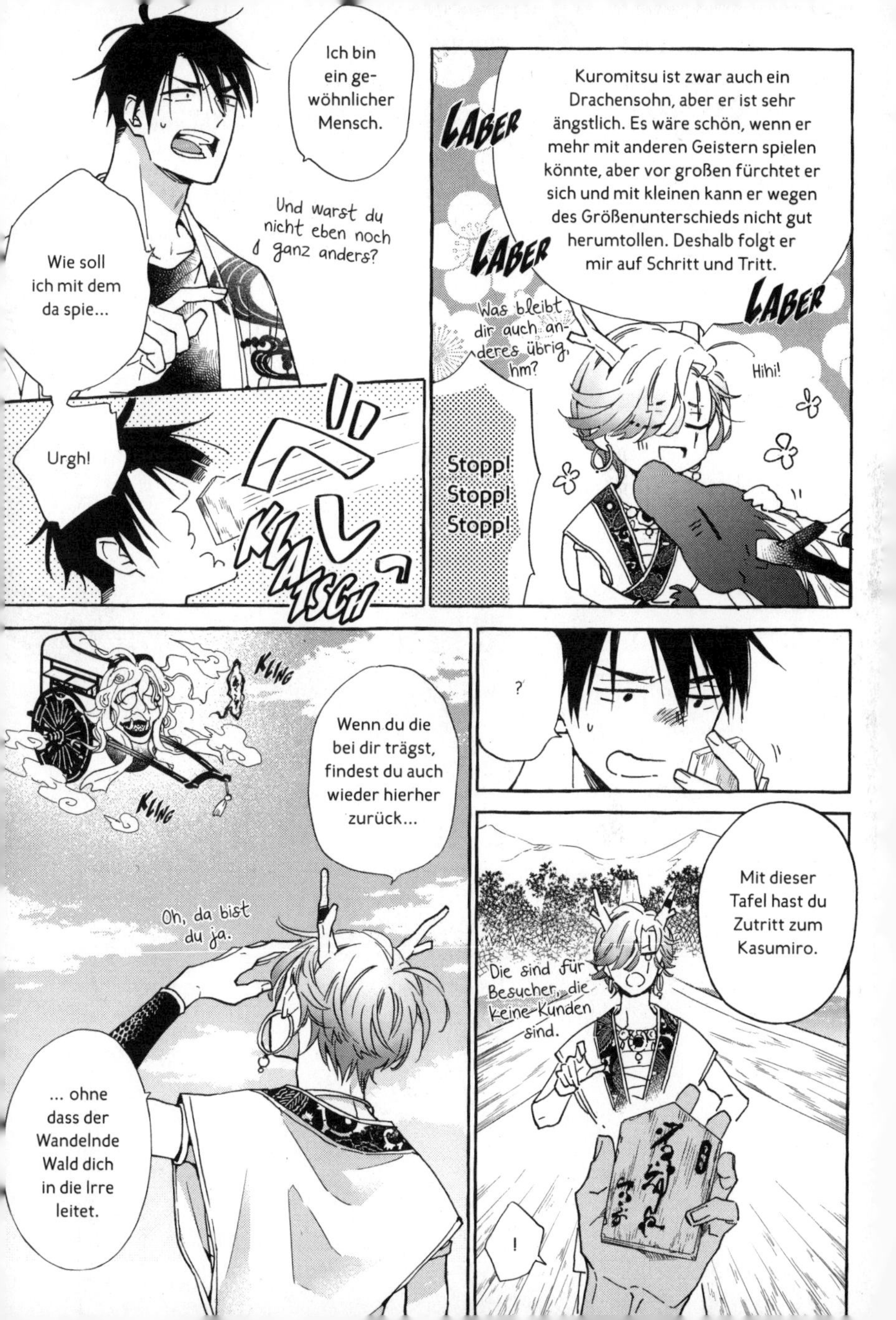
Kuromitsu ist zwar auch ein Drachensohn, aber er ist sehr ängstlich. Es wäre schön, wenn er mehr mit anderen Geistern spielen könnte, aber vor großen fürchtet er sich und mit kleinen kann er wegen des Größenunterschieds nicht gut herumtollen. Deshalb folgt er mir auf Schritt und Tritt.
LABER
LABER
LABER
Was bleibt dir auch anderes übrig, hm?
Hihi!
Stopp! Stopp! Stopp!
Ich bin ein gewöhnlicher Mensch.
Und warst du nicht eben noch ganz anders?
Wie soll ich mit dem da spie...
Urgh!
KLATSCH
?
Mit dieser Tafel hast du Zutritt zum Kasumiro.
Die sind für Besucher, die keine Kunden sind.
!
KLING
KLING
Wenn du die bei dir trägst, findest du auch wieder hierher zurück...
Oh, da bist du ja.
... ohne dass der Wandelnde Wald dich in die Irre leitet.

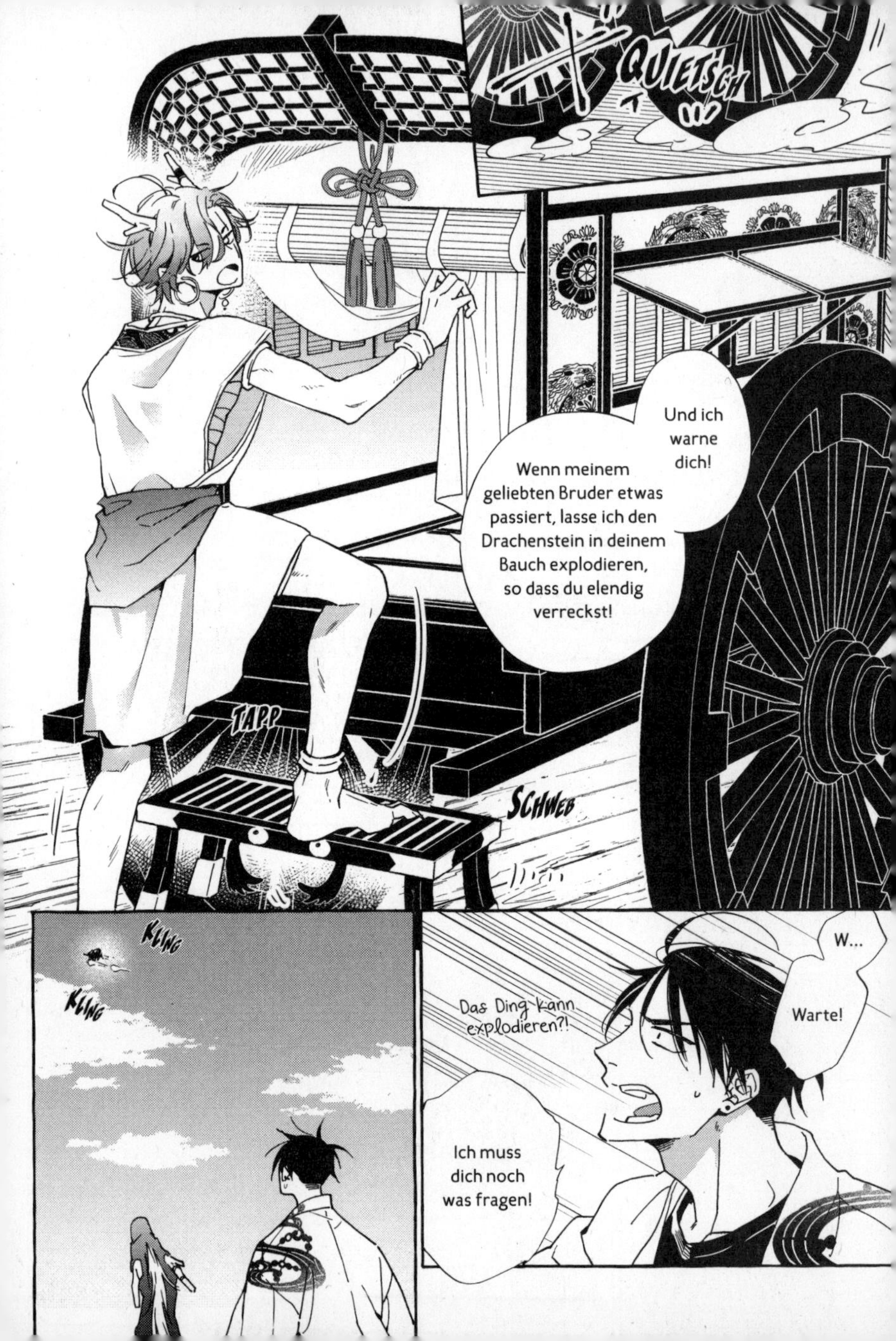
QUIETSCH
Und ich warne dich!
Wenn meinem geliebten Bruder etwas passiert, lasse ich den Drachenstein in deinem Bauch explodieren, so dass du elendig verreckst!
TAPP
SCHWEB
W...
Warte!
Das Ding kann explodieren?!
Ich muss dich noch was fragen!
KLING
KLING

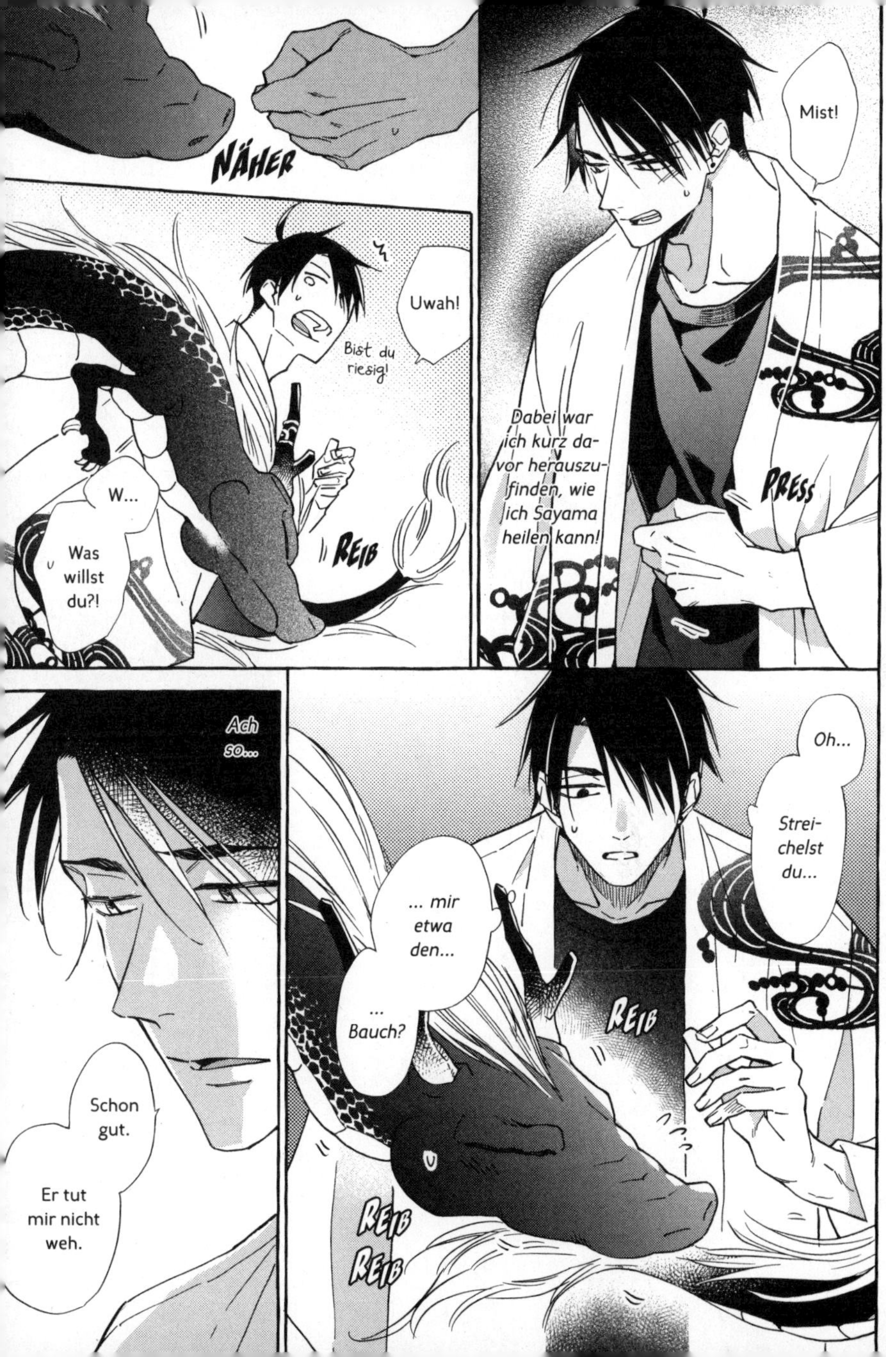

Mist!
Dabei war ich kurz davor herauszufinden, wie ich Sayama heilen kann!
PRESS
NÄHER
Uwah!
Bist du riesig!
W...
Was willst du?!
REIB
Oh...
Streichelst du...
... mir etwa den...
... Bauch?
REIB
REIB
REIB
Ach so...
Schon gut.
Er tut mir nicht weh.

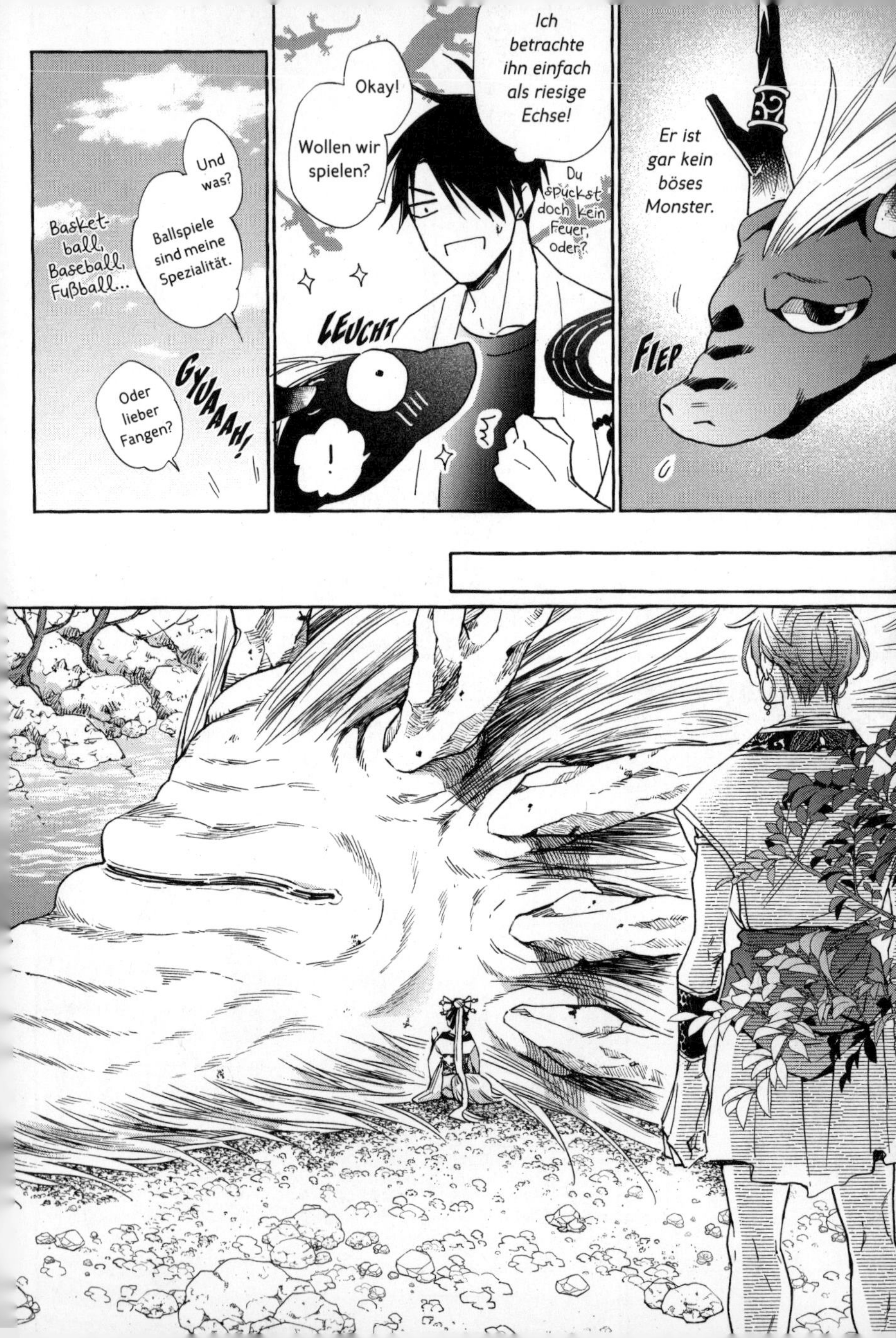
Er ist gar kein böses Monster.
FIEP
Ich betrachte ihn einfach als riesige Echse!
Du spuckst doch kein Feuer, oder?
Okay!
Wollen wir spielen?
LEUCHT
!
Und was?
Ballspiele sind meine Spezialität.
Basket-ball, Baseball, Fußball…
GYUAAAH!
Oder lieber Fangen?

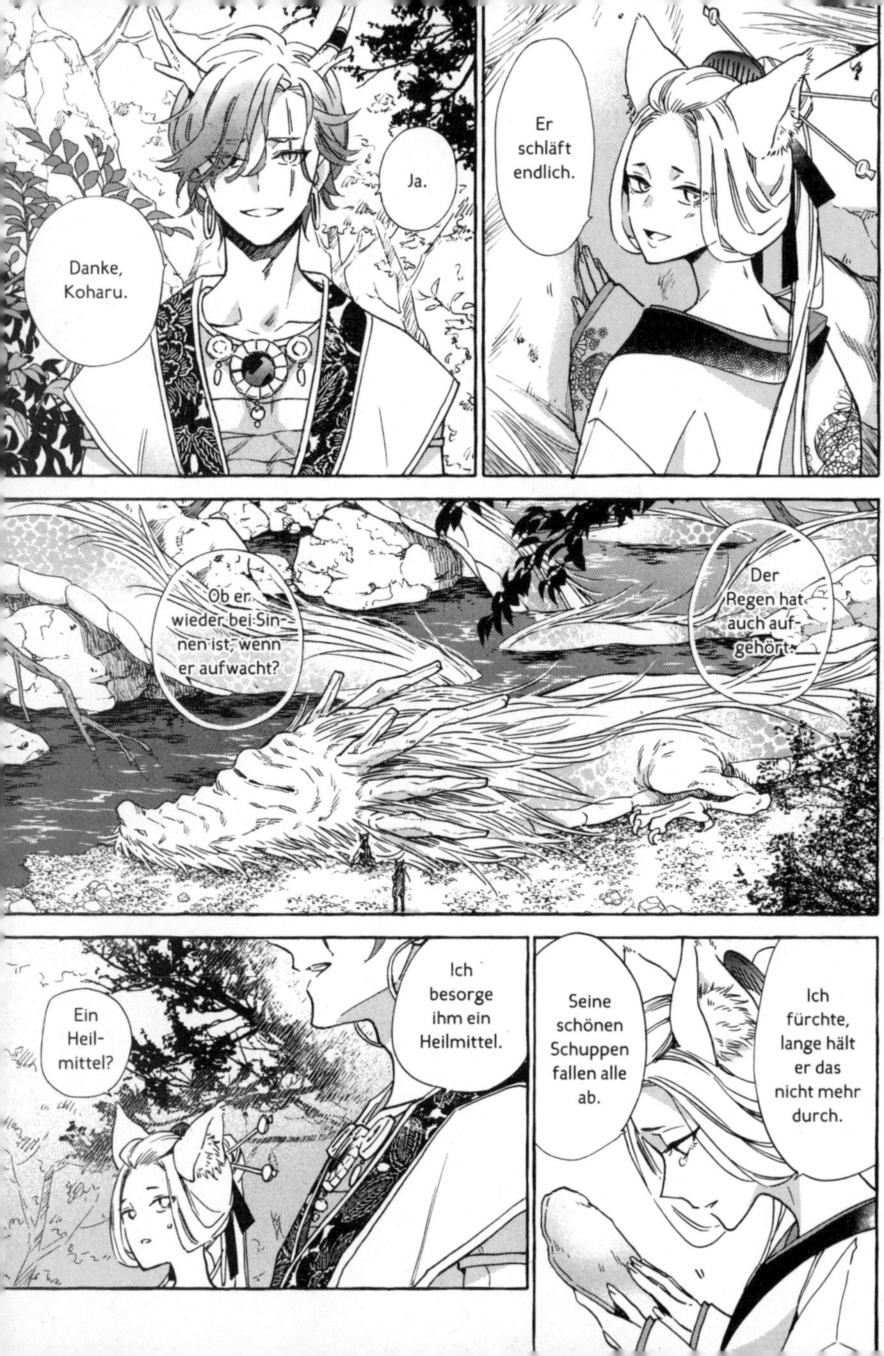
Er schläft endlich.
Ja.
Danke, Koharu.
Der Regen hat auch aufgehört.
Ob er wieder bei Sinnen ist, wenn er aufwacht?
Ich fürchte, lange hält er das nicht mehr durch.
Seine schönen Schuppen fallen alle ab.
Ich besorge ihm ein Heilmittel.
Ein Heilmittel?

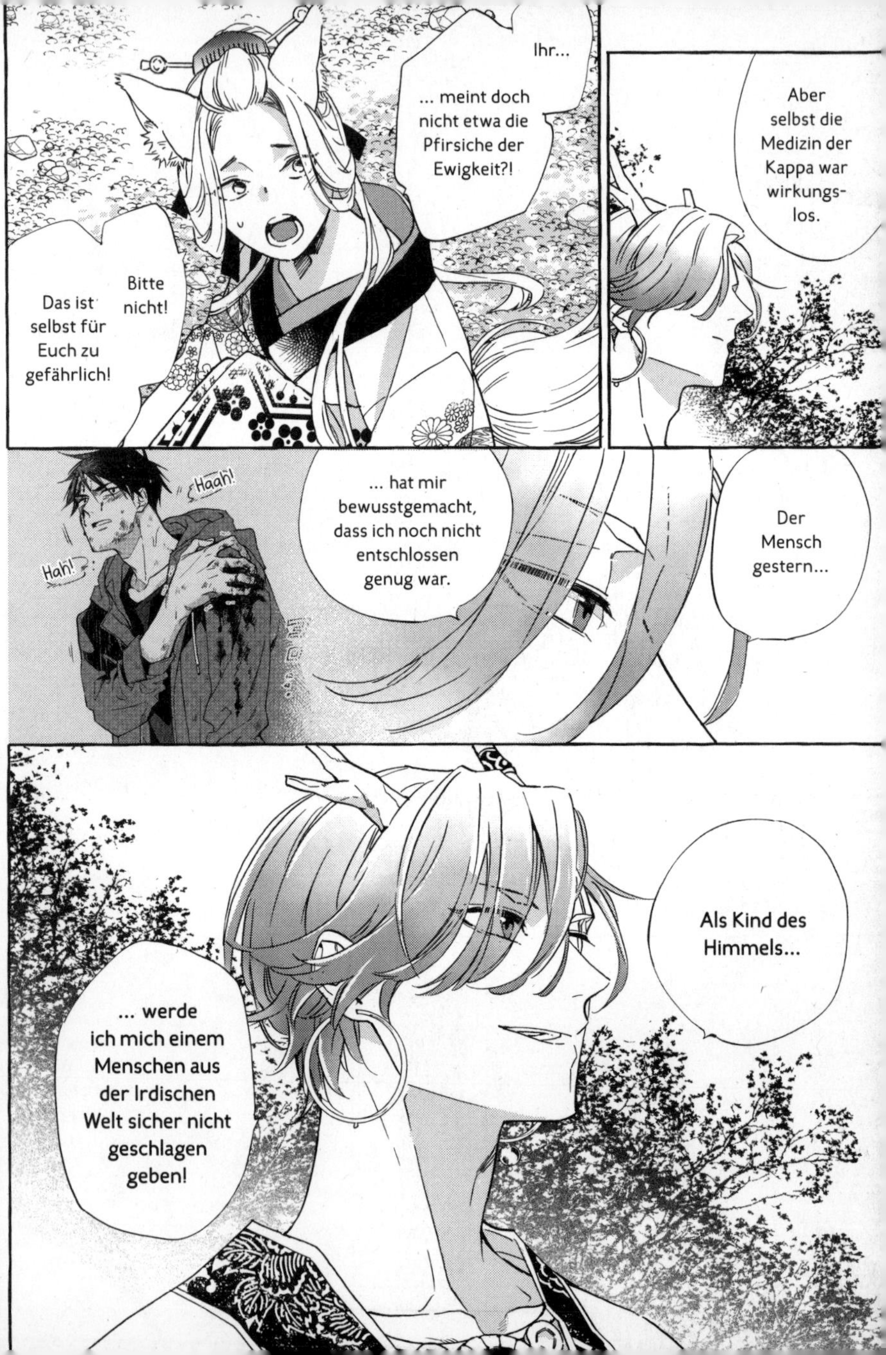
Aber selbst die Medizin der Kappa war wirkungs-los.
Ihr...
... meint doch nicht etwa die Pfirsiche der Ewigkeit?!
Bitte nicht!
Das ist selbst für Euch zu gefährlich!
Der Mensch gestern...
... hat mir bewusstgemacht, dass ich noch nicht entschlossen genug war.
Haah!
Hah!
Als Kind des Himmels...
... werde ich mich einem Menschen aus der Irdischen Welt sicher nicht geschlagen geben!

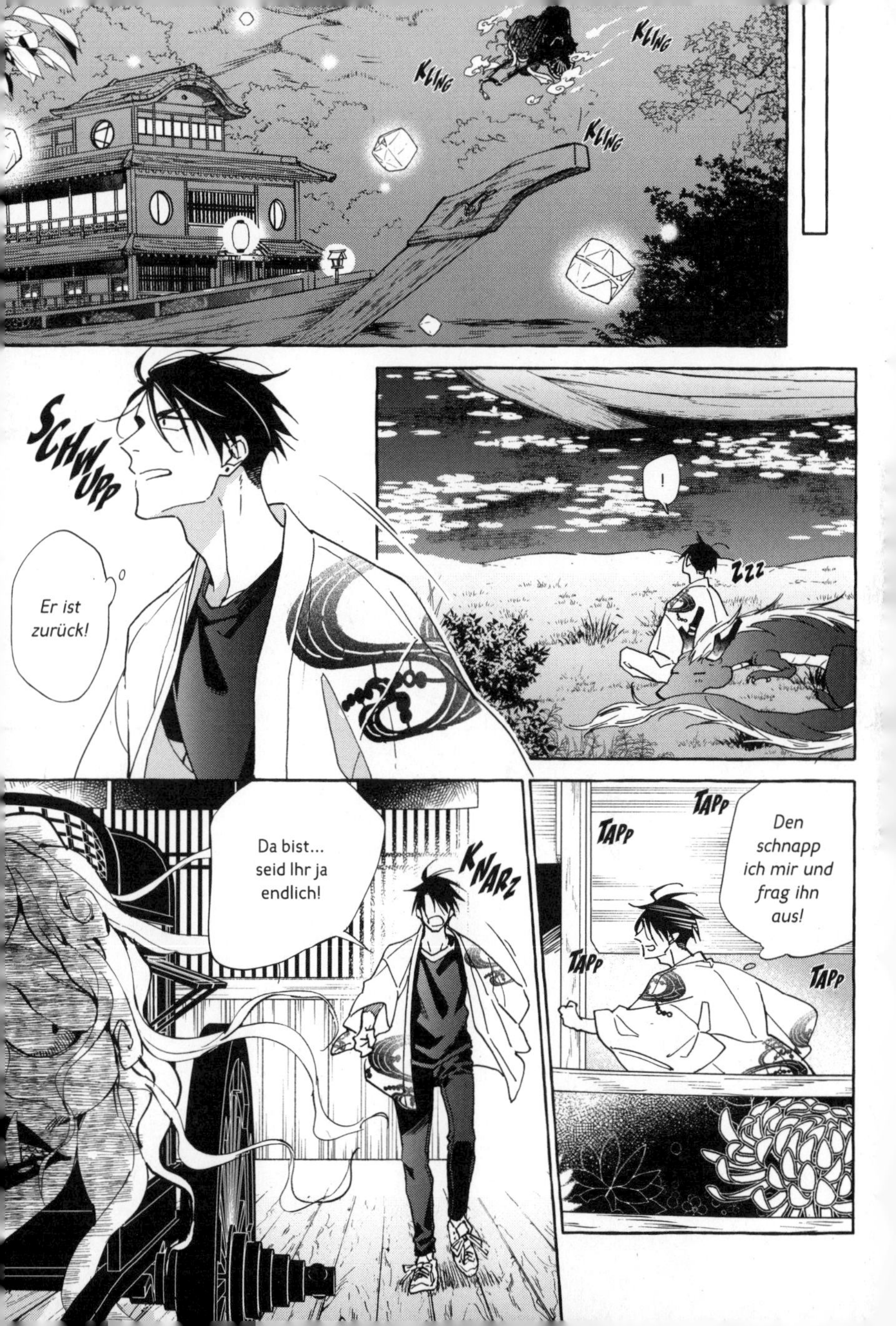
KLING
KLING
KLING
!
ZZZ
SCHWUPP
Er ist zurück!
Den schnapp ich mir und frag ihn aus!
TAPP
TAPP
TAPP
TAPP
KNARZ
Da bist... seid Ihr ja endlich!

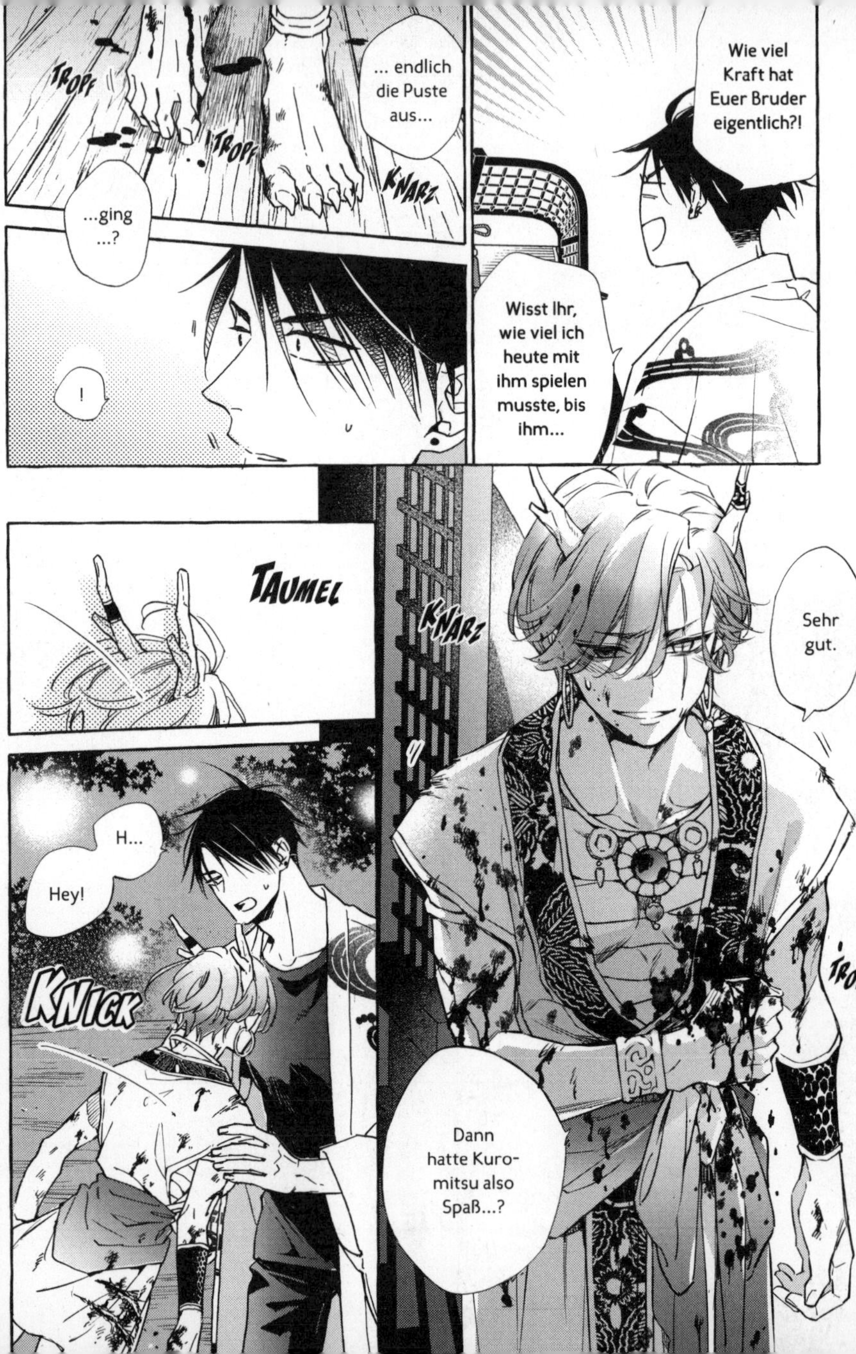
Wie viel Kraft hat Euer Bruder eigentlich?!
Wisst Ihr, wie viel ich heute mit ihm spielen musste, bis ihm...
... endlich die Puste aus...
TROPF
TROPF
KNARZ
...ging ...?
!
Sehr gut.
KNARZ
TAUMEL
TROPF
Dann hatte Kuromitsu also Spaß...?
H...
Hey!
KNICK

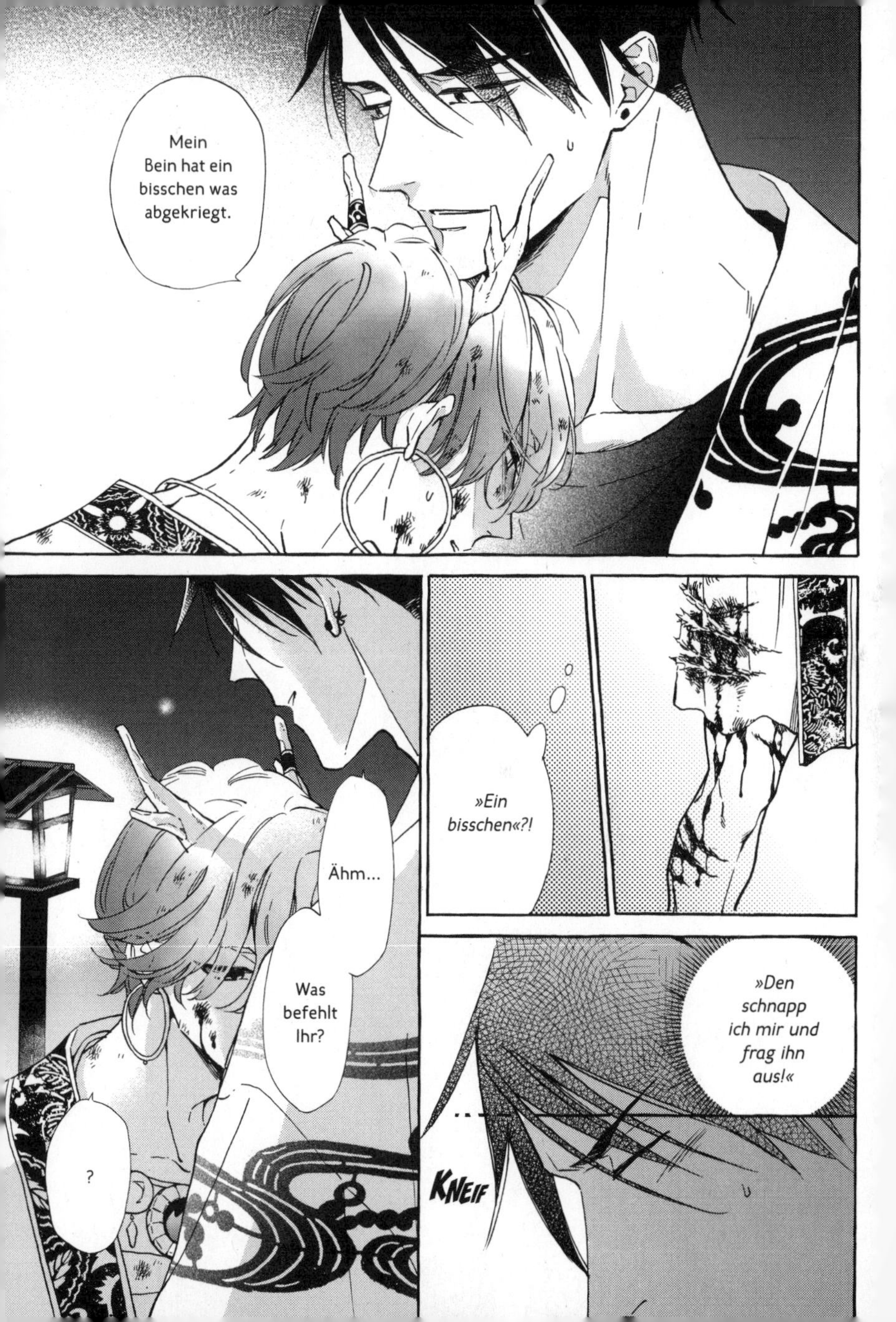
Mein Bein hat ein bisschen was abgekriegt.
»Ein bisschen«?!
»Den schnapp ich mir und frag ihn aus!«
...
KNEIF
Ähm...
Was befehlt Ihr?
?

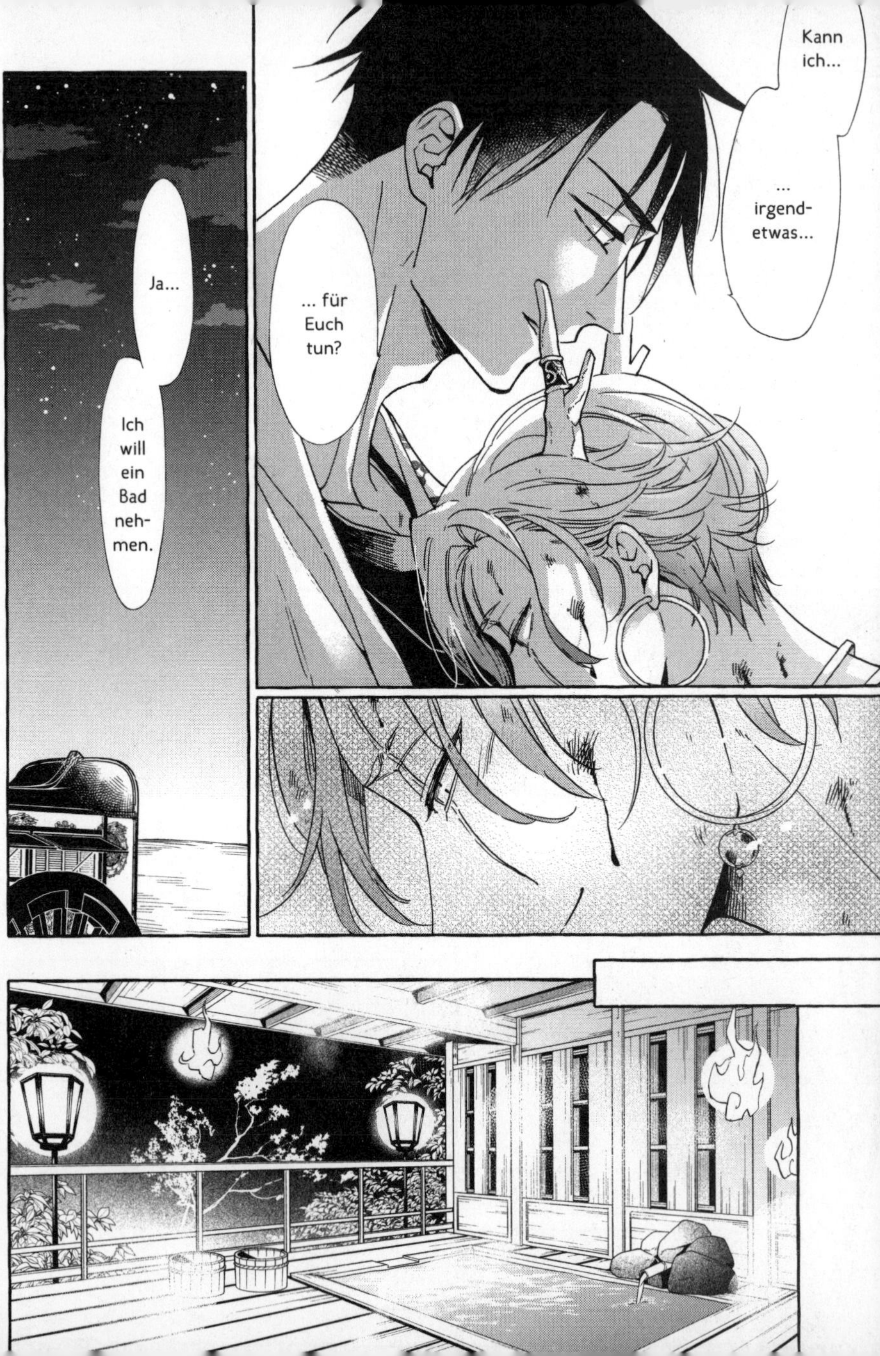
Kann ich...
... irgend-etwas...
... für Euch tun?
Ja...
Ich will ein Bad neh-men.

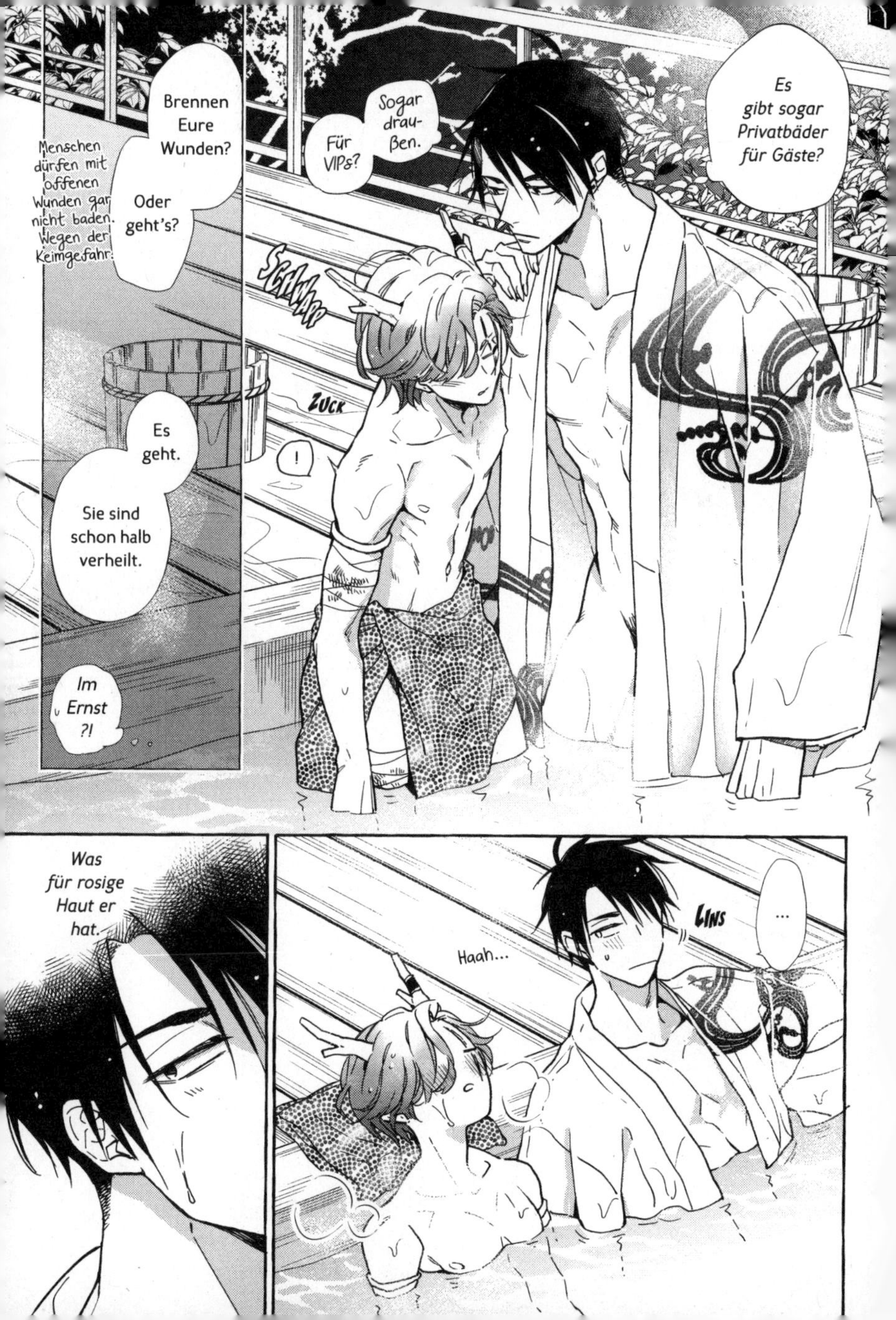

Es gibt sogar Privatbäder für Gäste?
Sogar drau-ßen.
Für VIPs?
Brennen Eure Wunden?
Oder geht's?
Menschen dürfen mit offenen Wunden gar nicht baden. Wegen der Keimgefahr.
SCHWAPP
ZUCK
!
Es geht.
Sie sind schon halb verheilt.
Im Ernst ?!
...
LINS
Haah...
Was für rosige Haut er hat.

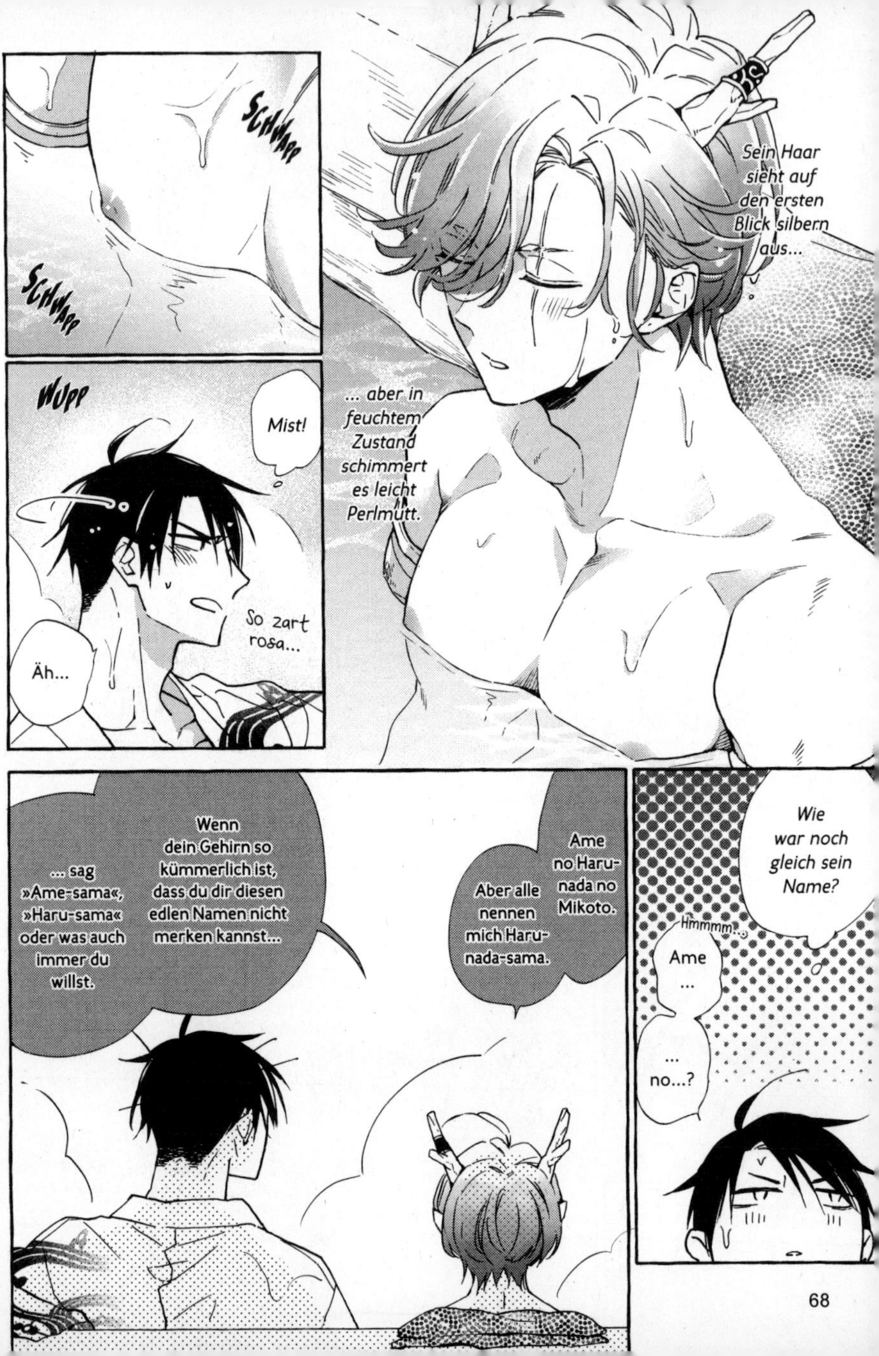
Sein Haar sieht auf den ersten Blick silbern aus...
... aber in feuchtem Zustand schimmert es leicht Perlmutt.
SCHWAPP
SCHWAPP
WUPP
Mist!
So zart rosa...
Äh...
Wie war noch gleich sein Name?
Hmmmm...
Ame ...
... no...?
Ame no Harunada no Mikoto.
Aber alle nennen mich Harunada-sama.
Wenn dein Gehirn so kümmerlich ist, dass du dir diesen edlen Namen nicht merken kannst...
... sag »Ame-sama«, »Haru-sama« oder was auch immer du willst.

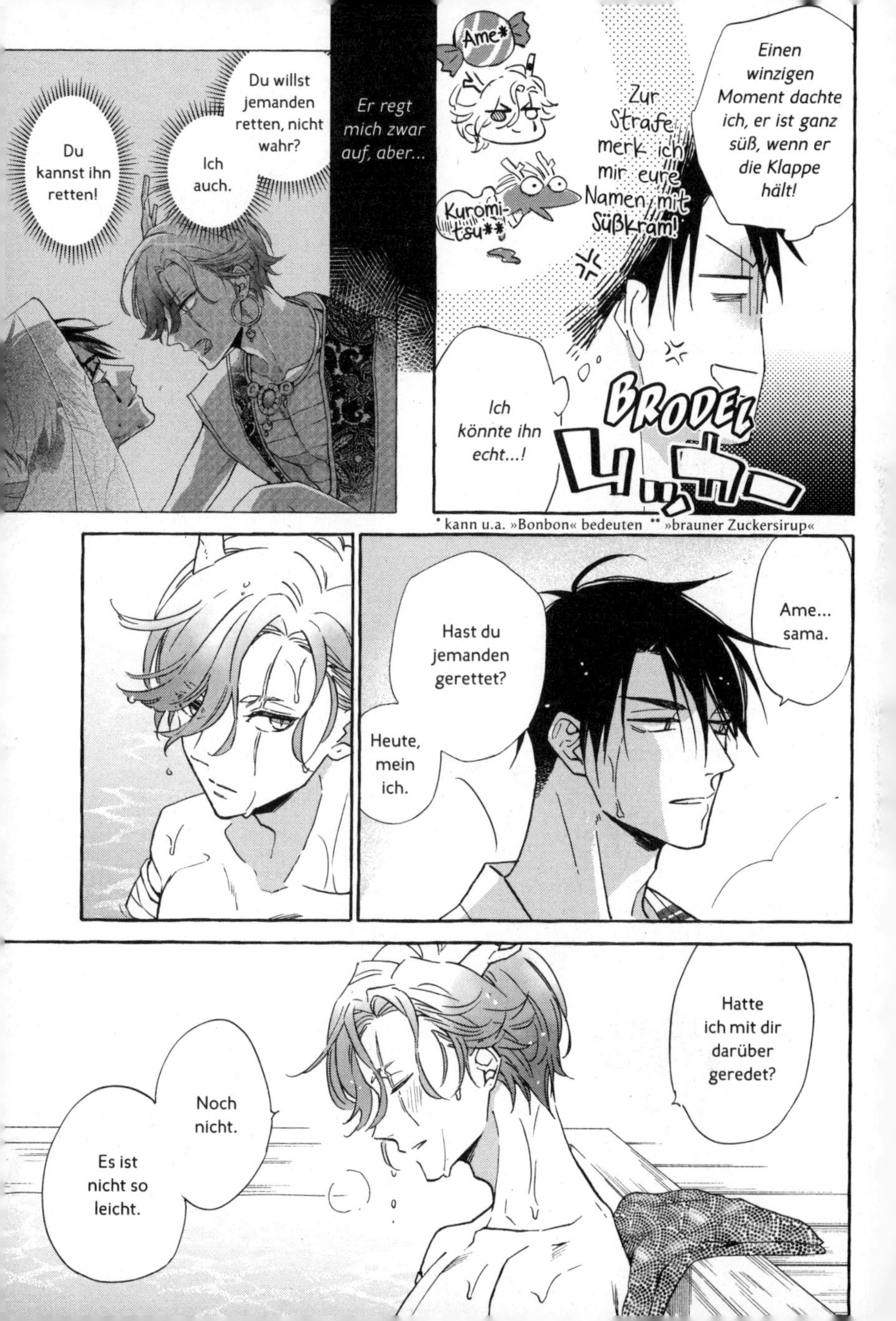

* kann u.a. »Bonbon« bedeuten ** »brauner Zuckersirup«

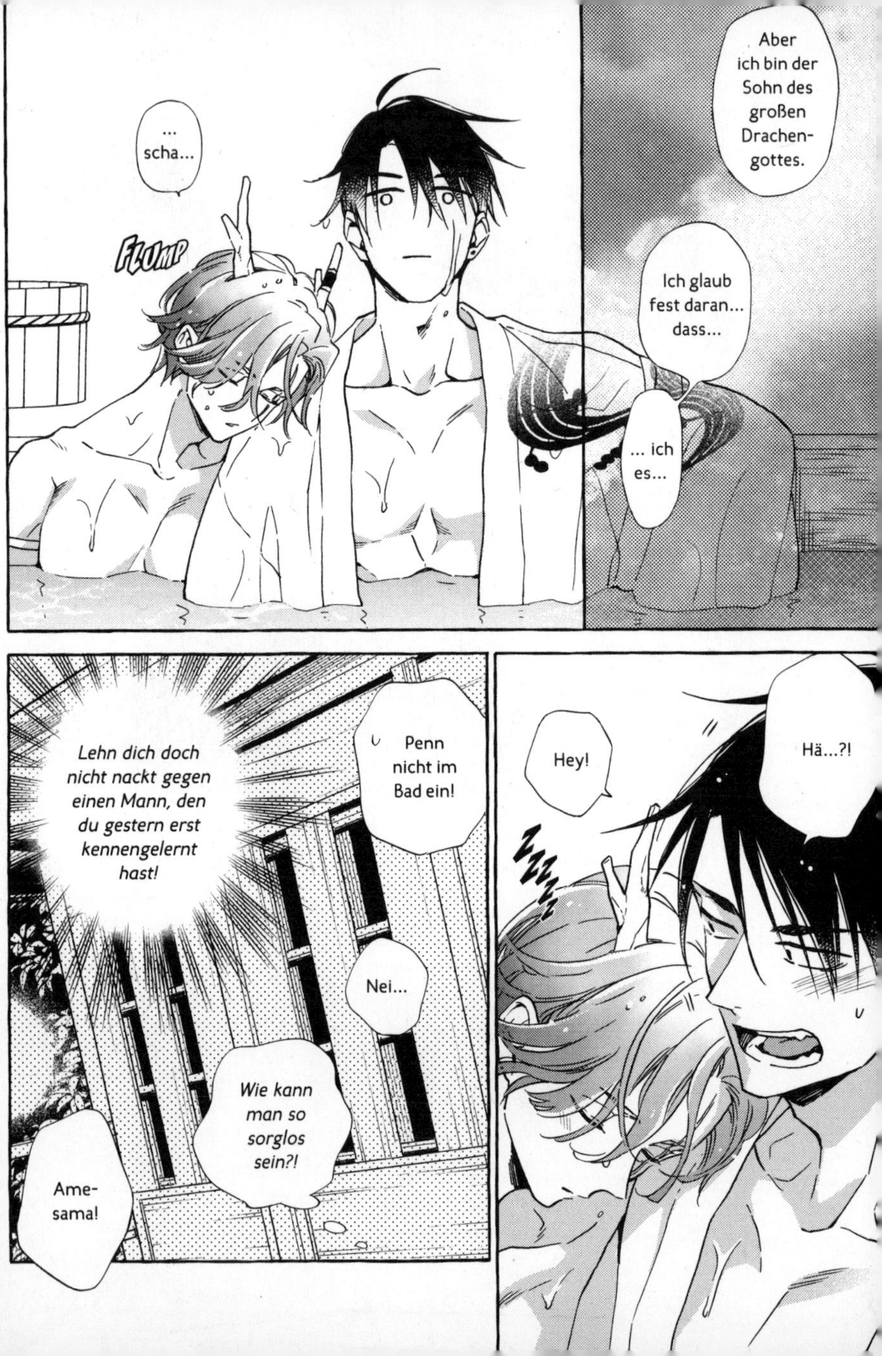
Aber ich bin der Sohn des großen Drachengottes.
Ich glaub fest daran... dass...
... ich es...
...
scha...
FLUMP
Hä...?!
Hey!
ZZZZ
Penn nicht im Bad ein!
Lehn dich doch nicht nackt gegen einen Mann, den du gestern erst kennengelernt hast!
Nei...
Wie kann man so sorglos sein?!
Ame-sama!

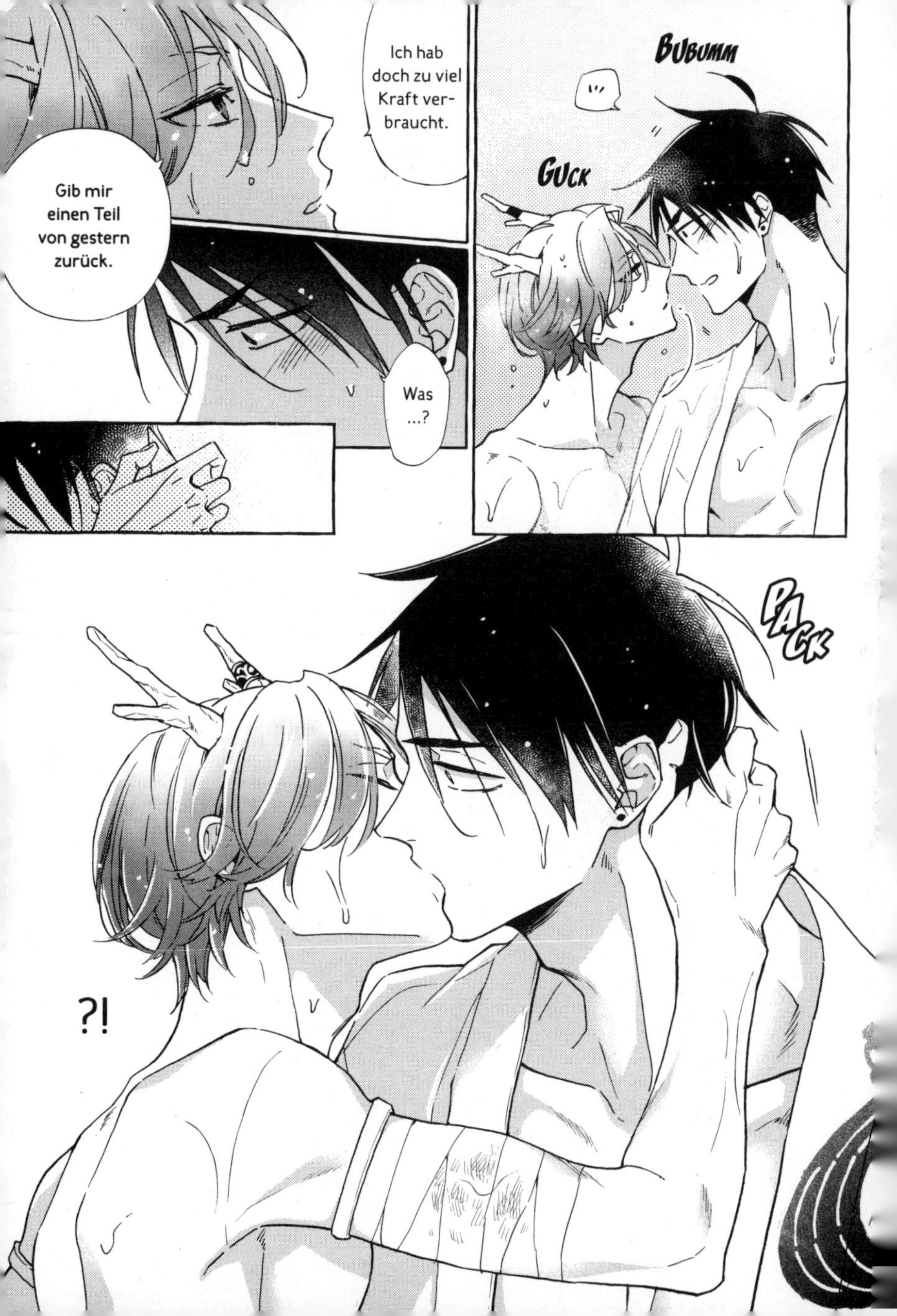

Bubumm
...
Guck
Ich hab doch zu viel Kraft verbraucht.
Gib mir einen Teil von gestern zurück.
Was ...?
Pack
?!

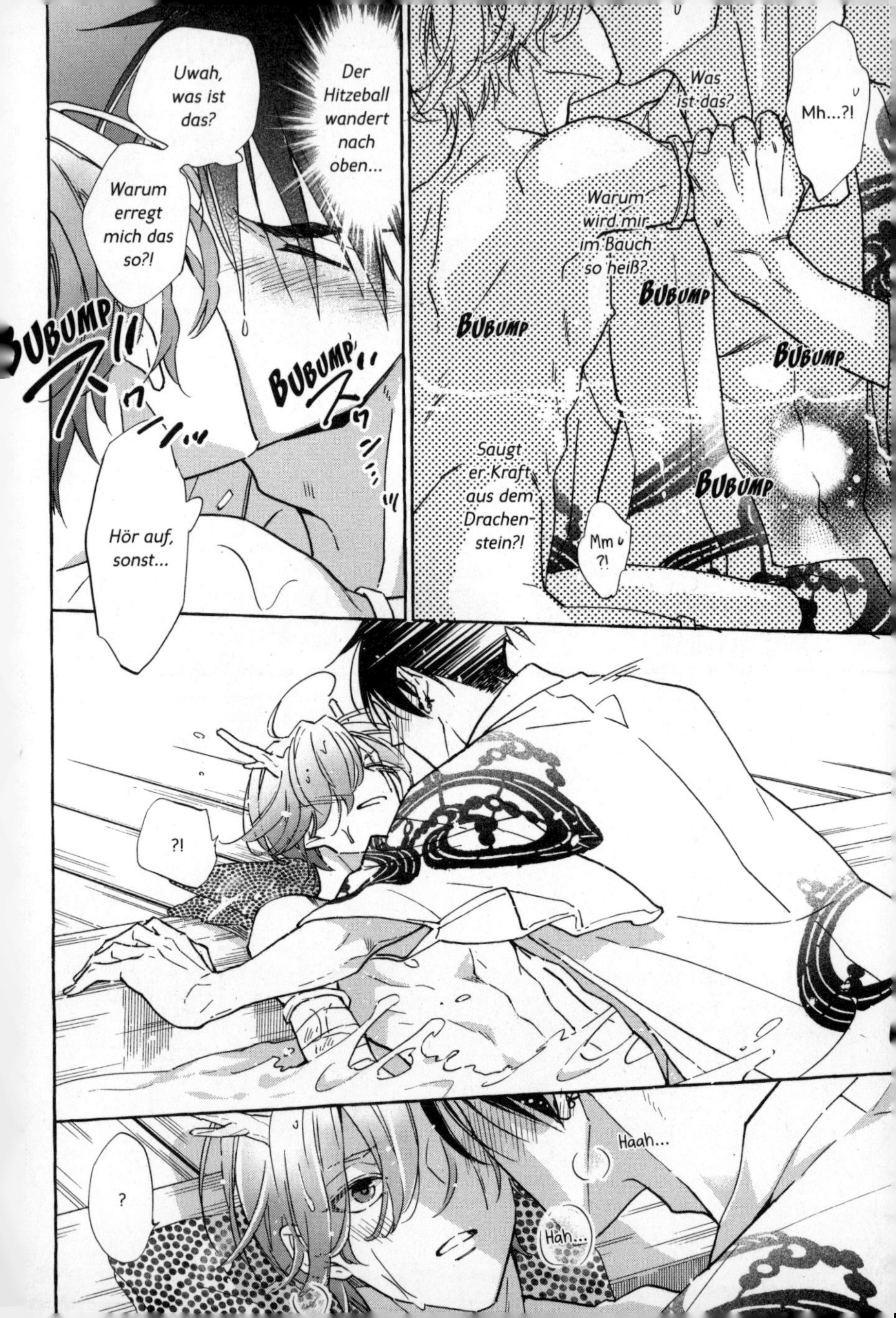
Mh...?!
Was ist das?
Warum wird mir im Bauch so heiß?
BUBUMP
BUBUMP
BUBUMP
BUBUMP
Saugt er Kraft aus dem Drachenstein?!
Mm ?!
Der Hitzeball wandert nach oben...
Uwah, was ist das?
Warum erregt mich das so?!
BUBUMP
BUBUMP
Hör auf, sonst...
?!
Haah...
Hah...
?

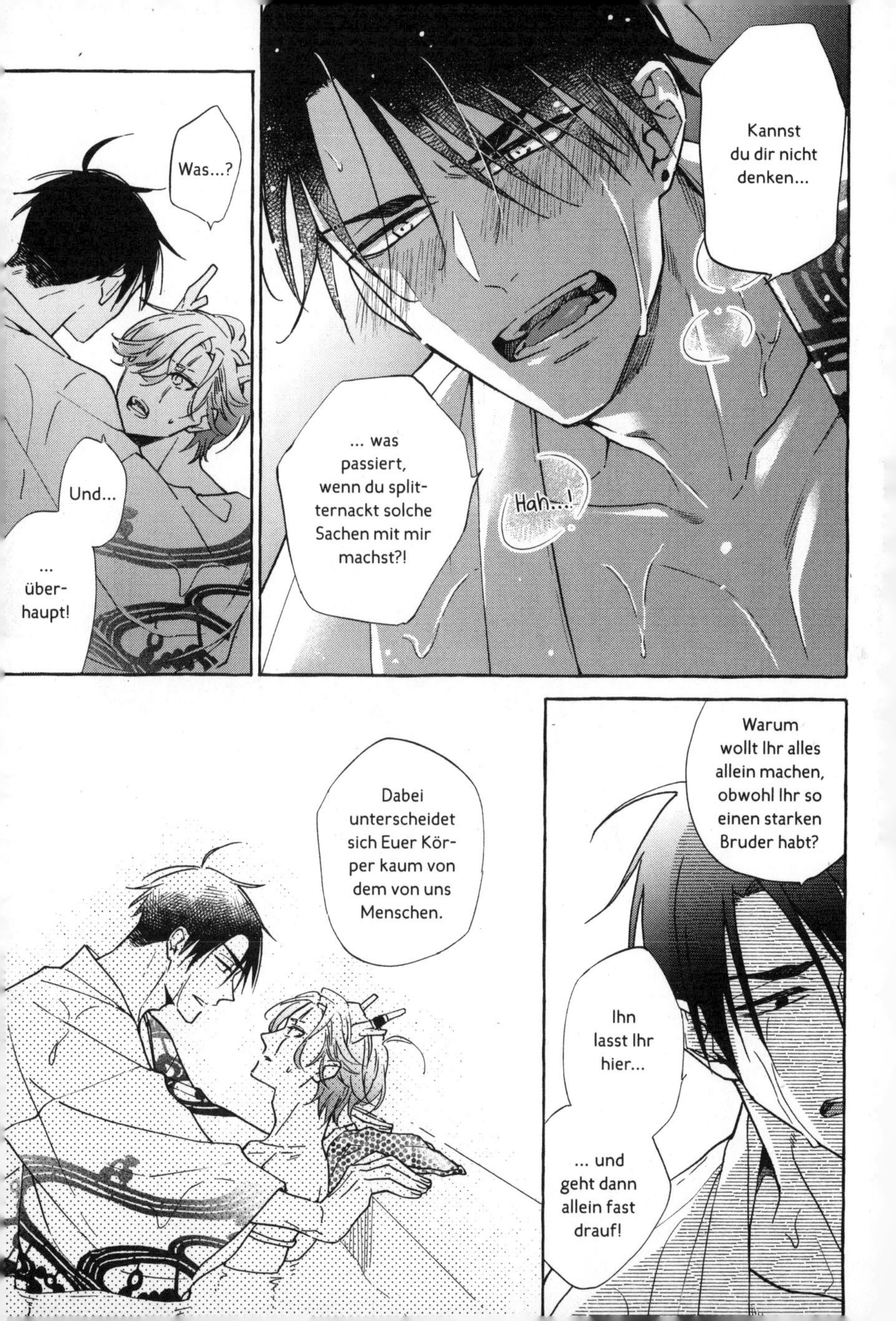
Kannst du dir nicht denken...
... was passiert, wenn du splitternackt solche Sachen mit mir machst?!
Hah...!
Was...?
Und...
... überhaupt!
Warum wollt Ihr alles allein machen, obwohl Ihr so einen starken Bruder habt?
Ihn lasst Ihr hier...
... und geht dann allein fast drauf!
Dabei unterscheidet sich Euer Körper kaum von dem von uns Menschen.

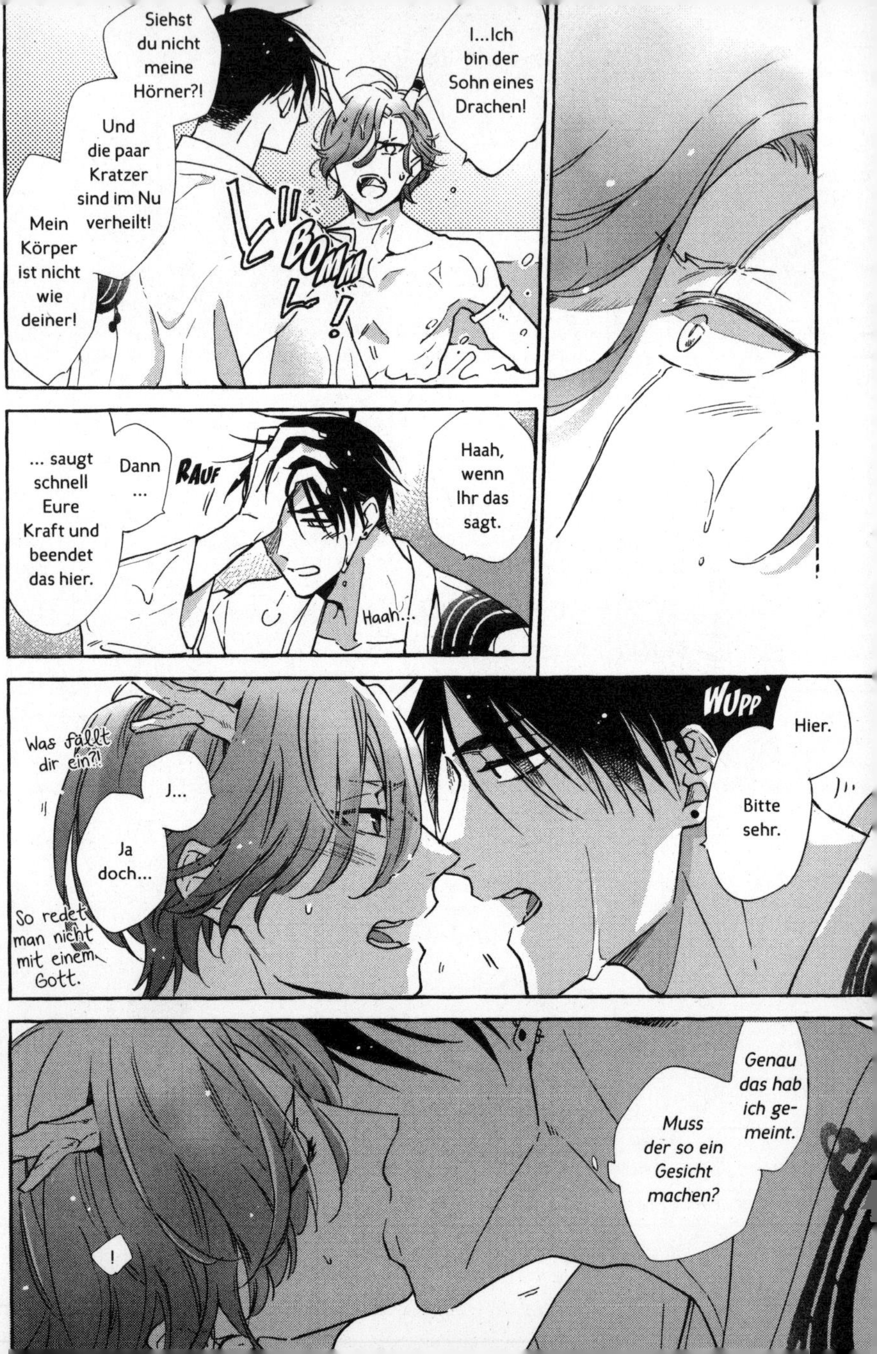
I...Ich bin der Sohn eines Drachen!
Siehst du nicht meine Hörner?!
Und die paar Kratzer sind im Nu verheilt!
Mein Körper ist nicht wie deiner!
BOMM
Haah, wenn Ihr das sagt.
RAUF
Dann ...
... saugt schnell Eure Kraft und beendet das hier.
Haah...
WUPP
Hier.
Bitte sehr.
J...
Ja doch...
Was fällt dir ein?!
So redet man nicht mit einem Gott.
Genau das hab ich gemeint.
Muss der so ein Gesicht machen?
!

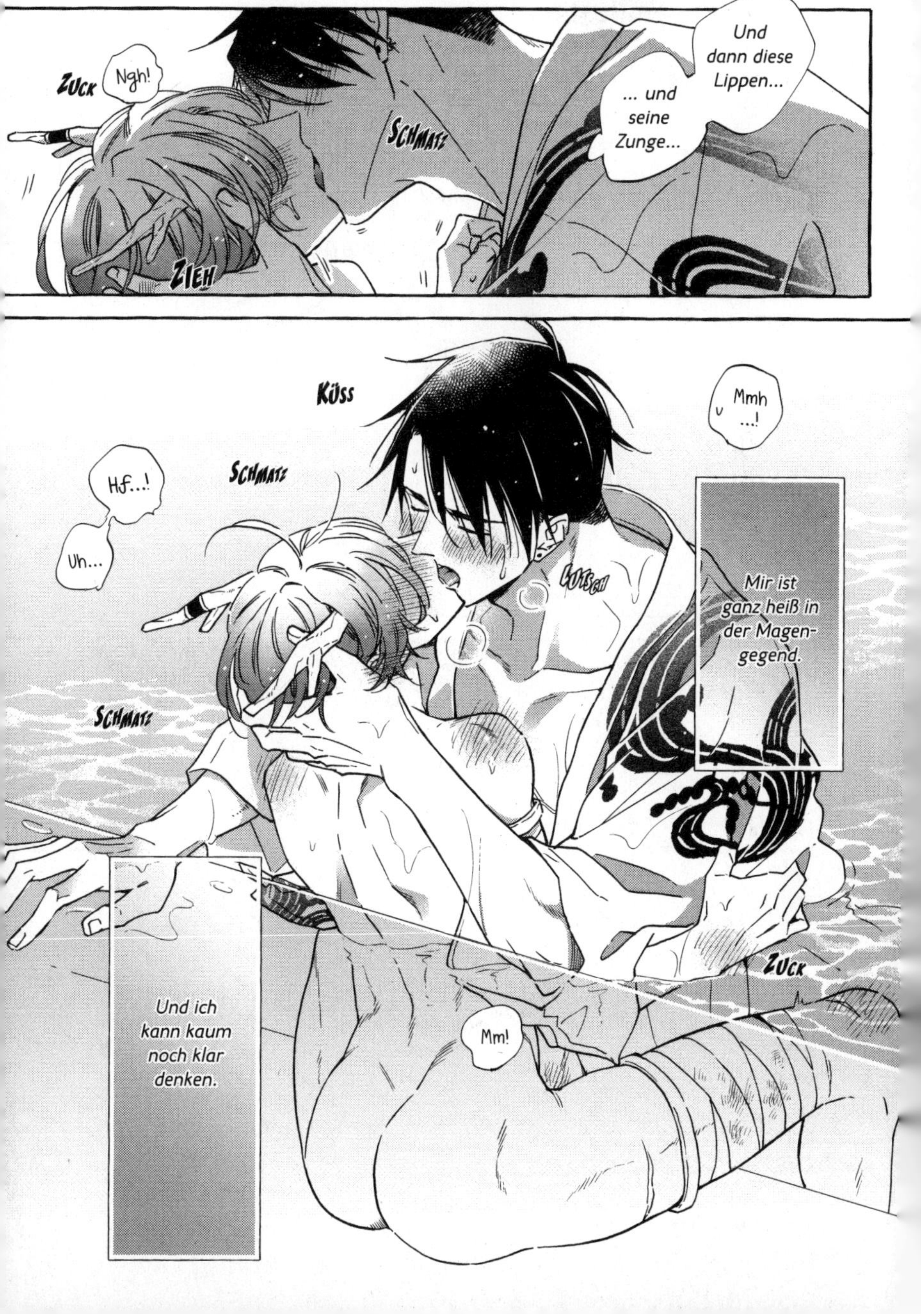
Und dann diese Lippen...
... und seine Zunge...
SCHMATZ
Ngh!
ZUCK
ZIEH
Mmh ...!
KÜSS
Mir ist ganz heiß in der Magengegend.
LUTSCH
SCHMATZ
Hf...!
Uh...
SCHMATZ
ZUCK
Mm!
Und ich kann kaum noch klar denken.

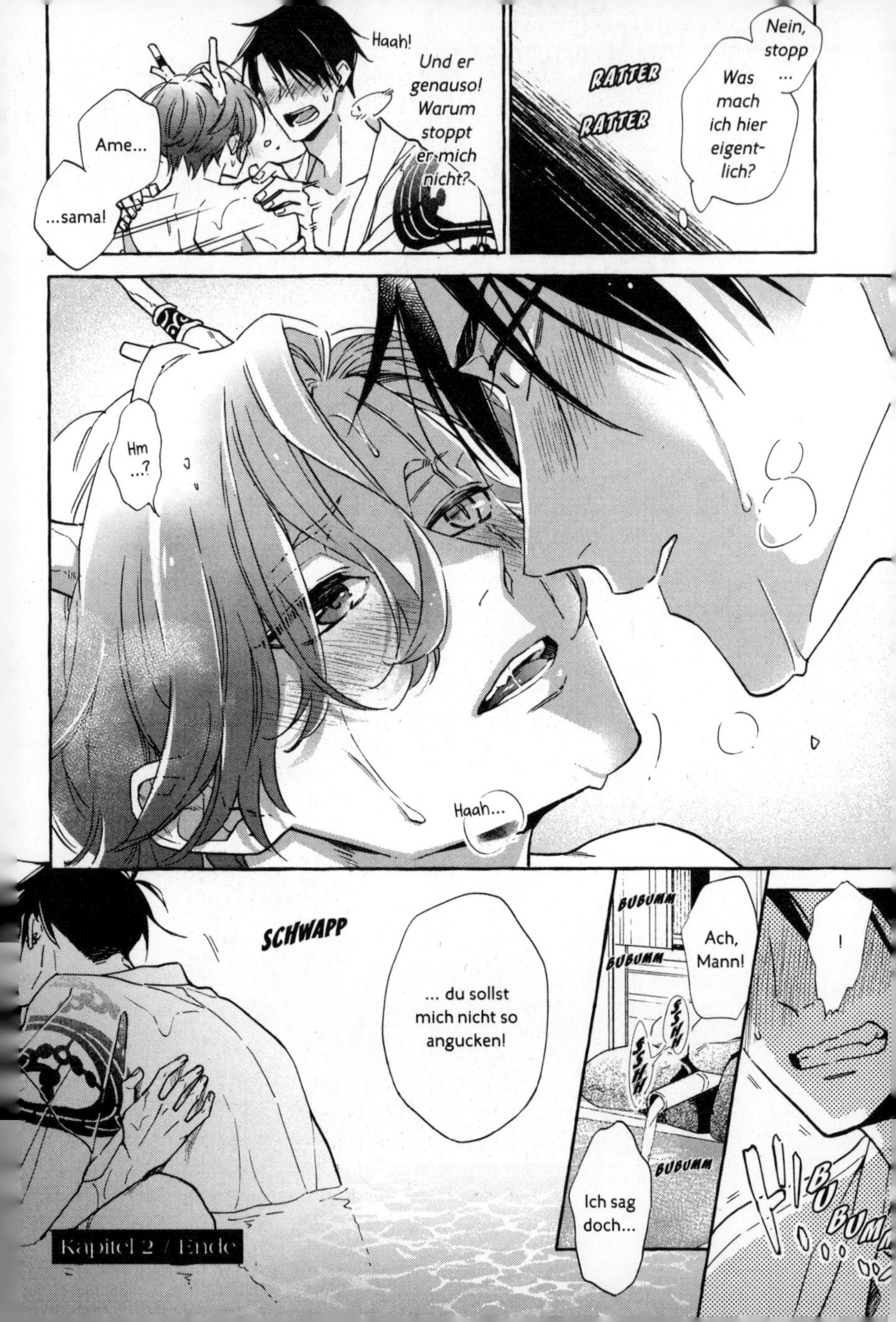

RATTER
RATTER
Nein, stopp ...
Was mach ich hier eigentlich?
Haah!
Und er genauso! Warum stoppt er mich nicht?
Ame...
...sama!
Hm ...?
Haah...
!
BUBUMM
BUBUMM
Ach, Mann!
SSHH
SSHH
BUBUMM
Ich sag doch...
BUBUMM
SCHWAPP
... du sollst mich nicht so angucken!
Kapitel 2 / Ende

Kapitel 3 Fallender Regen

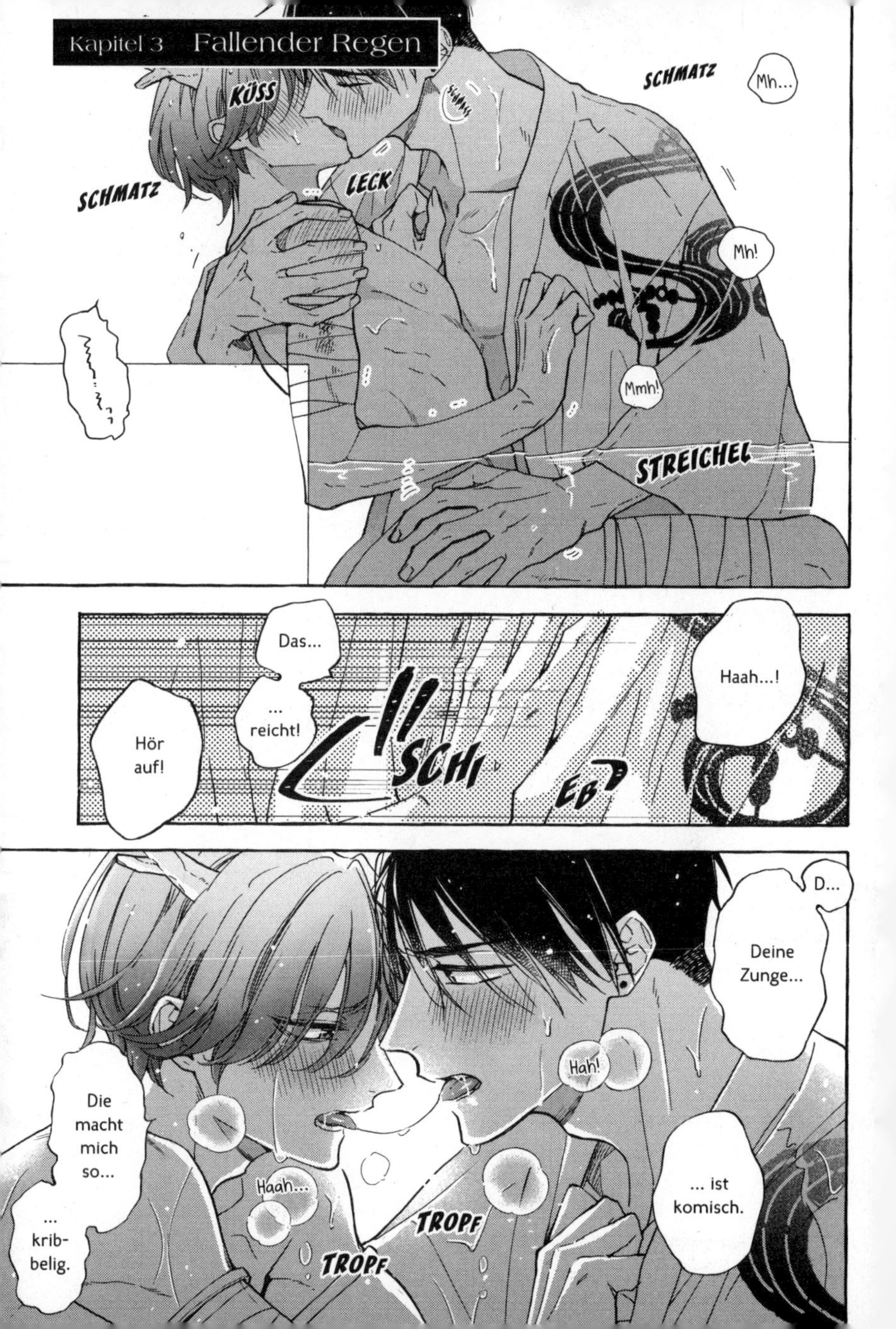

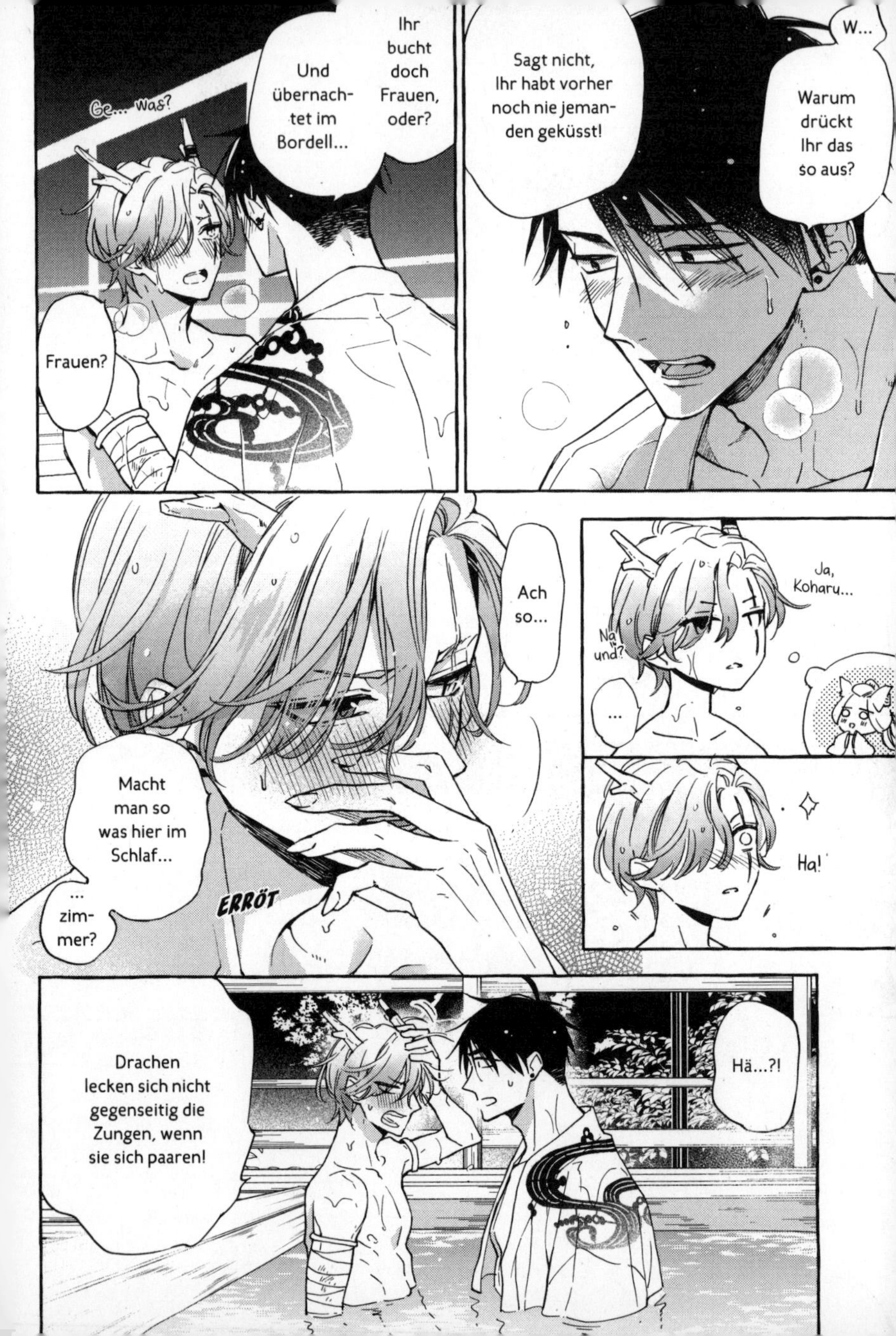
W...
Warum drückt Ihr das so aus?
Sagt nicht, Ihr habt vorher noch nie jemanden geküsst!
Ihr bucht doch Frauen, oder?
Und übernach-tet im Bordell...
Ge... was?
Frauen?
Ja, Koharu...
Na und?
...
Ha!
Ach so...
Macht man so was hier im Schlaf...
... zim-mer?
ERRÖT
Hä...?!
Drachen lecken sich nicht gegenseitig die Zungen, wenn sie sich paaren!

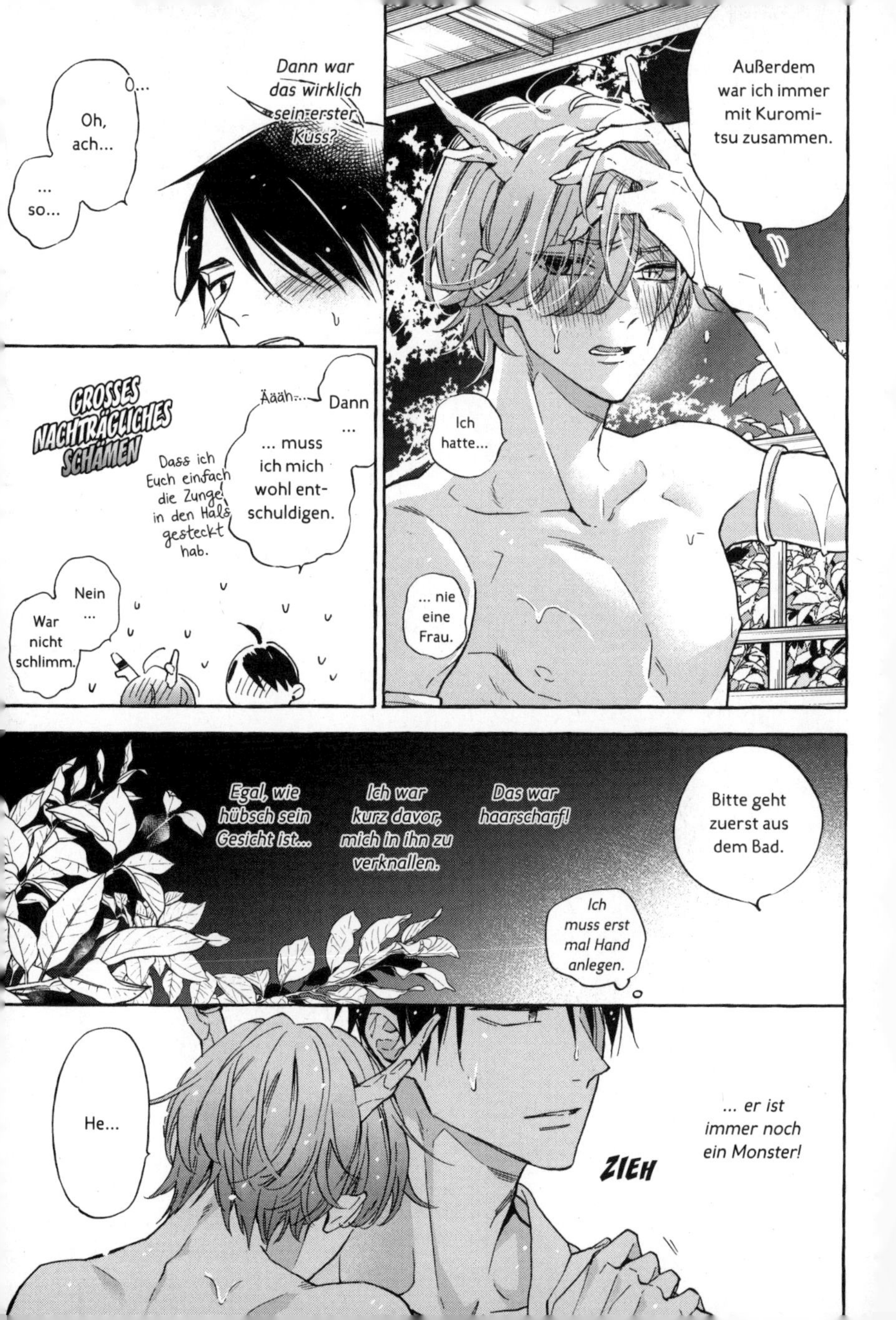
Außerdem war ich immer mit Kuromitsu zusammen.
Ich hatte...
... nie eine Frau.
Dann war das wirklich sein erster Kuss?
O...
Oh, ach...
... so...
GROSSES NACHTRÄGLICHES SCHÄMEN
Äääh...
Dann ...
... muss ich mich wohl entschuldigen.
Dass ich Euch einfach die Zunge in den Hals gesteckt hab.
Nein ...
War nicht schlimm.
Bitte geht zuerst aus dem Bad.
Das war haarscharf!
Ich war kurz davor, mich in ihn zu verknallen.
Egal, wie hübsch sein Gesicht ist...
Ich muss erst mal Hand anlegen.
... er ist immer noch ein Monster!
ZIEH
He...

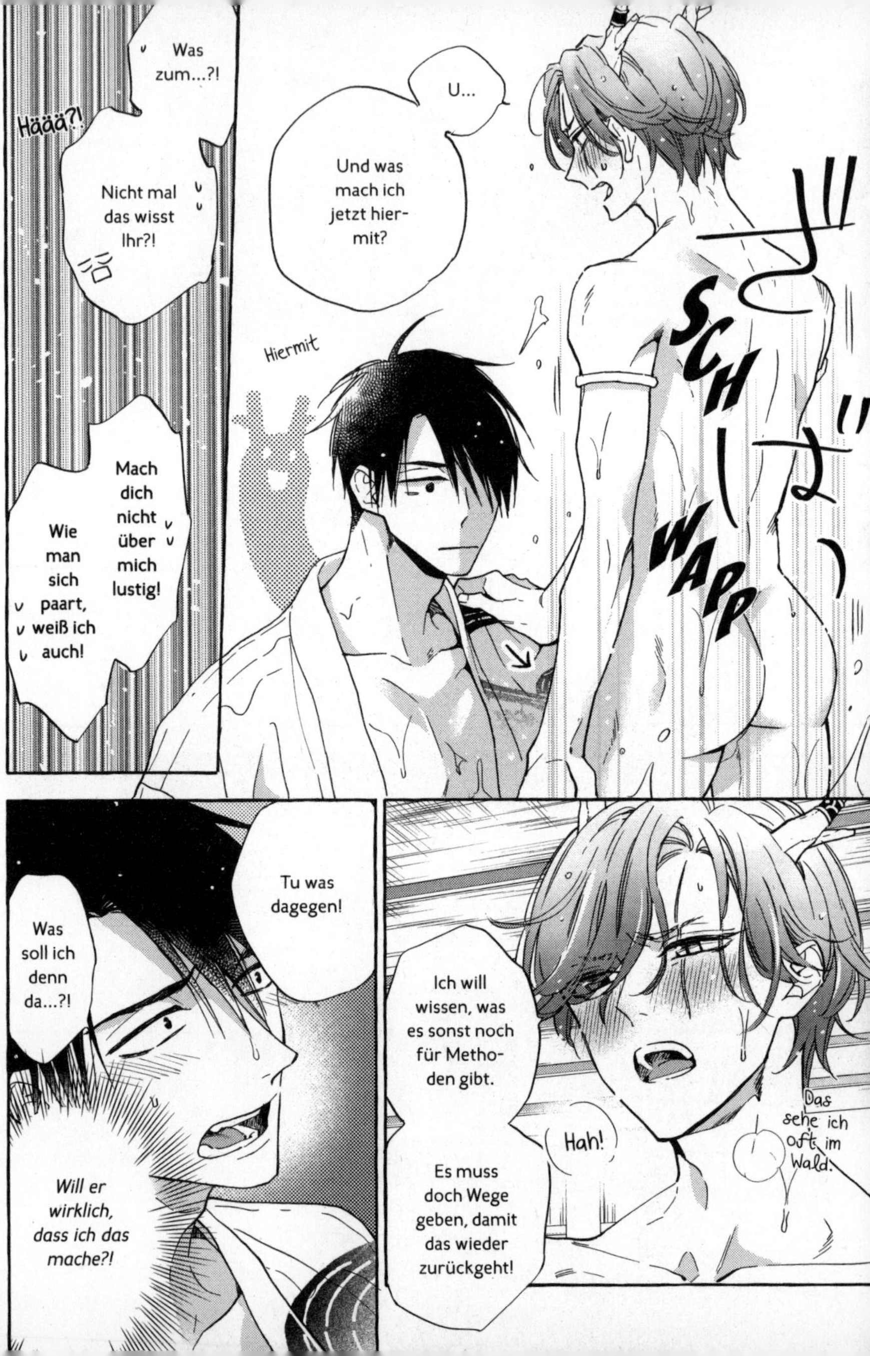
U...
Und was mach ich jetzt hiermit?
SCH WAPP
Hiermit
Was zum...?!
Häää?!
Nicht mal das wisst Ihr?!
Mach dich nicht über mich lustig!
Wie man sich paart, weiß ich auch!
Ich will wissen, was es sonst noch für Methoden gibt.
Das sehe ich oft im Wald.
Hah!
Es muss doch Wege geben, damit das wieder zurückgeht!
Tu was dagegen!
Was soll ich denn da...?!
Will er wirklich, dass ich das mache?!

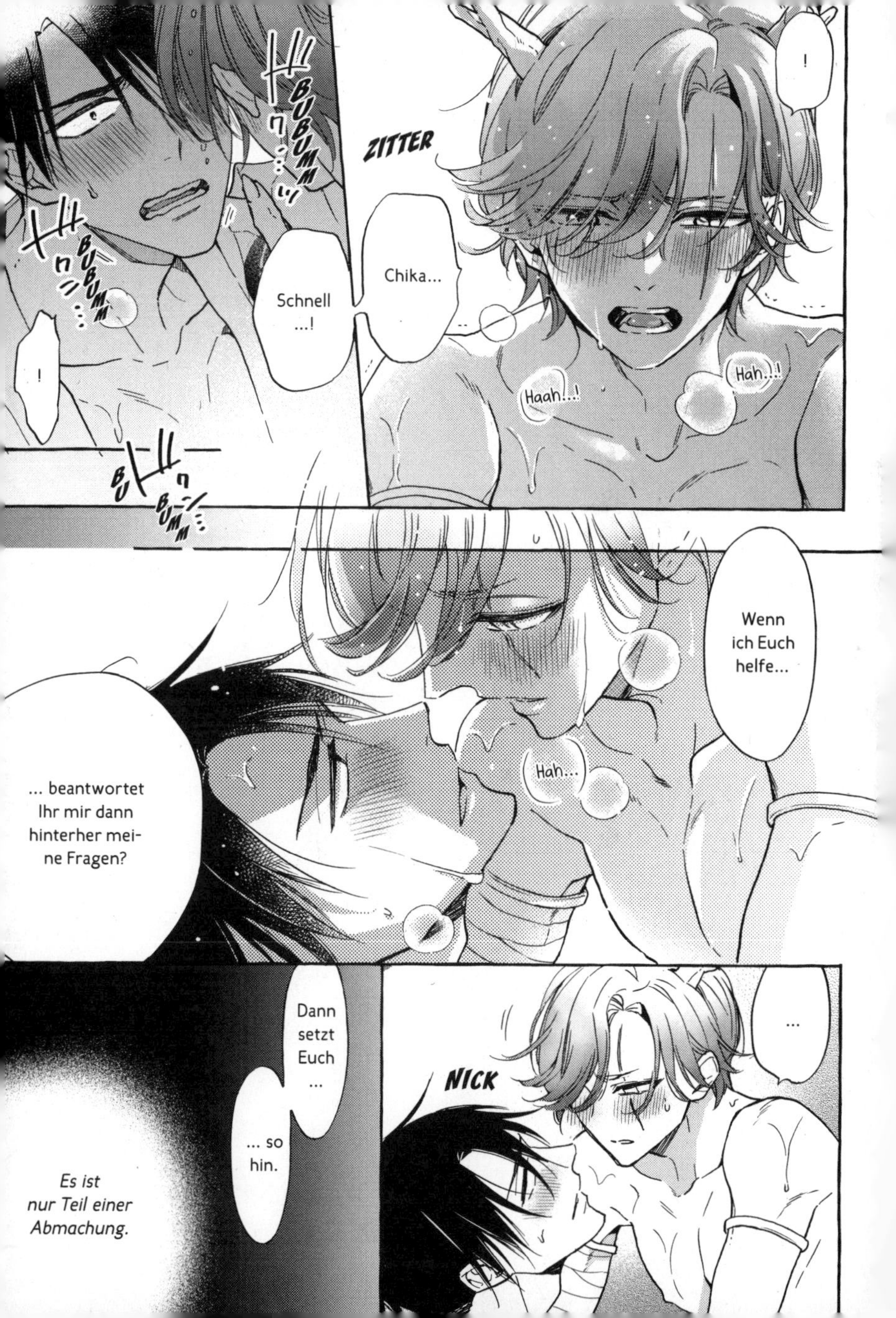
!
ZITTER
Chika...
Haah...!
Hah...!
Schnell ...!
BUBUMM
BUBUMM
!
BU BUMM
Wenn ich Euch helfe...
Hah...
... beantwortet Ihr mir dann hinterher mei-ne Fragen?
...
NICK
Dann setzt Euch ...
... so hin.
Es ist nur Teil einer Abmachung.

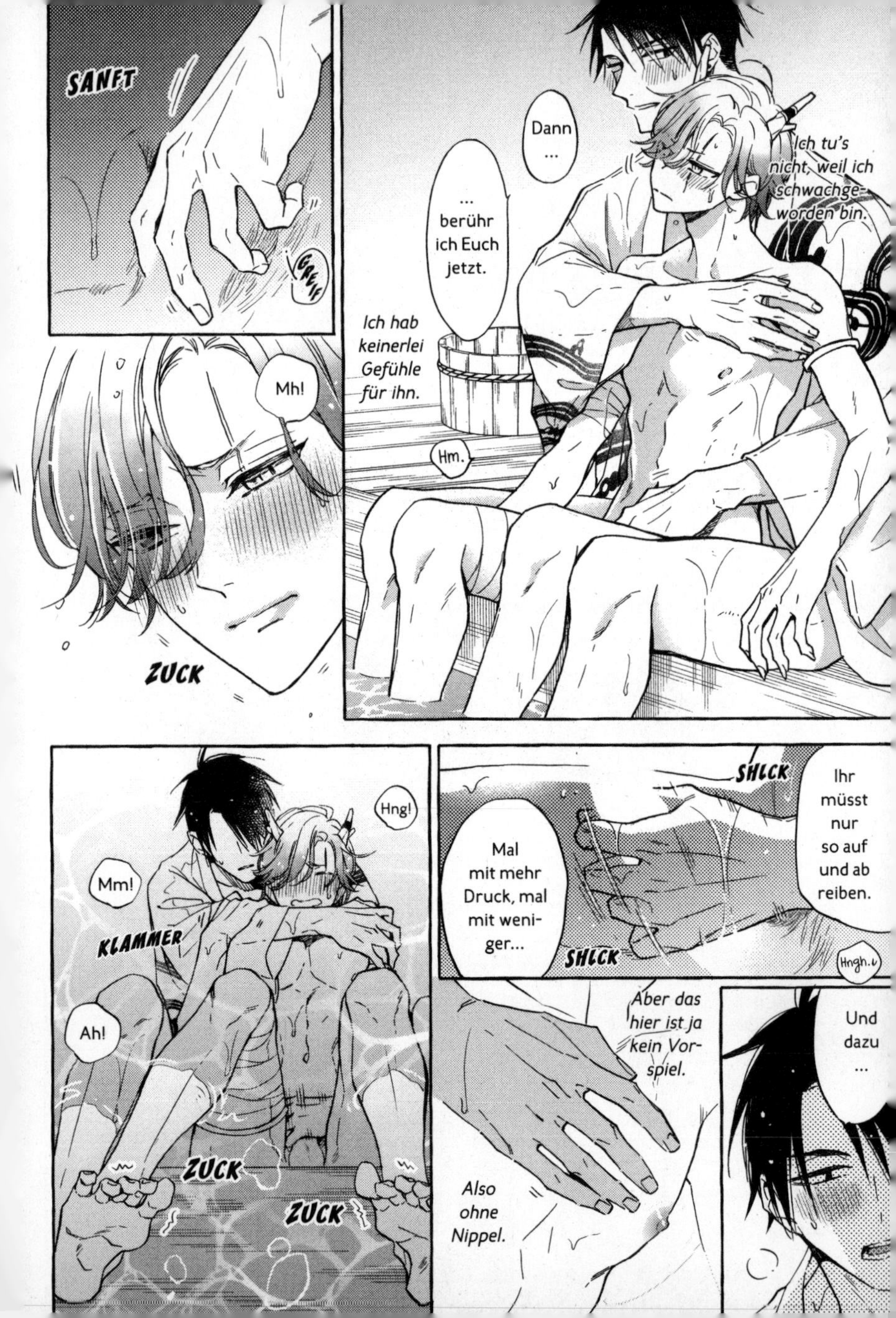
Ich tu's nicht, weil ich schwachgeworden bin.
Dann ...
... berühr ich Euch jetzt.
Ich hab keinerlei Gefühle für ihn.
Hm.
SANFT
GREIF
Mh!
ZUCK
Ihr müsst nur so auf und ab reiben.
SHLCK
Mal mit mehr Druck, mal mit weniger...
SHLCK
Hngh.
Und dazu ...
Aber das hier ist ja kein Vorspiel.
Also ohne Nippel.
Hng!
Mm!
KLAMMER
Ah!
ZUCK
ZUCK

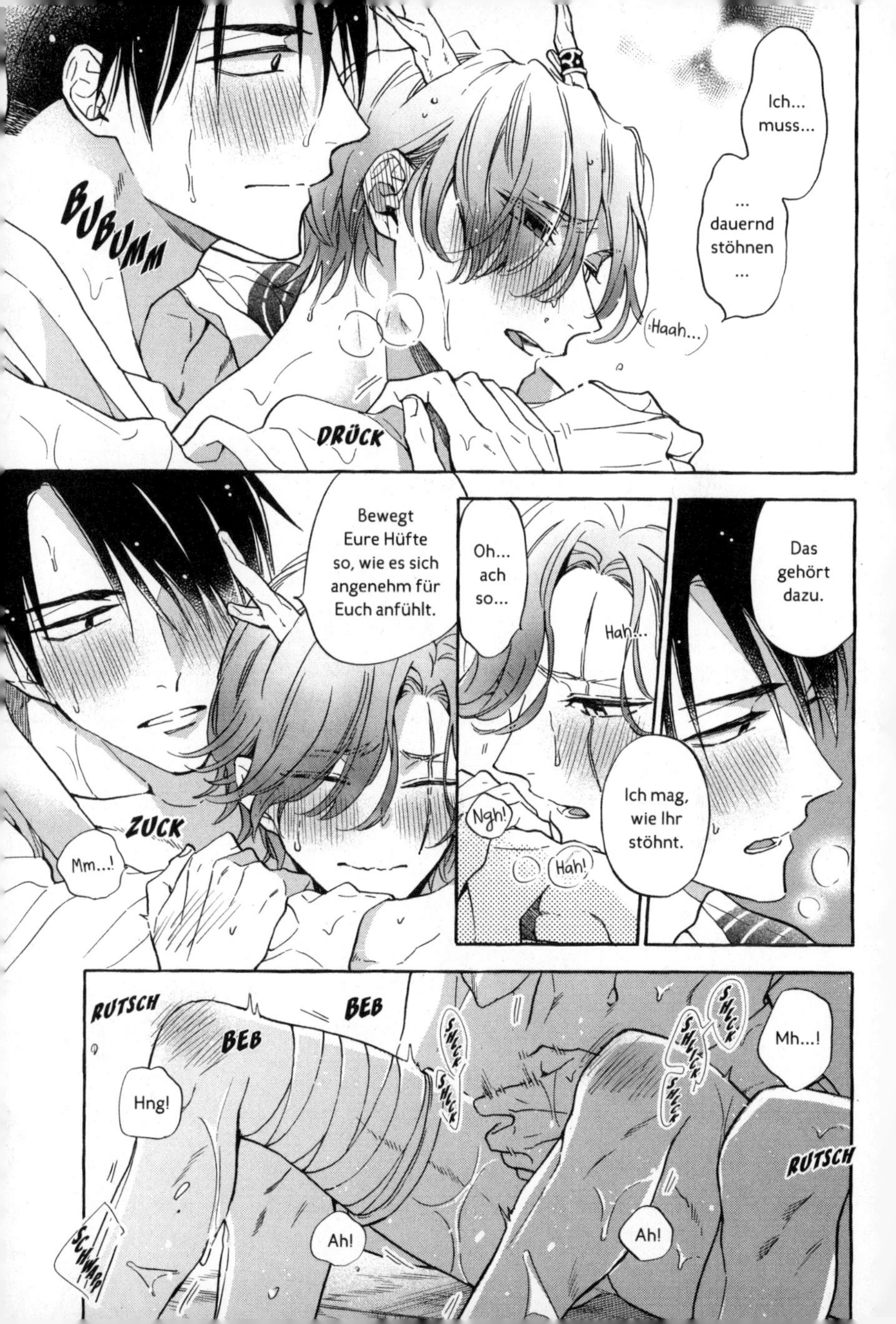
Ich... muss...
... dauernd stöhnen ...
Haah...
BUBUMM
DRÜCK
Das gehört dazu.
Ich mag, wie Ihr stöhnt.
Oh... ach so...
Hah...
Ngh!
Hah!
Bewegt Eure Hüfte so, wie es sich angenehm für Euch anfühlt.
ZUCK
Mm...!
Mh...!
RUTSCH
Ah!
Ah!
BEB
BEB
RUTSCH
Hng!
SCHWAPP

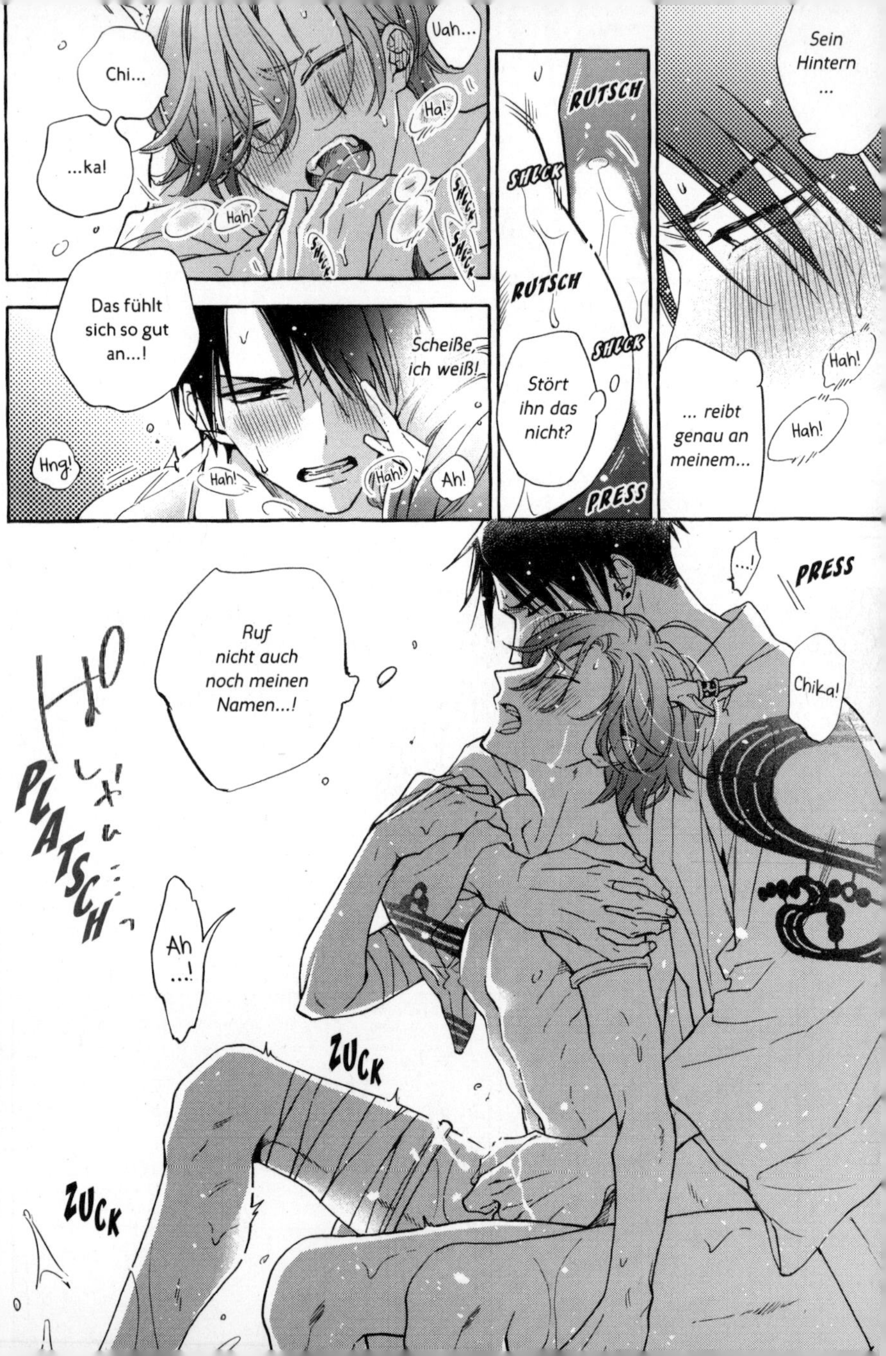
Sein Hintern ...
Hah!
Hah!
... reibt genau an meinem...
RUTSCH
SHLCK
RUTSCH
SHLCK
Stört ihn das nicht?
PRESS
Uah...
Chi...
...ka!
Ha!
Hah!
SHLCK
SHLCK
SHLCK
Das fühlt sich so gut an...!
Scheiße, ich weiß!
Hng!
Hah!
Hah!
Ah!
...!
PRESS
Chika!
Ruf nicht auch noch meinen Namen...!
PLATSCH
Ah ...!
ZUCK
ZUCK

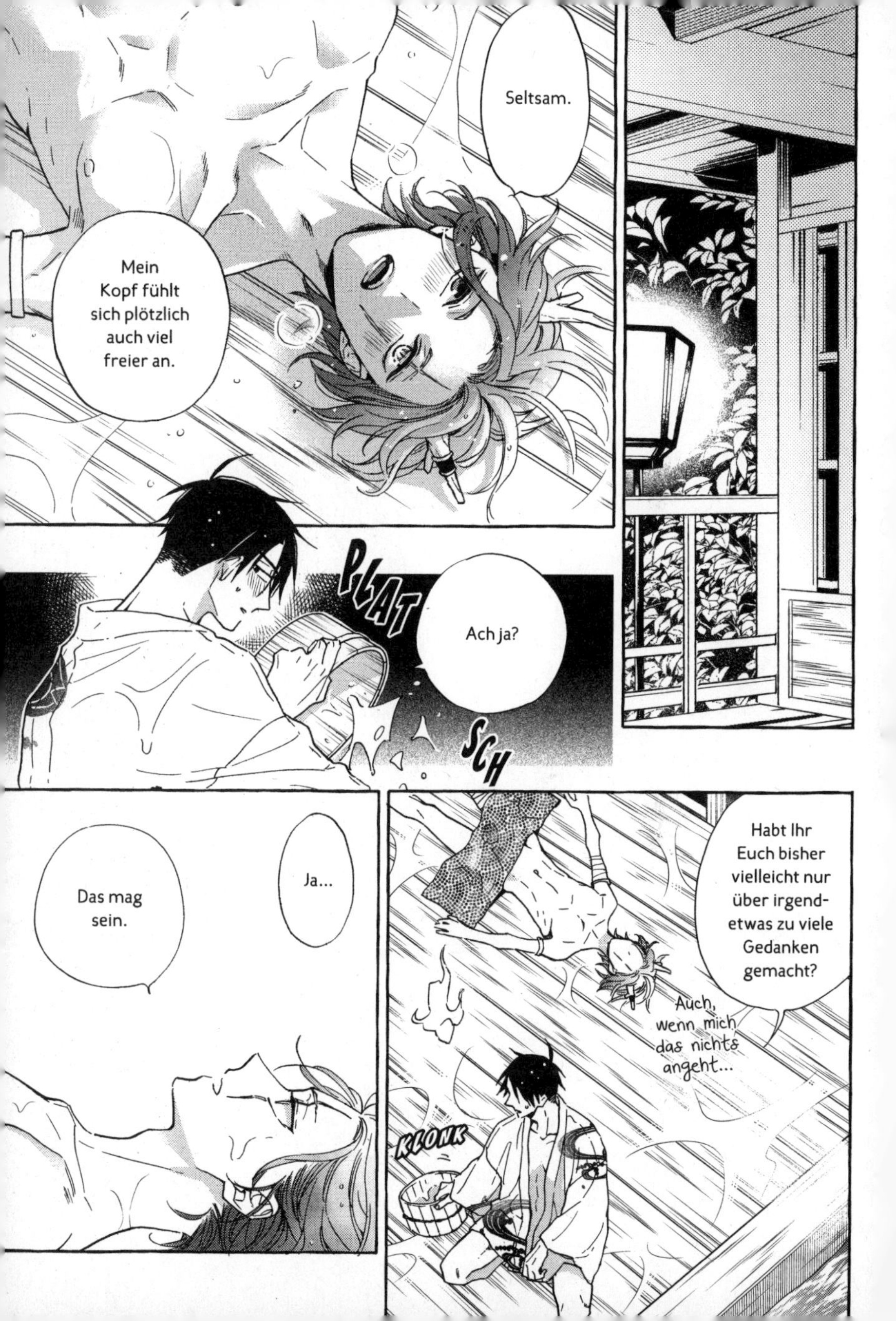

Seltsam.
Mein Kopf fühlt sich plötzlich auch viel freier an.
PLATSCH
Ach ja?
Habt Ihr Euch bisher vielleicht nur über irgendetwas zu viele Gedanken gemacht?
Auch, wenn mich das nichts angeht...
KLONK
Ja...
Das mag sein.

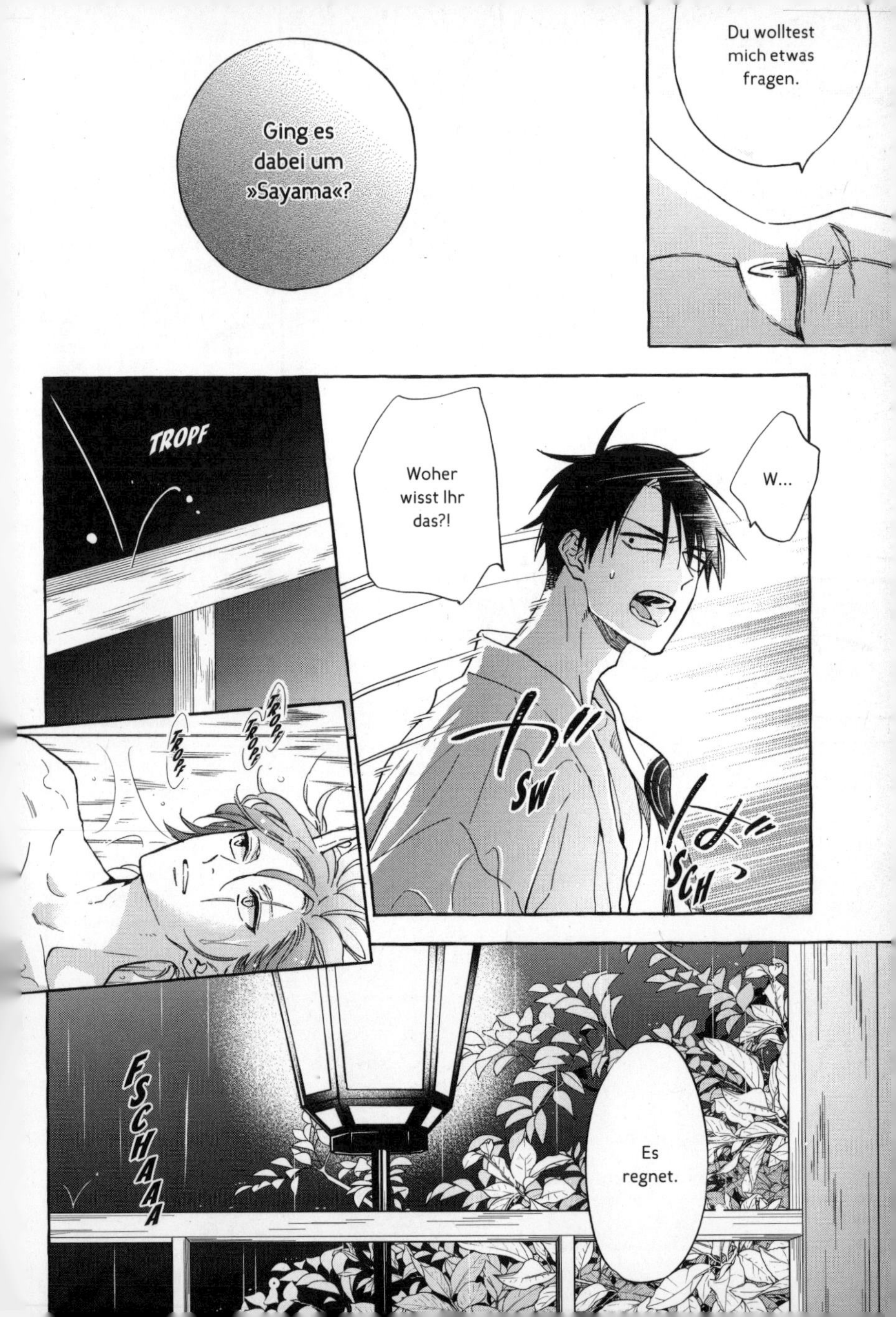
Du wolltest mich etwas fragen.
Ging es dabei um »Sayama«?
W...
Woher wisst Ihr das?!
SW
SCH
TROPF
TROPF
TROPF
TROPF
FSCHAAA
Es regnet.

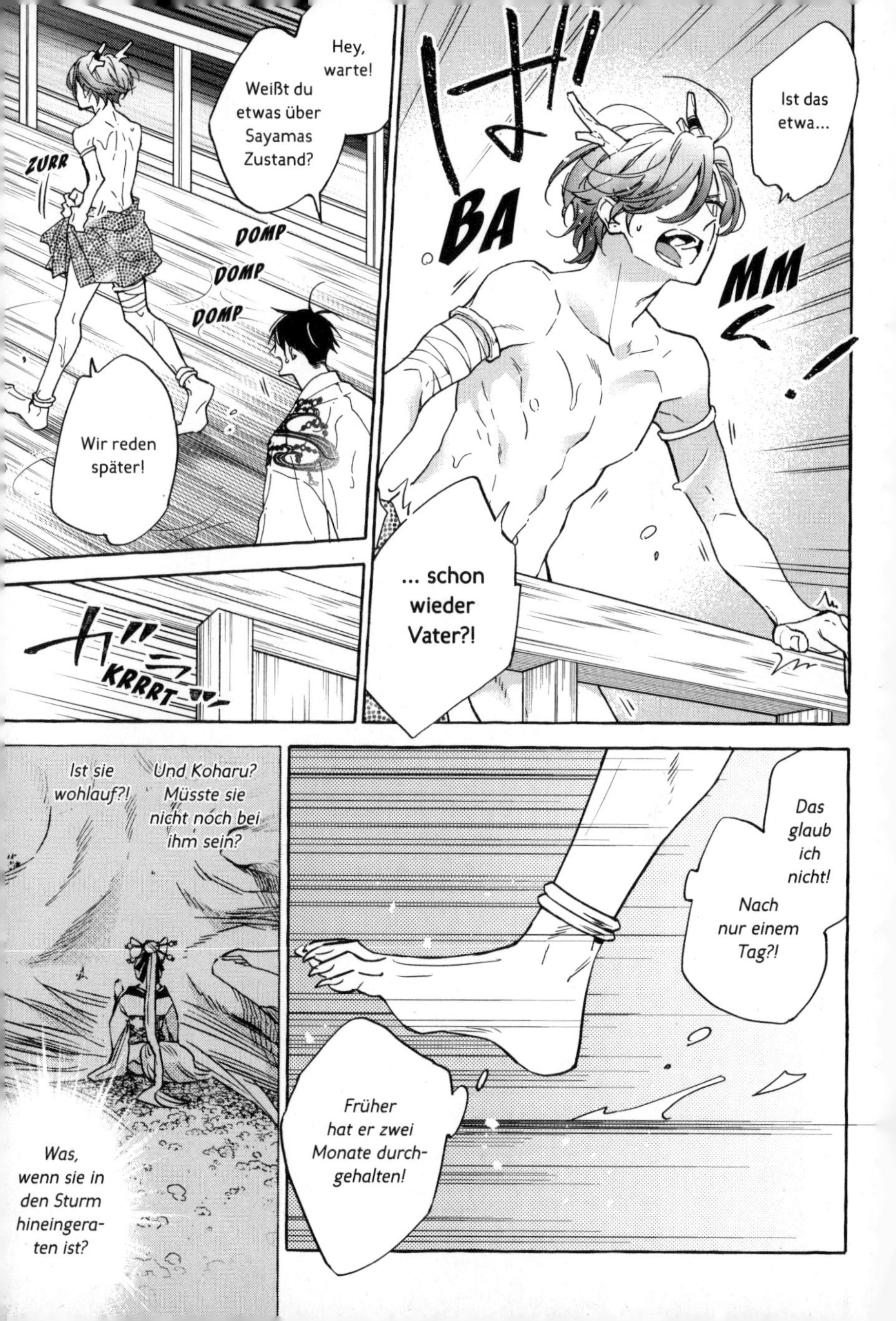
Ist das etwa...
BAMM
... schon wieder Vater?!
Hey, warte! Weißt du etwas über Sayamas Zustand?
ZURR
DOMP
DOMP
DOMP
Wir reden später!
KRRRT
Das glaub ich nicht!
Nach nur einem Tag?!
Früher hat er zwei Monate durchgehalten!
Und Koharu? Müsste sie nicht noch bei ihm sein?
Ist sie wohlauf?!
Was, wenn sie in den Sturm hineingeraten ist?

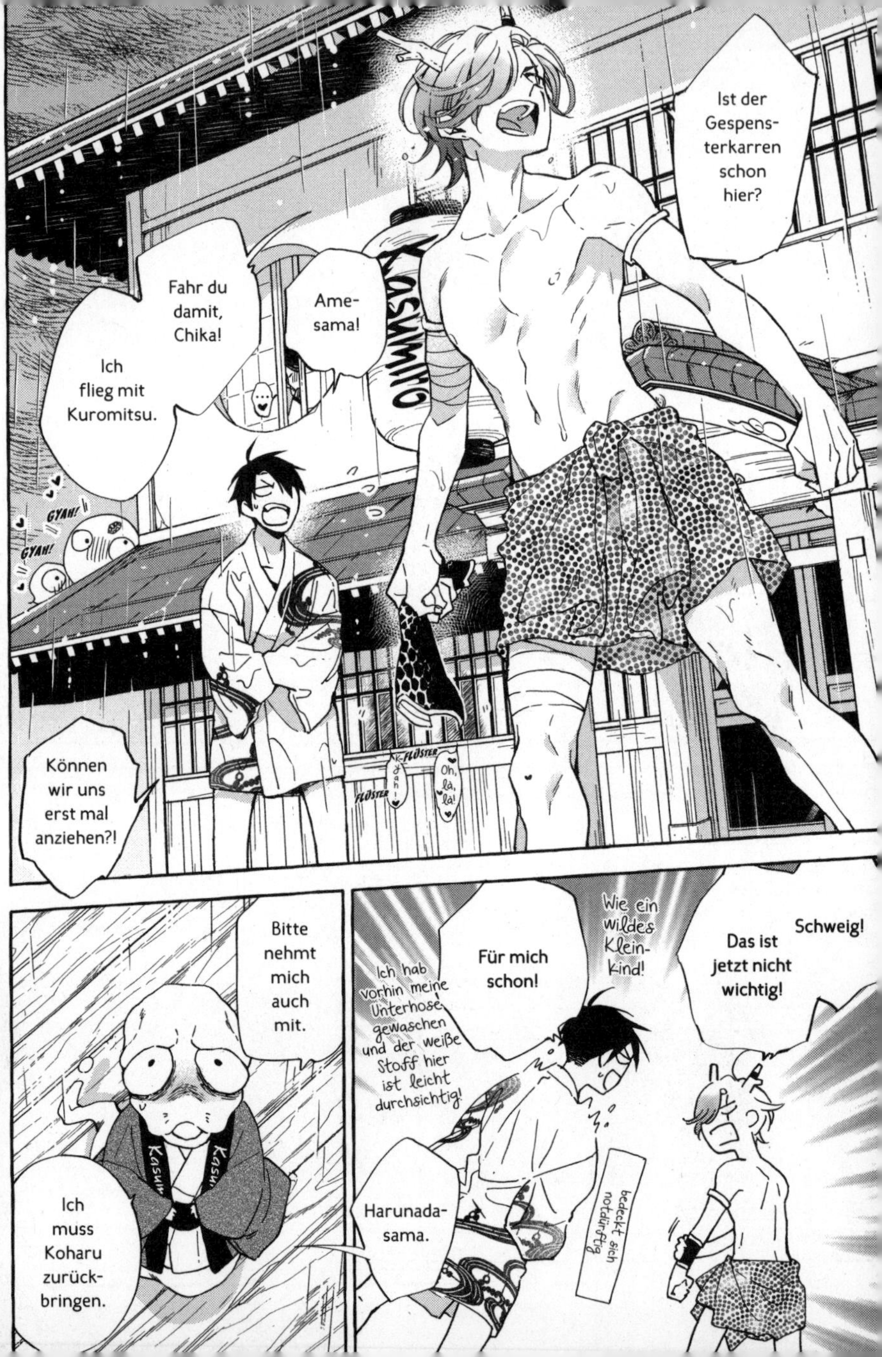
Ist der Gespensterkarren schon hier?
Ame-sama!
Fahr du damit, Chika!
Ich flieg mit Kuromitsu.
GYAH!
GYAH!
FLÜSTER
FLÜSTER
Oh, là, là!
Können wir uns erst mal anziehen?!
Schweig!
Das ist jetzt nicht wichtig!
Wie ein wildes Kleinkind!
Für mich schon!
Ich hab vorhin meine Unterhose gewaschen und der weiße Stoff hier ist leicht durchsichtig!
bedeckt sich notdürftig
Harunada-sama.
Bitte nehmt mich auch mit.
Ich muss Koharu zurückbringen.

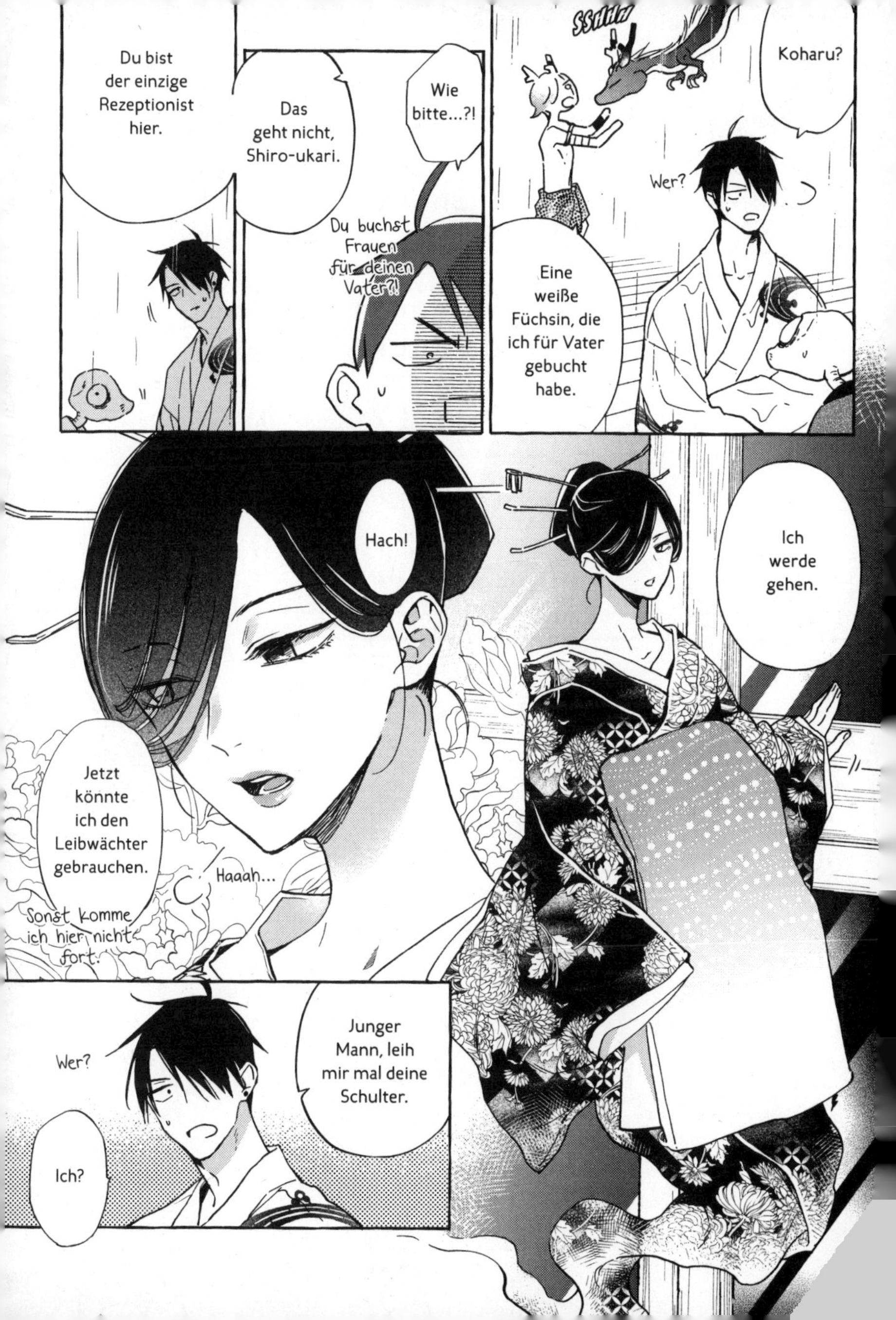
Koharu?
Wer?
Eine weiße Füchsin, die ich für Vater gebucht habe.
Wie bitte...?!
Das geht nicht, Shiro-ukari.
Du buchst Frauen für deinen Vater?!
Du bist der einzige Rezeptionist hier.
Ich werde gehen.
Hach!
Haaah...
Jetzt könnte ich den Leibwächter gebrauchen.
Sonst komme ich hier nicht fort.
Junger Mann, leih mir mal deine Schulter.
Wer?
Ich?

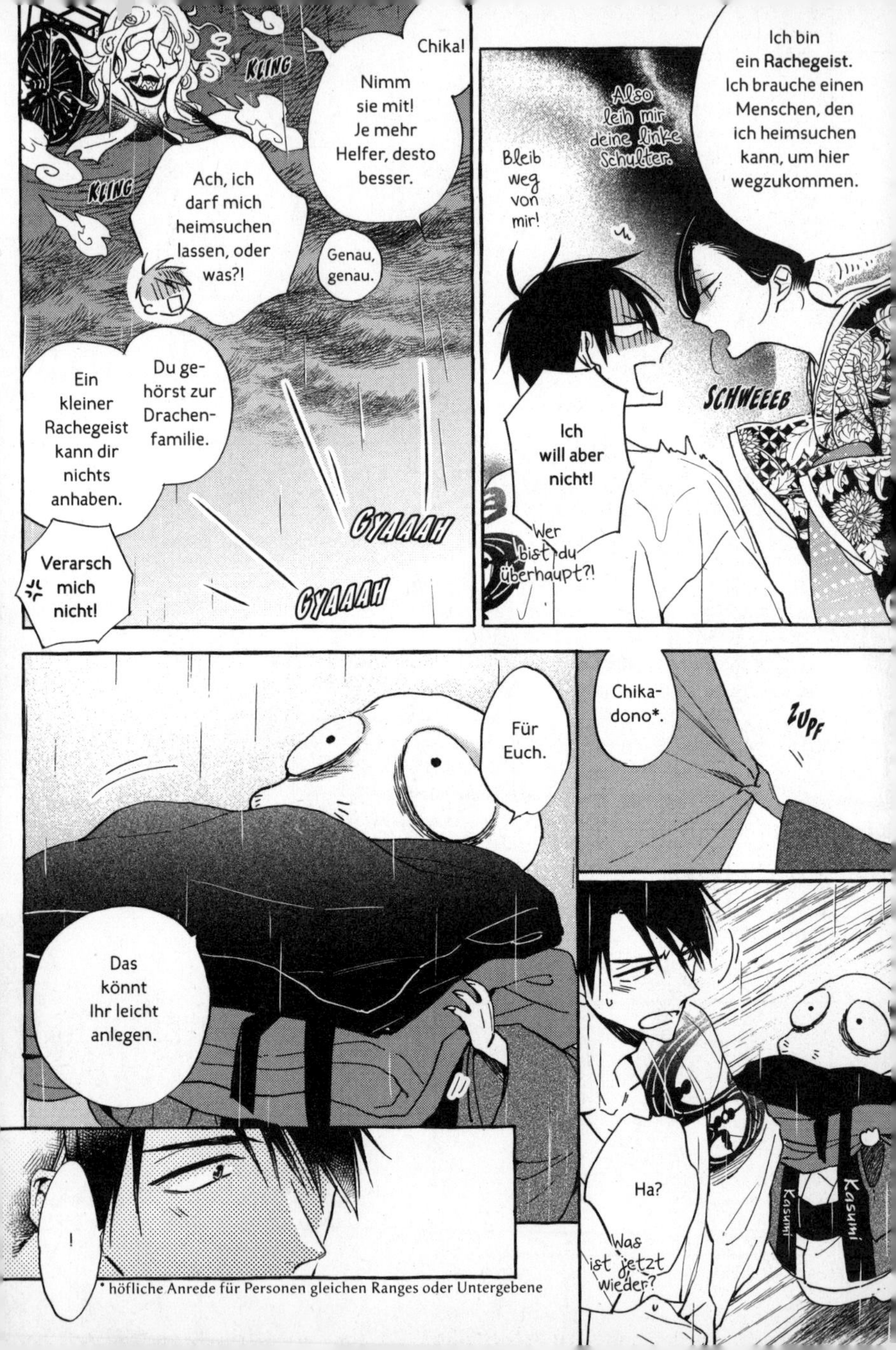

* höfliche Anrede für Personen gleichen Ranges oder Untergebene

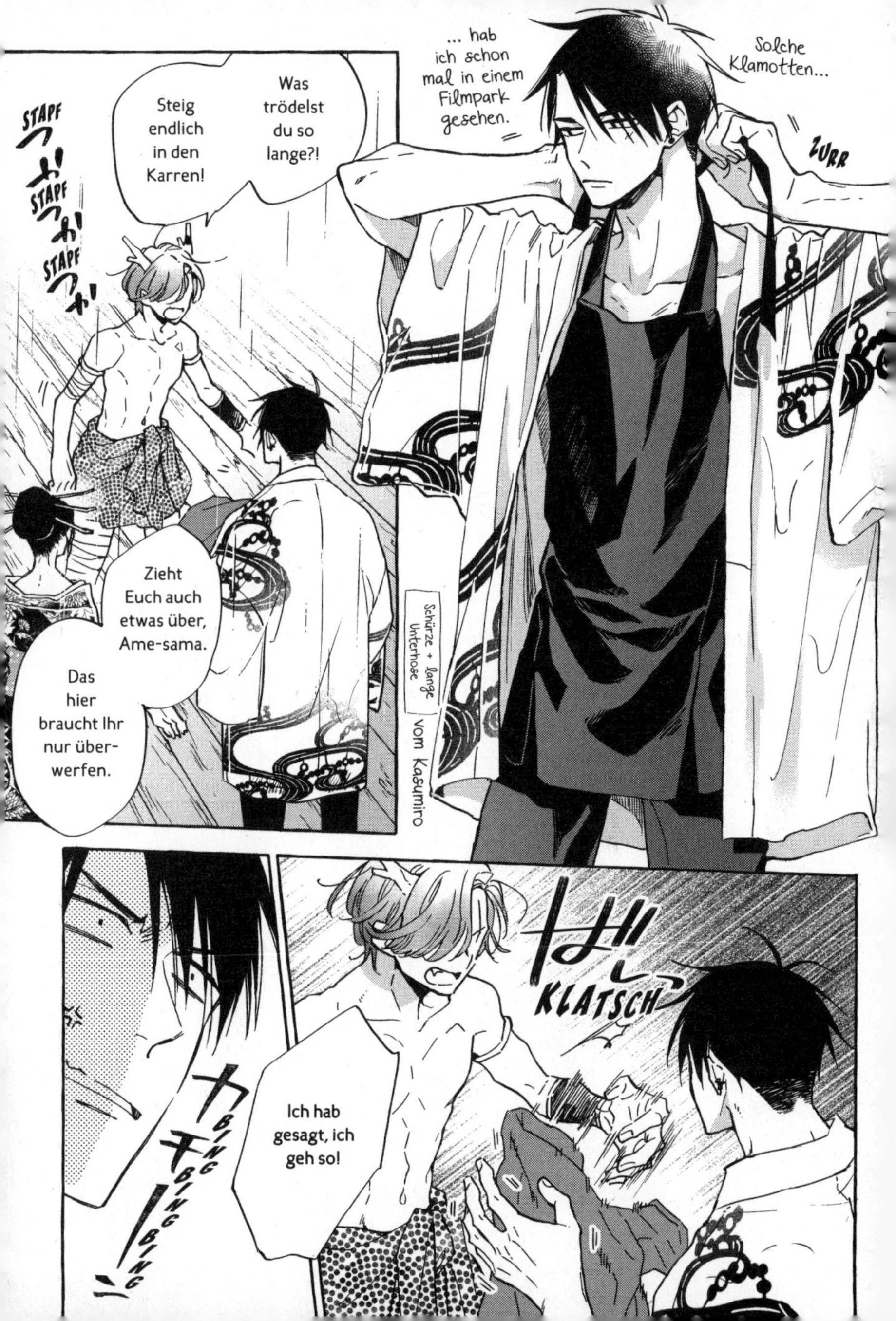

Solche Klamotten...
... hab ich schon mal in einem Filmpark gesehen.
ZURR
Was trödelst du so lange?!
Steig endlich in den Karren!
STAPF
STAPF
STAPF
Zieht Euch auch etwas über, Ame-sama.
Das hier braucht Ihr nur überwerfen.
Schürze + lange Unterhose vom Kasumiro
KLATSCH
Ich hab gesagt, ich geh so!
BING BING BING BING

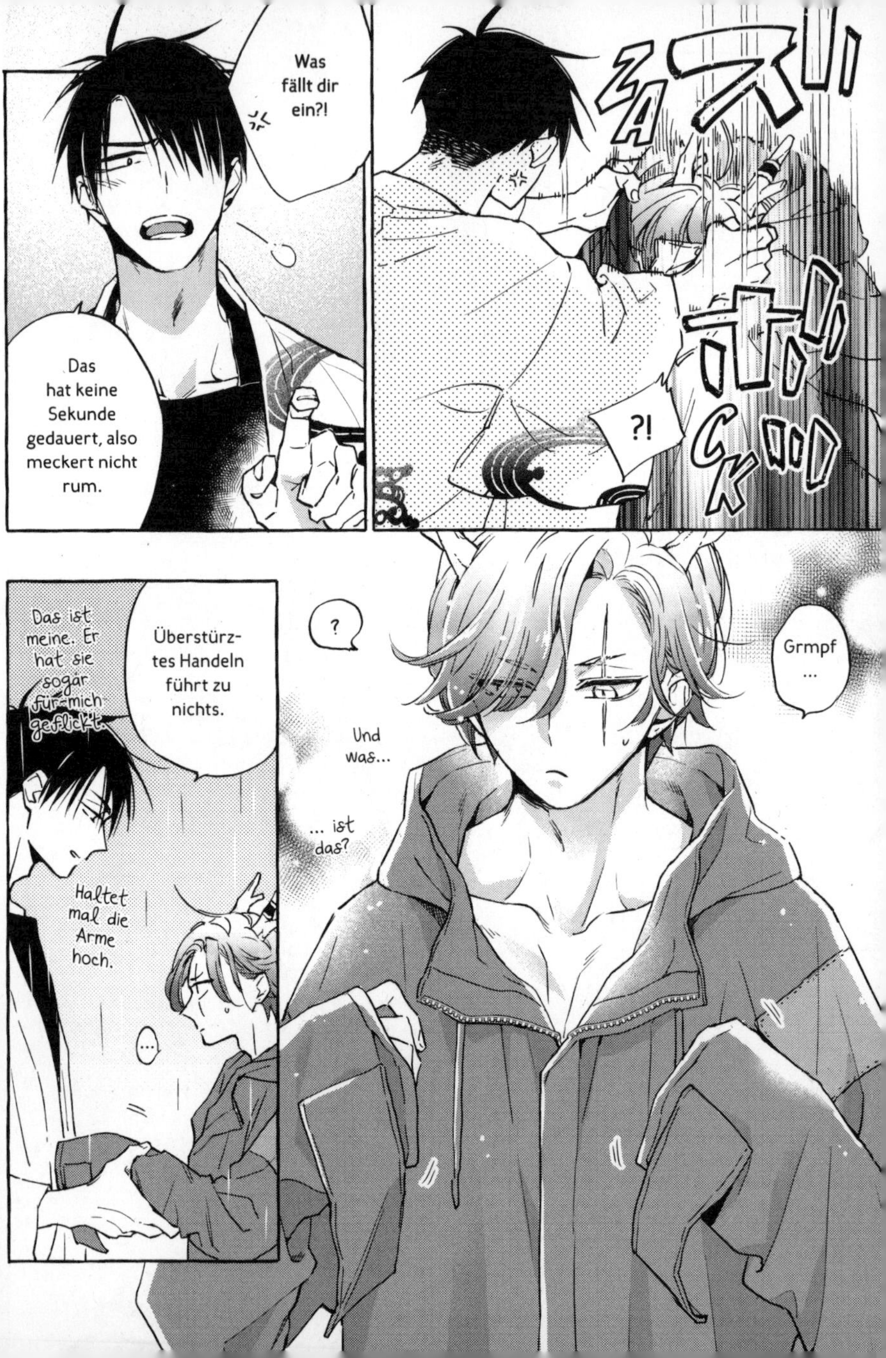
ZASU
?!
GACK
Was fällt dir ein?!
Das hat keine Sekunde gedauert, also meckert nicht rum.
Grmpf …
?
Und was…
… ist das?
Überstürztes Handeln führt zu nichts.
Das ist meine. Er hat sie sogar für mich geflickt.
Haltet mal die Arme hoch.
…

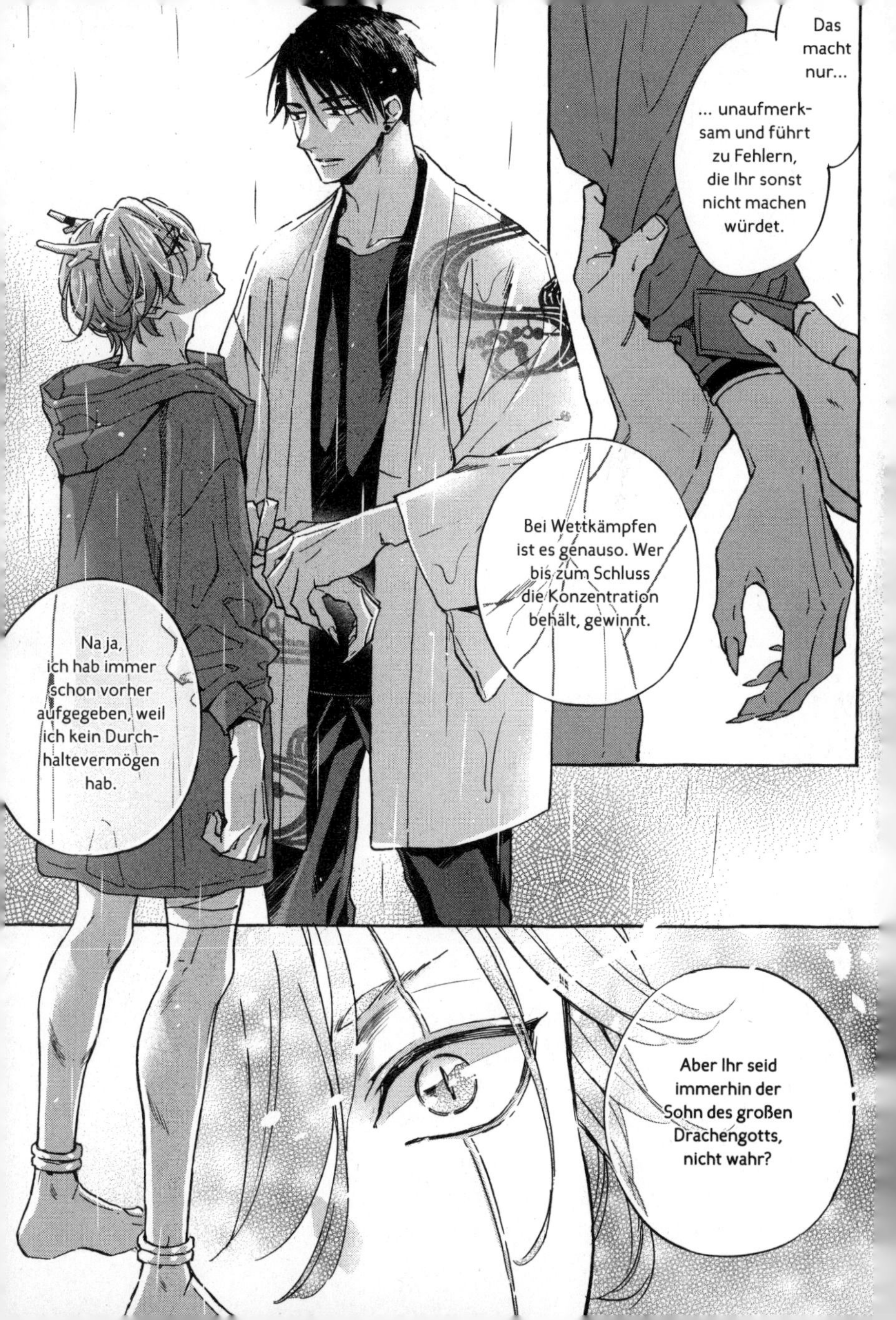
Das macht nur...
... unaufmerksam und führt zu Fehlern, die Ihr sonst nicht machen würdet.
Bei Wettkämpfen ist es genauso. Wer bis zum Schluss die Konzentration behält, gewinnt.
Na ja, ich hab immer schon vorher aufgegeben, weil ich kein Durchhaltevermögen hab.
Aber Ihr seid immerhin der Sohn des großen Drachengotts, nicht wahr?

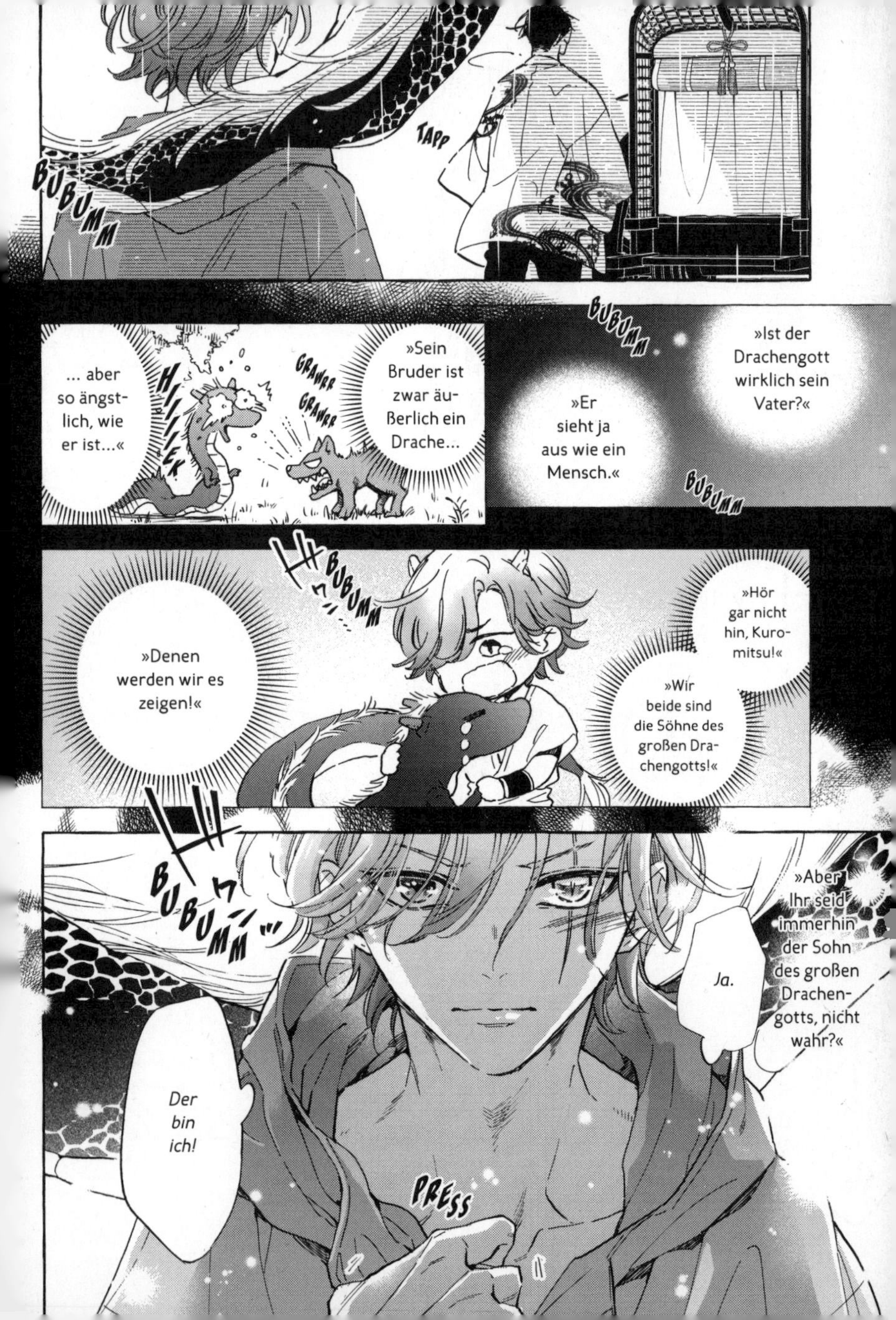
TAPP
BUBUMM
BUBUMM
»Ist der Drachengott wirklich sein Vater?«
»Er sieht ja aus wie ein Mensch.«
BUBUMM
»Sein Bruder ist zwar äußerlich ein Drache…
GRAWRR GRAWRR
HIIIIIEK
… aber so ängstlich, wie er ist…«
»Hör gar nicht hin, Kuromitsu!«
»Wir beide sind die Söhne des großen Drachengotts!«
BUBUMM
»Denen werden wir es zeigen!«
»Aber Ihr seid immerhin der Sohn des großen Drachengotts, nicht wahr?«
Ja.
BUBUMM
Der bin ich!
PRESS

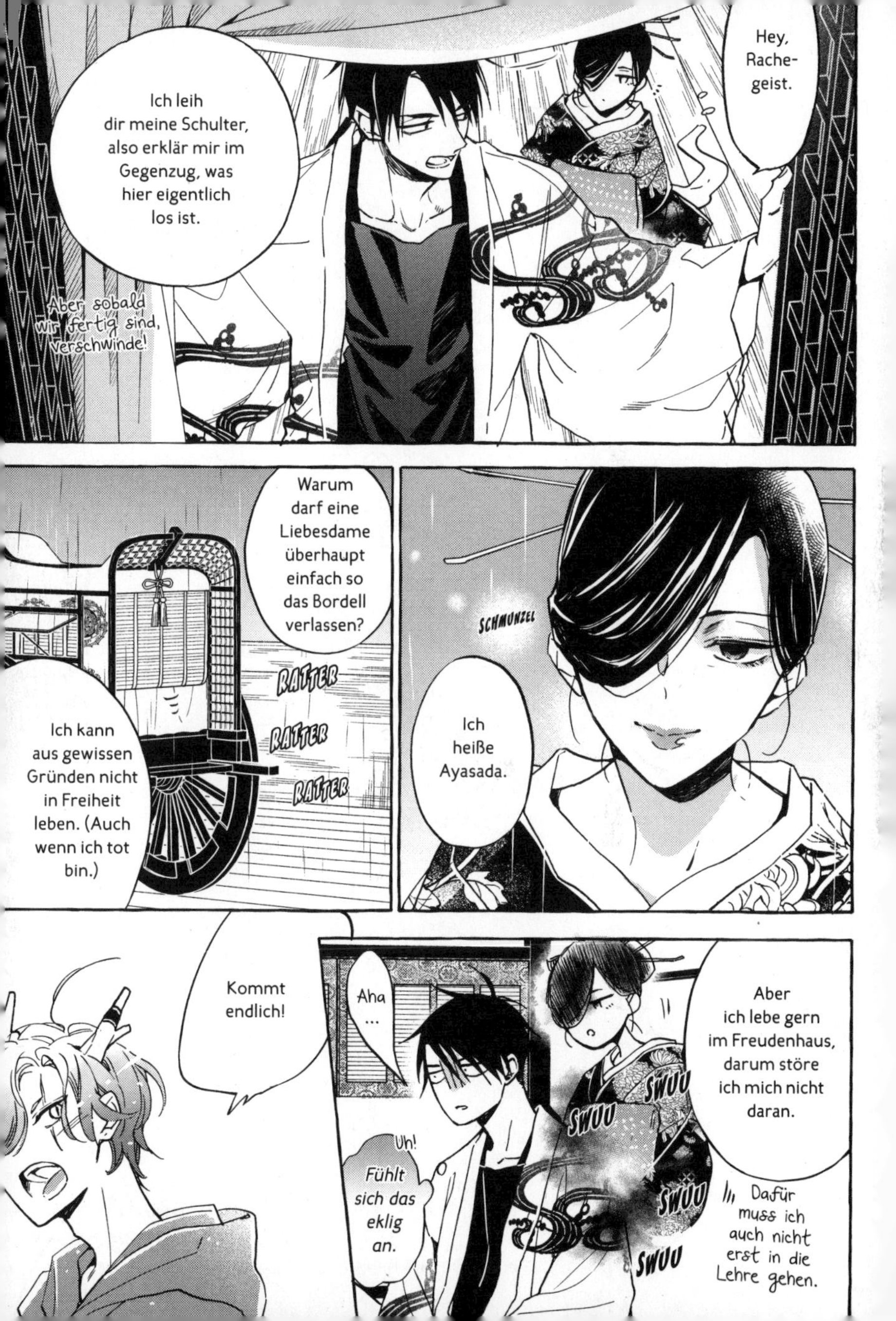
Hey, Rache-geist.
Ich leih dir meine Schulter, also erklär mir im Gegenzug, was hier eigentlich los ist.
Aber sobald wir fertig sind, verschwinde!
Ich heiße Ayasada.
SCHMUNZEL
Warum darf eine Liebesdame überhaupt einfach so das Bordell verlassen?
RATTER
RATTER
RATTER
Ich kann aus gewissen Gründen nicht in Freiheit leben. (Auch wenn ich tot bin.)
Aber ich lebe gern im Freudenhaus, darum störe ich mich nicht daran.
Dafür muss ich auch nicht erst in die Lehre gehen.
SWUU
SWUU
SWUU
SWUU
Aha …
Uh!
Fühlt sich das eklig an.
Kommt endlich!

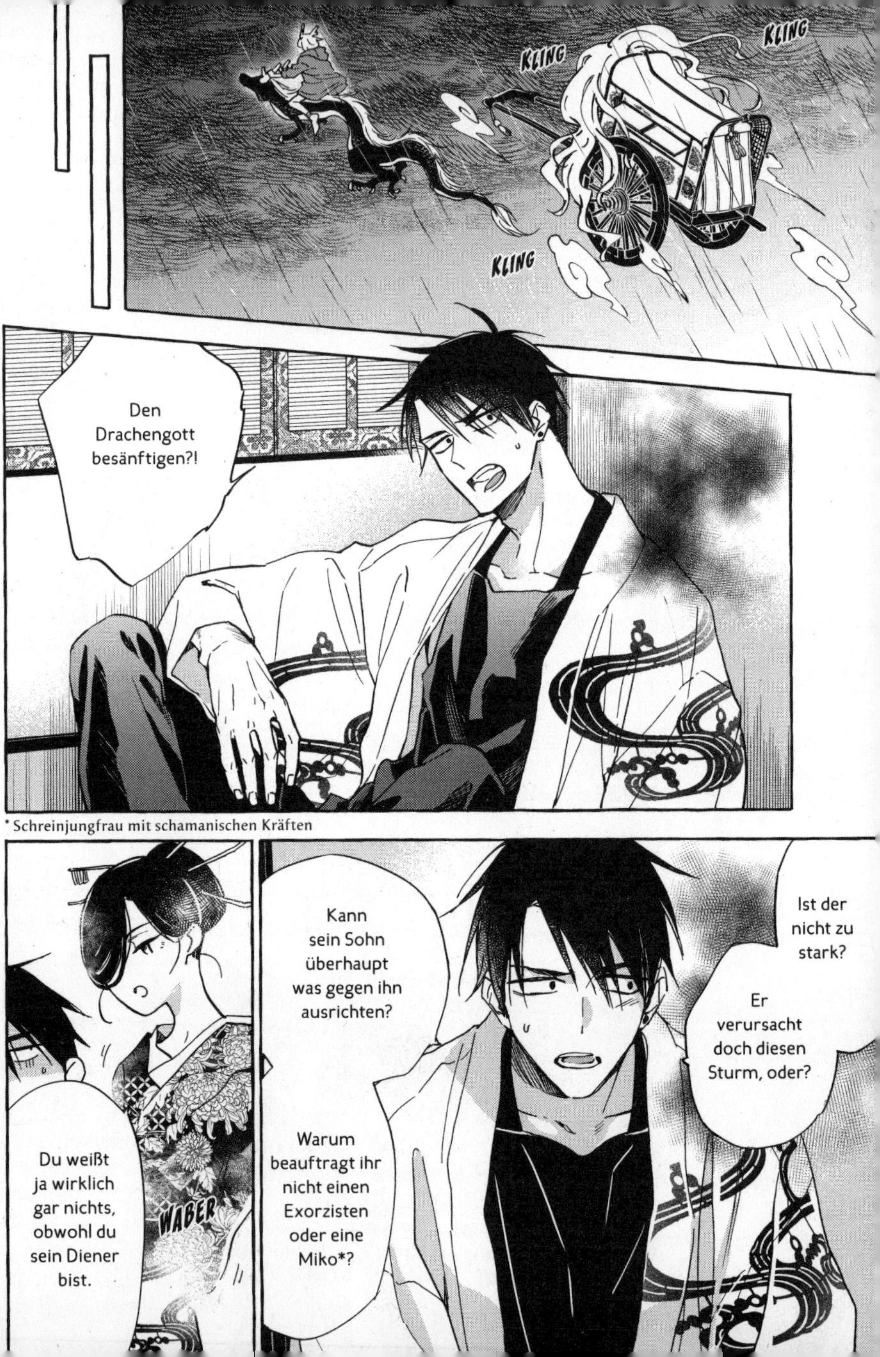

* Schreinjungfrau mit schamanischen Kräften

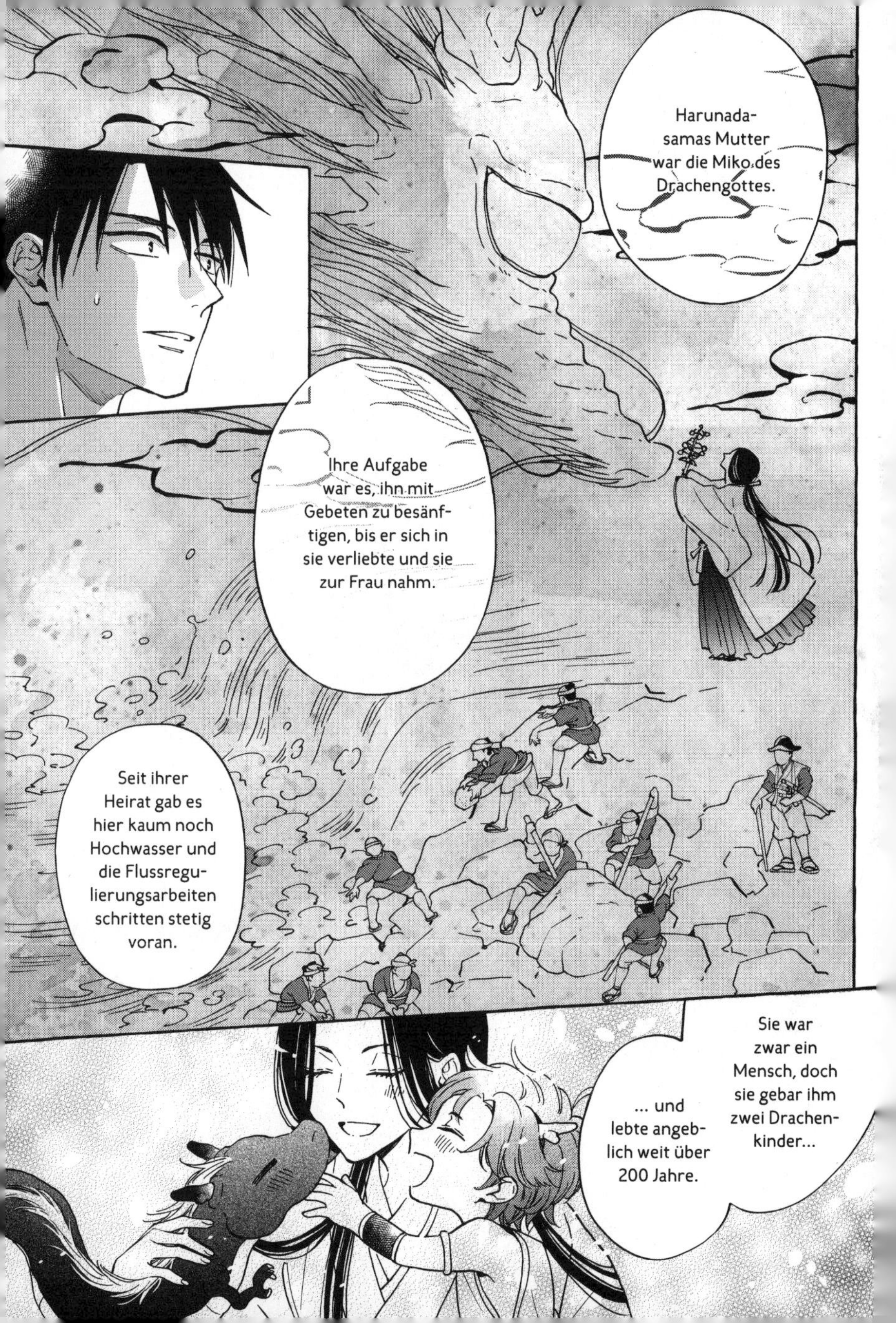
Harunada-
samas Mutter
war die Miko des
Drachengottes.
Ihre Aufgabe
war es, ihn mit
Gebeten zu besänf-
tigen, bis er sich in
sie verliebte und sie
zur Frau nahm.
Seit ihrer
Heirat gab es
hier kaum noch
Hochwasser und
die Flussregu-
lierungsarbeiten
schritten stetig
voran.
Sie war
zwar ein
Mensch, doch
sie gebar ihm
zwei Drachen-
kinder...
... und
lebte angeb-
lich weit über
200 Jahre.

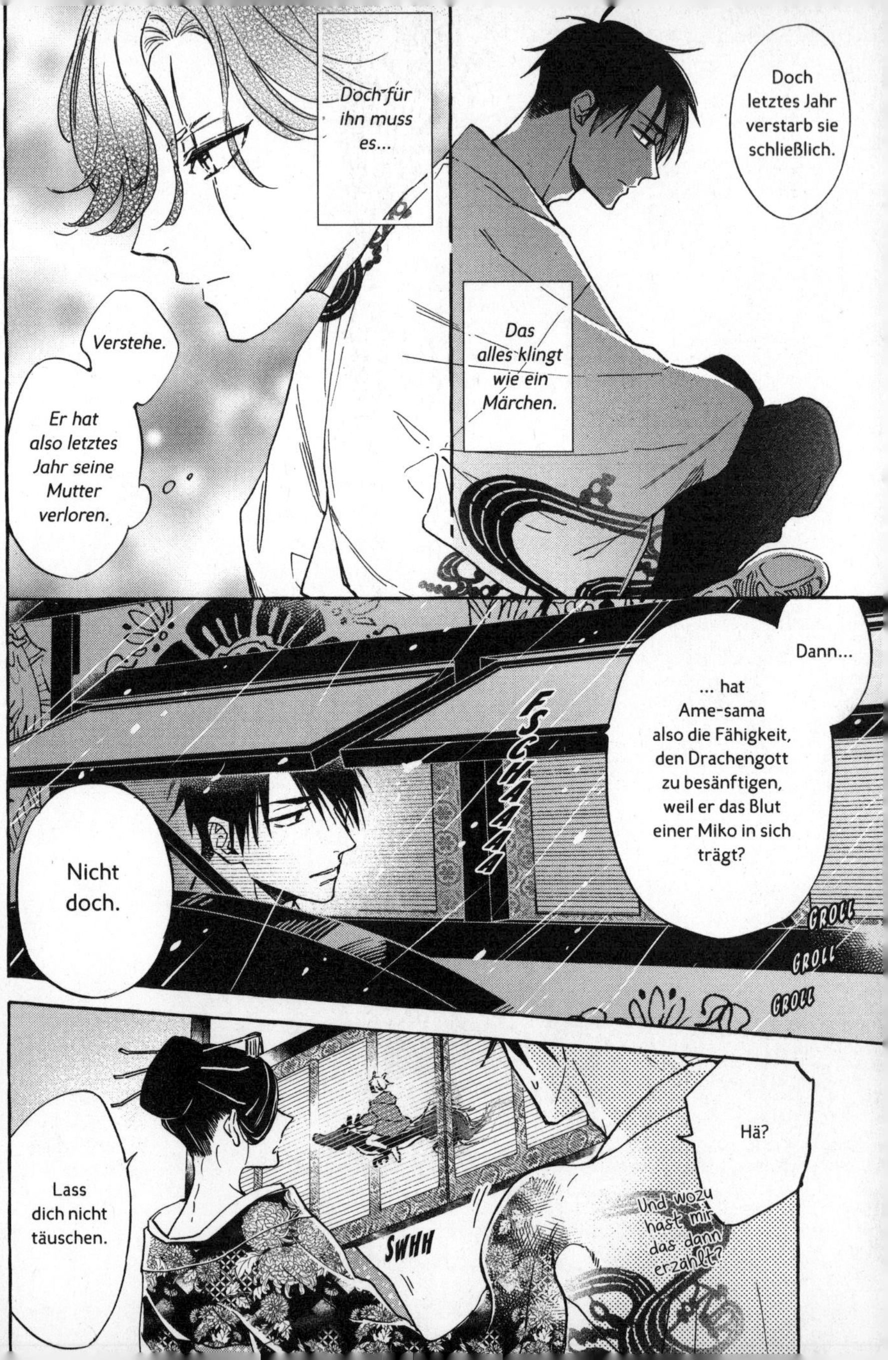
Doch letztes Jahr verstarb sie schließlich.
Das alles klingt wie ein Märchen.
Doch für ihn muss es...
Verstehe.
Er hat also letztes Jahr seine Mutter verloren.
Dann...
... hat Ame-sama also die Fähigkeit, den Drachengott zu besänftigen, weil er das Blut einer Miko in sich trägt?
FSCHAAAAA
GROLL
GROLL
GROLL
Nicht doch.
Hä?
Und wozu hast mir das dann erzählt?
SWHH
Lass dich nicht täuschen.

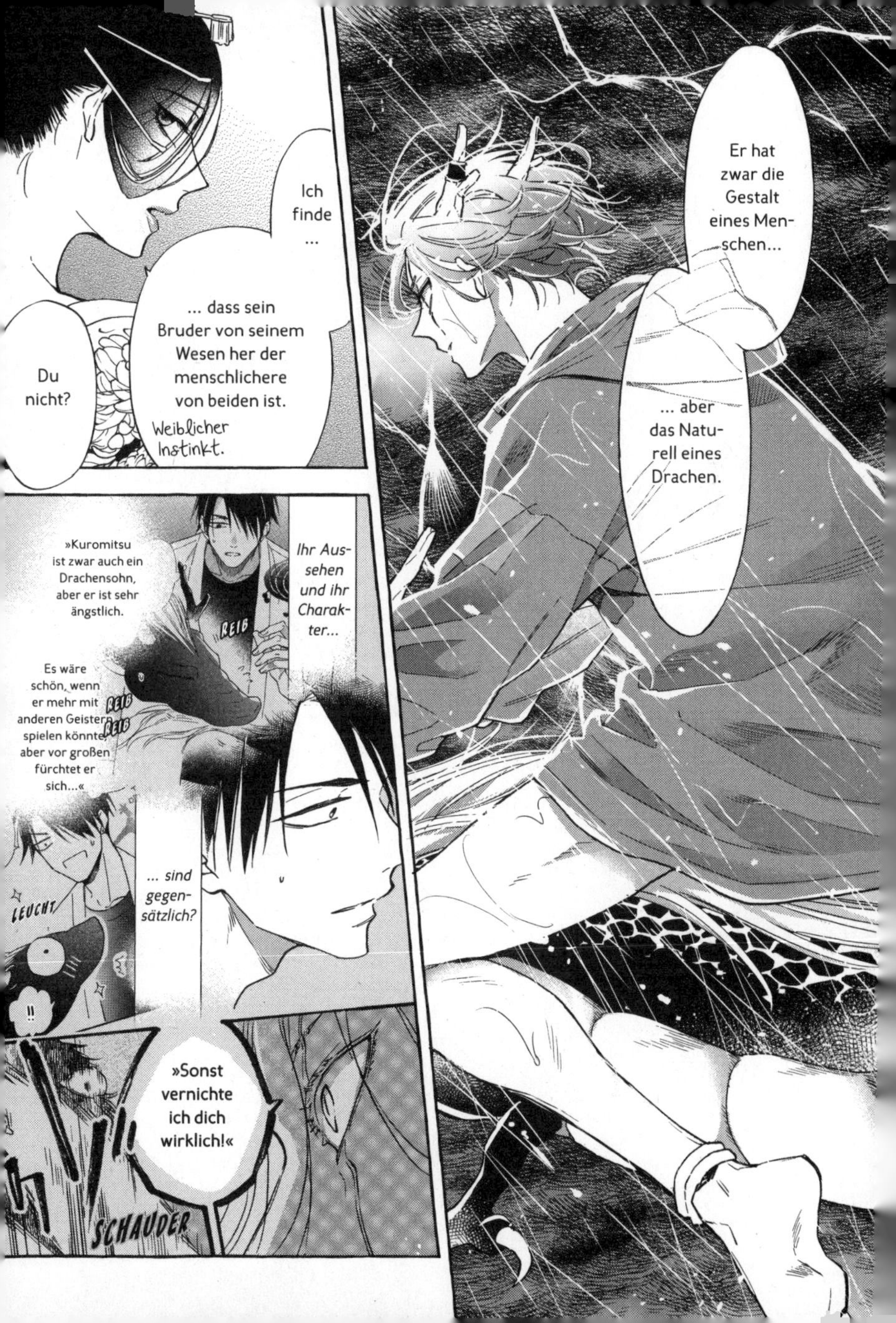

Er hat zwar die Gestalt eines Menschen...
... aber das Naturell eines Drachen.
Ich finde ...
... dass sein Bruder von seinem Wesen her der menschlichere von beiden ist.
Weiblicher Instinkt.
Du nicht?
Ihr Aussehen und ihr Charakter...
»Kuromitsu ist zwar auch ein Drachensohn, aber er ist sehr ängstlich.
REIB
Es wäre schön, wenn er mehr mit anderen Geister spielen könnte aber vor großen fürchtet er sich...«
REIB REIB
... sind gegensätzlich?
LEUCHT
!!
»Sonst vernichte ich dich wirklich!«
SCHAUDER

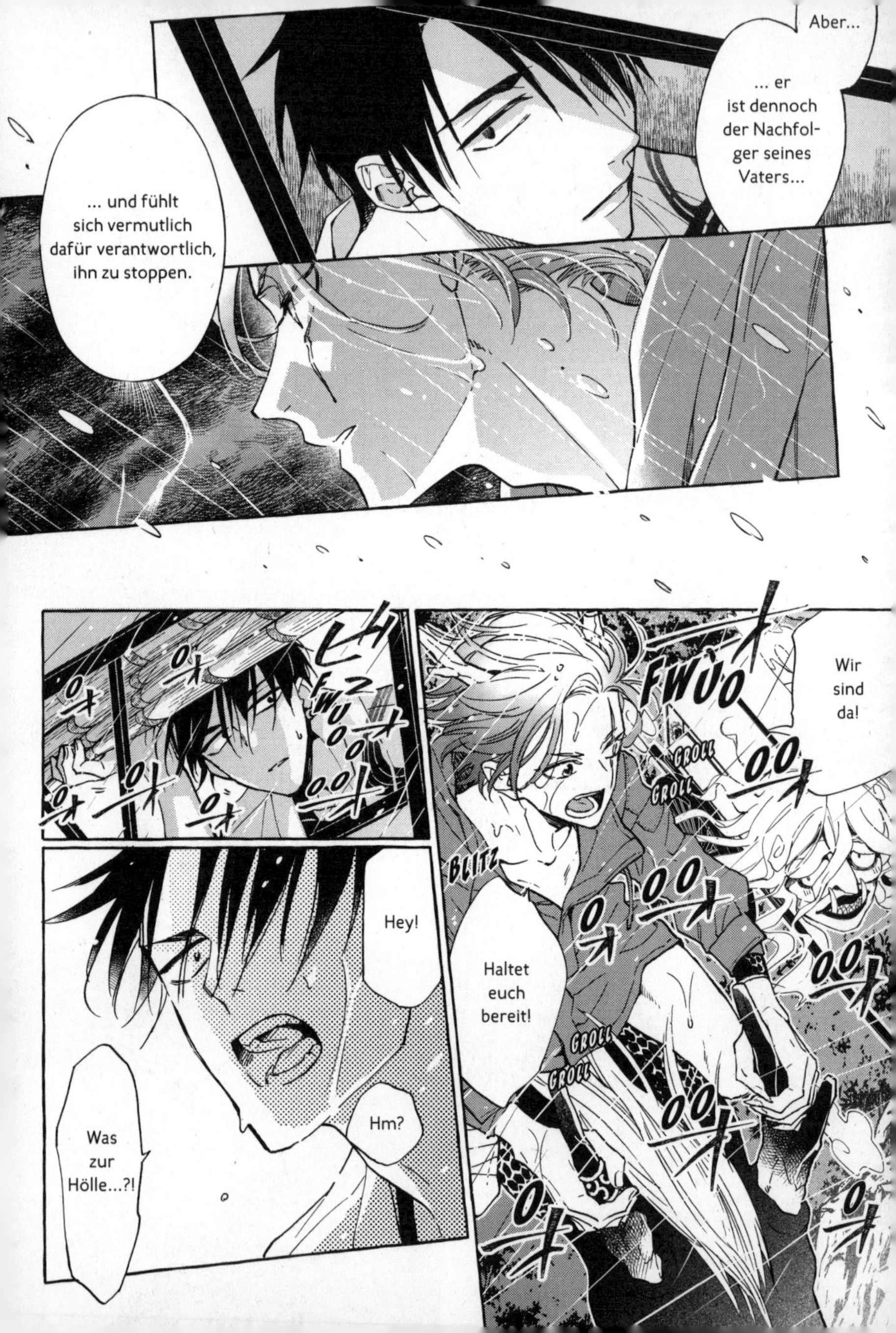
Aber...
... er ist dennoch der Nachfolger seines Vaters...
... und fühlt sich vermutlich dafür verantwortlich, ihn zu stoppen.
FWUOOO
Wir sind da!
GROLL GROLL
BLITZ
Haltet euch bereit!
GROLL GROLL
FWUOOO
Hey!
Hm?
Was zur Hölle...?!

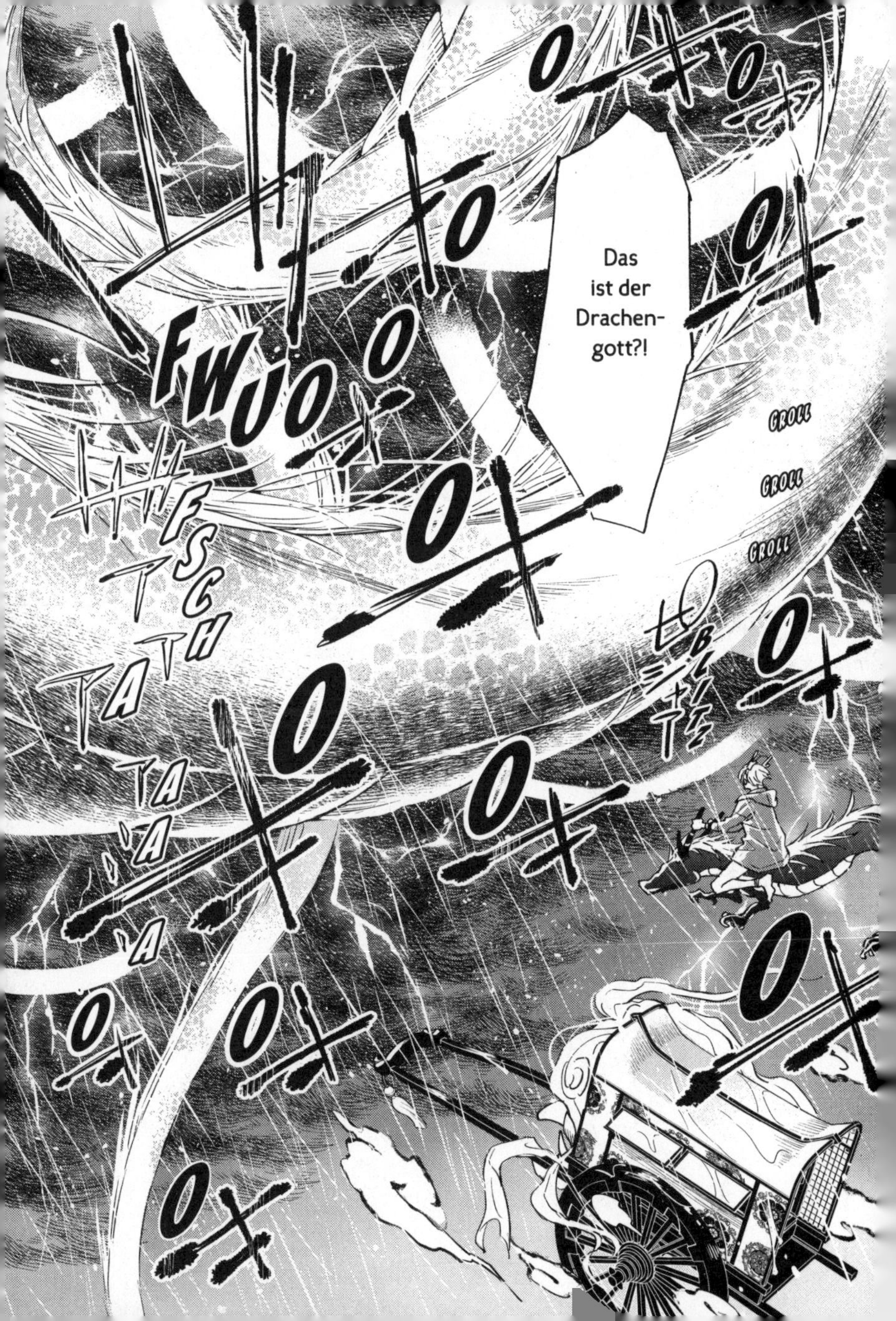

Das ist der Drachengott?!
FWUOOOO
FSCH
TATTATAA
GROLL
GROLL
GROLL

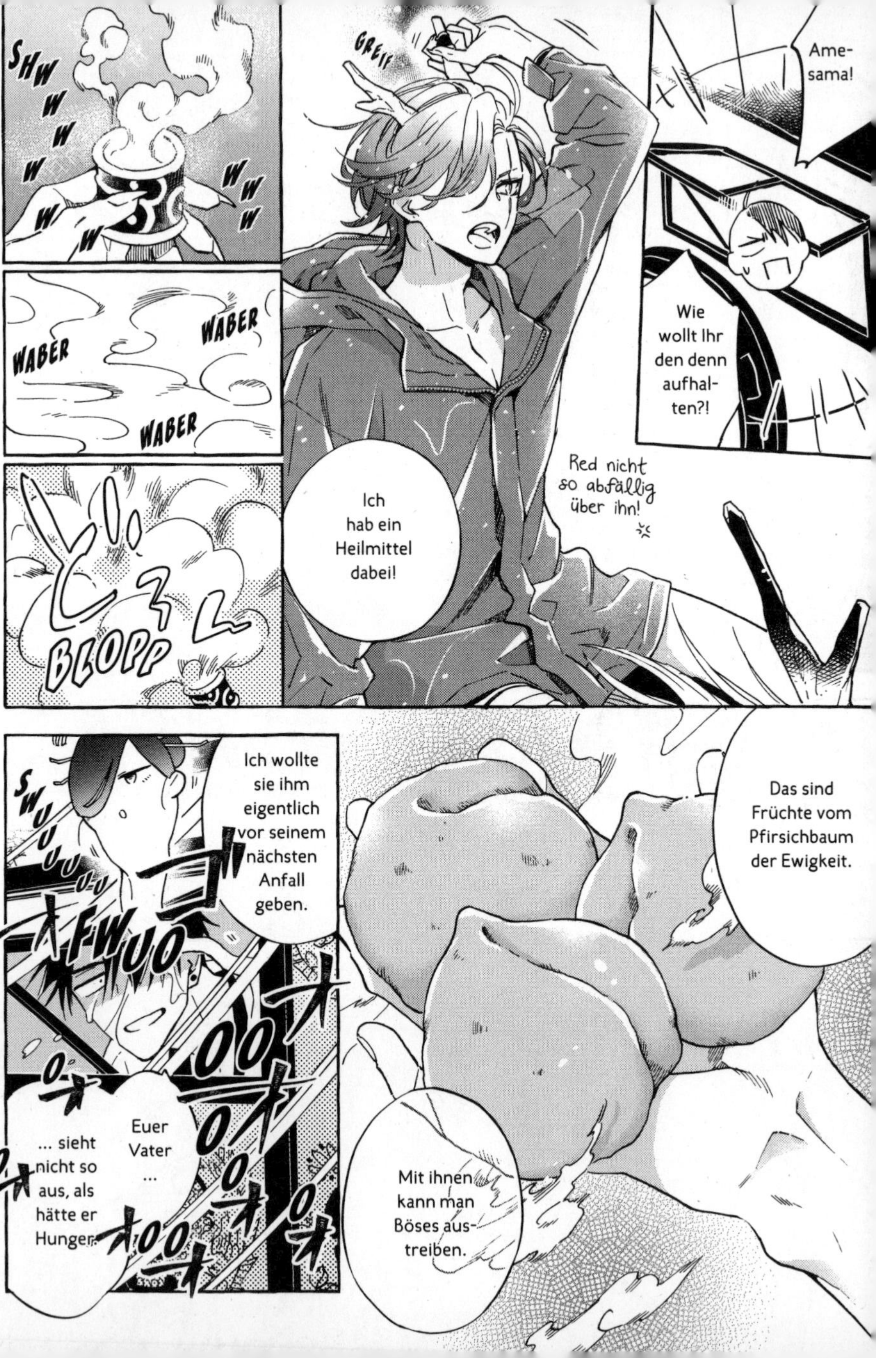
Ame-sama!
Wie wollt Ihr den denn aufhalten?!
Red nicht so abfällig über ihn!
GREIF
Ich hab ein Heilmittel dabei!
SHWWWWWWWWWW
WABER WABER WABER
BLOPP
Das sind Früchte vom Pfirsichbaum der Ewigkeit.
Mit ihnen kann man Böses austreiben.
Ich wollte sie ihm eigentlich vor seinem nächsten Anfall geben.
SWUUUUUU
FWUO
OOO
Euer Vater ...
... sieht nicht so aus, als hätte er Hunger.

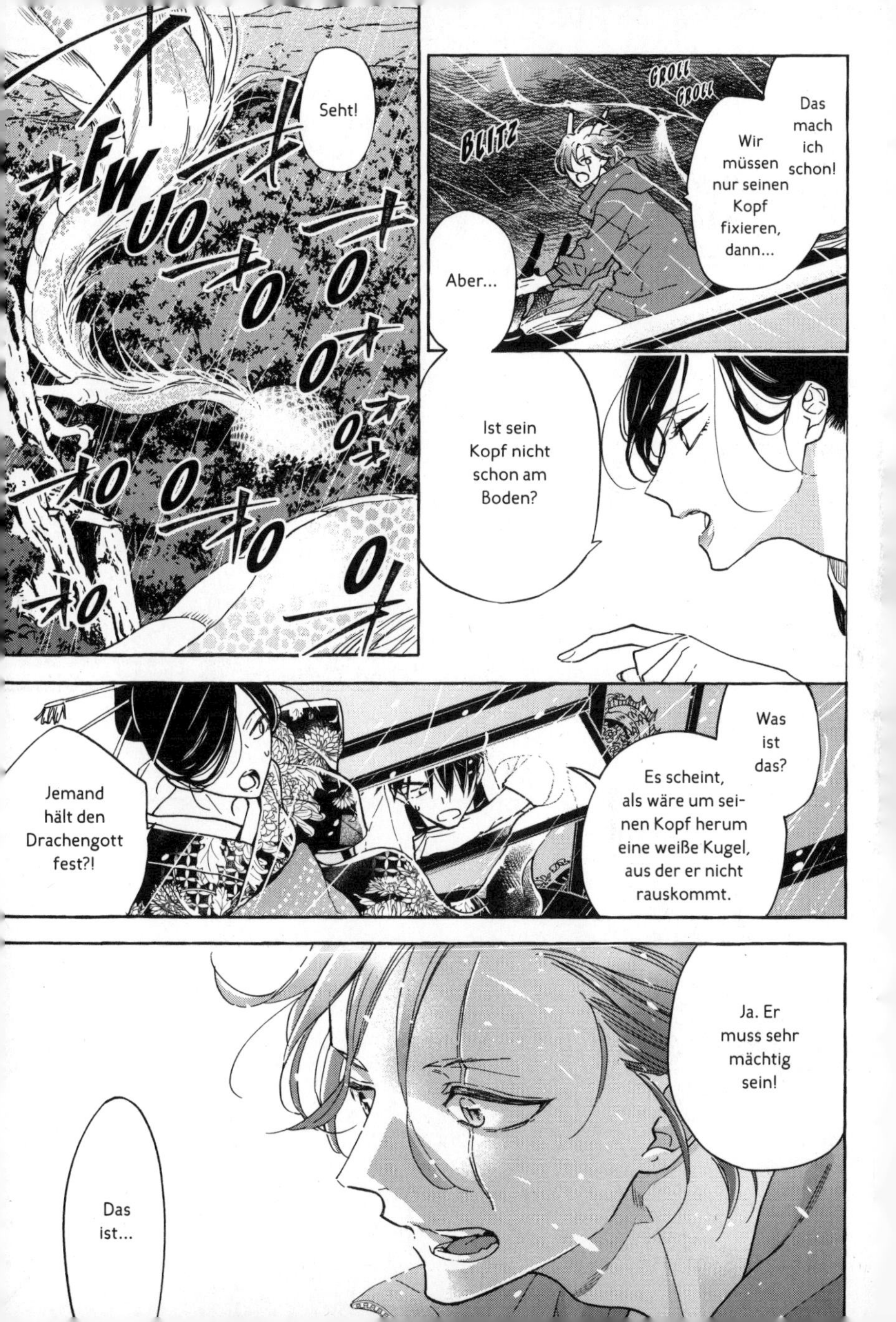
GROLL GROLL
BLITZ
Das mach ich schon!
Wir müssen nur seinen Kopf fixieren, dann...
Aber...
Seht!
FWUOOOO
Ist sein Kopf nicht schon am Boden?
Was ist das?
Es scheint, als wäre um seinen Kopf herum eine weiße Kugel, aus der er nicht rauskommt.
Jemand hält den Drachengott fest?!
Ja. Er muss sehr mächtig sein!
Das ist...

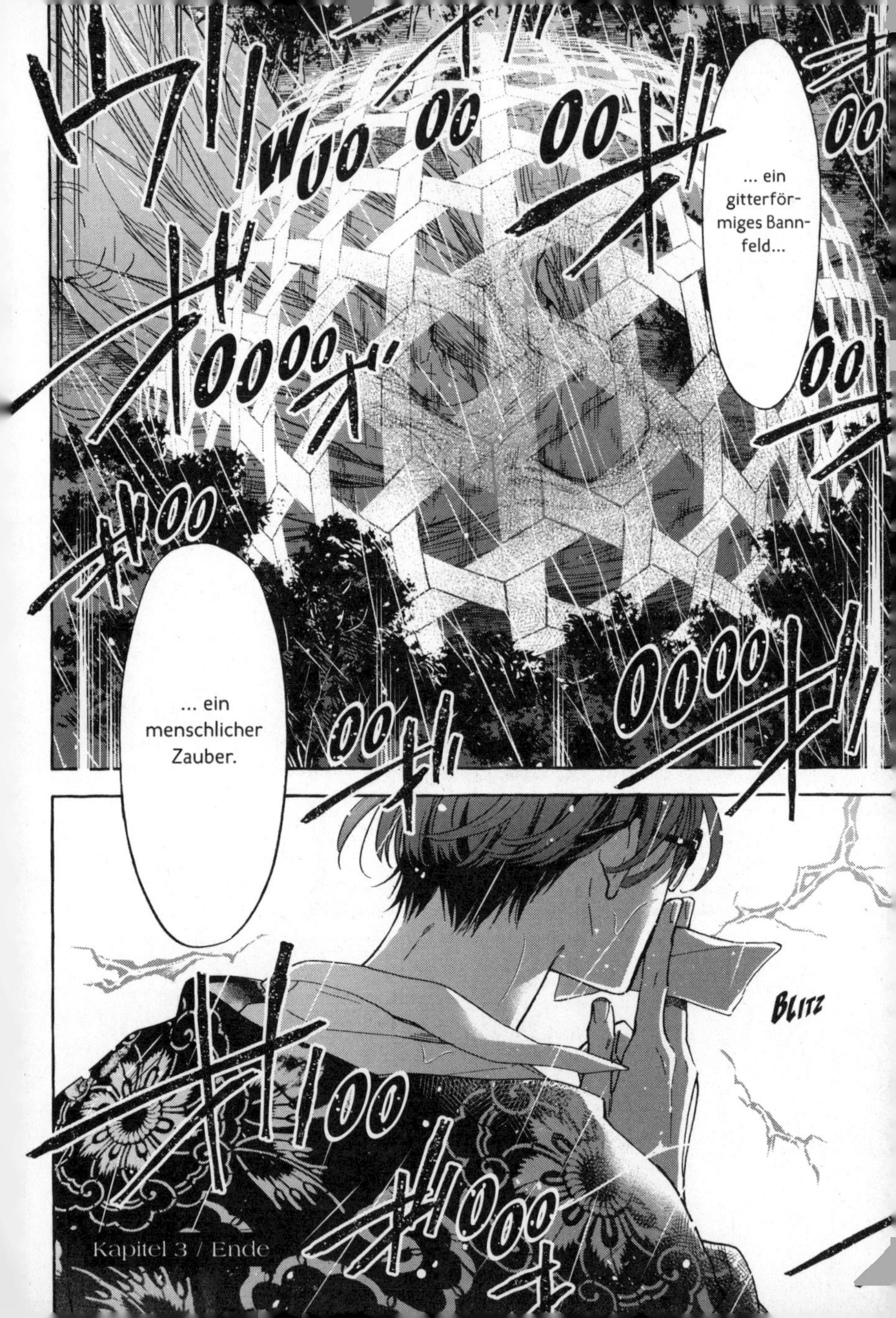

Kapitel 3 / Ende

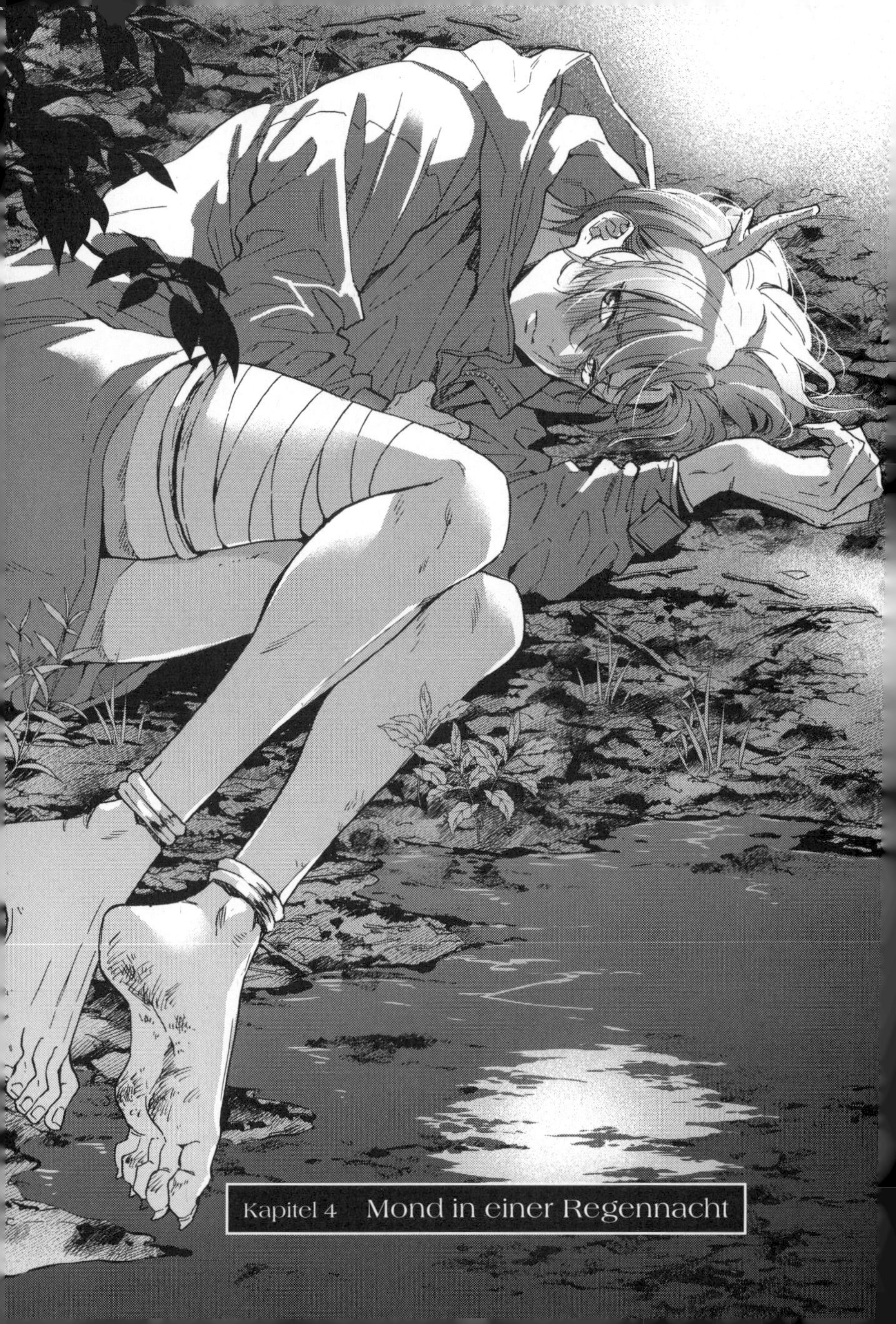
Kapitel 4 Mond in einer Regennacht

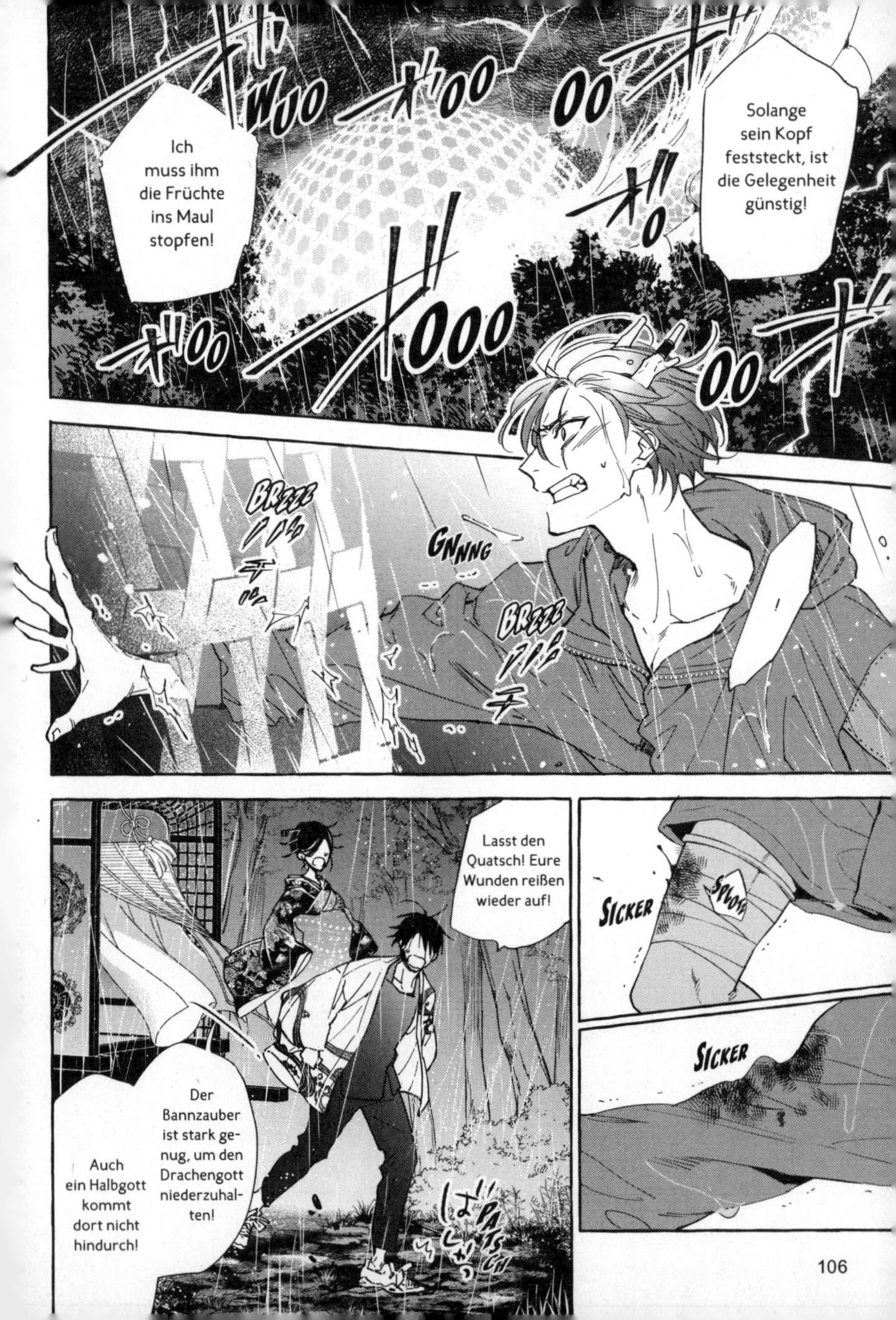
Solange sein Kopf feststeckt, ist die Gelegenheit günstig!
Ich muss ihm die Früchte ins Maul stopfen!
WUOOOOOOOOO
OOOO
GNNNG
BRZZZ
BRZZZ
Lasst den Quatsch! Eure Wunden reißen wieder auf!
Der Bannzauber ist stark genug, um den Drachengott niederzuhalten!
Auch ein Halbgott kommt dort nicht hindurch!
PATSCH
SICKER
SPLOSCH
SICKER

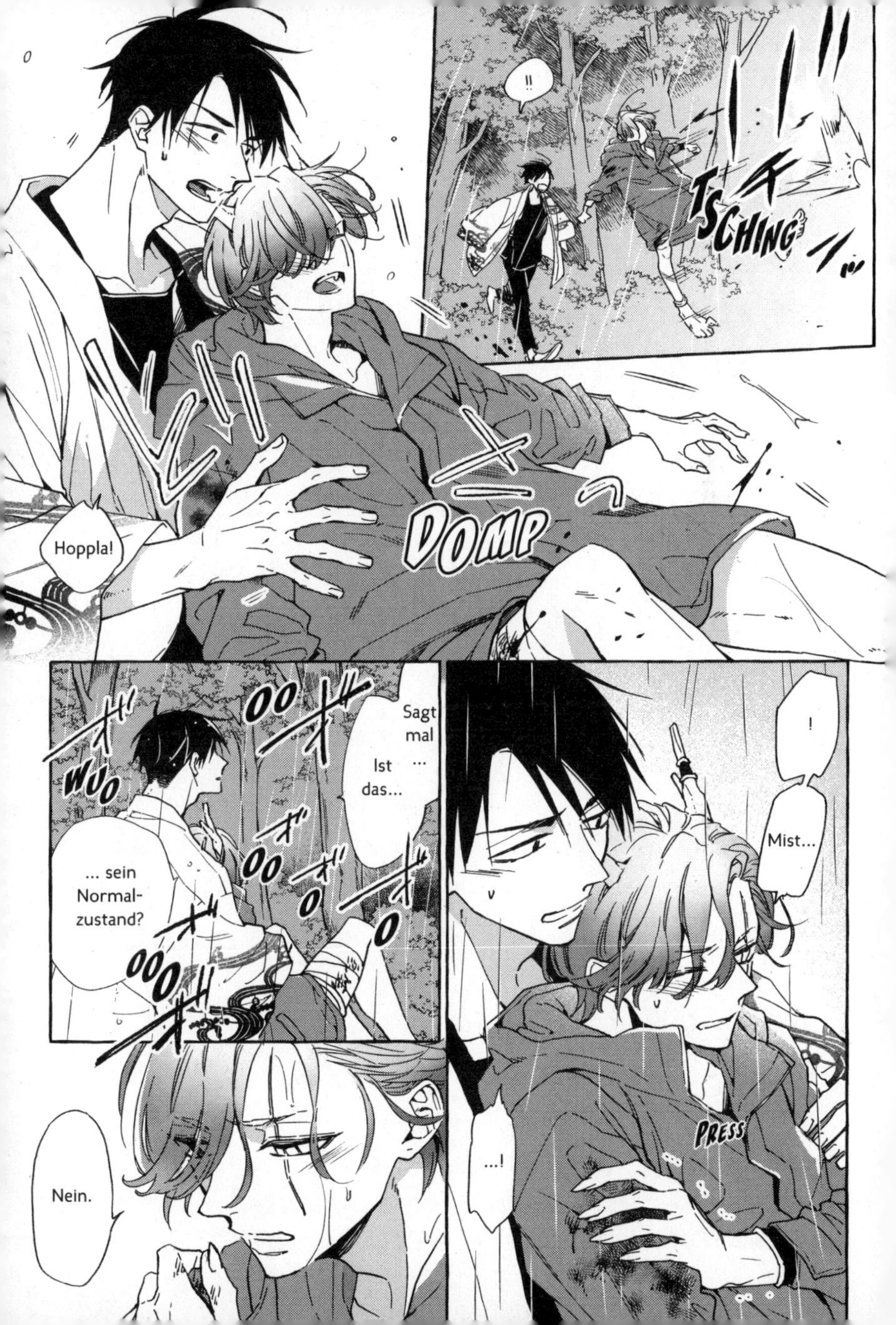

!!
TSCHING
DOMP
Hoppla!
!
Mist...
Sagt mal ...
Ist das...
... sein Normalzustand?
WUO
OO
OOO
PRESS
...!
Nein.

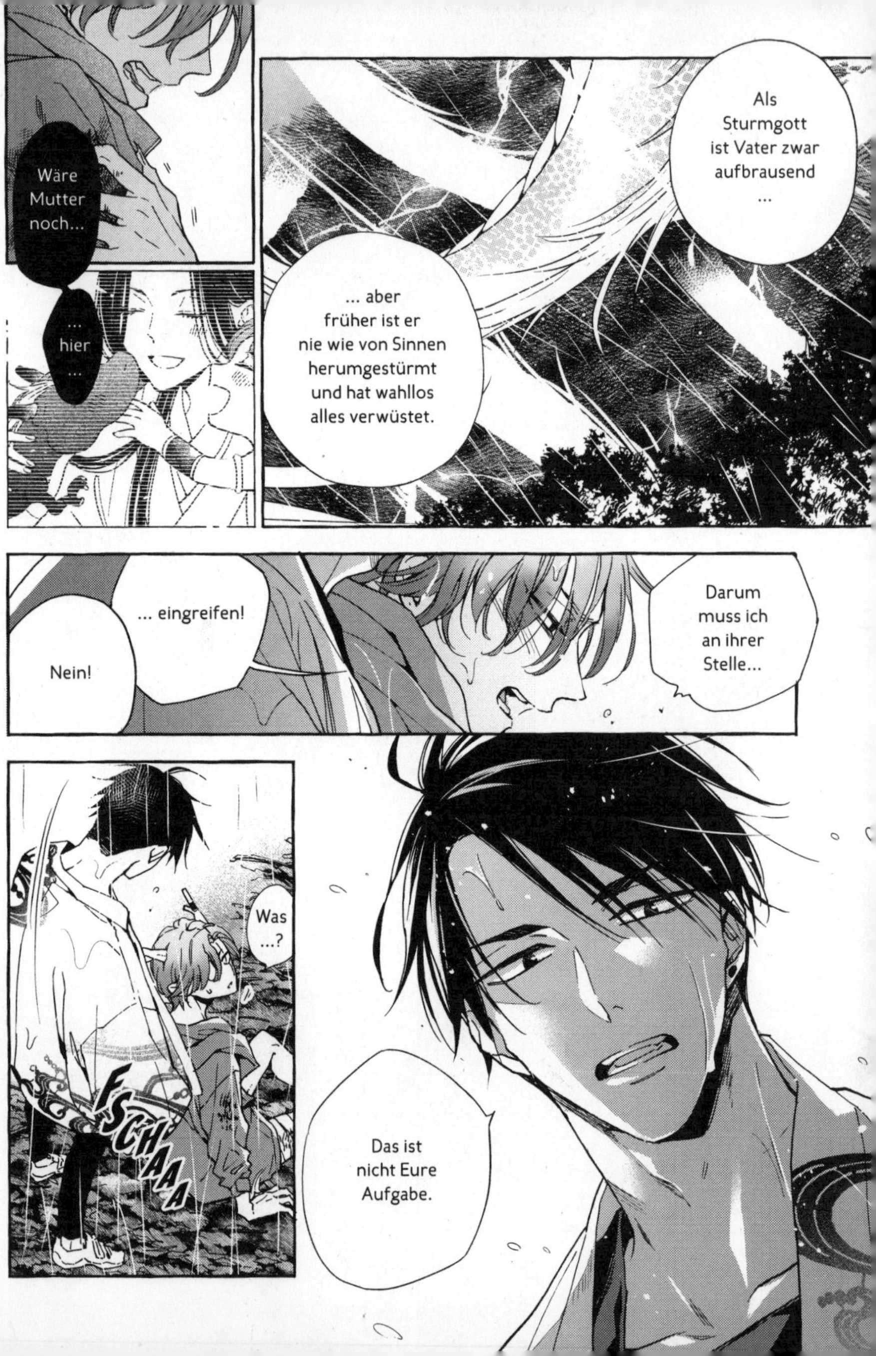
Als Sturmgott ist Vater zwar aufbrausend ...
... aber früher ist er nie wie von Sinnen herumgestürmt und hat wahllos alles verwüstet.
Wäre Mutter noch...
... hier ...
Darum muss ich an ihrer Stelle...
... eingreifen!
Nein!
Das ist nicht Eure Aufgabe.
Was ...?
FSCHAAA

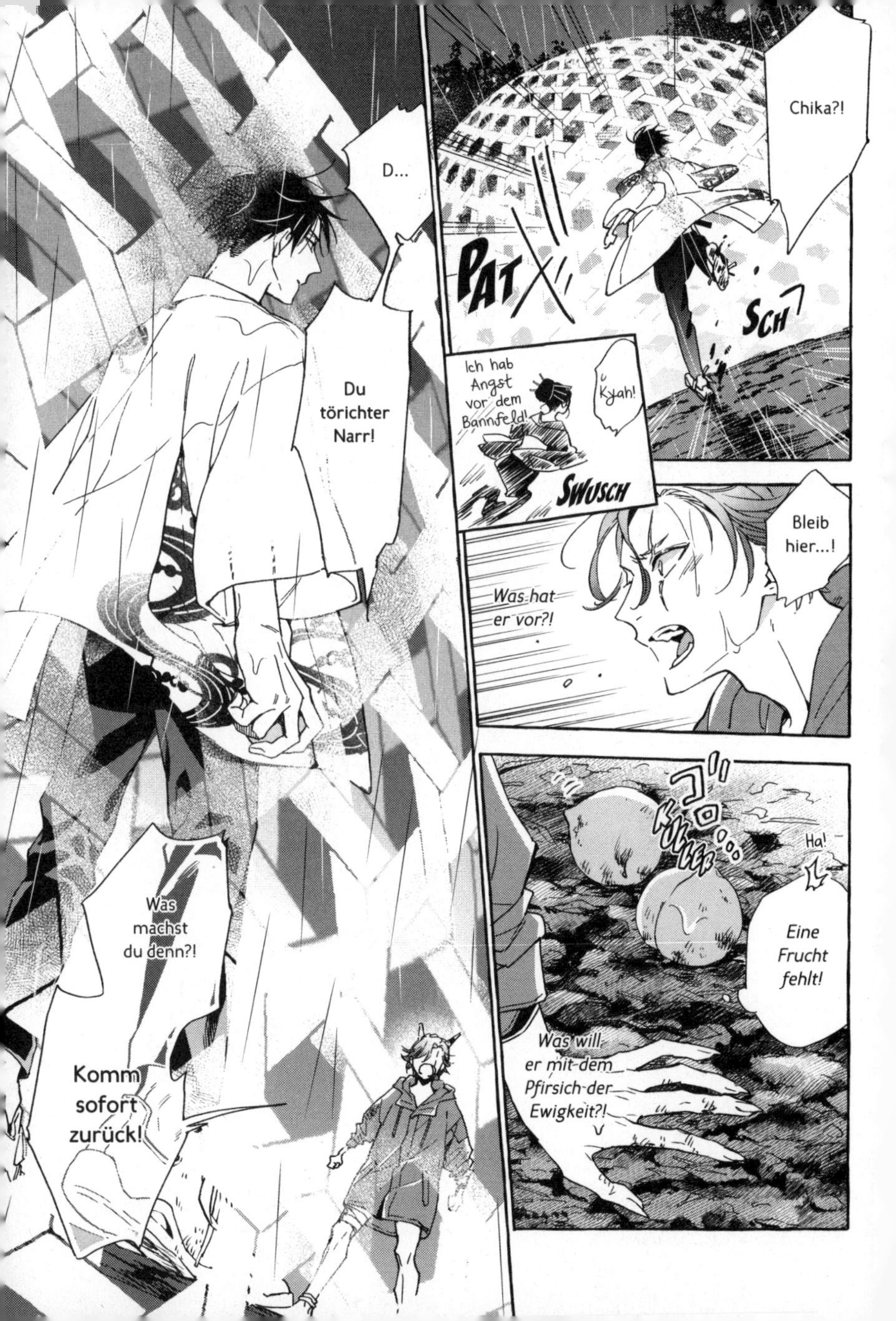
Chika?!
PAT
SCH
Kyah!
Ich hab Angst vor dem Bannfeld!
SWUSCH
Bleib hier...!
Was hat er vor?!
Ha!
Eine Frucht fehlt!
Was will er mit dem Pfirsich der Ewigkeit?!
D...
Du törichter Narr!
Was machst du denn?!
Komm sofort zurück!

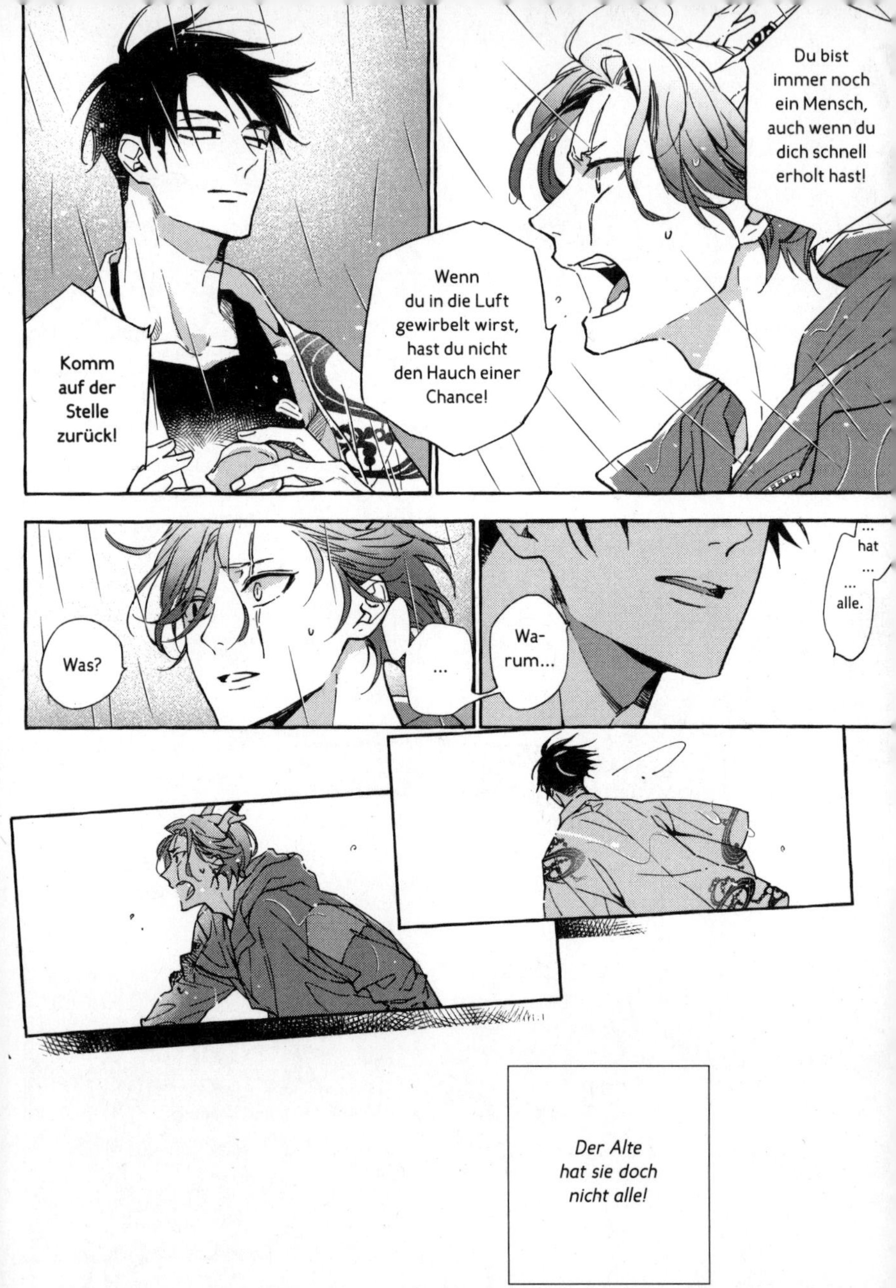

Du bist immer noch ein Mensch, auch wenn du dich schnell erholt hast!
Wenn du in die Luft gewirbelt wirst, hast du nicht den Hauch einer Chance!
Komm auf der Stelle zurück!
... hat ... ... alle.
Wa- rum...
...
Was?
Der Alte hat sie doch nicht alle!

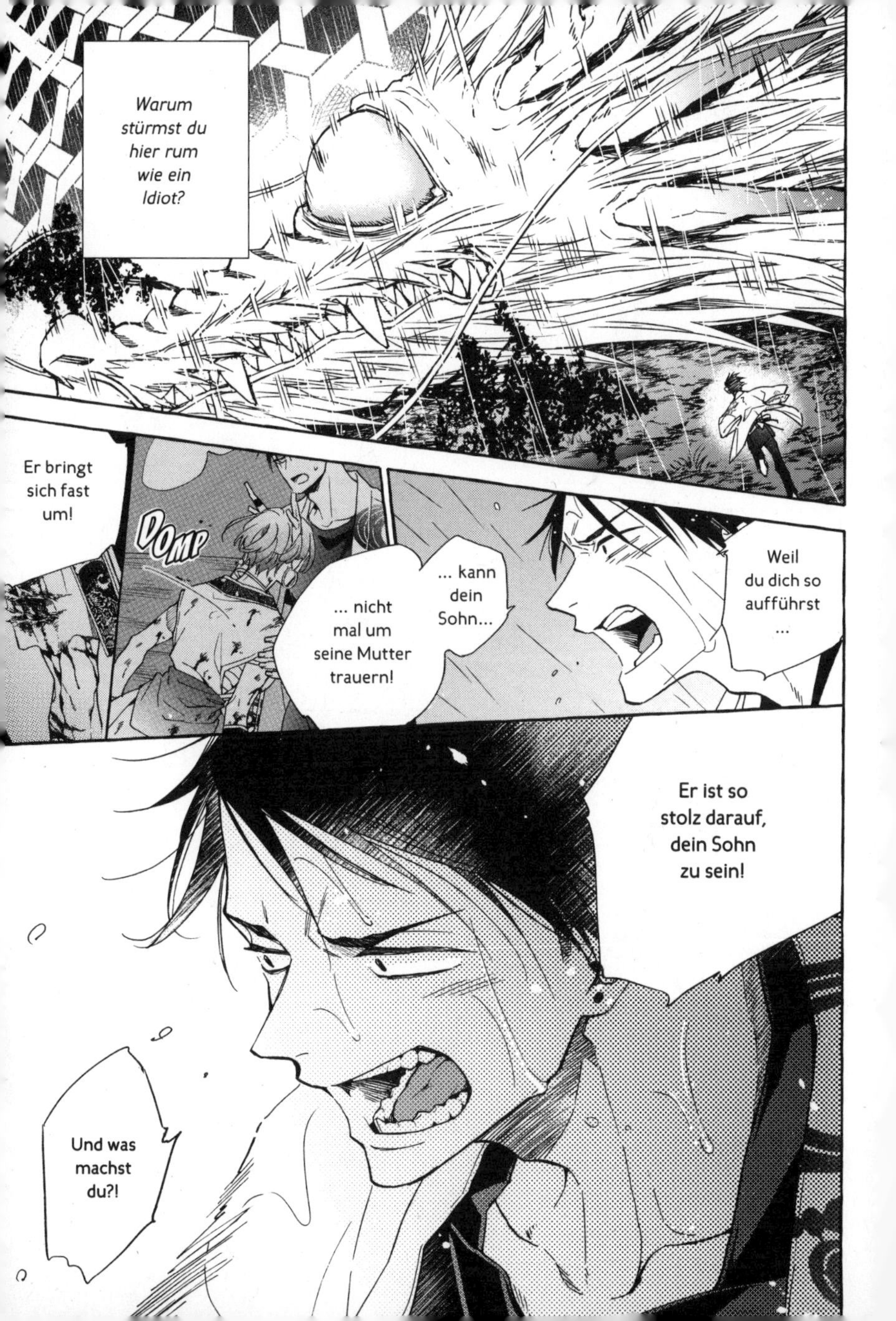
Warum stürmst du hier rum wie ein Idiot?
Weil du dich so aufführst ...
... kann dein Sohn...
... nicht mal um seine Mutter trauern!
Er bringt sich fast um!
DOMP
Er ist so stolz darauf, dein Sohn zu sein!
Und was machst du?!

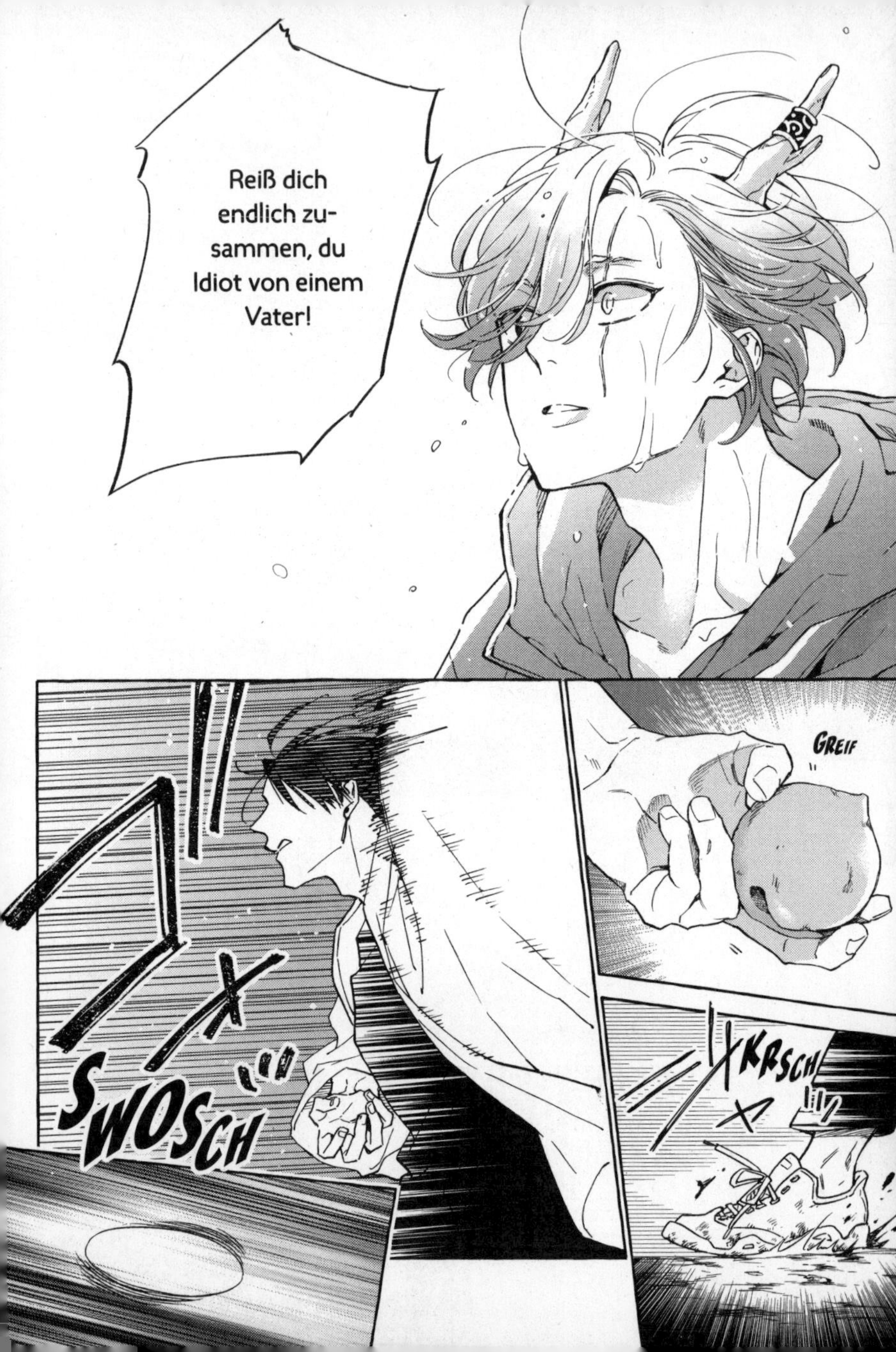

Reiß dich endlich zusammen, du Idiot von einem Vater!
GREIF
KRSCH
SWOSCH

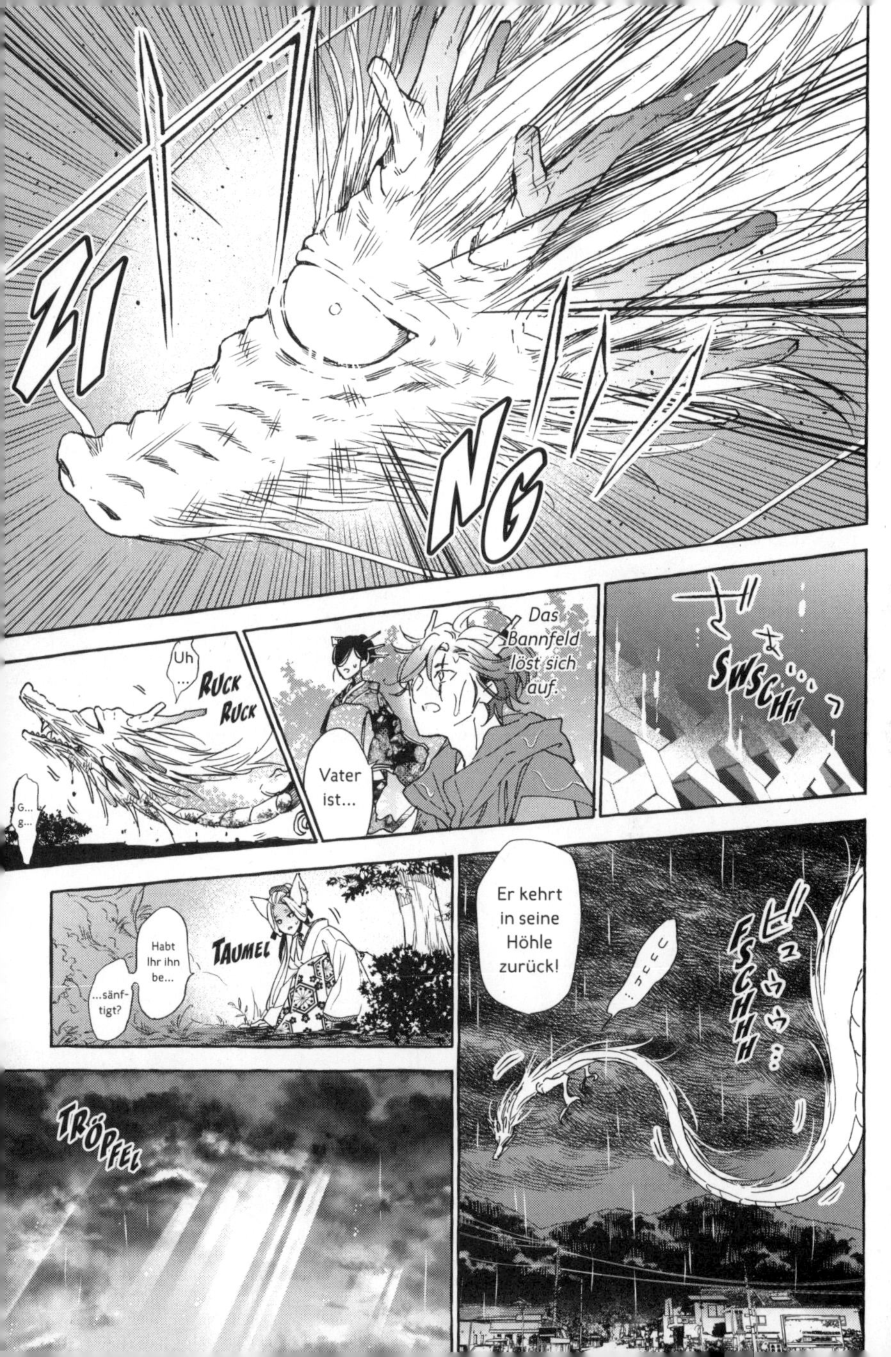
ZI
NG
SWSCHH
Das Bannfeld löst sich auf.
Vater ist...
Uh ...
RUCK RUCK
G... g...
Er kehrt in seine Höhle zurück!
FSCHHHH
TAUMEL
Habt Ihr ihn be...
...sänftigt?
TRÖPFEL

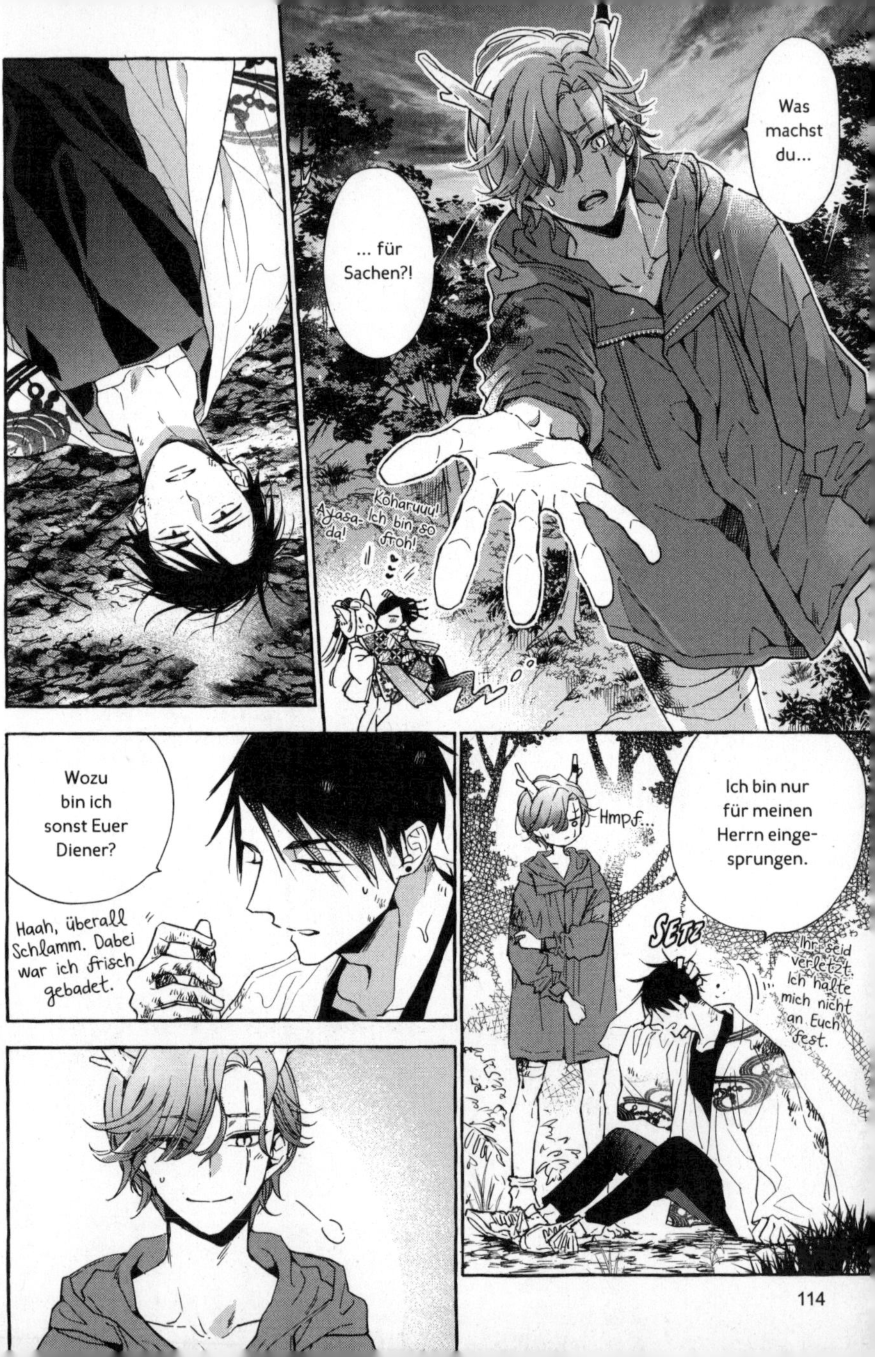
Was machst du...
... für Sachen?!
Koharuuu! Ich bin so froh!
Ayasa-da!
Wozu bin ich sonst Euer Diener?
Haah, überall Schlamm. Dabei war ich frisch gebadet.
Ich bin nur für meinen Herrn eingesprungen.
Hmpf...
SETZ
Ihr seid verletzt. Ich halte mich nicht an Euch fest.

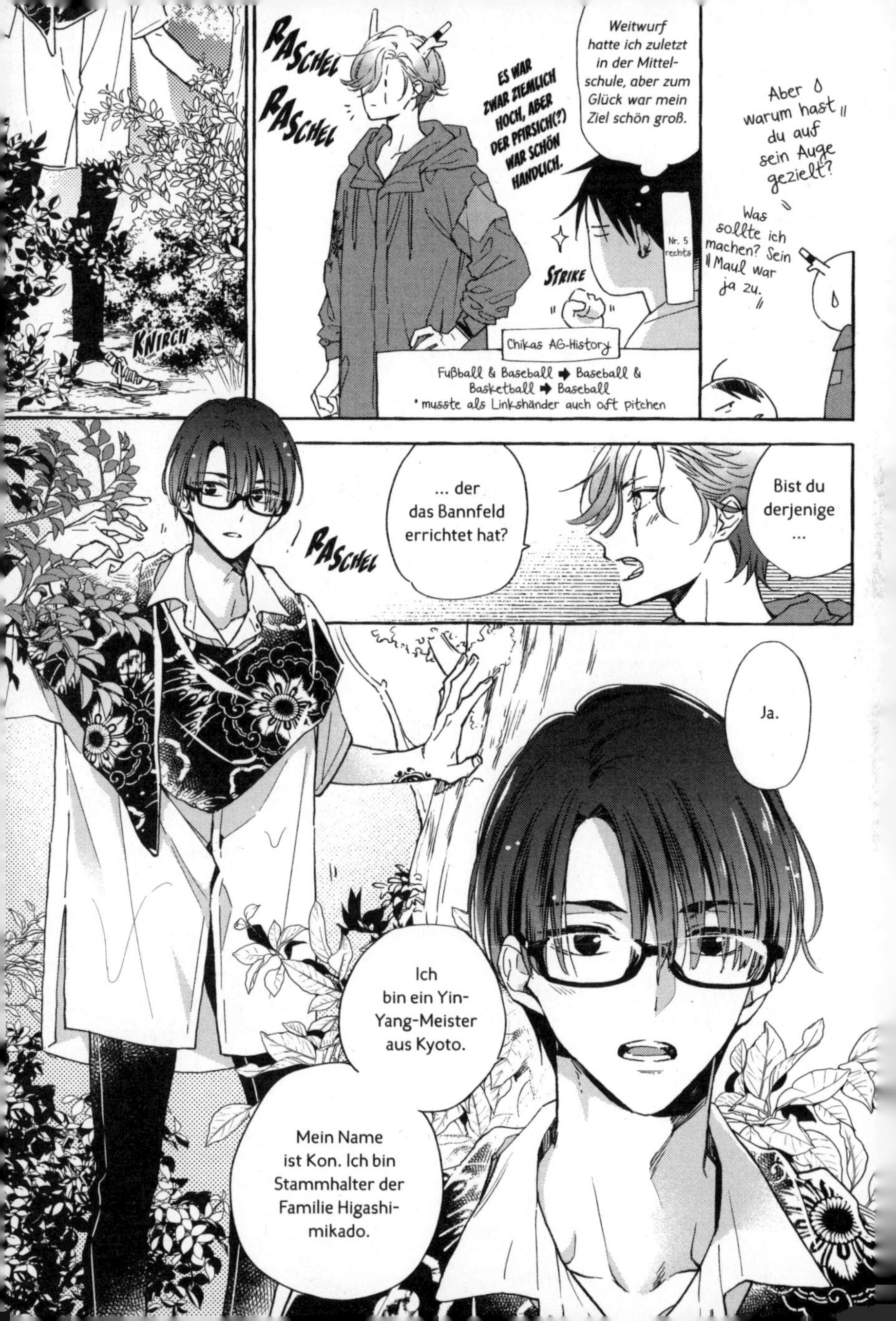

Aber warum hast du auf sein Auge gezielt?
Was sollte ich machen? Sein Maul war ja zu.
Weitwurf hatte ich zuletzt in der Mittelschule, aber zum Glück war mein Ziel schön groß.
Nr. 5 rechts
Strike
Chikas AG-History
Fußball & Baseball ➡ Baseball & Basketball ➡ Baseball
* musste als Linkshänder auch oft pitchen
Es war zwar ziemlich hoch, aber der Pfirsich(?) war schön handlich.
Raschel Raschel
Knirch
Bist du derjenige …
… der das Bannfeld errichtet hat?
Raschel
Ja.
Ich bin ein Yin-Yang-Meister aus Kyoto.
Mein Name ist Kon. Ich bin Stammhalter der Familie Higashimikado.

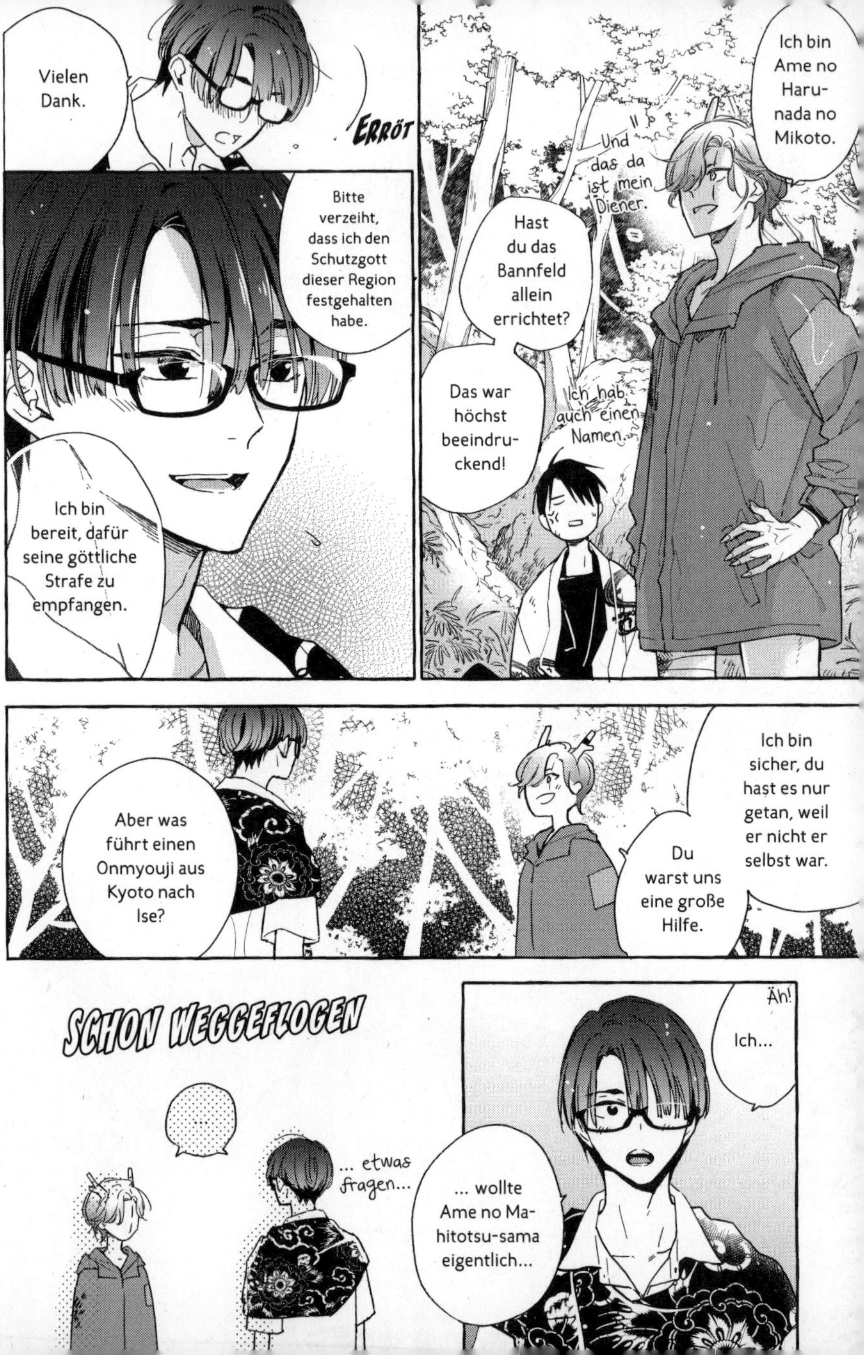
Ich bin Ame no Haru-nada no Mikoto.
Und das da ist mein Diener.
Hast du das Bannfeld allein errichtet?
Ich hab auch einen Namen.
Das war höchst beeindruckend!
Vielen Dank.
ERRÖT
Bitte verzeiht, dass ich den Schutzgott dieser Region festgehalten habe.
Ich bin bereit, dafür seine göttliche Strafe zu empfangen.
Ich bin sicher, du hast es nur getan, weil er nicht er selbst war.
Du warst uns eine große Hilfe.
Aber was führt einen Onmyouji aus Kyoto nach Ise?
Äh!
Ich...
... wollte Ame no Ma-hitotsu-sama eigentlich...
... etwas fragen...
...
SCHON WEGGEFLOGEN

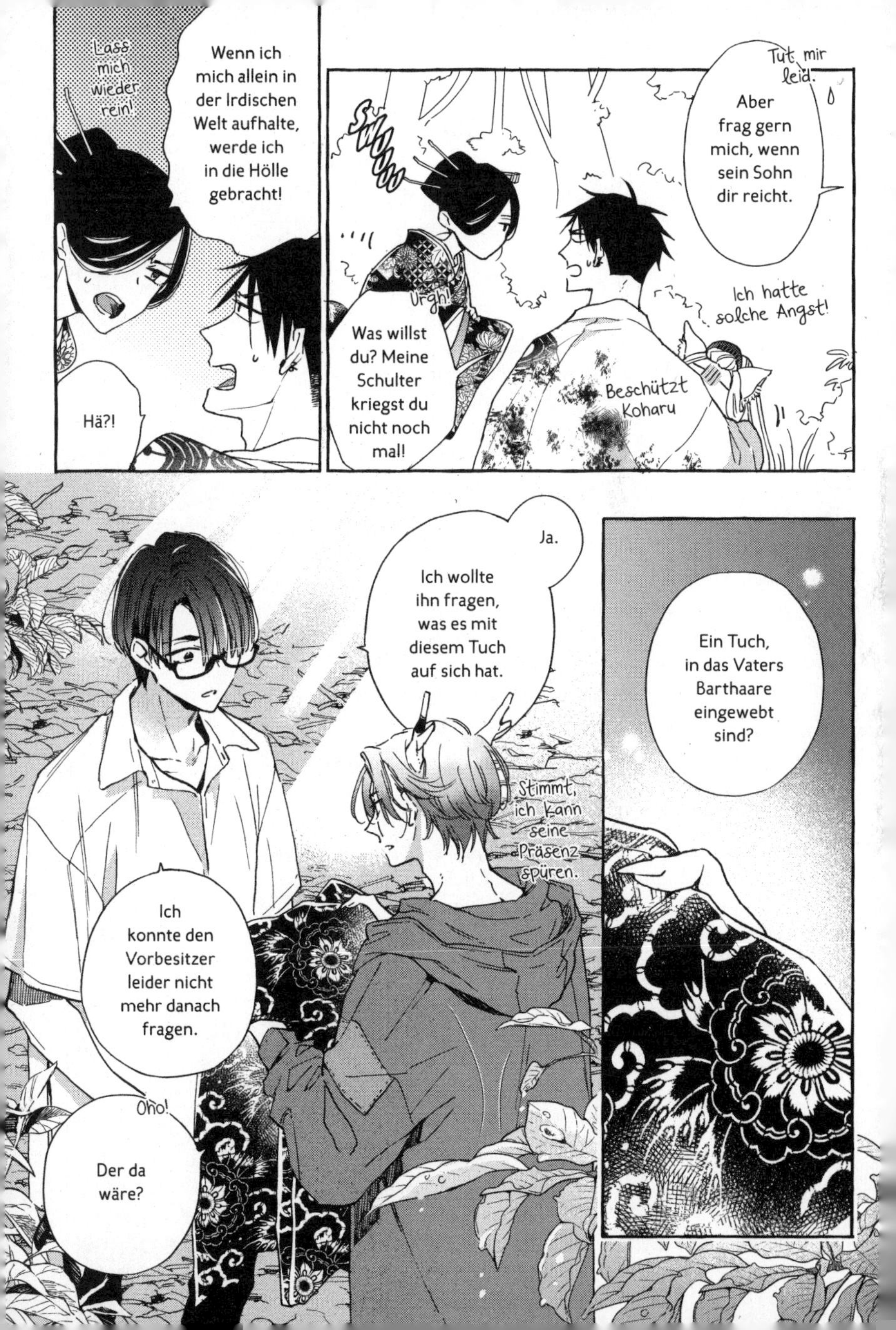
Tut mir leid.
Aber frag gern mich, wenn sein Sohn dir reicht.
Ich hatte solche Angst!
Beschützt Koharu
Was willst du? Meine Schulter kriegst du nicht noch mal!
Urgh!
Lass mich wieder rein!
Wenn ich mich allein in der Irdischen Welt aufhalte, werde ich in die Hölle gebracht!
Hä?!
Ein Tuch, in das Vaters Barthaare eingewebt sind?
Ja.
Ich wollte ihn fragen, was es mit diesem Tuch auf sich hat.
Stimmt, ich kann seine Präsenz spüren.
Ich konnte den Vorbesitzer leider nicht mehr danach fragen.
Oho!
Der da wäre?

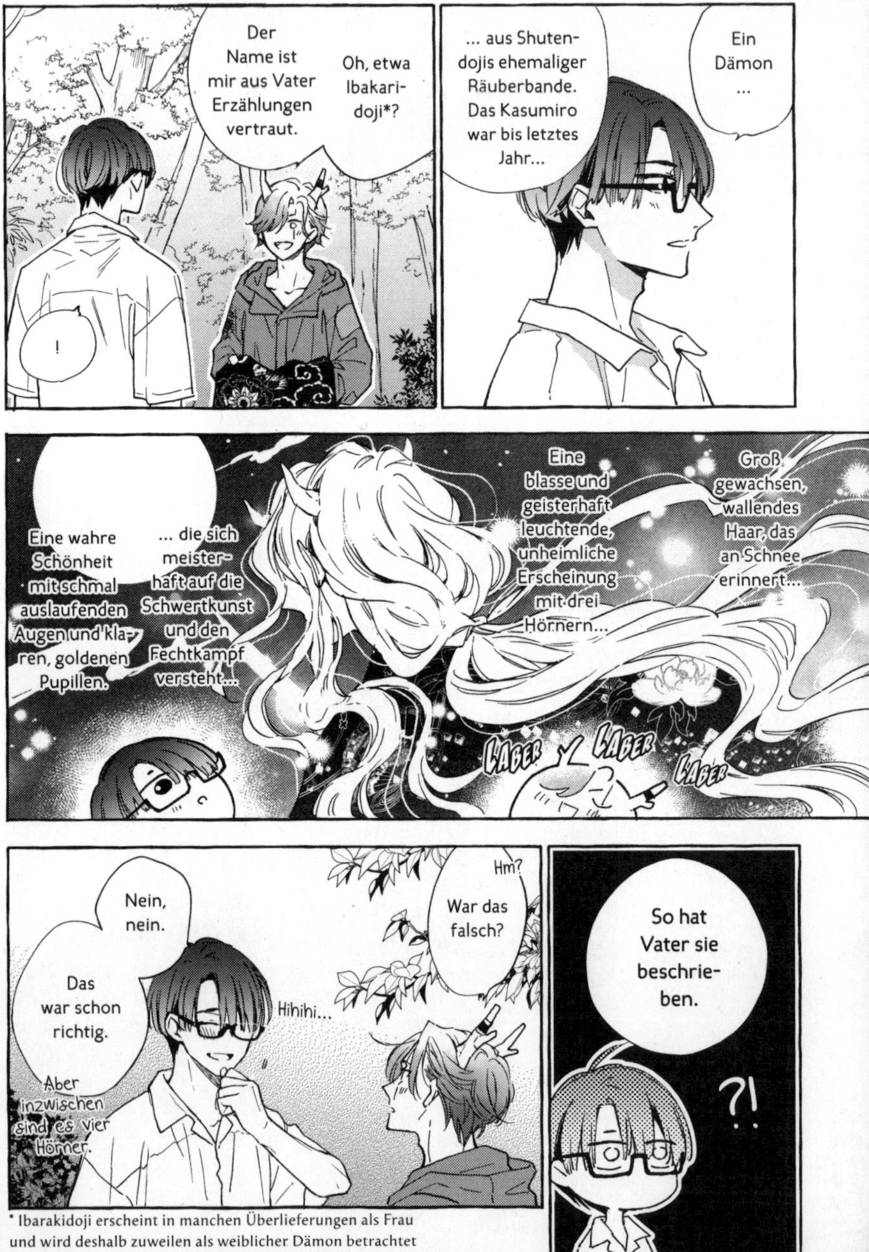

* Ibarakidoji erscheint in manchen Überlieferungen als Frau und wird deshalb zuweilen als weiblicher Dämon betrachtet

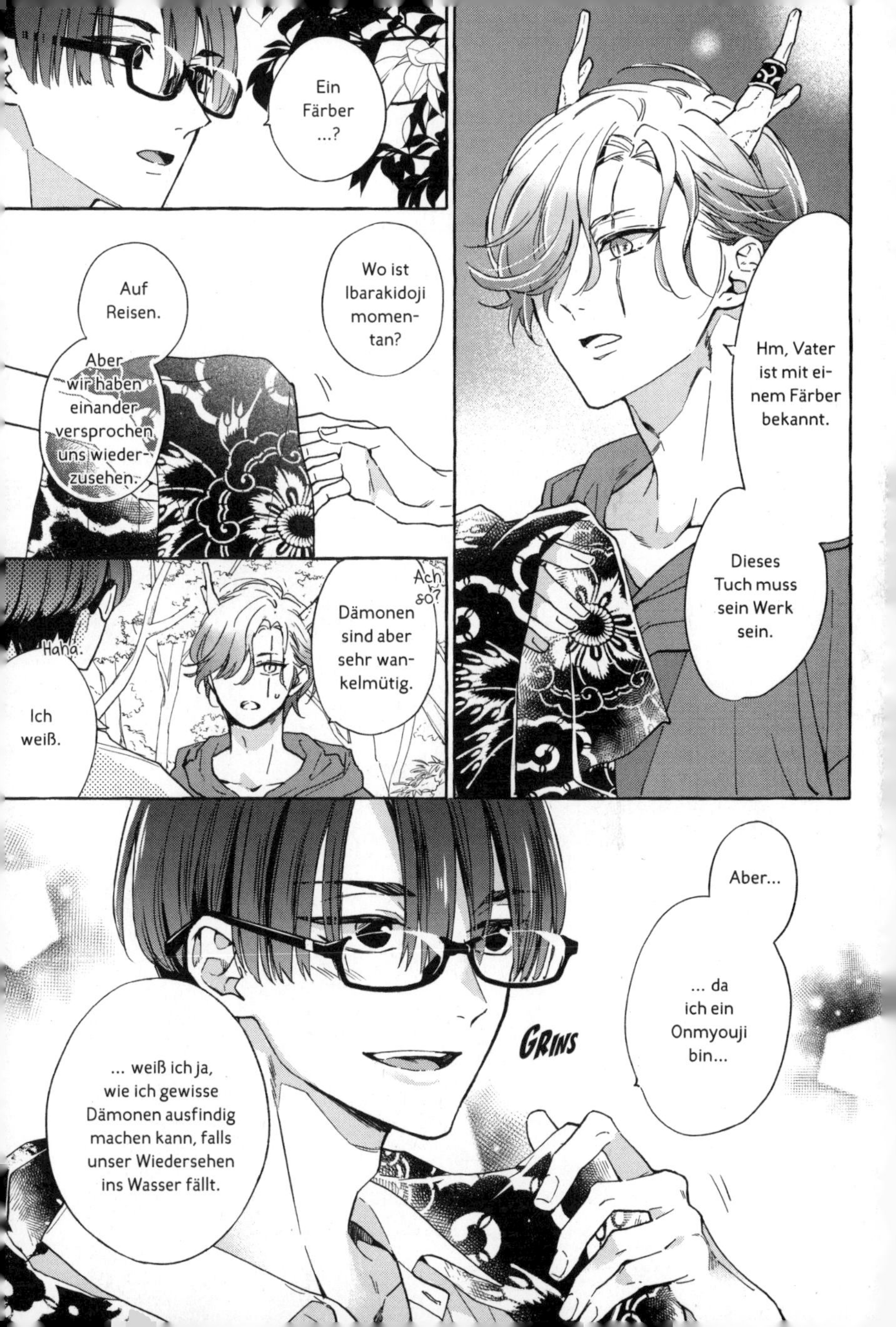
Hm, Vater ist mit einem Färber bekannt.
Dieses Tuch muss sein Werk sein.
Ein Färber ...?
Wo ist Ibarakidoji momentan?
Auf Reisen.
Aber wir haben einander versprochen uns wiederzusehen.
Ach so?
Dämonen sind aber sehr wankelmütig.
Haha.
Ich weiß.
Aber...
... da ich ein Onmyouji bin...
GRINS
... weiß ich ja, wie ich gewisse Dämonen ausfindig machen kann, falls unser Wiedersehen ins Wasser fällt.

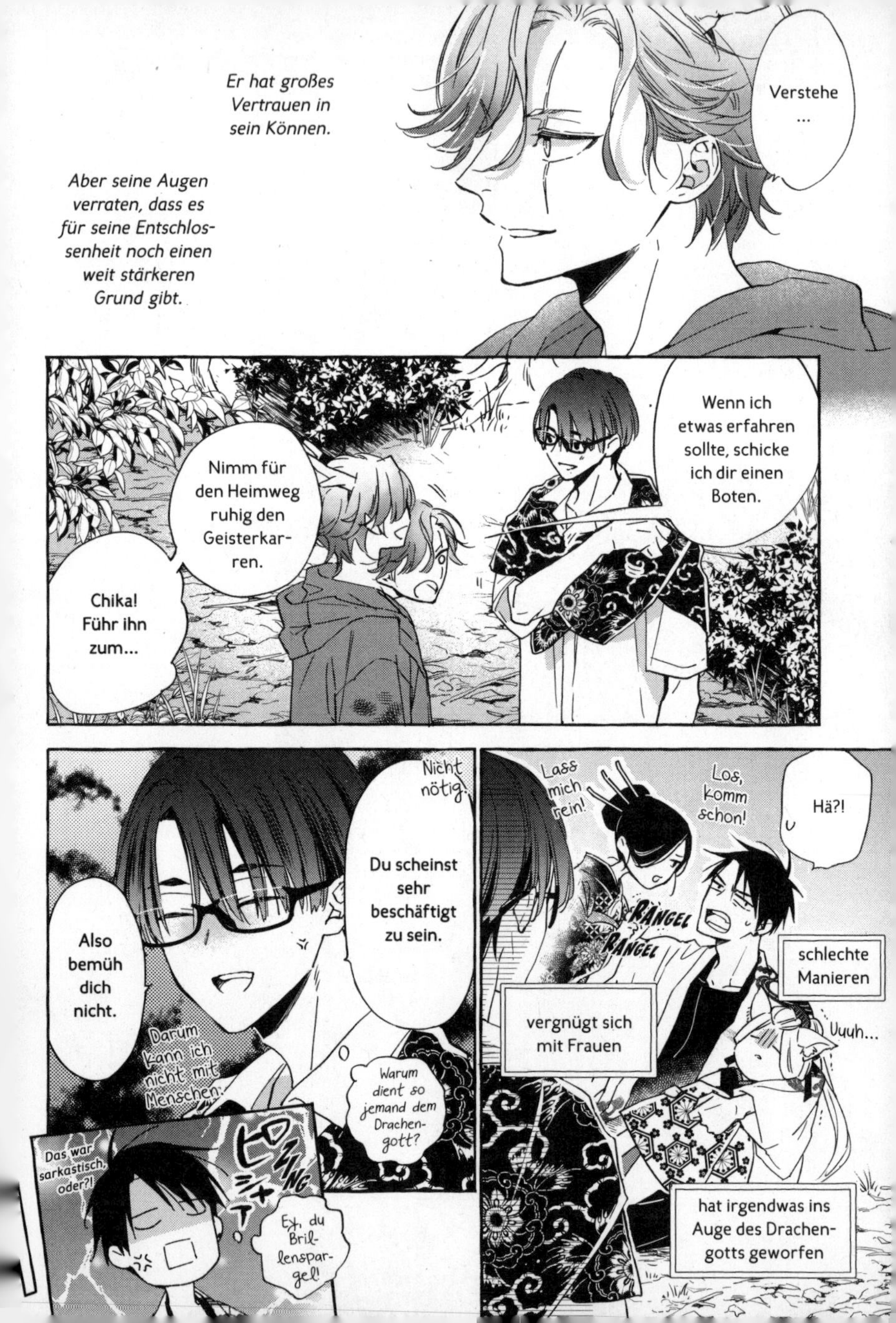

Verstehe …
Er hat großes Vertrauen in sein Können.
Aber seine Augen verraten, dass es für seine Entschlossenheit noch einen weit stärkeren Grund gibt.
Wenn ich etwas erfahren sollte, schicke ich dir einen Boten.
Nimm für den Heimweg ruhig den Geisterkarren.
Chika! Führ ihn zum…
Hä?!
Los, komm schon!
Lass mich rein!
RANGEL RANGEL
schlechte Manieren
vergnügt sich mit Frauen
Uuuh…
hat irgendwas ins Auge des Drachengotts geworfen
Nicht nötig!
Du scheinst sehr beschäftigt zu sein.
Also bemüh dich nicht.
Darum kann ich nicht mit Menschen!
Warum dient so jemand dem Drachengott?
Das war sarkastisch, oder?!
Ey, du Brillenspargel!

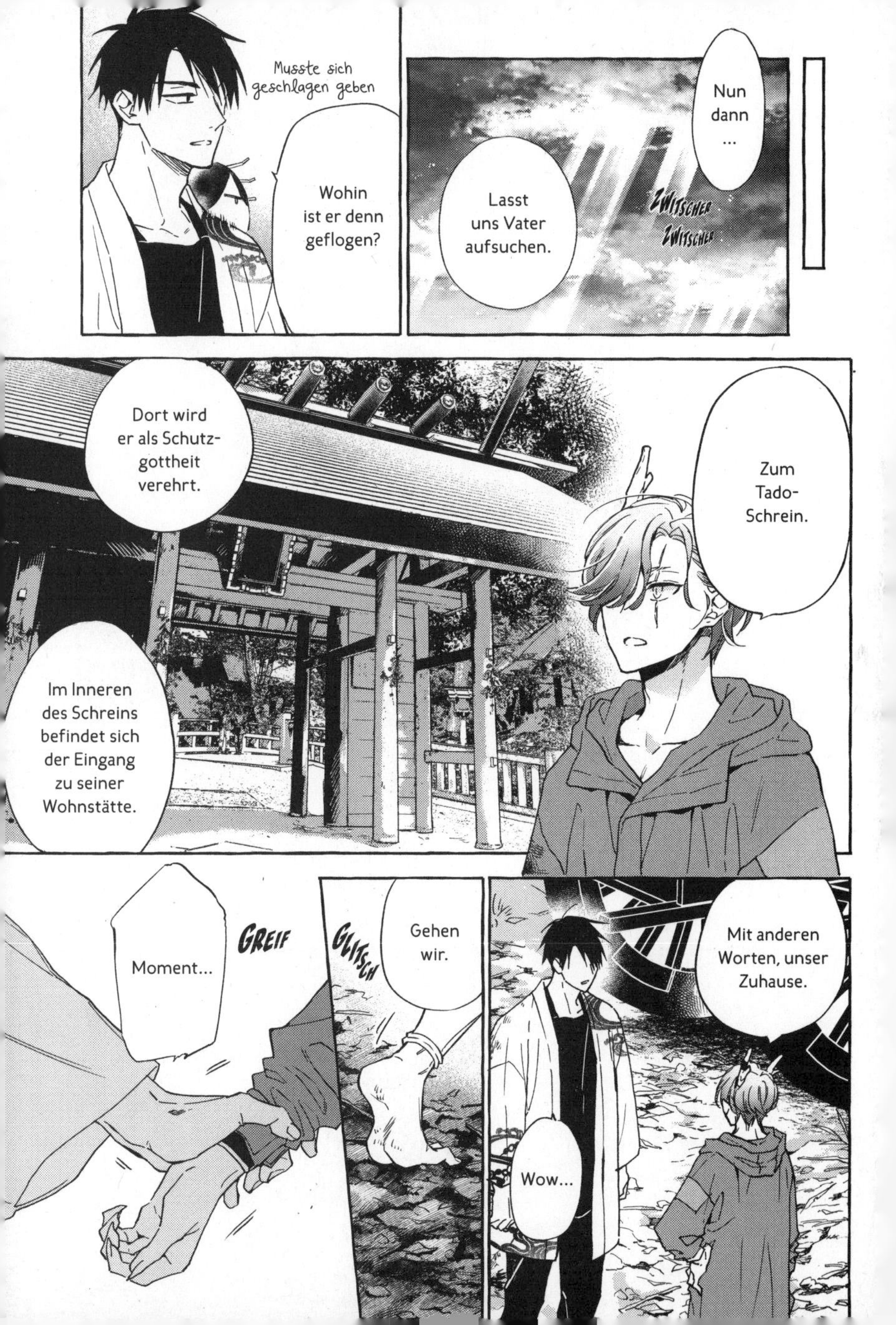
Nun dann …
Lasst uns Vater aufsuchen.
ZWITSCHER
ZWITSCHER
Musste sich geschlagen geben
Wohin ist er denn geflogen?
Zum Tado-Schrein.
Dort wird er als Schutzgottheit verehrt.
Im Inneren des Schreins befindet sich der Eingang zu seiner Wohnstätte.
Mit anderen Worten, unser Zuhause.
Wow...
Gehen wir.
GLITSCH
GREIF
Moment...

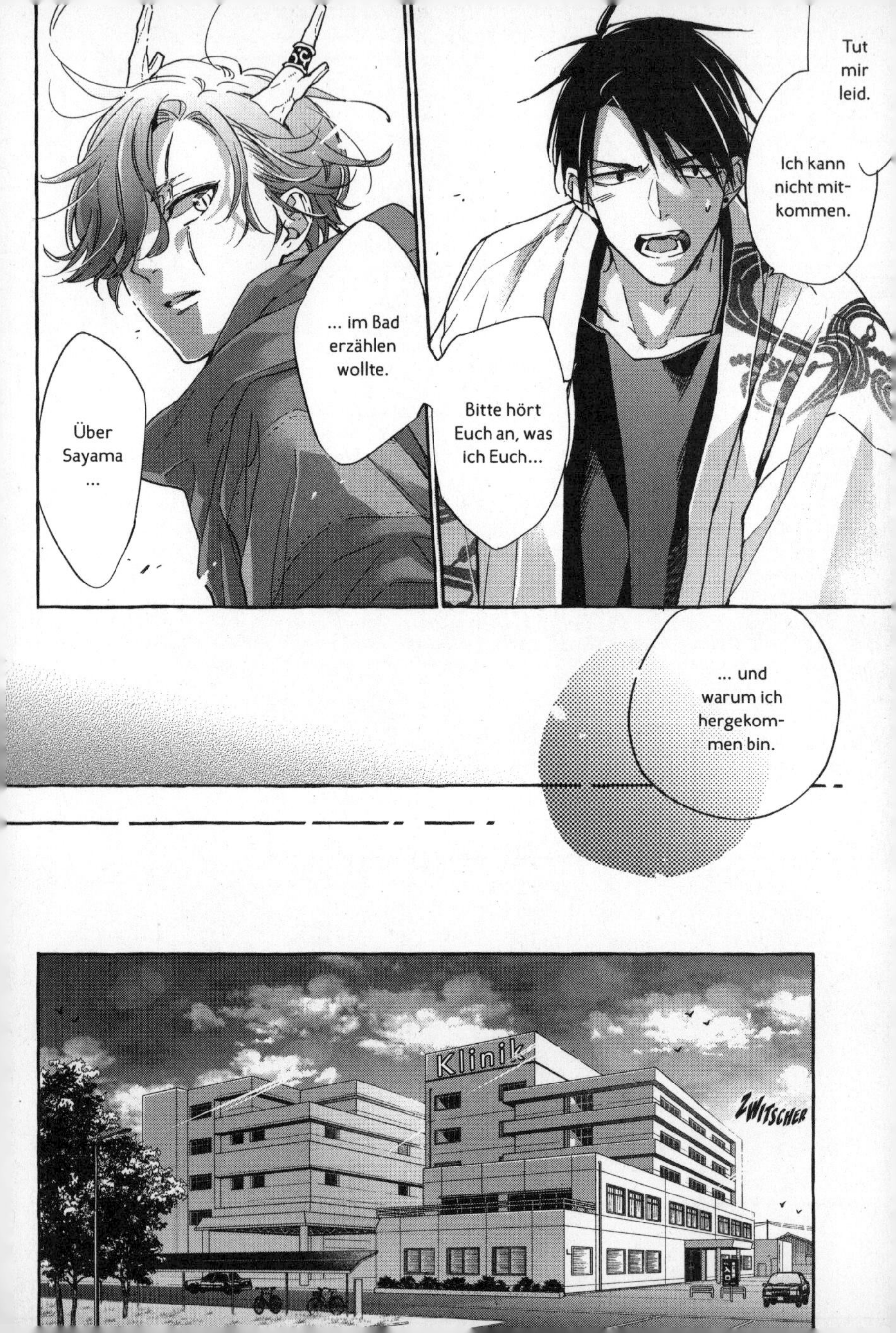
Tut mir leid.
Ich kann nicht mitkommen.
Bitte hört Euch an, was ich Euch...
... im Bad erzählen wollte.
Über Sayama ...
... und warum ich hergekommen bin.
Klinik
ZWITSCHER

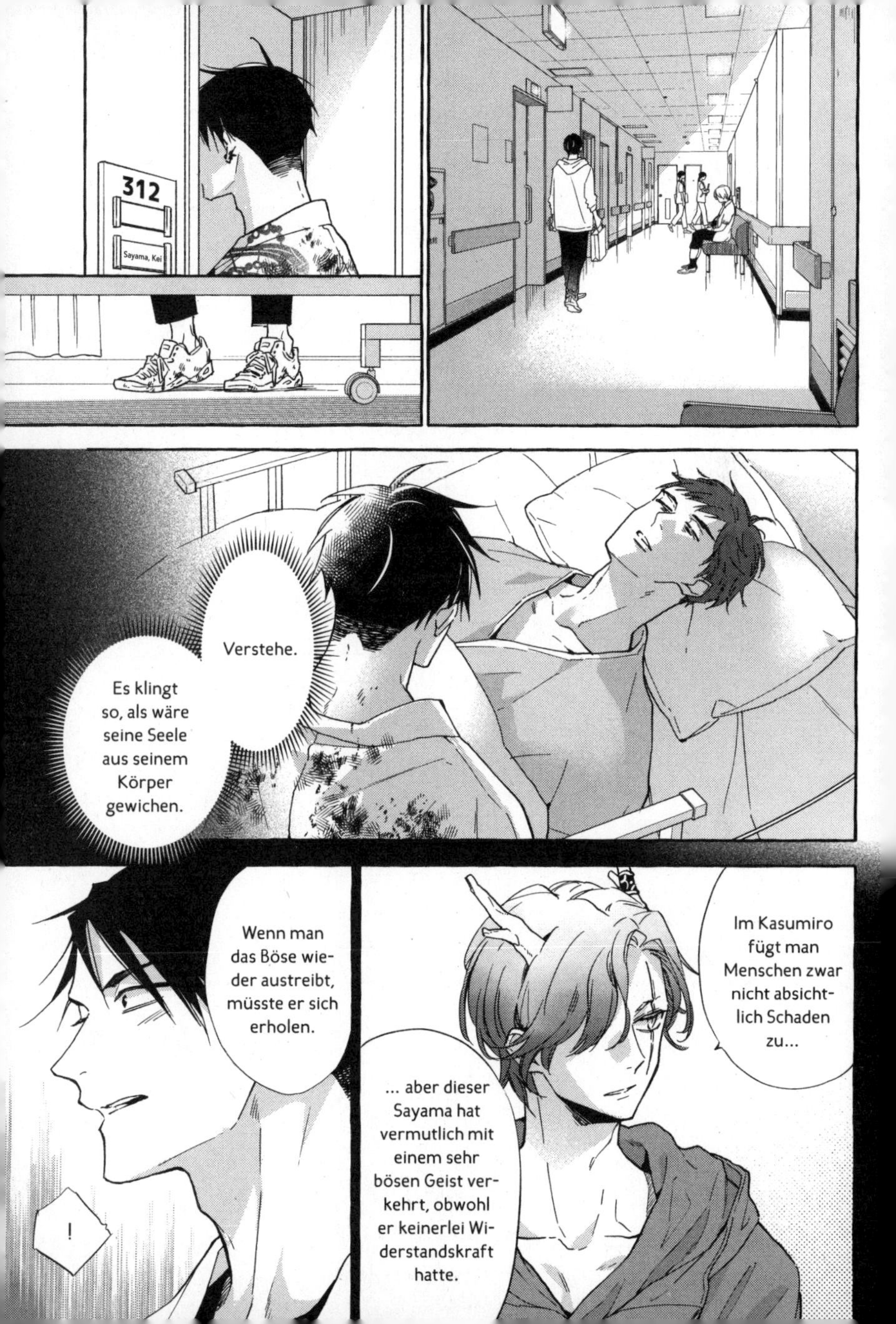
312
Sayama, Kei
Verstehe.
Es klingt so, als wäre seine Seele aus seinem Körper gewichen.
Im Kasumiro fügt man Menschen zwar nicht absichtlich Schaden zu...
... aber dieser Sayama hat vermutlich mit einem sehr bösen Geist verkehrt, obwohl er keinerlei Widerstandskraft hatte.
Wenn man das Böse wieder austreibt, müsste er sich erholen.
!

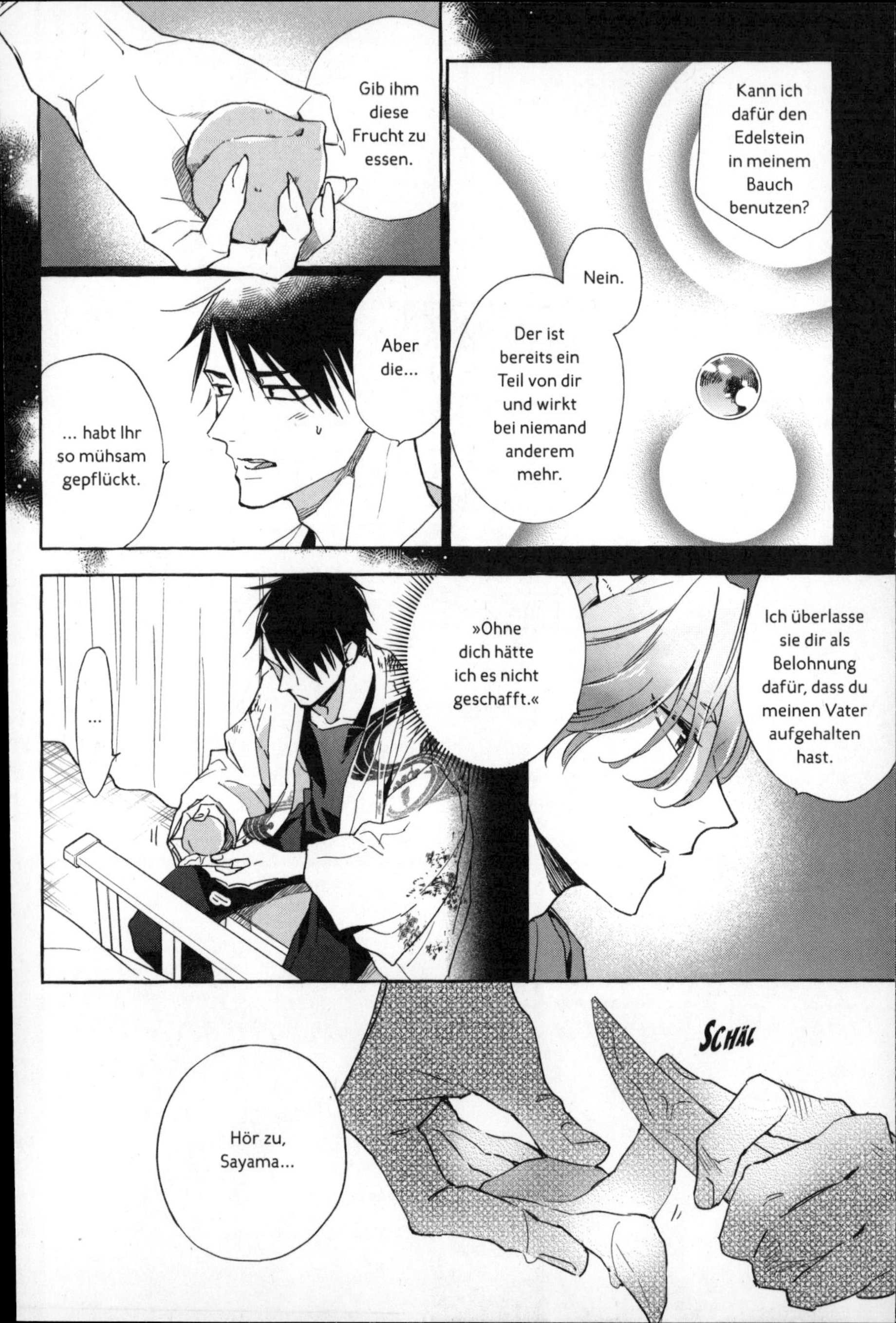

Kann ich dafür den Edelstein in meinem Bauch benutzen?
Nein.
Der ist bereits ein Teil von dir und wirkt bei niemand anderem mehr.
Gib ihm diese Frucht zu essen.
Aber die...
... habt Ihr so mühsam gepflückt.
Ich überlasse sie dir als Belohnung dafür, dass du meinen Vater aufgehalten hast.
»Ohne dich hätte ich es nicht geschafft.«
...
SCHÄL
Hör zu, Sayama...

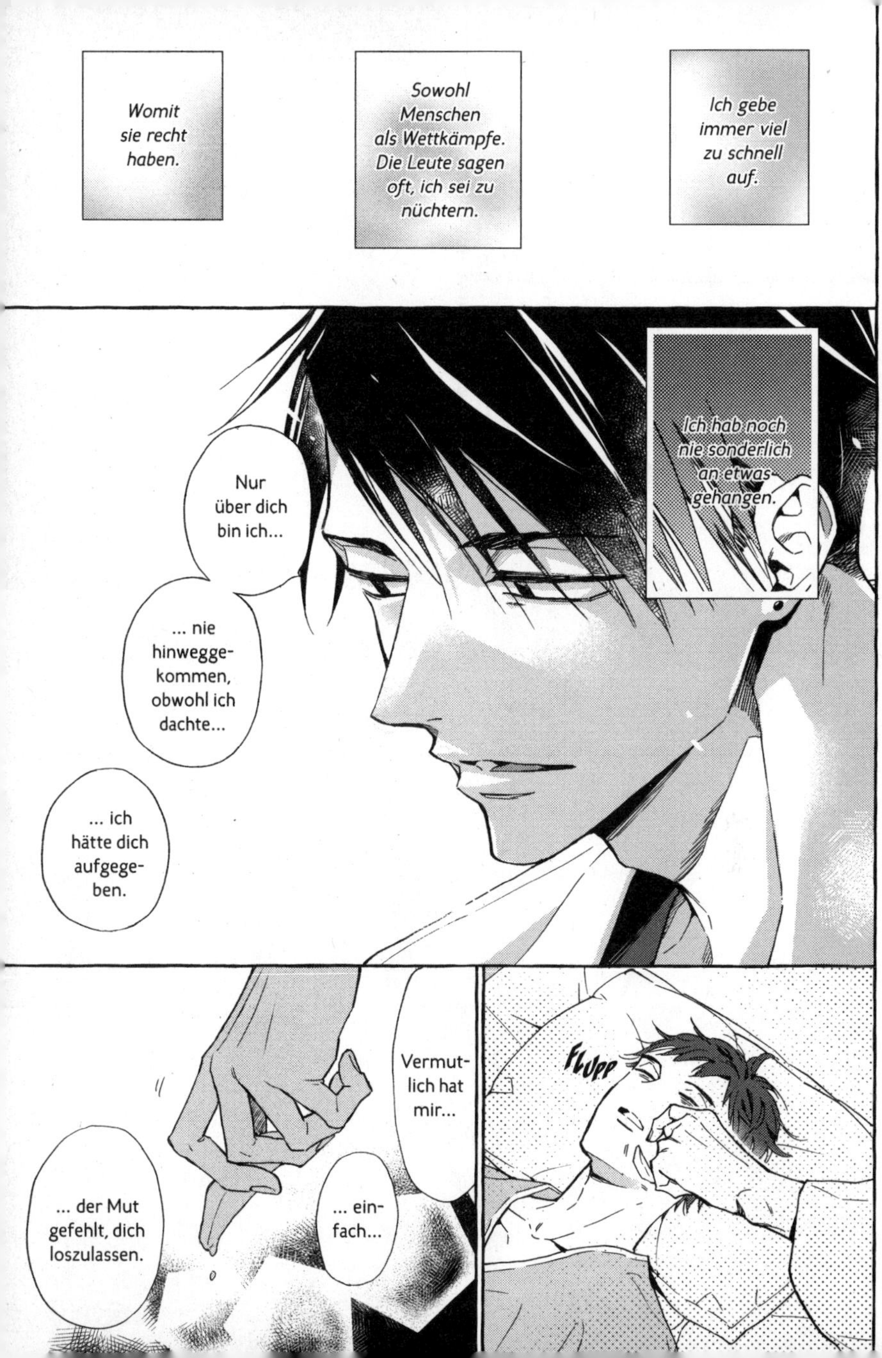
Ich gebe immer viel zu schnell auf.
Sowohl Menschen als Wettkämpfe. Die Leute sagen oft, ich sei zu nüchtern.
Womit sie recht haben.
Ich hab noch nie sonderlich an etwas gehangen.
Nur über dich bin ich...
... nie hinweggekommen, obwohl ich dachte...
... ich hätte dich aufgegeben.
FLUPP
Vermutlich hat mir...
... einfach...
... der Mut gefehlt, dich loszulassen.

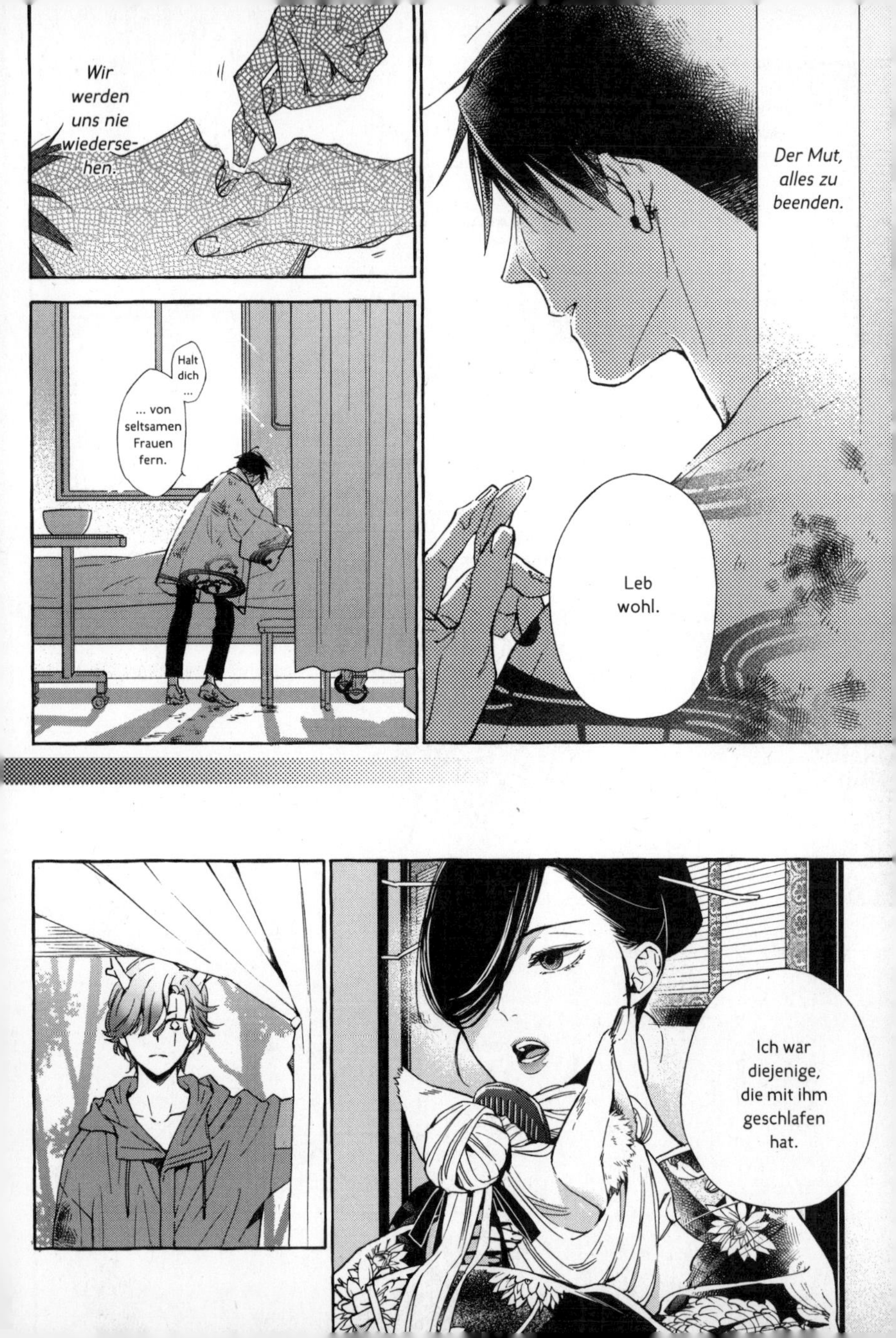
Der Mut, alles zu beenden.
Leb wohl.
Wir werden uns nie wiederse-hen.
Halt dich ...
... von seltsamen Frauen fern.
Ich war diejenige, die mit ihm geschlafen hat.

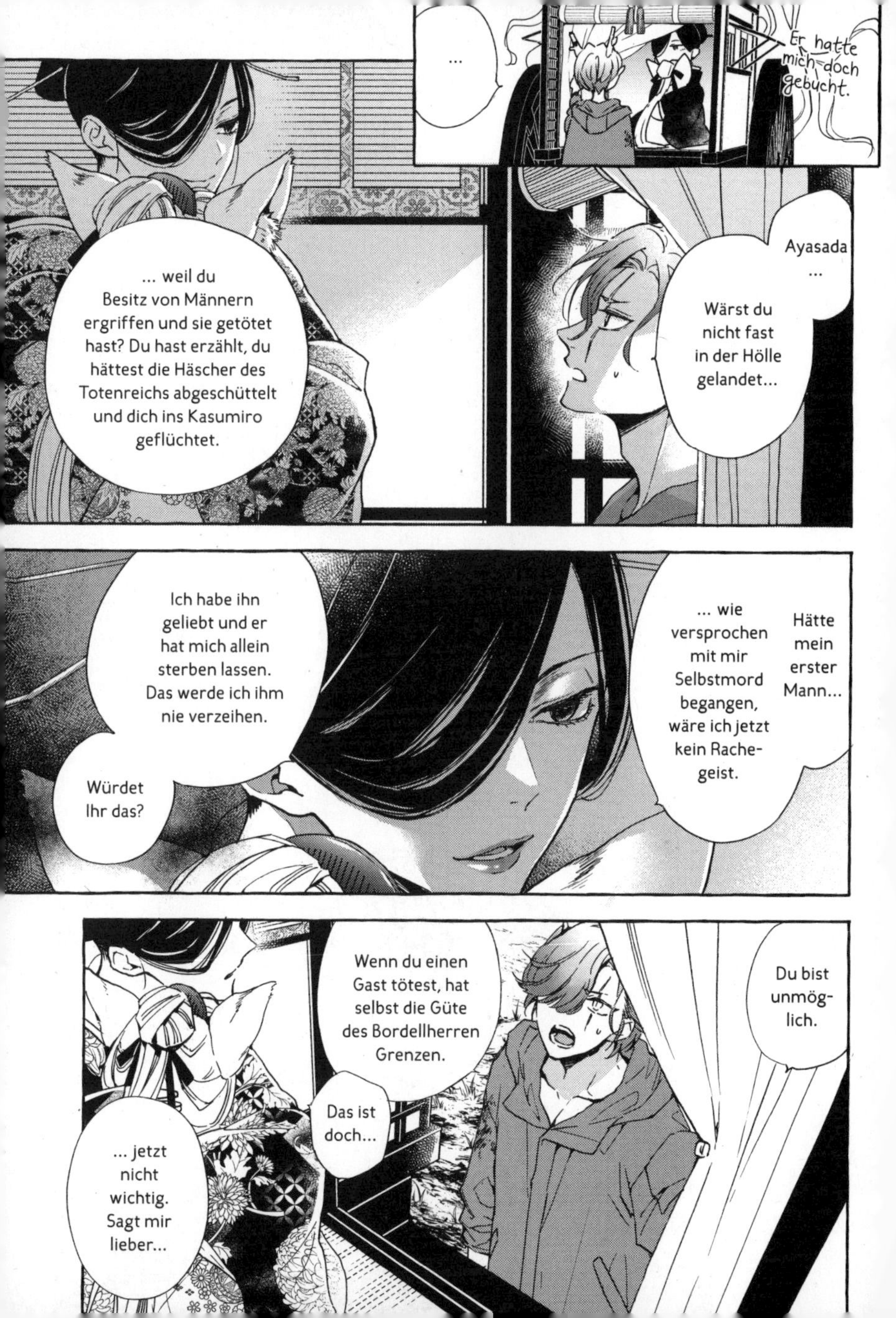
Er hatte mich doch gebucht.
...
Ayasada ...
Wärst du nicht fast in der Hölle gelandet...
... weil du Besitz von Männern ergriffen und sie getötet hast? Du hast erzählt, du hättest die Häscher des Totenreichs abgeschüttelt und dich ins Kasumiro geflüchtet.
Hätte mein erster Mann...
... wie versprochen mit mir Selbstmord begangen, wäre ich jetzt kein Rachegeist.
Ich habe ihn geliebt und er hat mich allein sterben lassen. Das werde ich ihm nie verzeihen.
Würdet Ihr das?
Du bist unmöglich.
Wenn du einen Gast tötest, hat selbst die Güte des Bordellherren Grenzen.
Das ist doch...
... jetzt nicht wichtig. Sagt mir lieber...

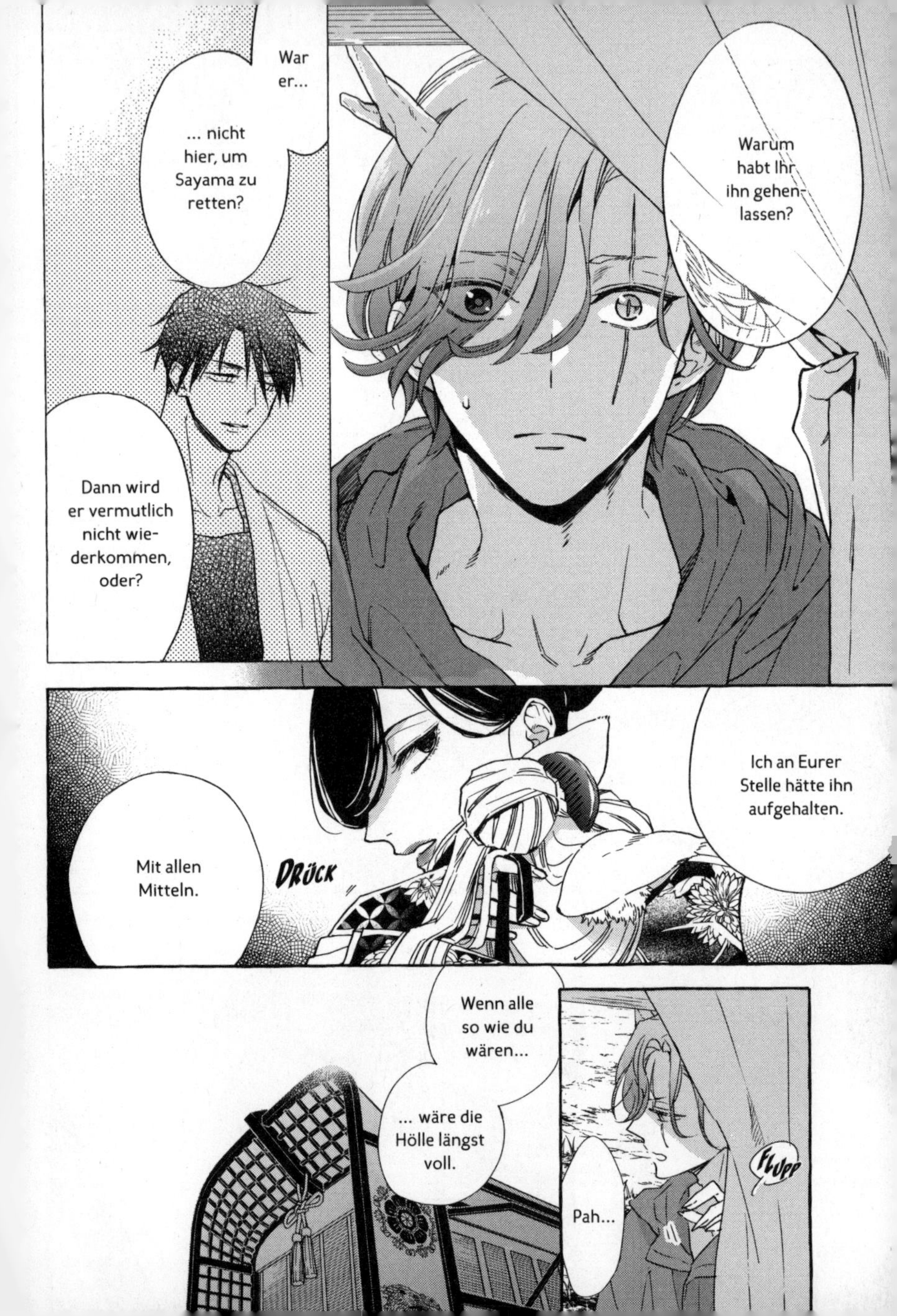
Warum habt Ihr ihn gehen-lassen?
War er...
... nicht hier, um Sayama zu retten?
Dann wird er vermutlich nicht wie-derkommen, oder?
Ich an Eurer Stelle hätte ihn aufgehalten.
DRÜCK
Mit allen Mitteln.
Wenn alle so wie du wären...
... wäre die Hölle längst voll.
FLUPP
Pah...

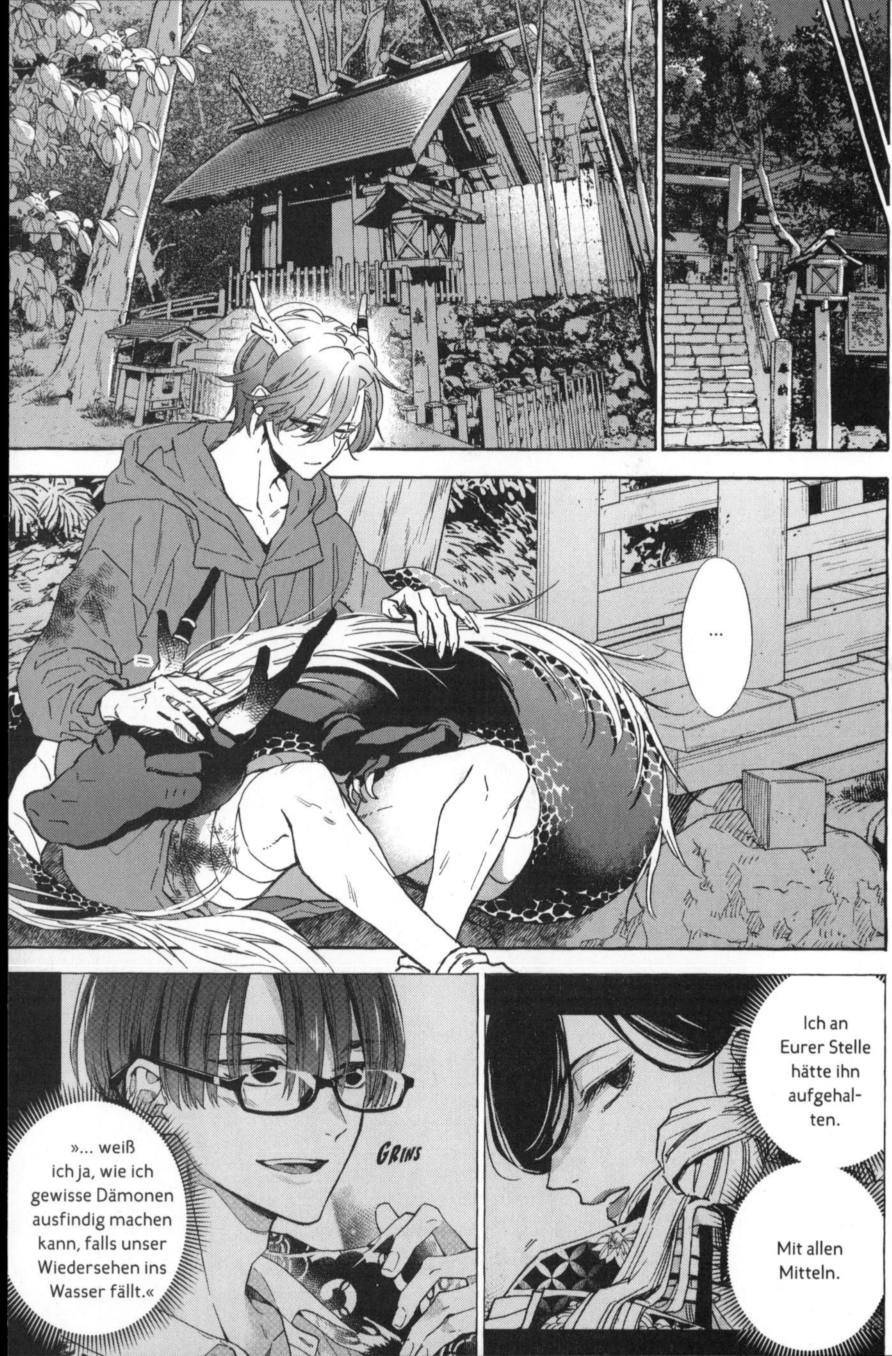
…
Ich an Eurer Stelle hätte ihn aufgehalten.
Mit allen Mitteln.
»… weiß ich ja, wie ich gewisse Dämonen ausfindig machen kann, falls unser Wiedersehen ins Wasser fällt.«
GRINS

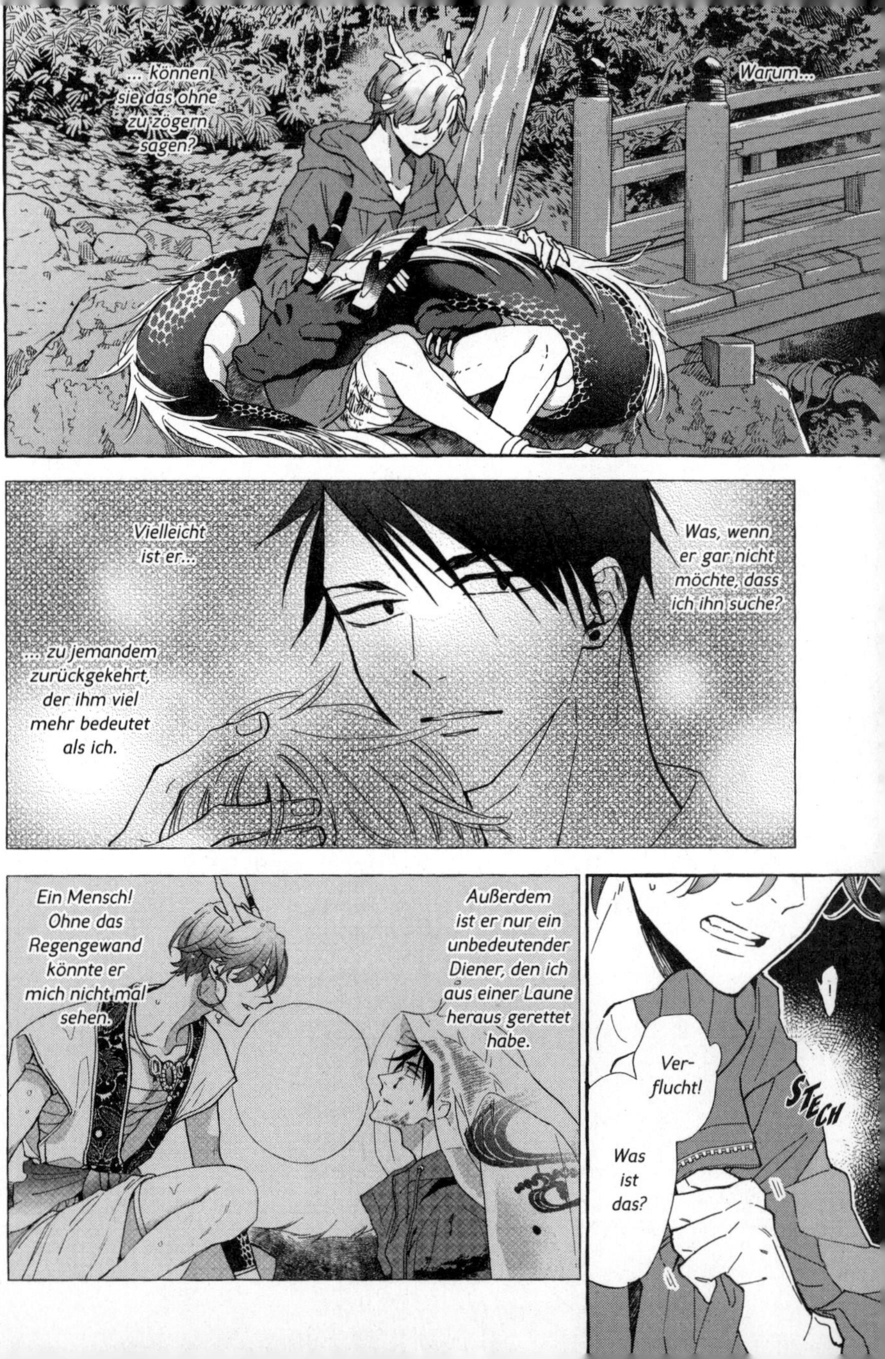

Warum...
... können sie das ohne zu zögern sagen?
Was, wenn er gar nicht möchte, dass ich ihn suche?
Vielleicht ist er...
... zu jemandem zurückgekehrt, der ihm viel mehr bedeutet als ich.
Ver-flucht!
STECH
Was ist das?
Ein Mensch! Ohne das Regengewand könnte er mich nicht mal sehen.
Außerdem ist er nur ein unbedeutender Diener, den ich aus einer Laune heraus gerettet habe.

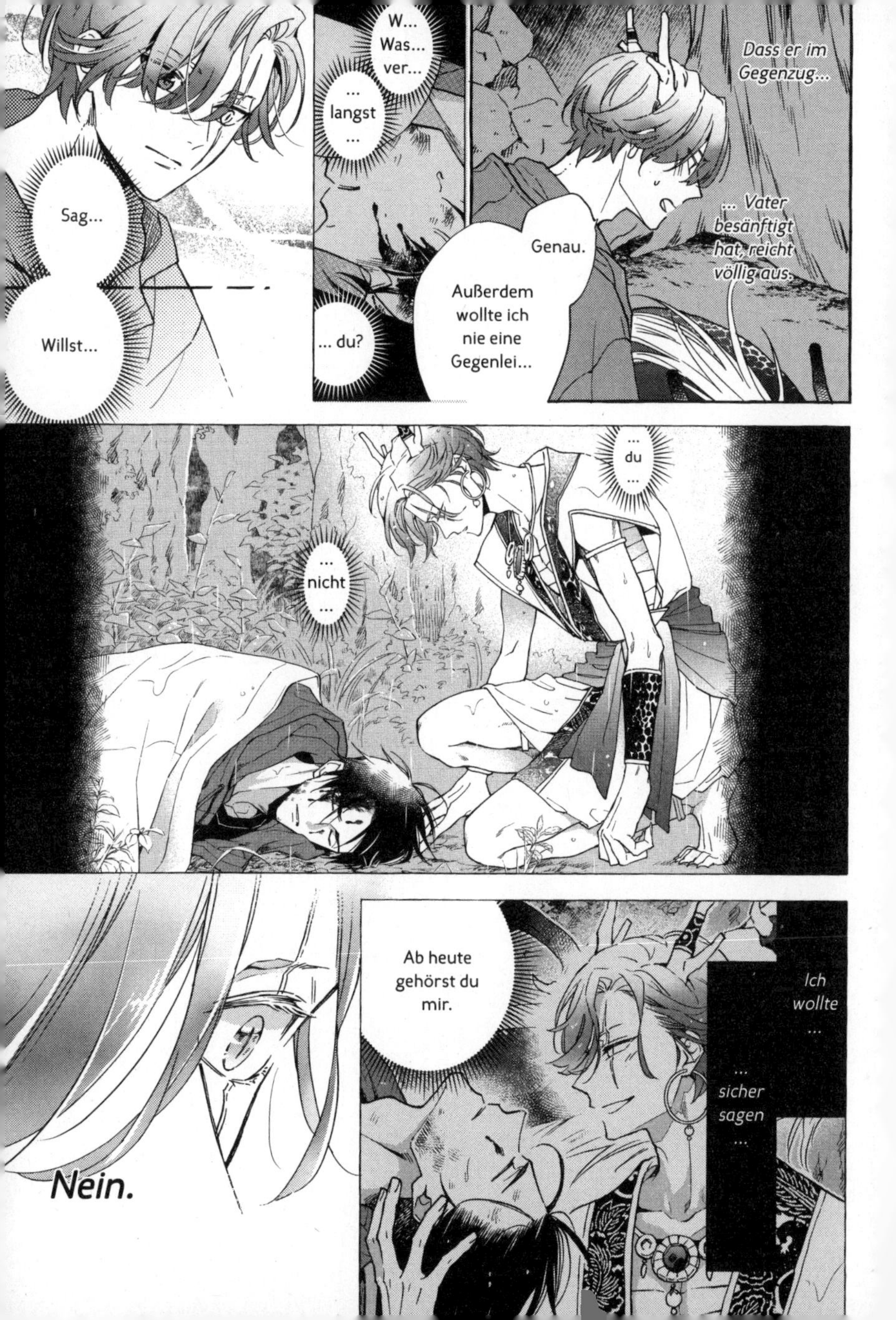
Dass er im Gegenzug...
... Vater besänftigt hat, reicht völlig aus.
Genau.
Außerdem wollte ich nie eine Gegenlei...
W... Was... ver...
... langst ...
... du?
Sag...
Willst...
... du ...
... nicht ...
Ab heute gehörst du mir.
Ich wollte ...
... sicher sagen ...
Nein.

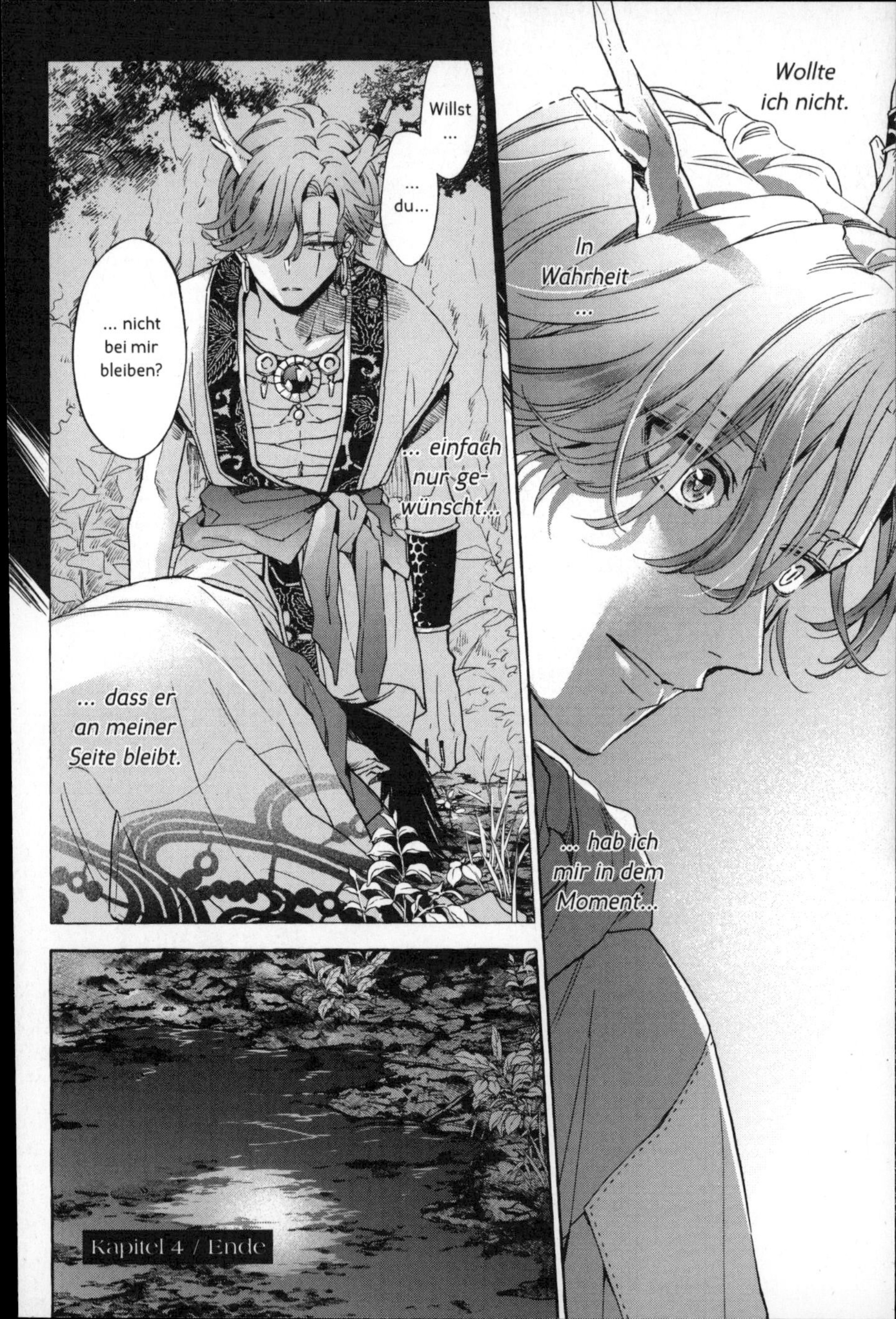
Wollte ich nicht.
In Wahrheit ...
... hab ich mir in dem Moment...
Willst ...
... du...
... nicht bei mir bleiben?
... einfach nur ge-wünscht...
... dass er an meiner Seite bleibt.
Kapitel 4 / Ende

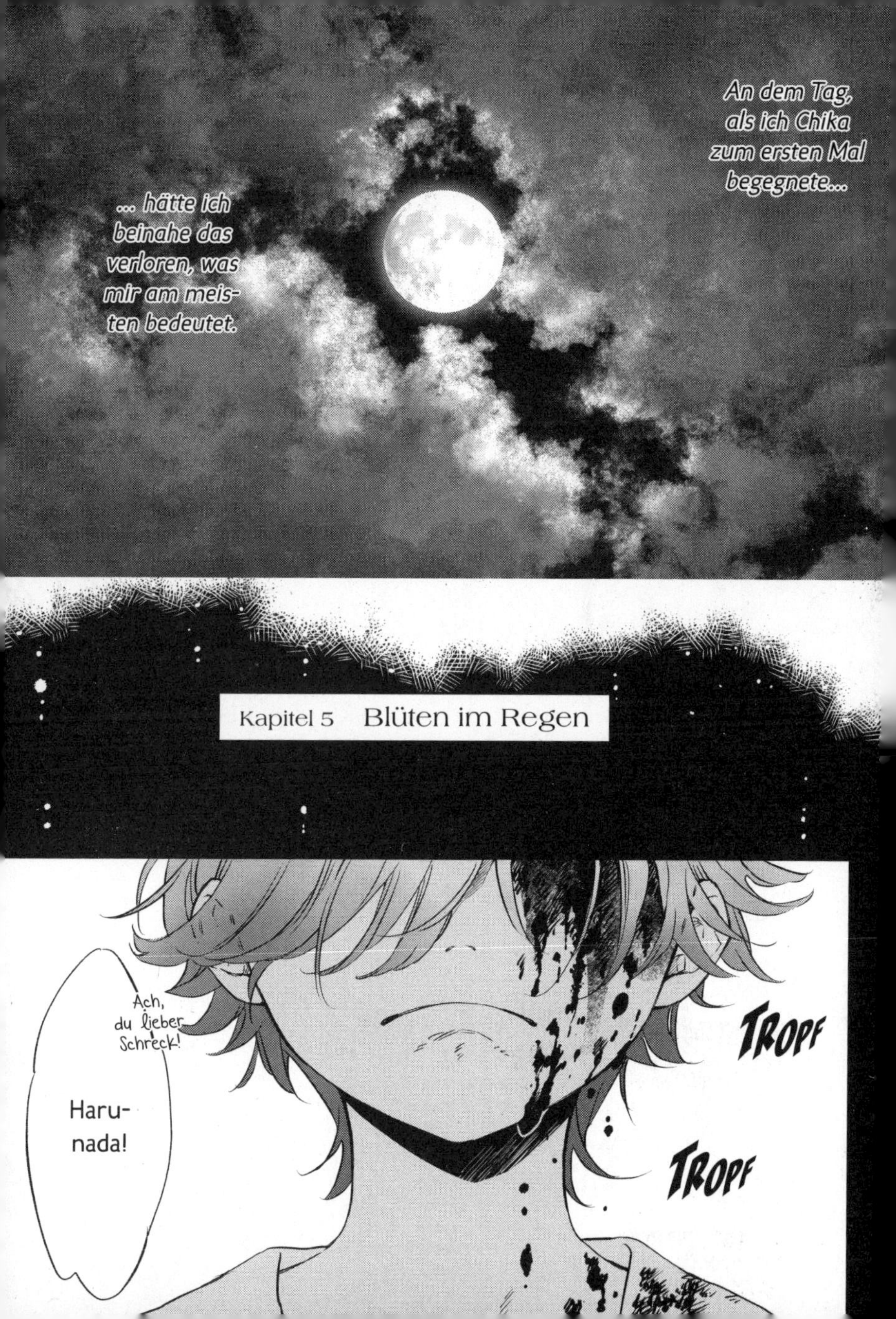
An dem Tag, als ich Chika zum ersten Mal begegnete…
… hätte ich beinahe das verloren, was mir am meisten bedeutet.
Kapitel 5 Blüten im Regen
Tropf
Tropf
Ach, du lieber Schreck!
Haru-nada!

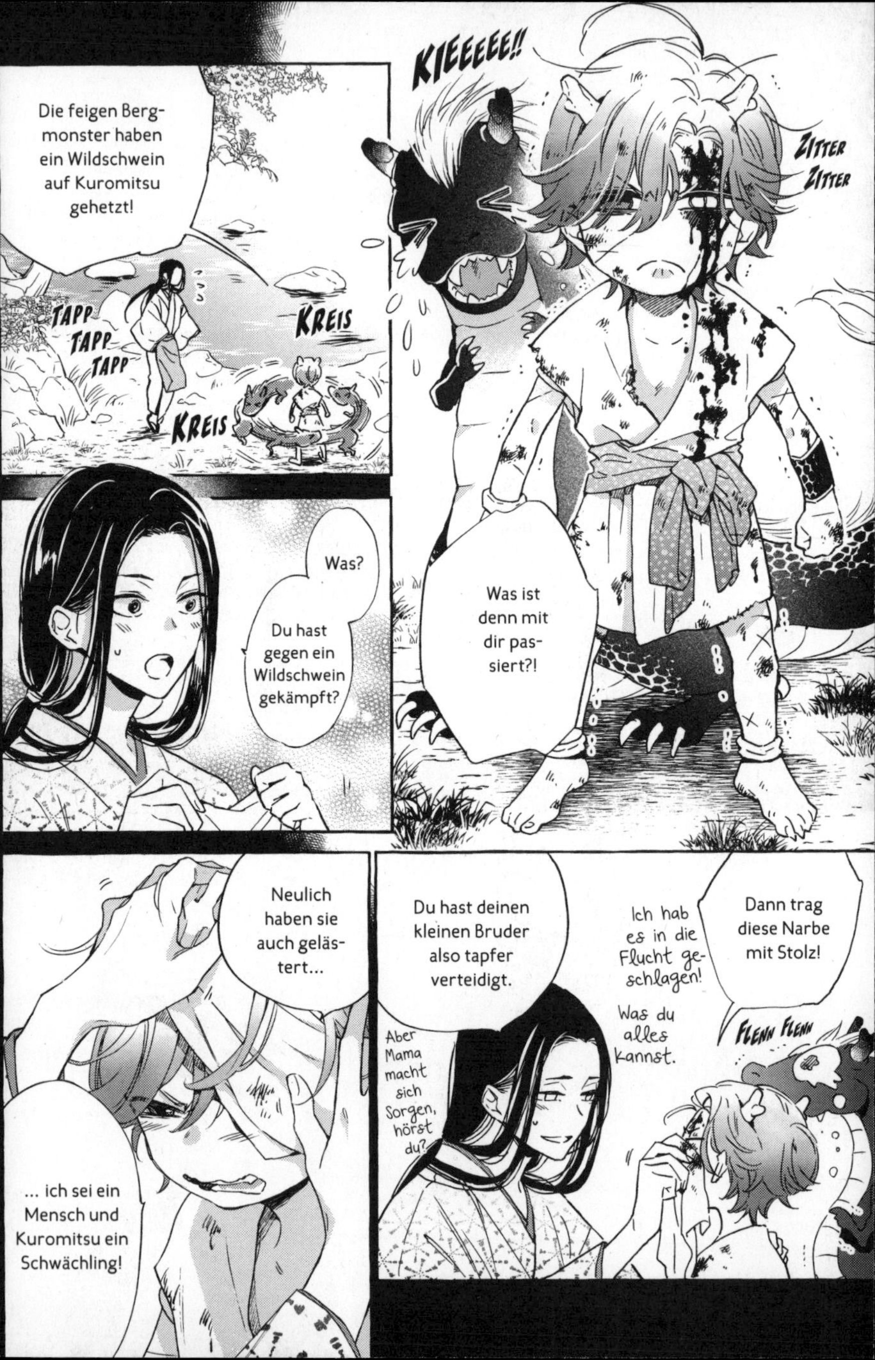
KIEEEEE!!
ZITTER ZITTER
Was ist denn mit dir passiert?!
Die feigen Bergmonster haben ein Wildschwein auf Kuromitsu gehetzt!
TAPP TAPP TAPP
KREIS
KREIS
Was?
Du hast gegen ein Wildschwein gekämpft?
Dann trag diese Narbe mit Stolz!
Ich hab es in die Flucht geschlagen!
Was du alles kannst.
Du hast deinen kleinen Bruder also tapfer verteidigt.
Aber Mama macht sich Sorgen, hörst du?
FLENN FLENN
Neulich haben sie auch gelästert...
... ich sei ein Mensch und Kuromitsu ein Schwächling!

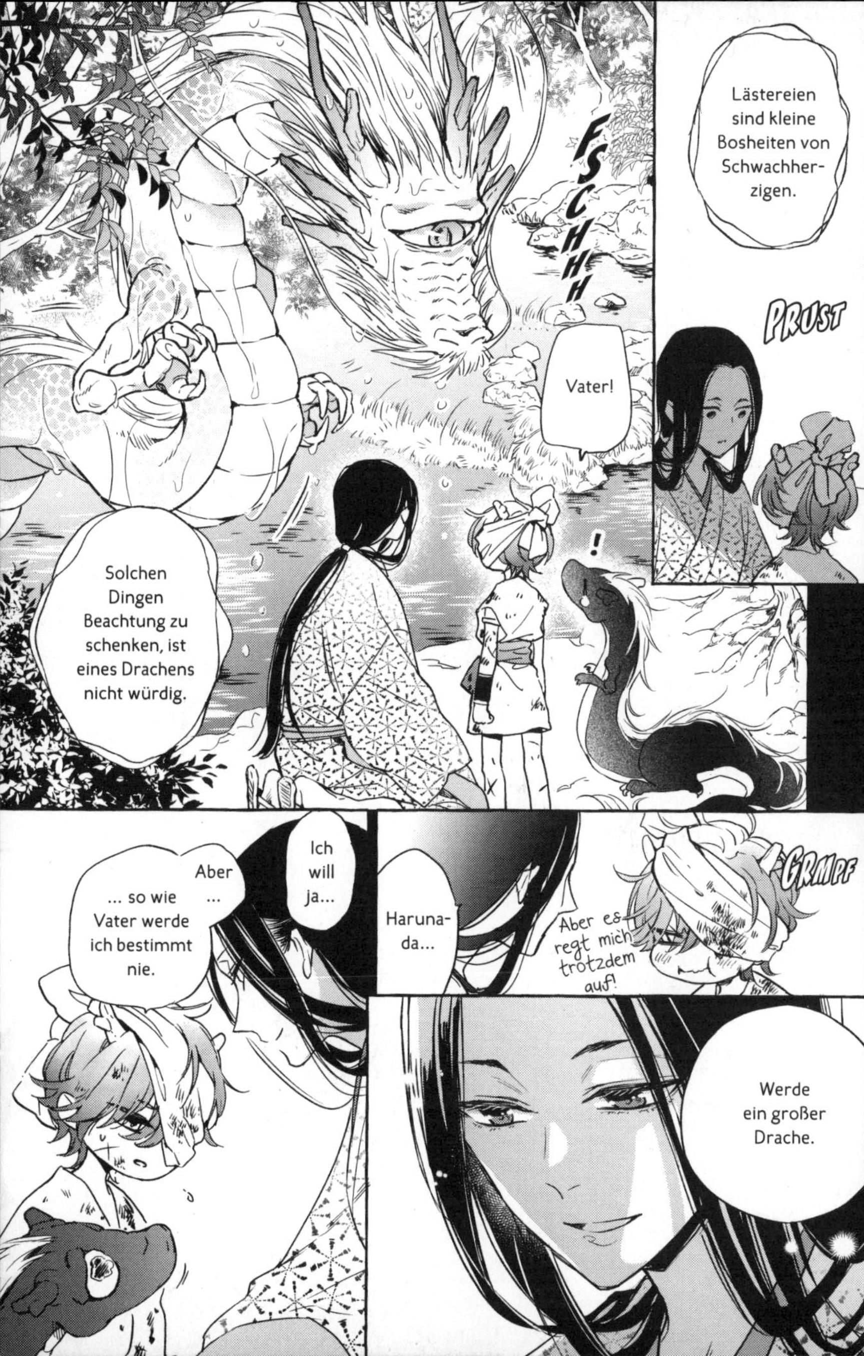
Lästereien sind kleine Bosheiten von Schwachherzigen.
PRUST
FSCHHH
Vater!
!
Solchen Dingen Beachtung zu schenken, ist eines Drachens nicht würdig.
GRMPF
Aber es regt mich trotzdem auf!
Harunada...
Ich will ja...
Aber ...
... so wie Vater werde ich bestimmt nie.
Werde ein großer Drache.

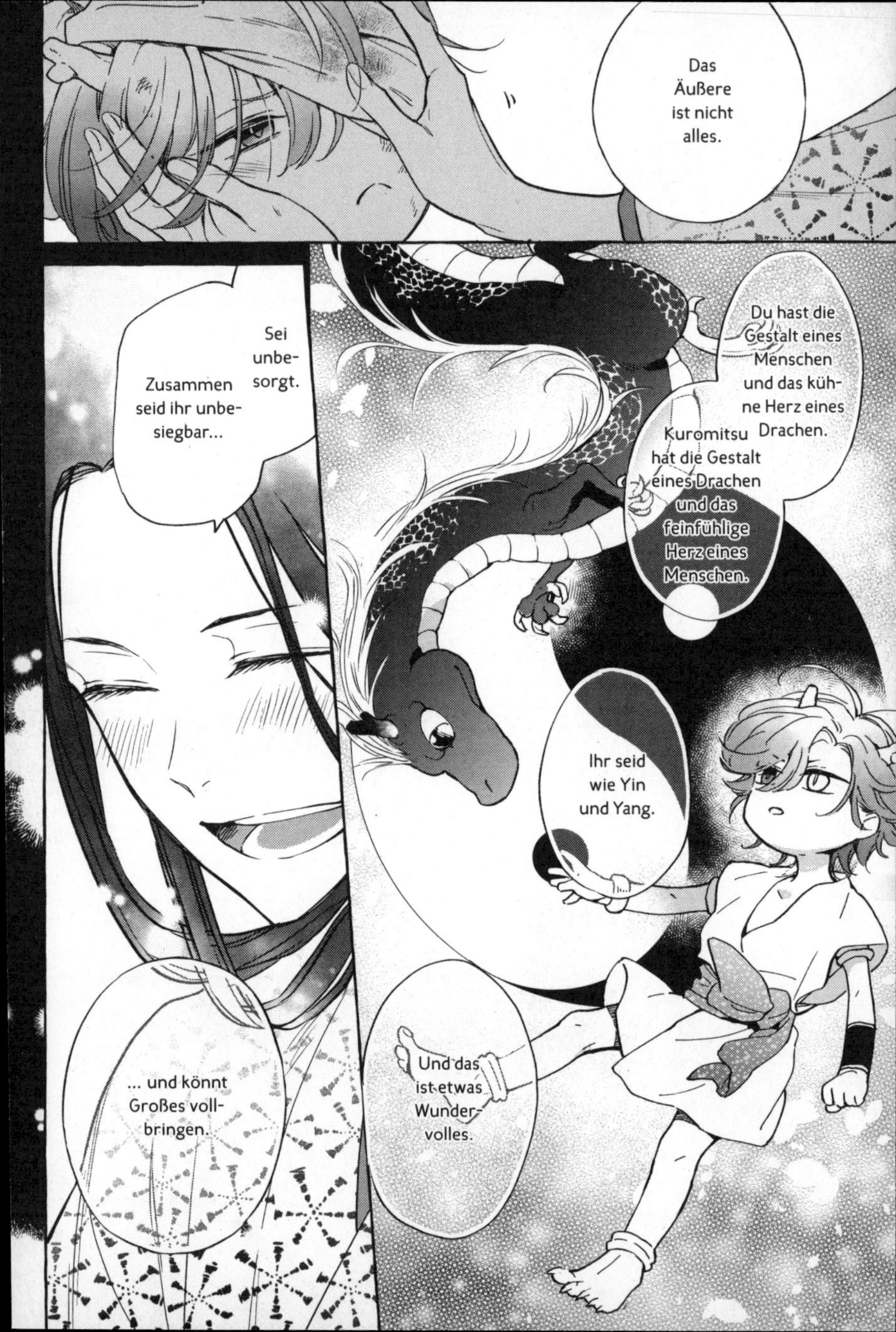
Das Äußere ist nicht alles.
Du hast die Gestalt eines Menschen und das kühne Herz eines Drachen.
Kuromitsu hat die Gestalt eines Drachen und das feinfühlige Herz eines Menschen.
Ihr seid wie Yin und Yang.
Und das ist etwas Wundervolles.
Sei unbesorgt.
Zusammen seid ihr unbesiegbar...
... und könnt Großes vollbringen.

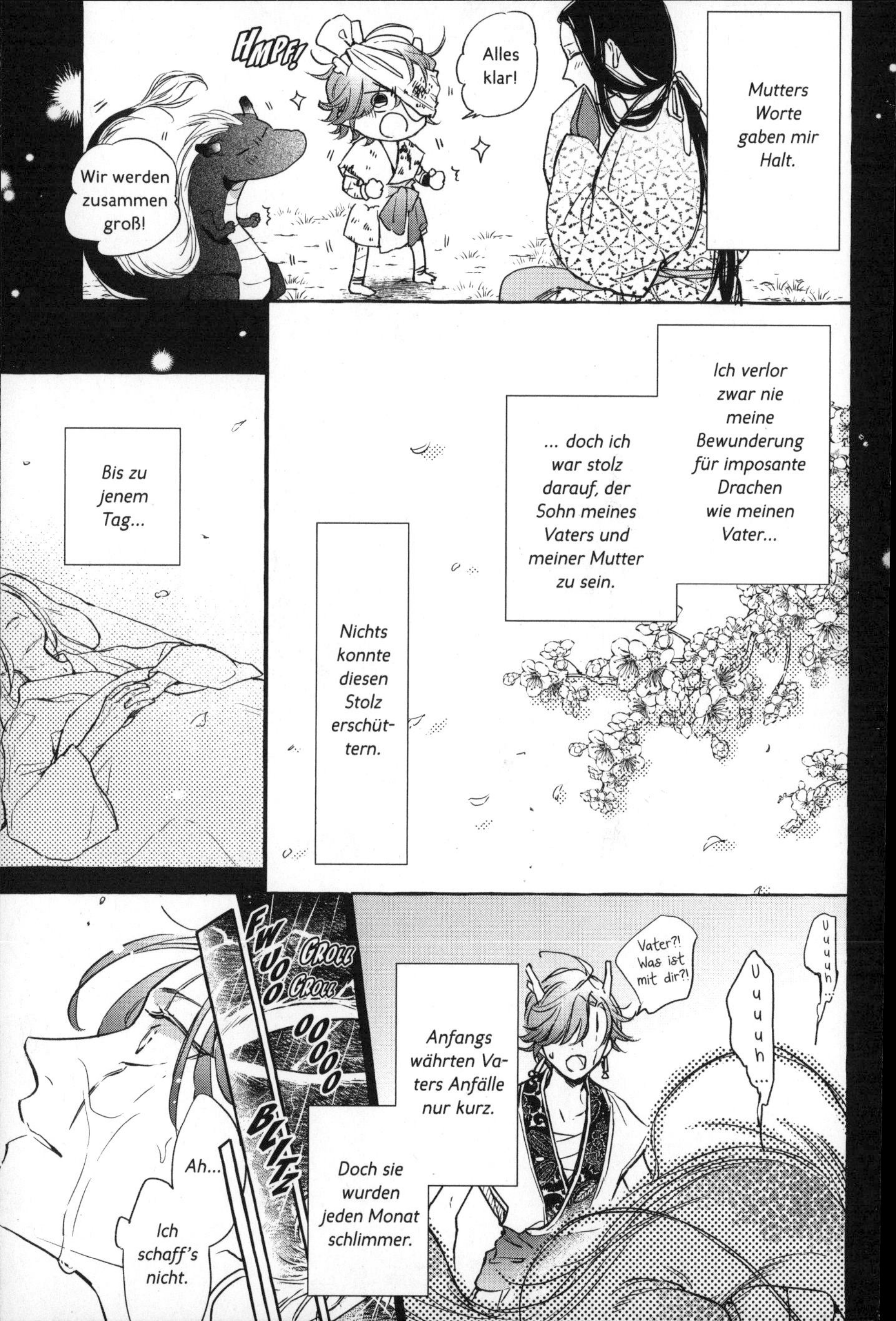
Mutters Worte gaben mir Halt.
Alles klar!
HMPF!
Wir werden zusammen groß!
Ich verlor zwar nie meine Bewunderung für imposante Drachen wie meinen Vater...
... doch ich war stolz darauf, der Sohn meines Vaters und meiner Mutter zu sein.
Nichts konnte diesen Stolz erschüttern.
Bis zu jenem Tag...
Uuuuh...
Uuuuh...
Vater?! Was ist mit dir?!
Anfangs währten Vaters Anfälle nur kurz.
Doch sie wurden jeden Monat schlimmer.
FWOOOOOO
GROLL GROLL
BLITZ
Ah...
Ich schaff's nicht.

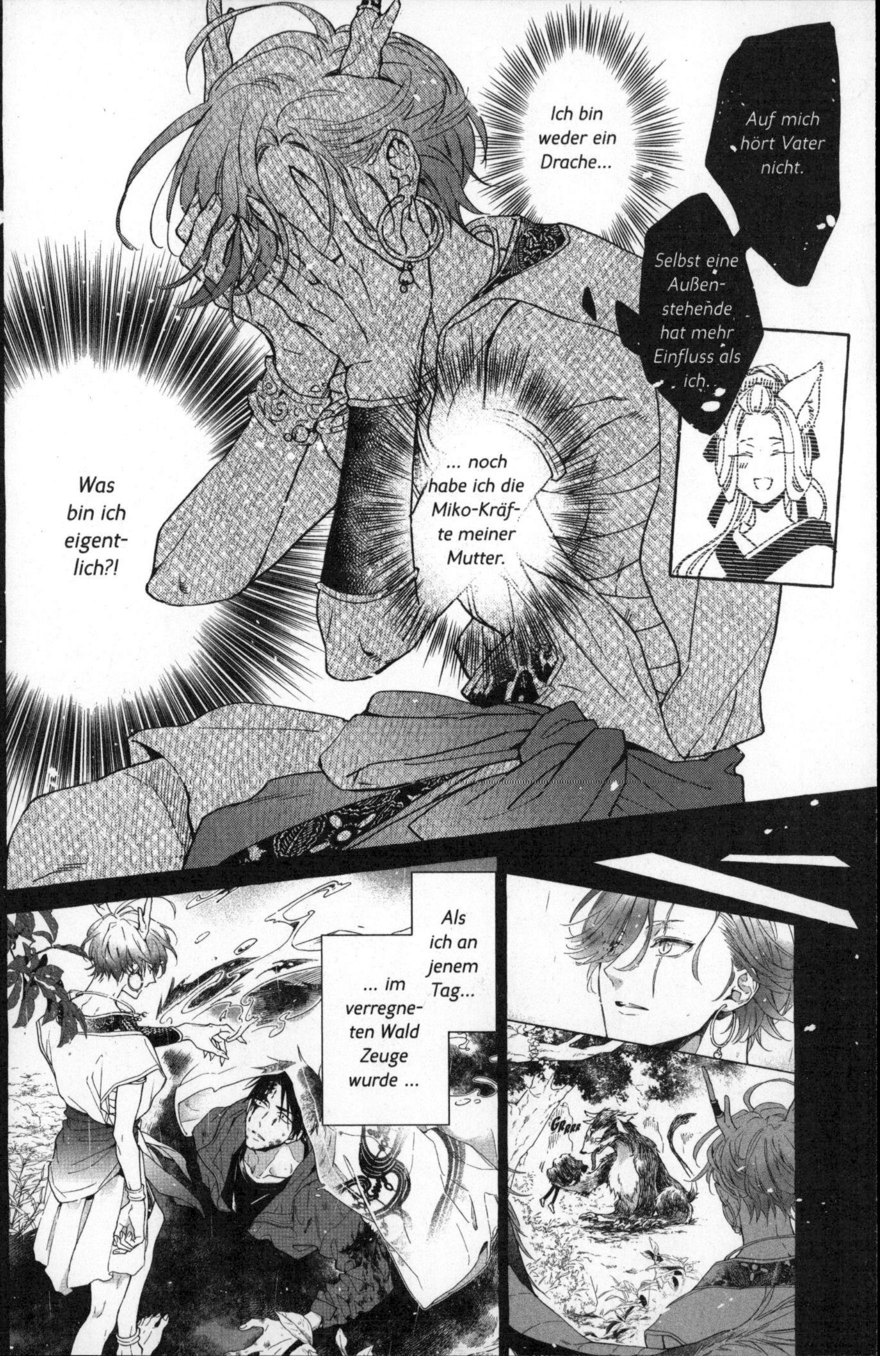
Auf mich hört Vater nicht.
Selbst eine Außenstehende hat mehr Einfluss als ich.
Ich bin weder ein Drache...
... noch habe ich die Miko-Kräfte meiner Mutter.
Was bin ich eigentlich?!
Als ich an jenem Tag...
GRRRR
... im verregneten Wald Zeuge wurde ...

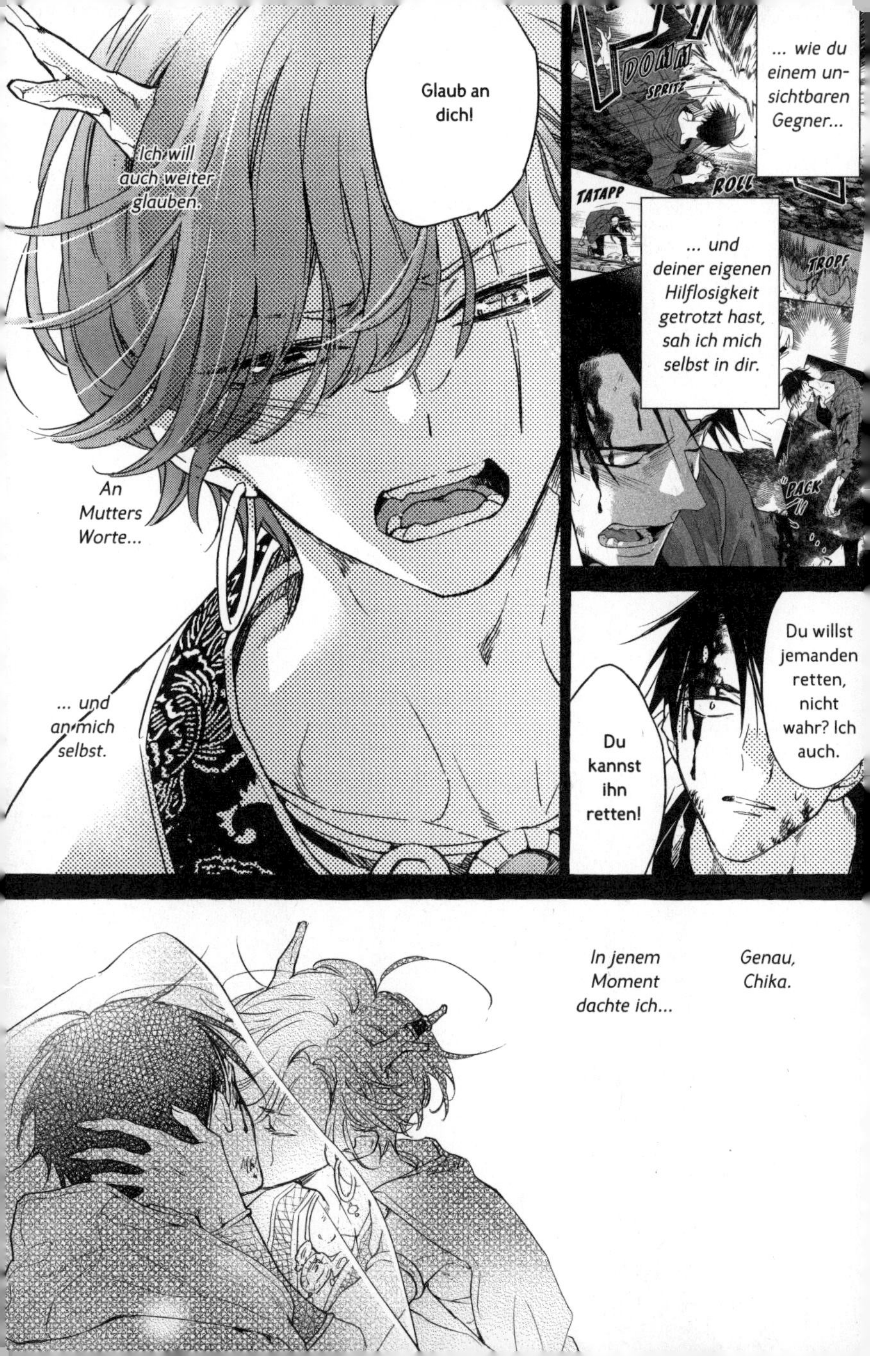
DOMM
SPRITZ
ROLL
... wie du einem un-sichtbaren Gegner...
TATAPP
TROPF
... und deiner eigenen Hilflosigkeit getrotzt hast, sah ich mich selbst in dir.
PACK
Du willst jemanden retten, nicht wahr? Ich auch.
Du kannst ihn retten!
Glaub an dich!
Ich will auch weiter glauben.
An Mutters Worte...
... und an mich selbst.
Genau, Chika.
In jenem Moment dachte ich...

... dass
ich mit dir
an meiner
Seite...

... vielleicht
ein noch etwas
stärkerer
Drachensohn
sein könnte.

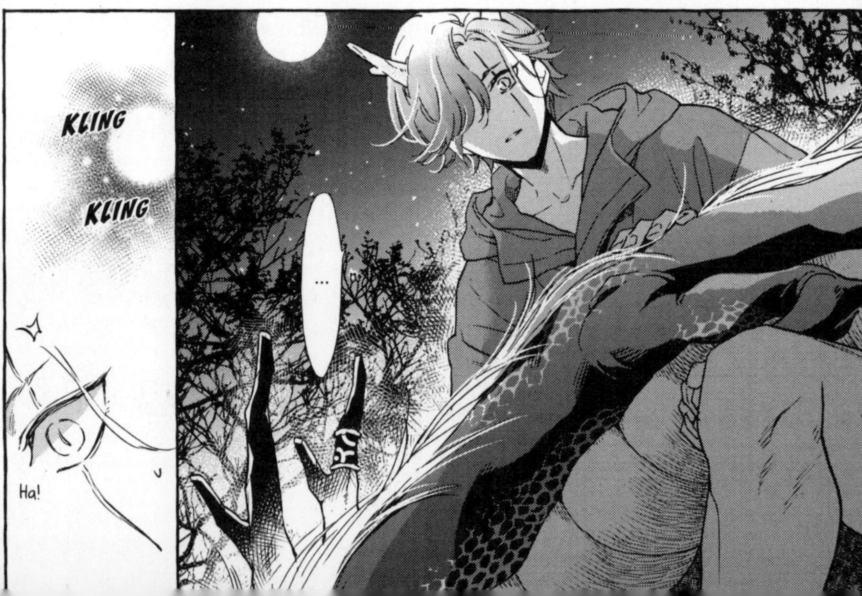

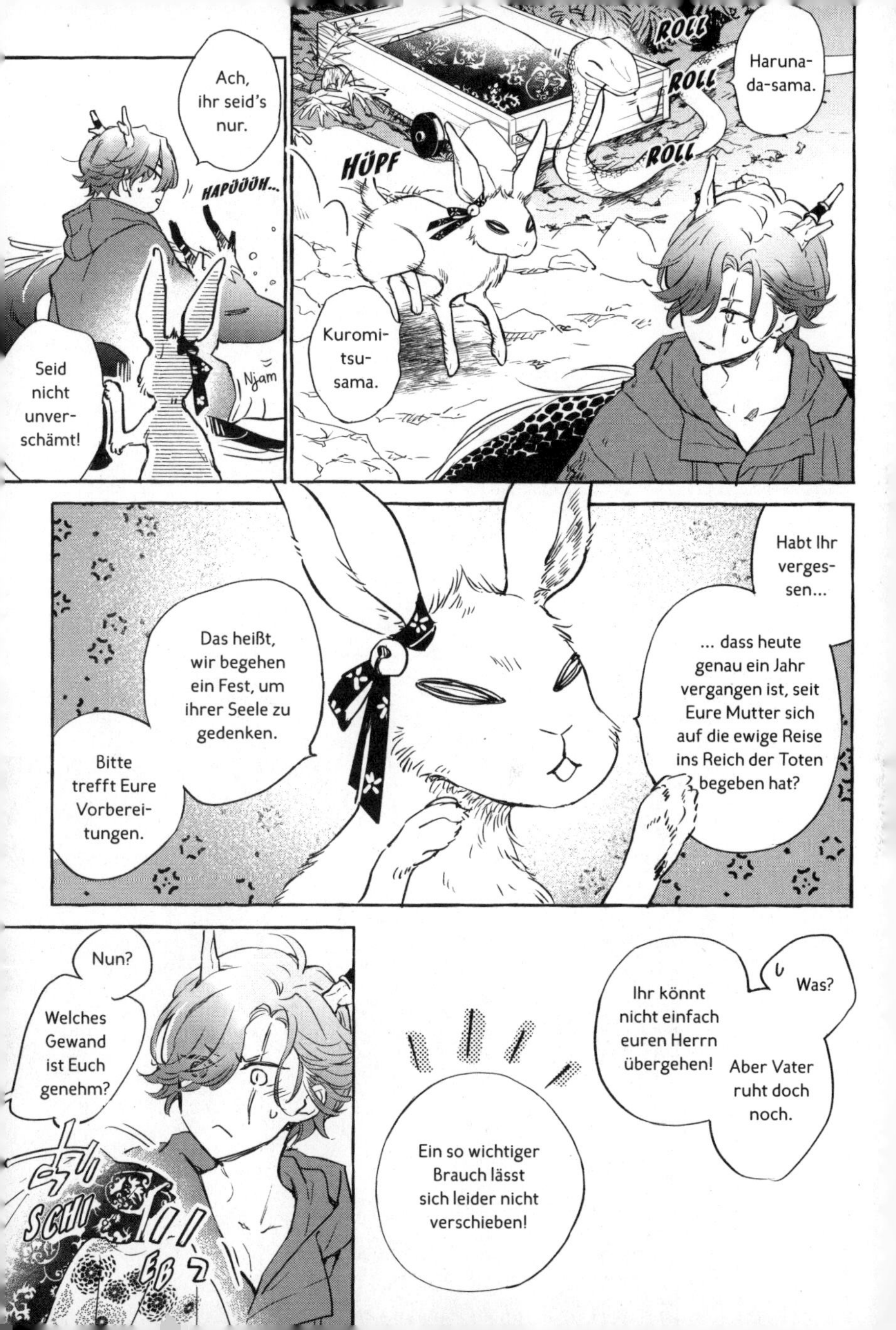
ROLL
ROLL
ROLL
Haruna-da-sama.
HÜPF
Kuromitsu-sama.
Ach, ihr seid's nur.
HAPÖÖÖH...
Njam
Seid nicht unverschämt!
Habt Ihr vergessen...
... dass heute genau ein Jahr vergangen ist, seit Eure Mutter sich auf die ewige Reise ins Reich der Toten begeben hat?
Das heißt, wir begehen ein Fest, um ihrer Seele zu gedenken.
Bitte trefft Eure Vorbereitungen.
Was?
Aber Vater ruht doch noch.
Ihr könnt nicht einfach euren Herrn übergehen!
Ein so wichtiger Brauch lässt sich leider nicht verschieben!
Nun?
Welches Gewand ist Euch genehm?
SCHIEB

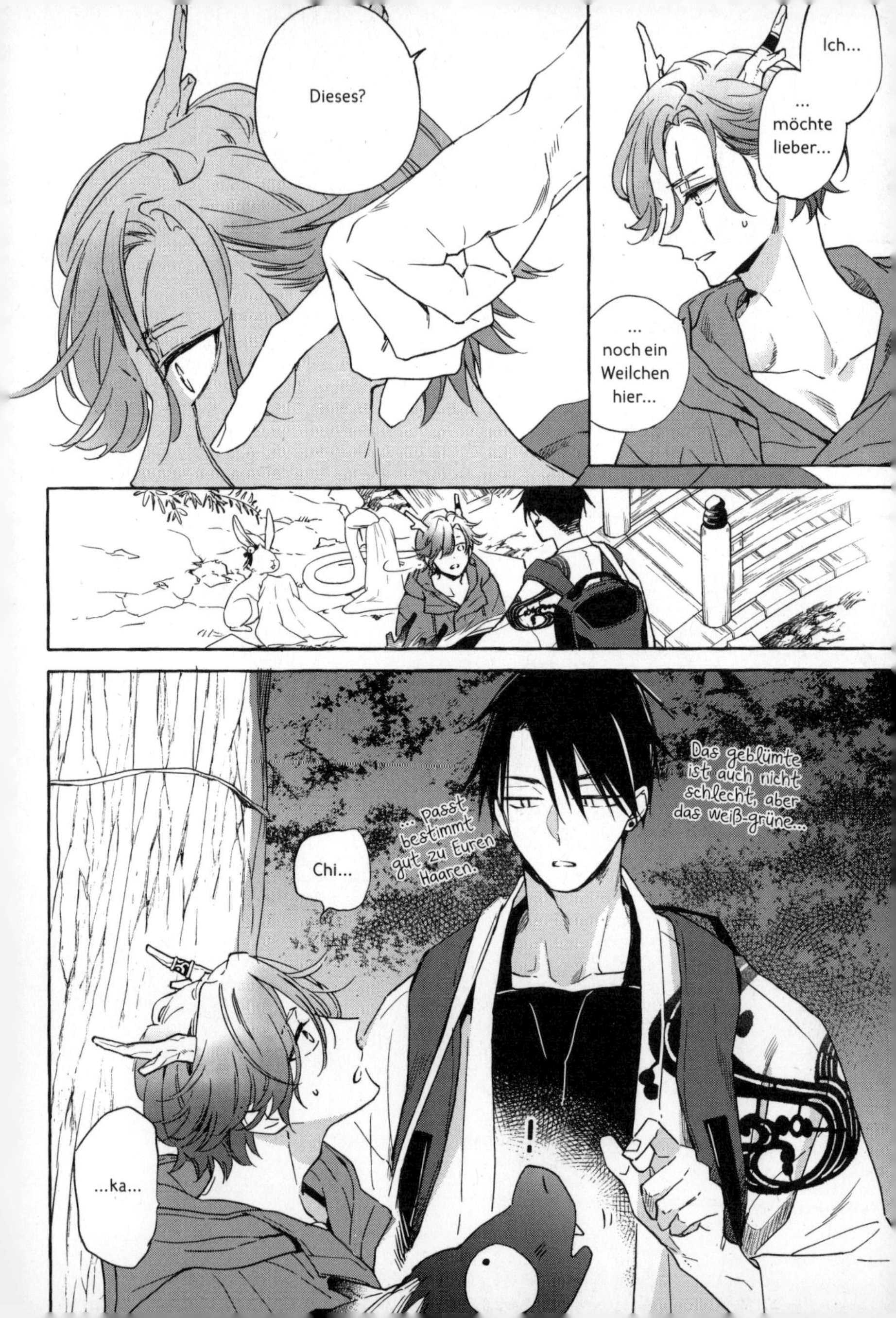
Ich...
... möchte lieber...
... noch ein Weilchen hier...
Dieses?
Das geblümte ist auch nicht schlecht, aber das weiß-grüne...
... passt bestimmt gut zu Euren Haaren.
Chi...
!
...ka...

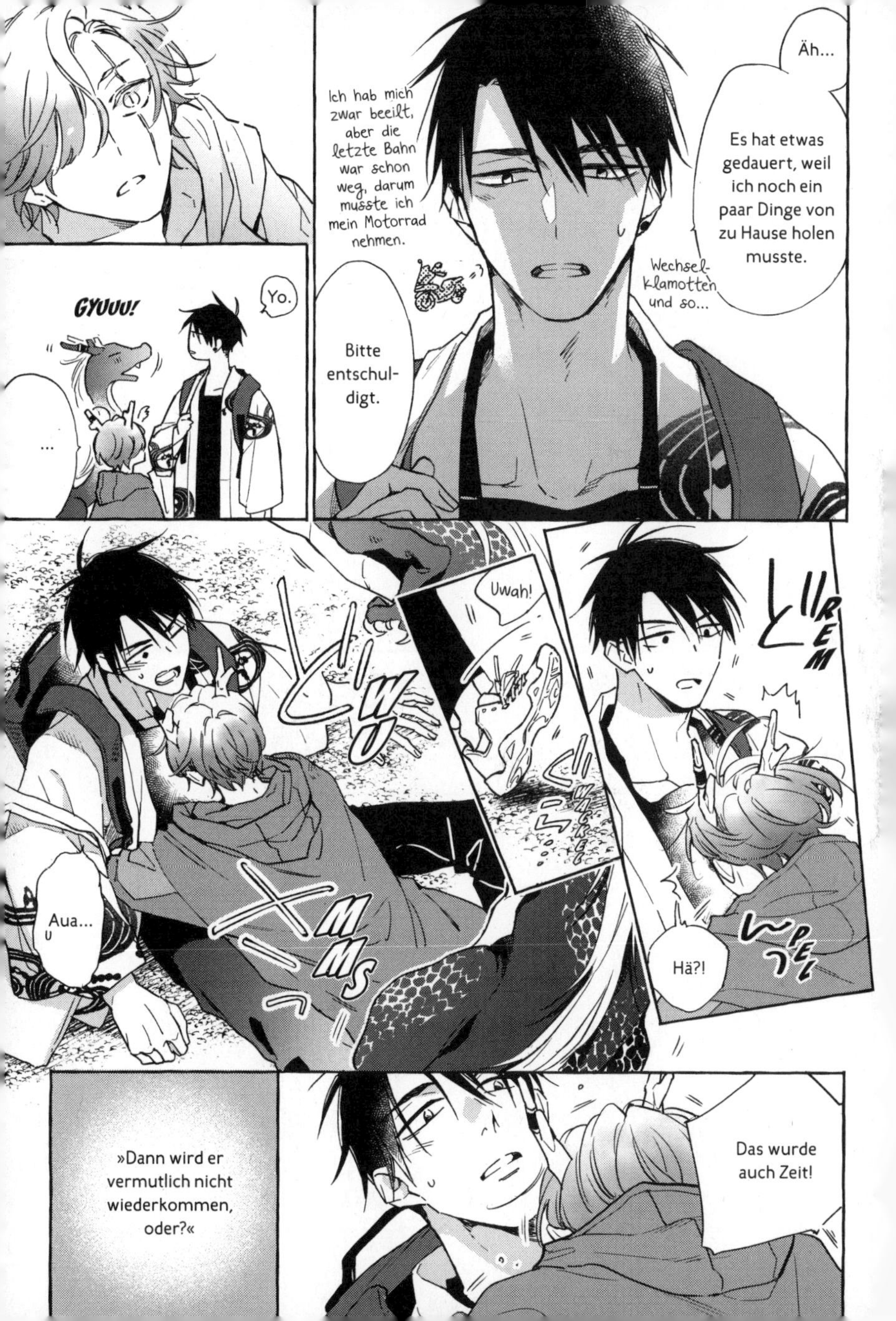

Äh...
Es hat etwas gedauert, weil ich noch ein paar Dinge von zu Hause holen musste.
Wechsel-klamotten und so...
Ich hab mich zwar beeilt, aber die letzte Bahn war schon weg, darum musste ich mein Motorrad nehmen.
Bitte entschul-digt.
Yo.
GYUUU!
...
REM
Hä?!
PEL
Uwah!
WAGREE
WU
MMS
Aua...
Das wurde auch Zeit!
»Dann wird er vermutlich nicht wiederkommen, oder?«

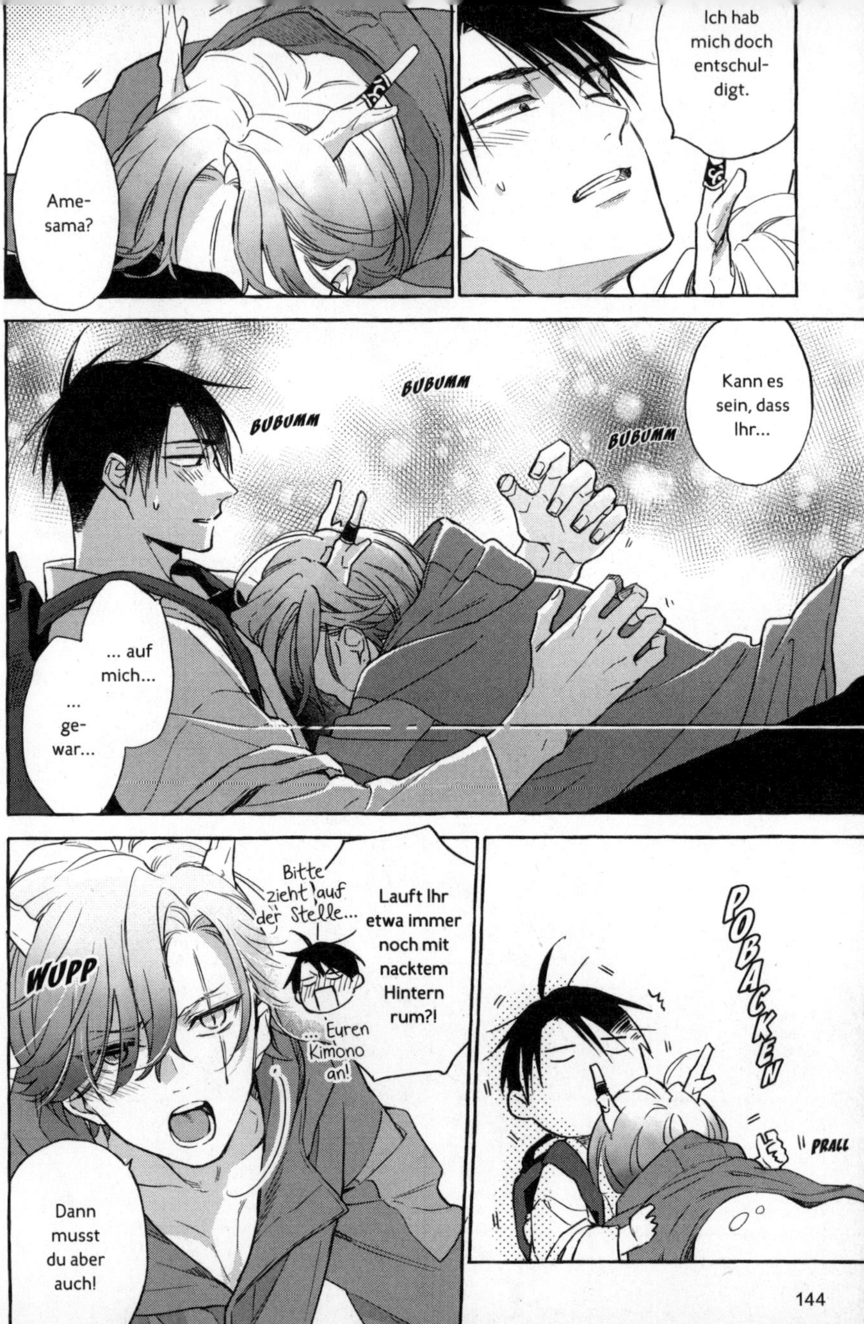

Ich hab mich doch entschuldigt.
Ame-sama?
Kann es sein, dass Ihr...
BUBUMM
BUBUMM
BUBUMM
... auf mich...
... ge-war...
POBACKEN
PRALL
Lauft Ihr etwa immer noch mit nacktem Hintern rum?!
Bitte zieht auf der Stelle...
... Euren Kimono an!
WUPP
Dann musst du aber auch!

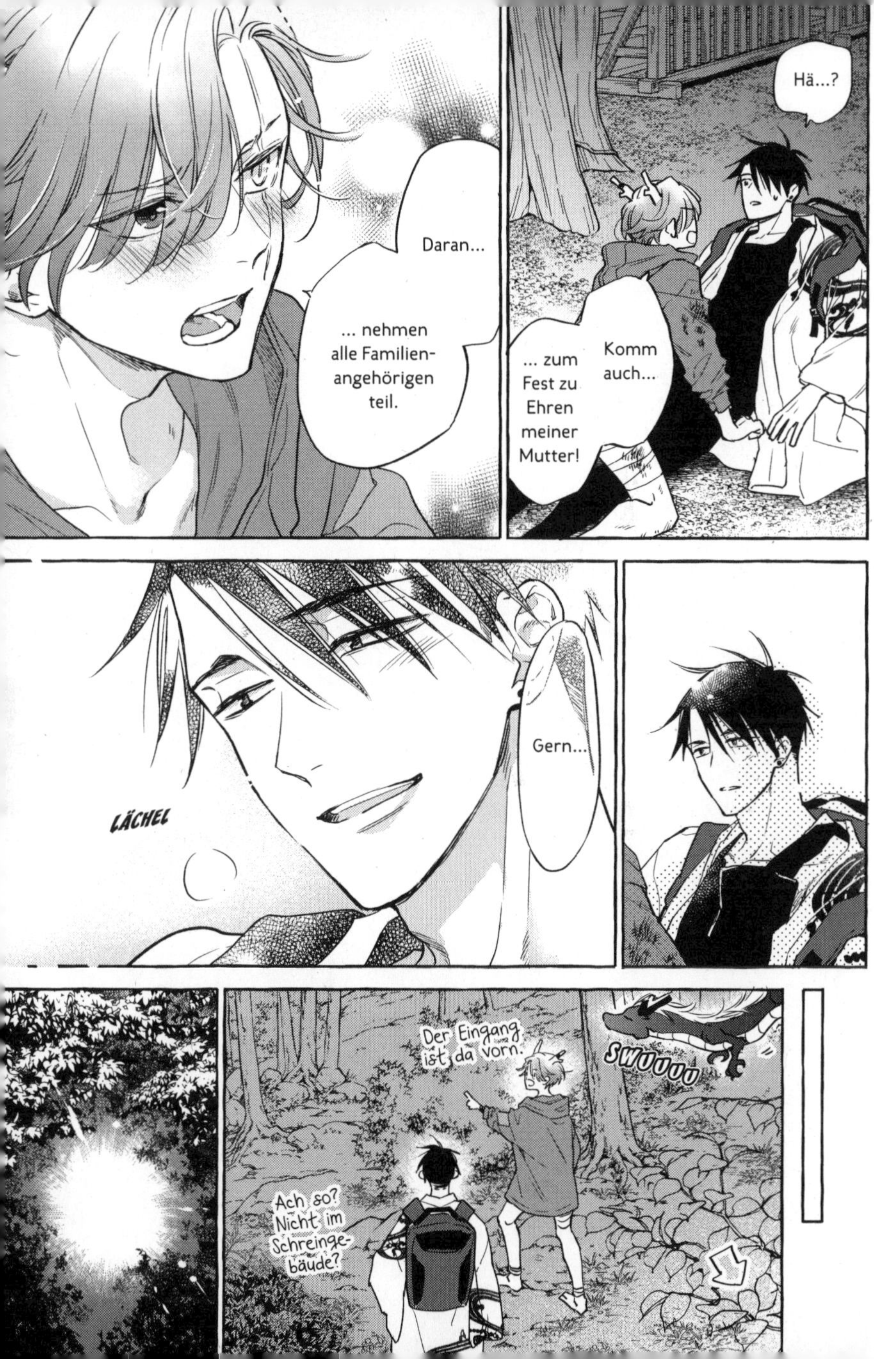
Hä...?
Daran...
... nehmen alle Familien-angehörigen teil.
Komm auch...
... zum Fest zu Ehren meiner Mutter!
Gern...
LÄCHEL
Der Eingang ist da vorn.
SWUUUU
Ach so? Nicht im Schreinge-bäude?

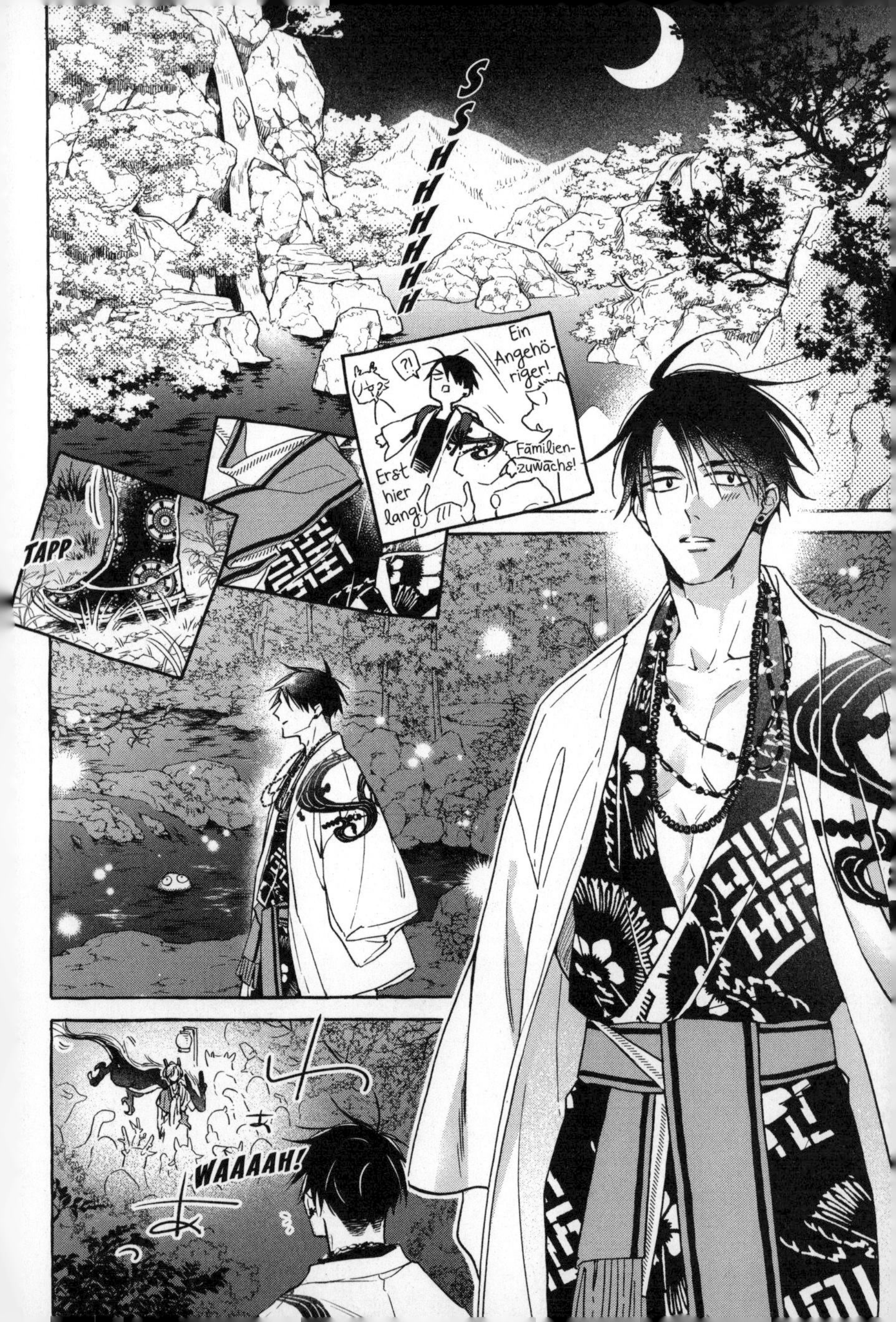

SSHHHHHHH
Ein Angehöriger!
Familienzuwachs!
?!
Erst hier lang!
TAPP
WAAAAH!

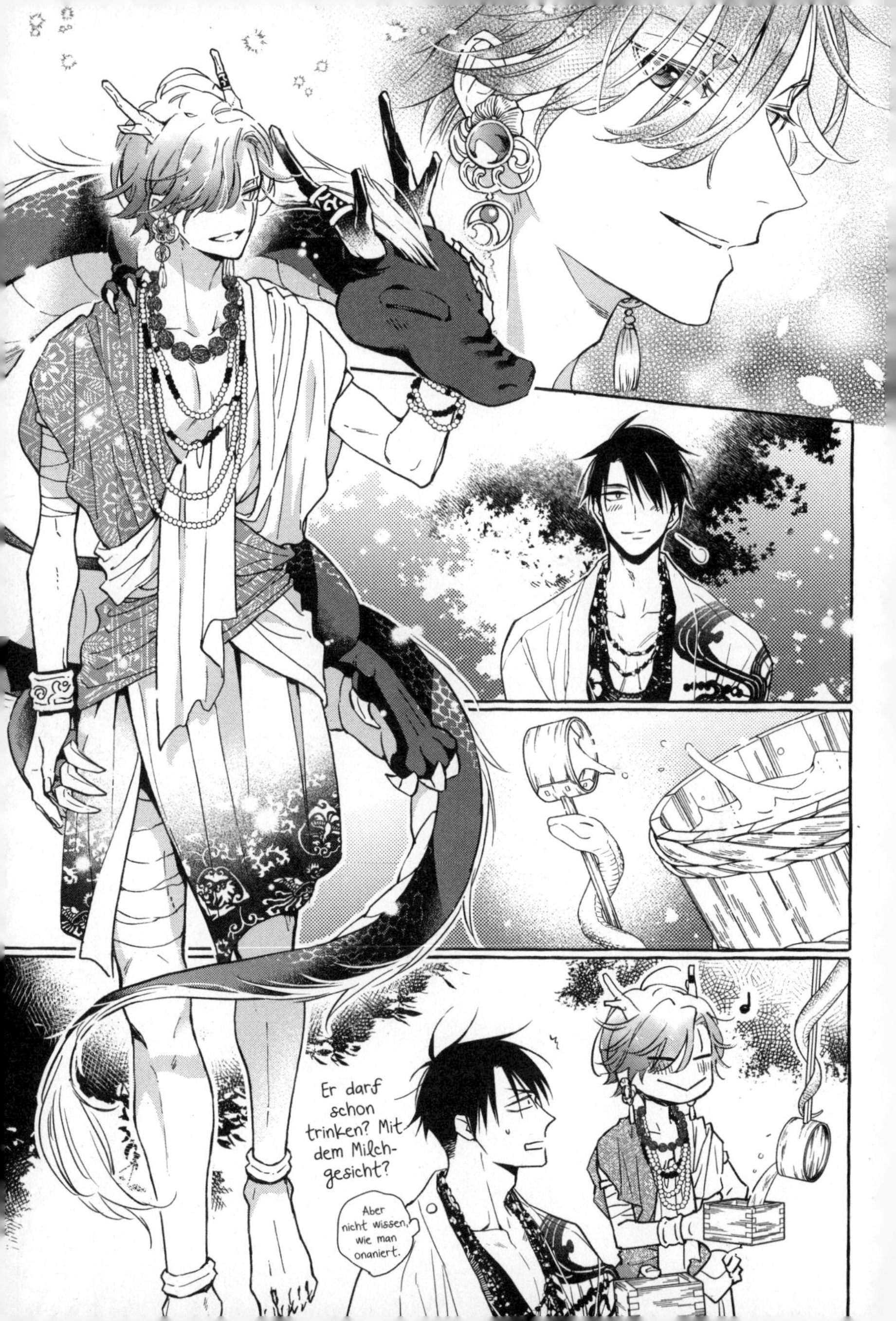
Er darf schon trinken? Mit dem Milch-gesicht?
Aber nicht wissen, wie man onaniert.

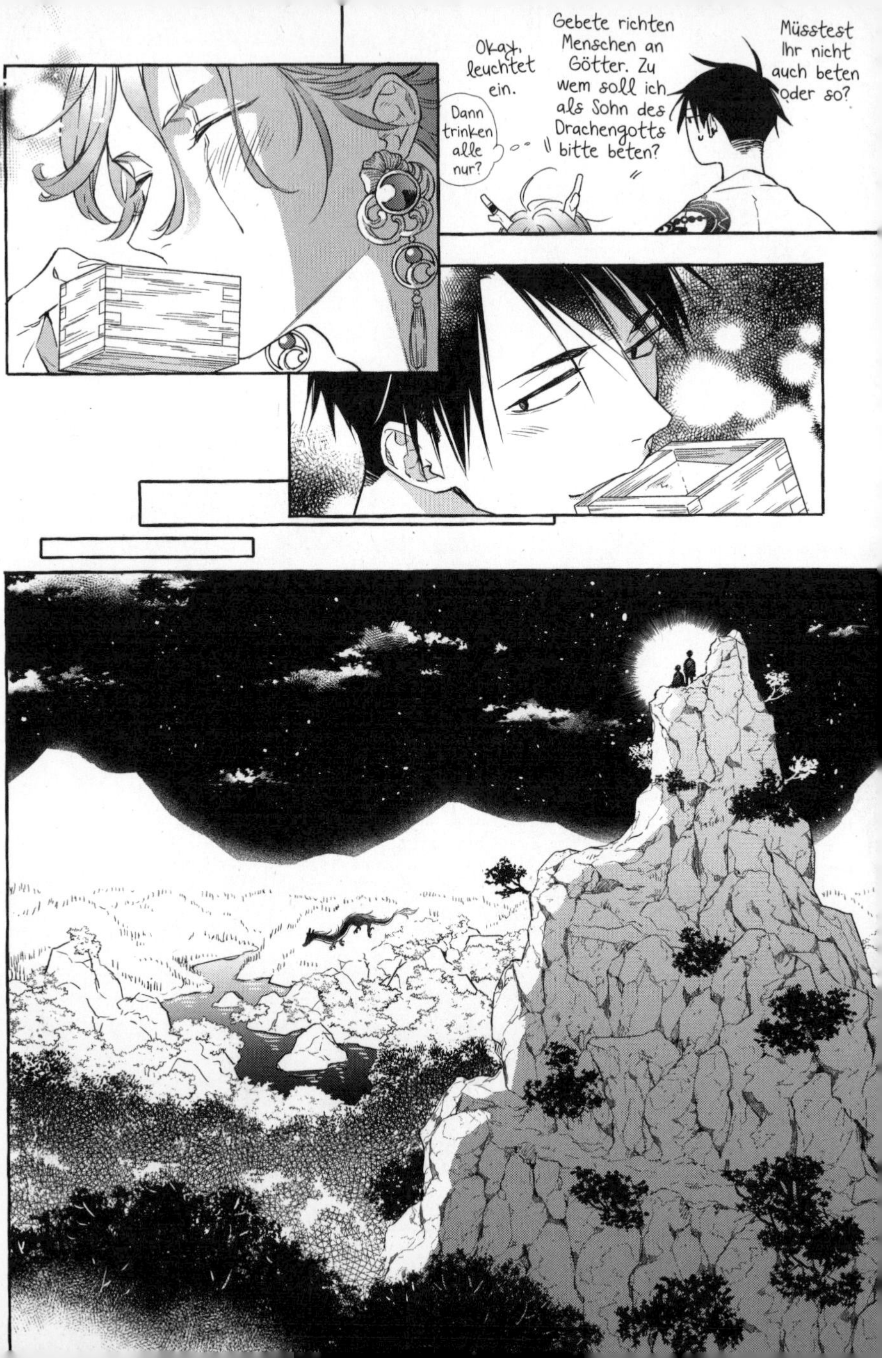

Müsstest Ihr nicht auch beten oder so?
Gebete richten Menschen an Götter. Zu wem soll ich als Sohn des Drachengotts bitte beten?
Okay, leuchtet ein.
Dann trinken alle nur?

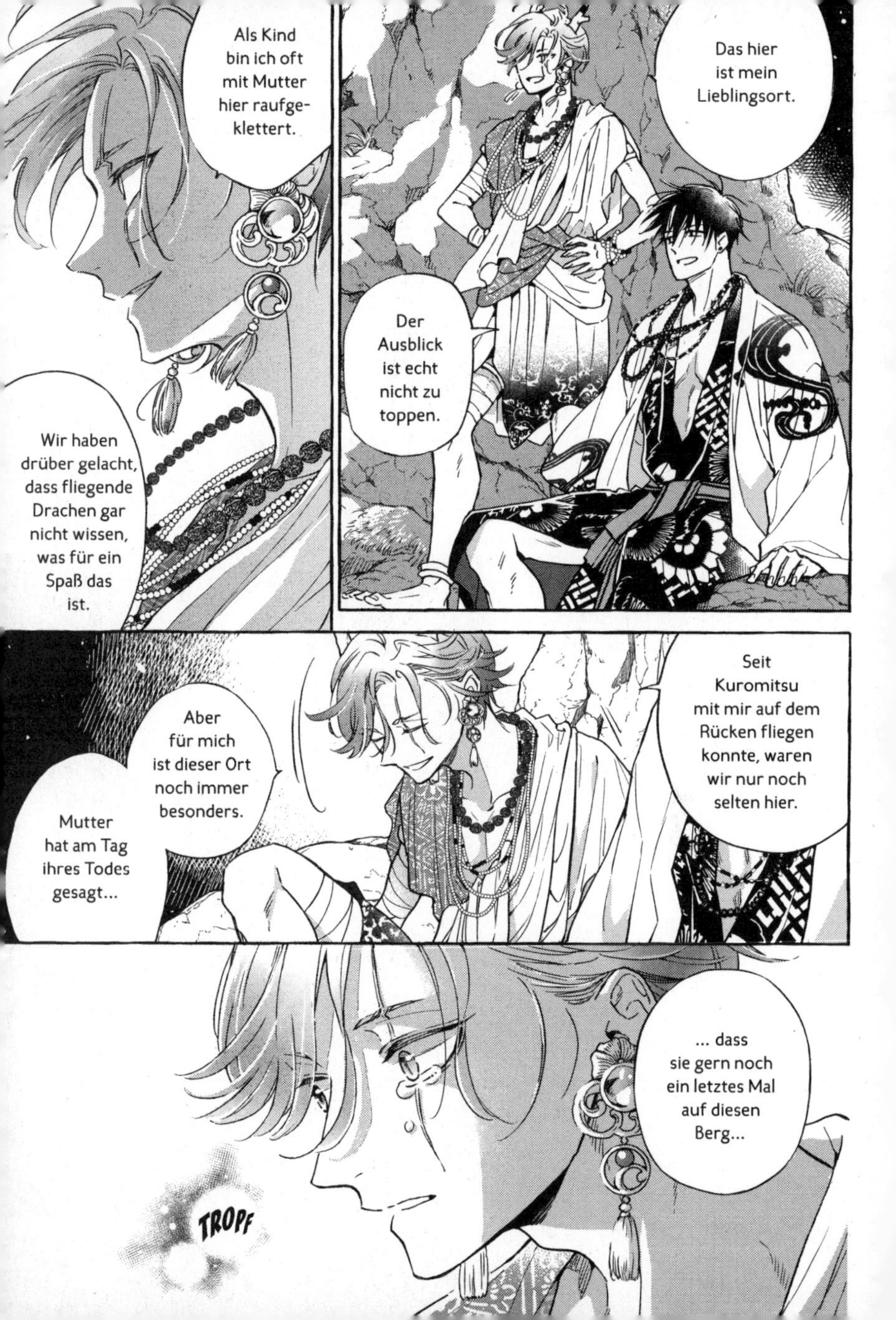
Das hier ist mein Lieblingsort.
Der Ausblick ist echt nicht zu toppen.
Als Kind bin ich oft mit Mutter hier raufgeklettert.
Wir haben drüber gelacht, dass fliegende Drachen gar nicht wissen, was für ein Spaß das ist.
Seit Kuromitsu mit mir auf dem Rücken fliegen konnte, waren wir nur noch selten hier.
Aber für mich ist dieser Ort noch immer besonders.
Mutter hat am Tag ihres Todes gesagt...
... dass sie gern noch ein letztes Mal auf diesen Berg...
TROPF

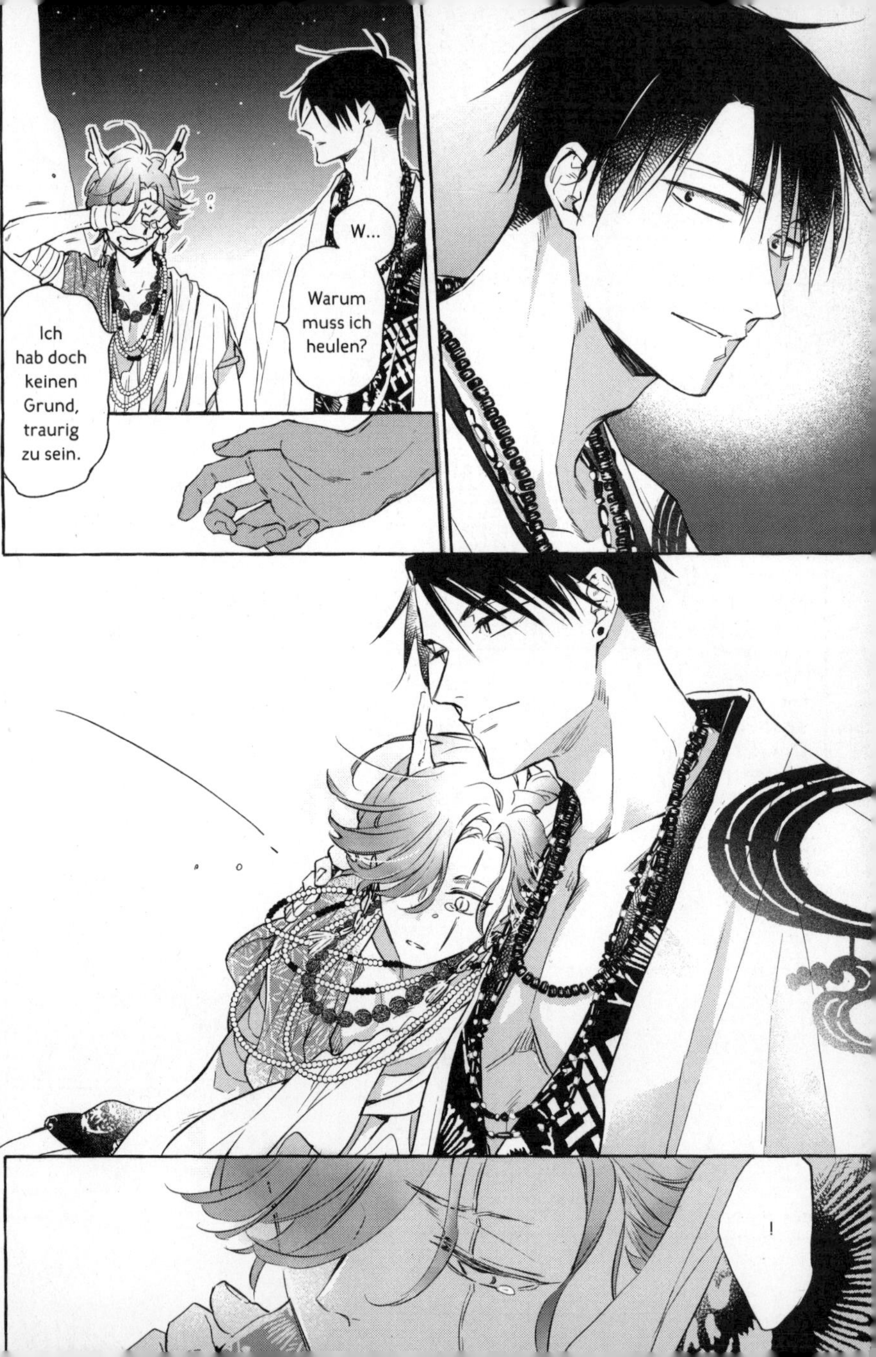
W…
Warum muss ich heulen?
Ich hab doch keinen Grund, traurig zu sein.
!

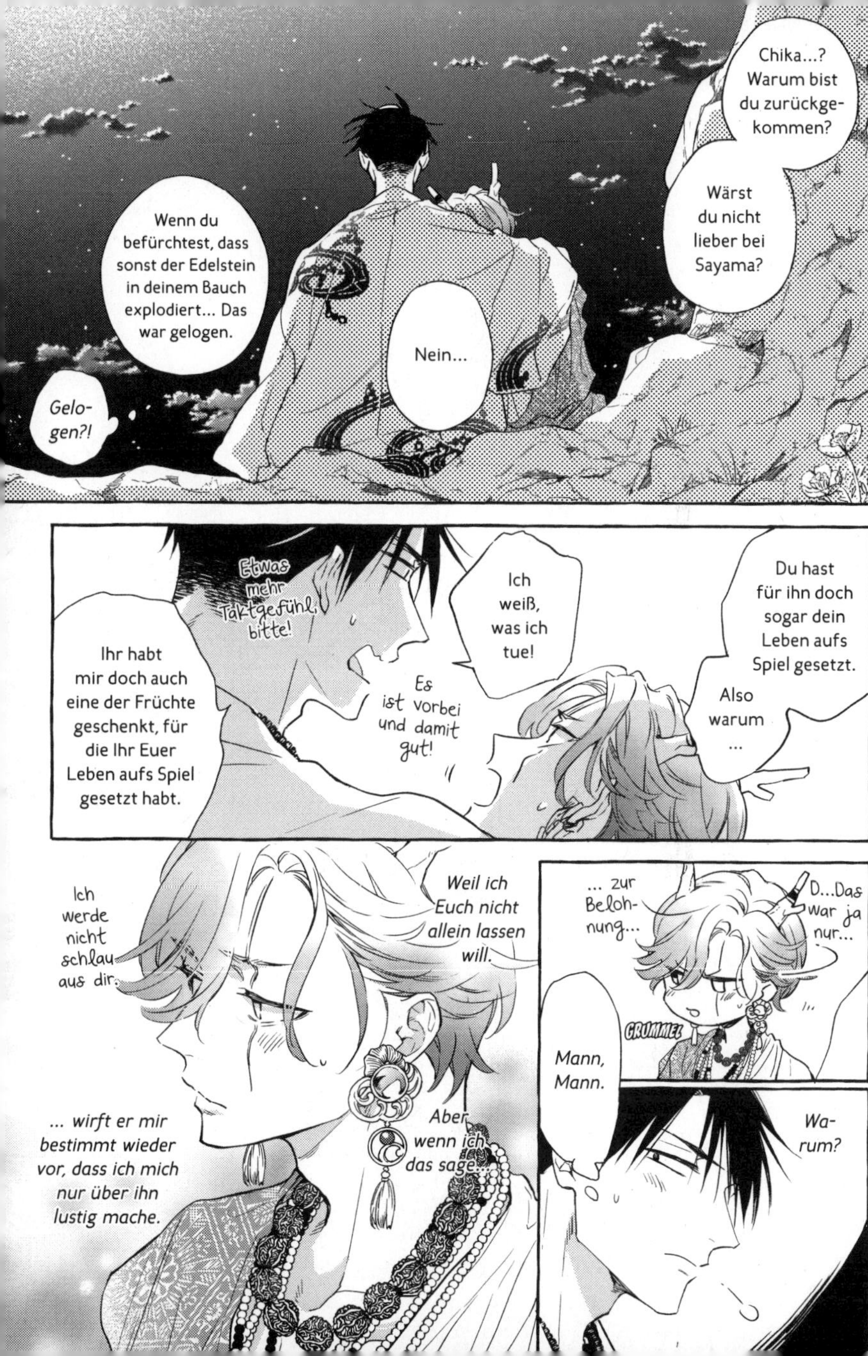
Chika...? Warum bist du zurückgekommen?
Wärst du nicht lieber bei Sayama?
Nein...
Wenn du befürchtest, dass sonst der Edelstein in deinem Bauch explodiert... Das war gelogen.
Gelogen?!
Du hast für ihn doch sogar dein Leben aufs Spiel gesetzt.
Also warum ...
Ich weiß, was ich tue!
Es ist vorbei und damit gut!
Etwas mehr Taktgefühl, bitte!
Ihr habt mir doch auch eine der Früchte geschenkt, für die Ihr Euer Leben aufs Spiel gesetzt habt.
D...Das war ja nur...
... zur Belohnung...
GRUMMEL
Mann, Mann.
Warum?
Weil ich Euch nicht allein lassen will.
Ich werde nicht schlau aus dir.
Aber wenn ich das sage...
... wirft er mir bestimmt wieder vor, dass ich mich nur über ihn lustig mache.

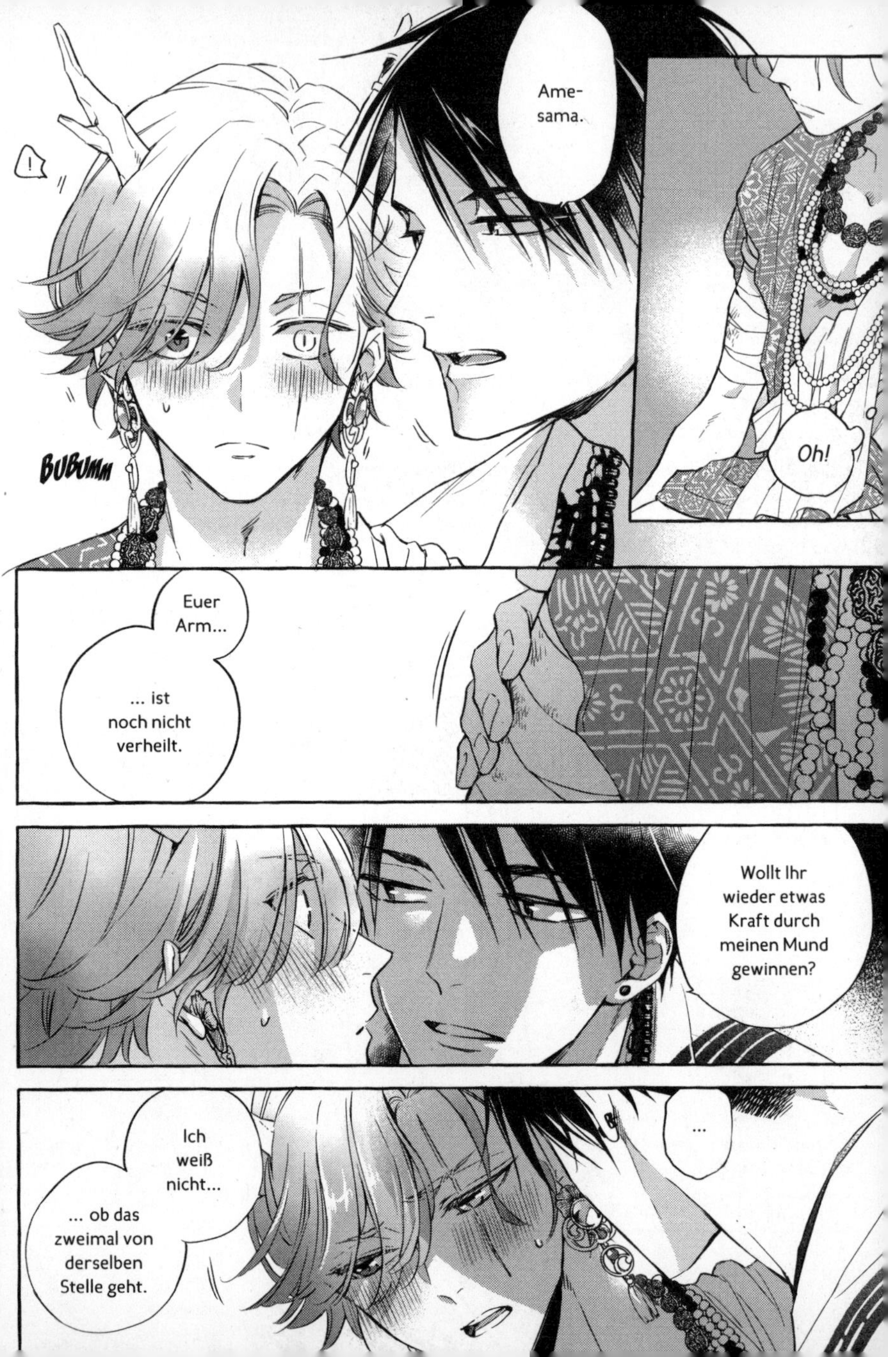

Oh!
Ame-sama.
!
BUBUMM
Euer Arm...
... ist noch nicht verheilt.
Wollt Ihr wieder etwas Kraft durch meinen Mund gewinnen?
...
Ich weiß nicht...
... ob das zweimal von derselben Stelle geht.

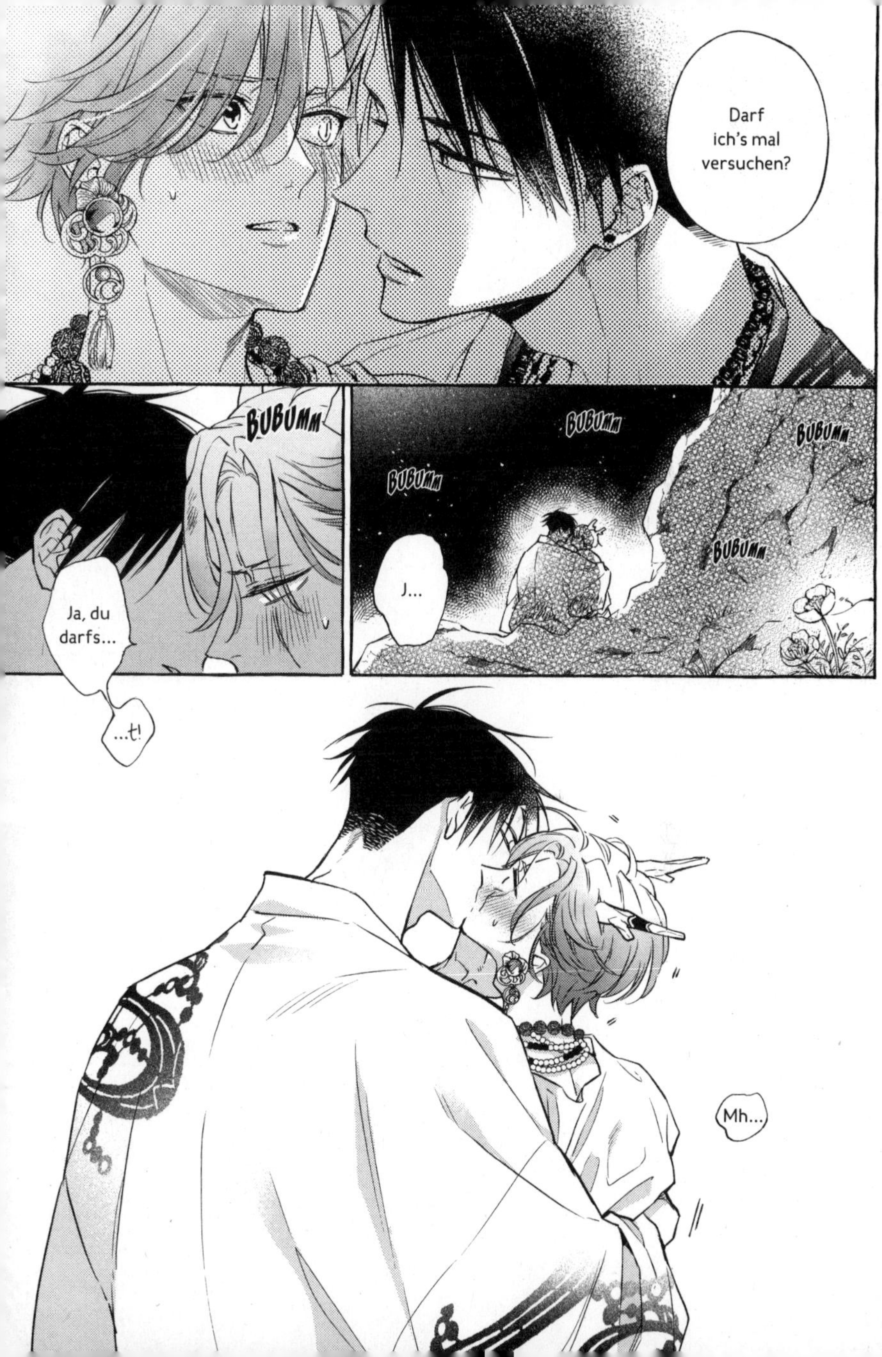
Darf ich's mal versuchen?
BUBUMM
BUBUMM
BUBUMM
BUBUMM
J...
BUBUMM
Ja, du darfs...
...t!
Mh...

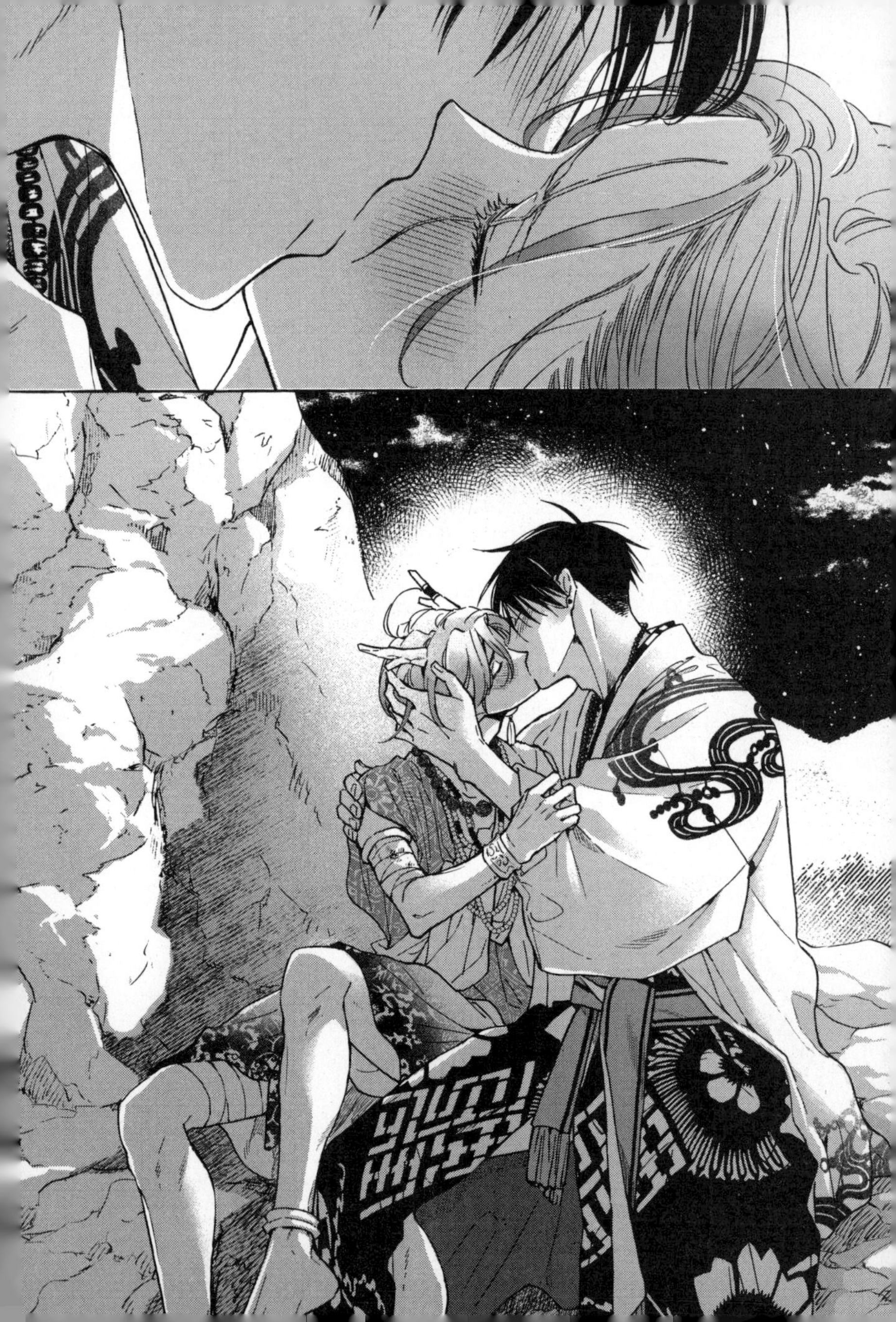

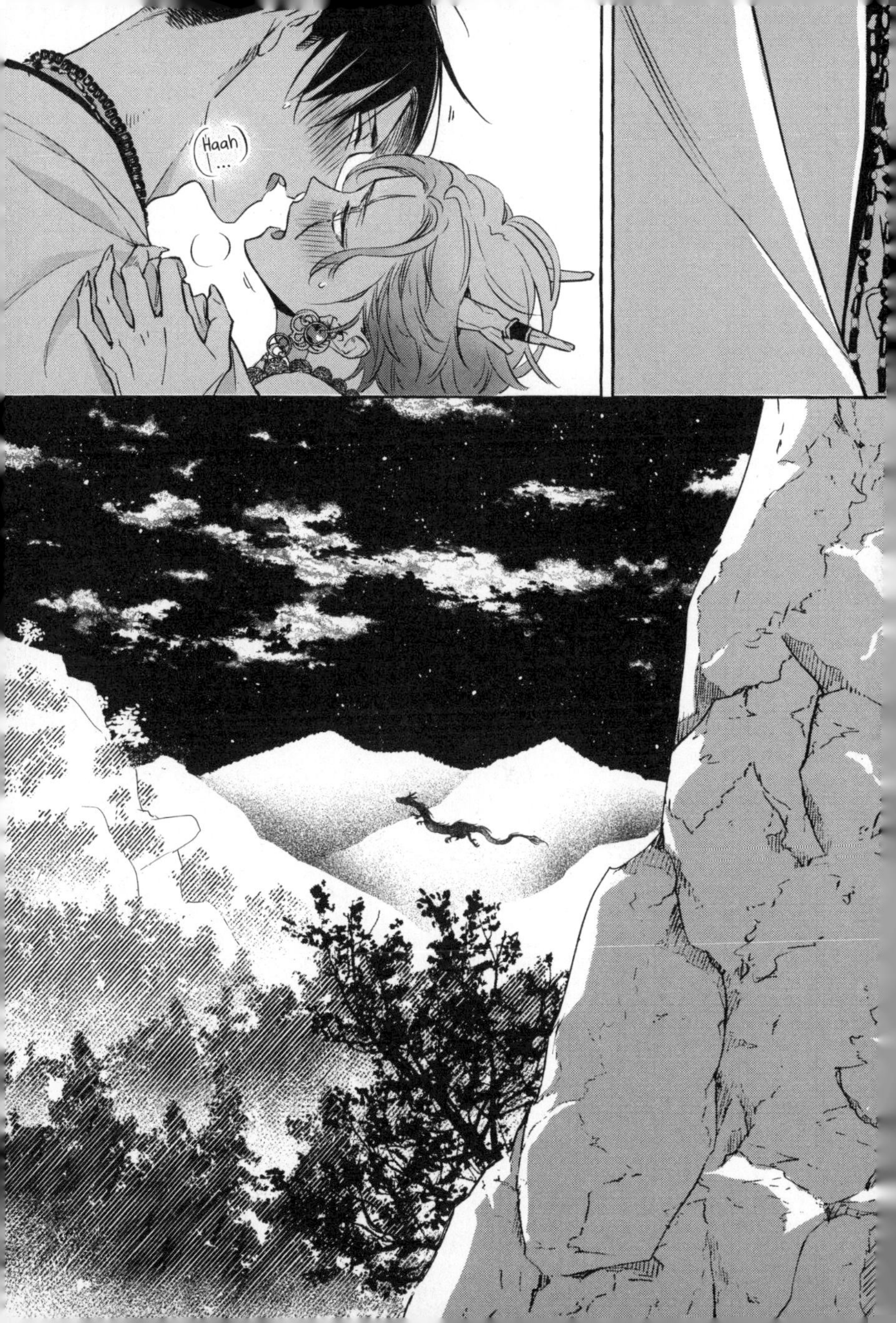
Haah ...

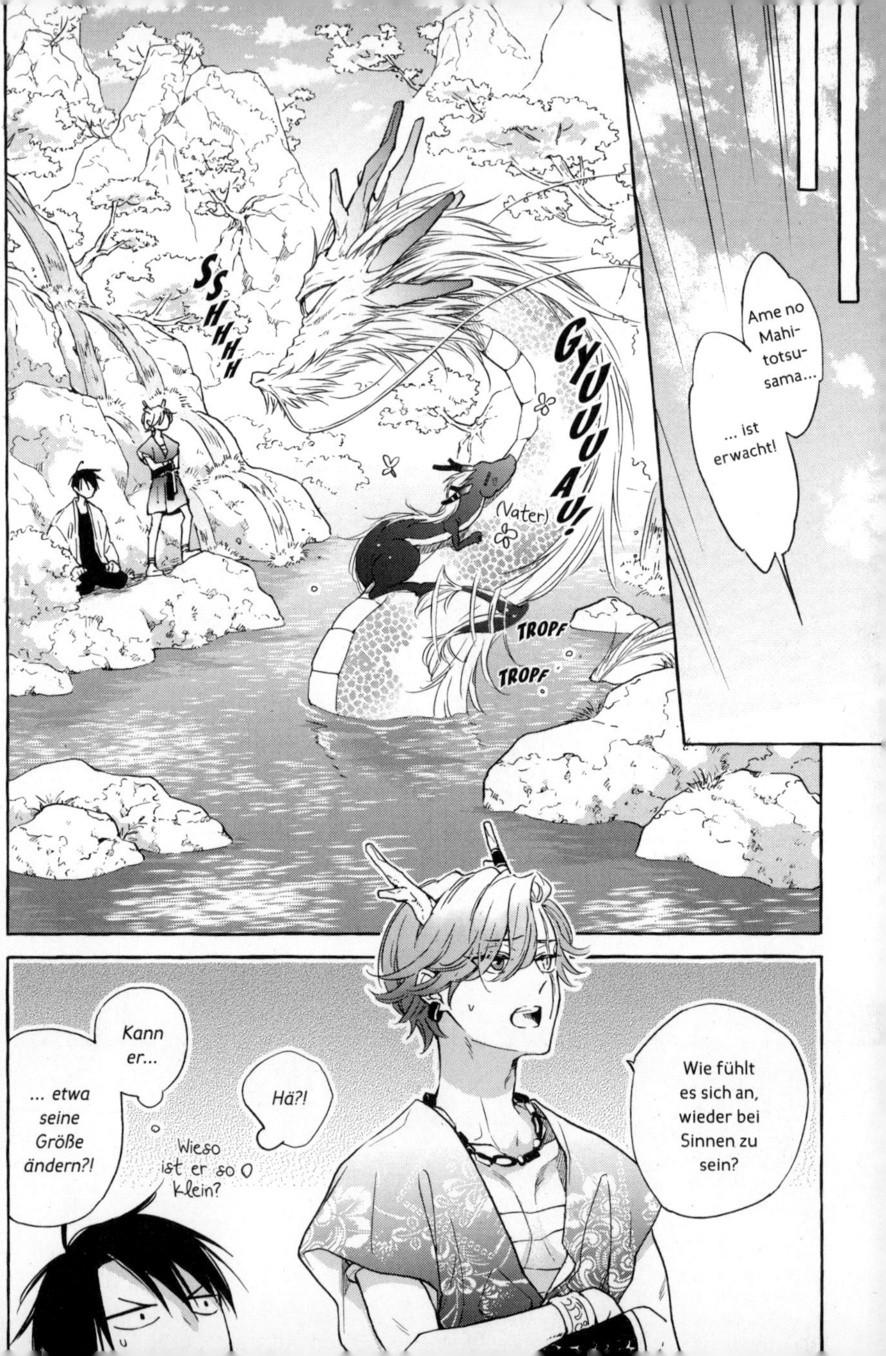
Ame no Mahi-totsu-sama…
… ist erwacht!
GYUUUAU!
SSHHH
(Vater)
TROPF
TROPF
Wie fühlt es sich an, wieder bei Sinnen zu sein?
Hä?!
Wieso ist er so klein?
Kann er…
… etwa seine Größe ändern?!

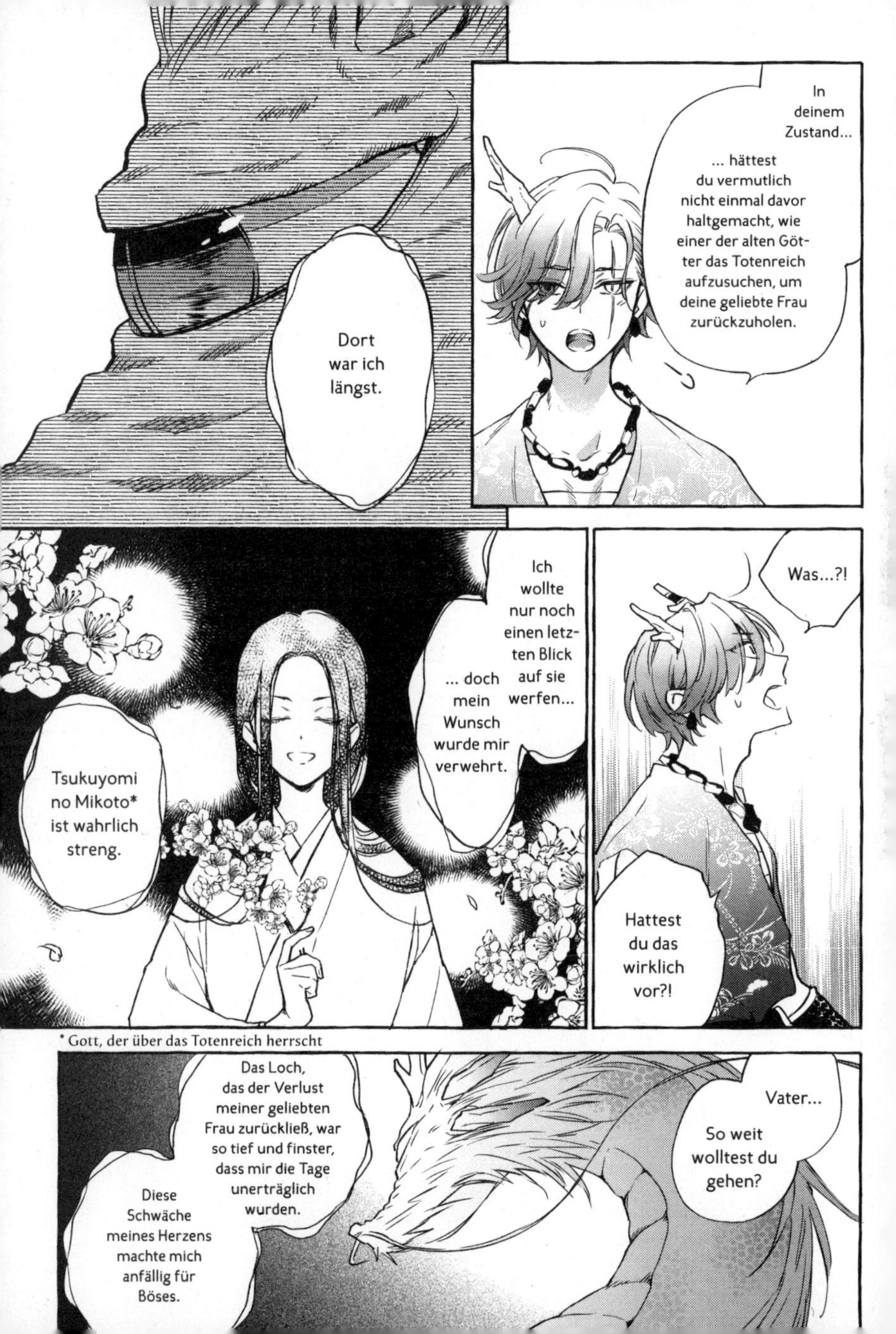

* Gott, der über das Totenreich herrscht

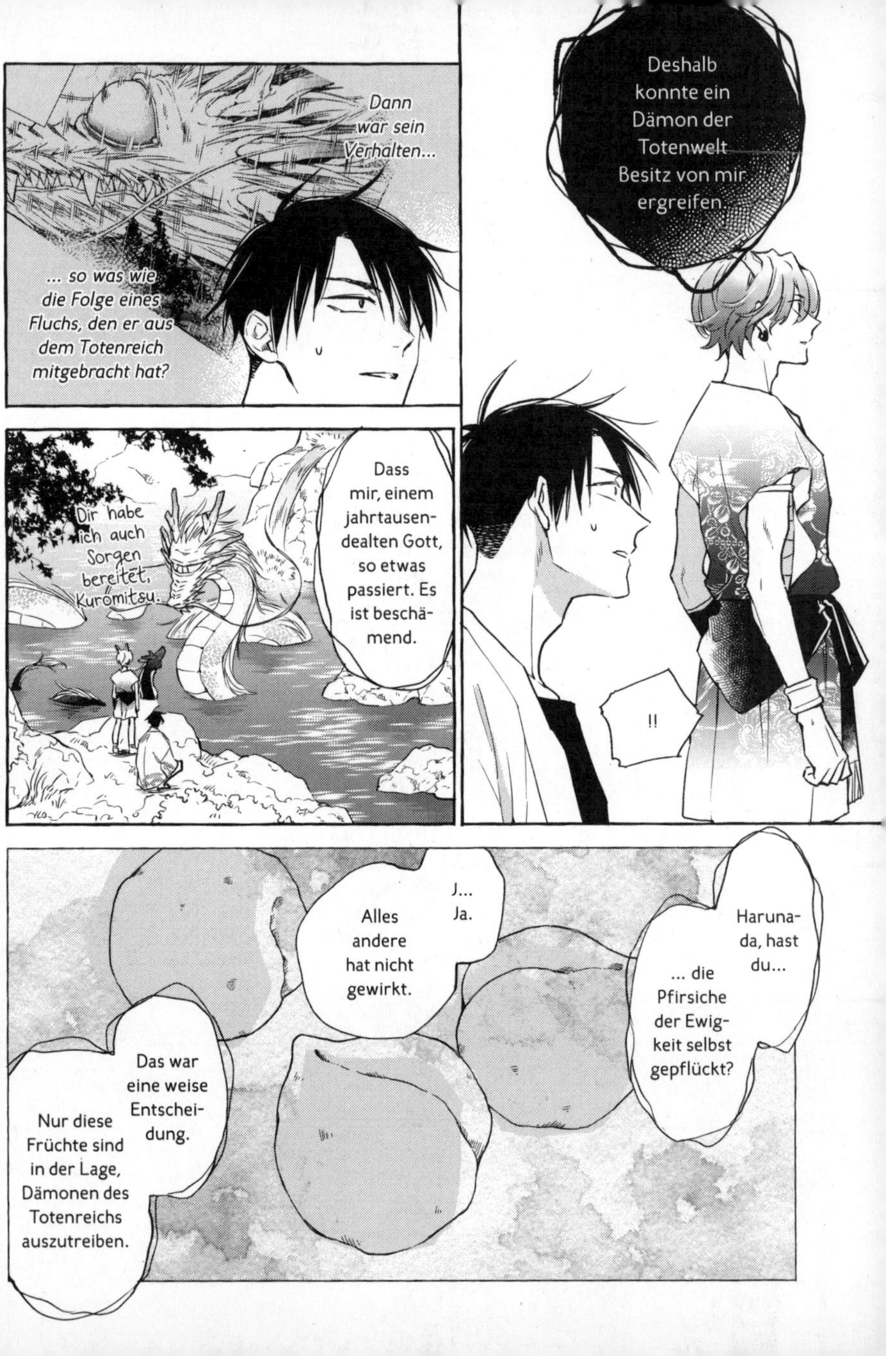
Deshalb konnte ein Dämon der Totenwelt Besitz von mir ergreifen.
!!
Dann war sein Verhalten...
... so was wie die Folge eines Fluchs, den er aus dem Totenreich mitgebracht hat?
Dass mir, einem jahrtausendealten Gott, so etwas passiert. Es ist beschämend.
Dir habe ich auch Sorgen bereitet, Kuromitsu.
Harunada, hast du...
... die Pfirsiche der Ewigkeit selbst gepflückt?
J... Ja.
Alles andere hat nicht gewirkt.
Das war eine weise Entscheidung.
Nur diese Früchte sind in der Lage, Dämonen des Totenreichs auszutreiben.

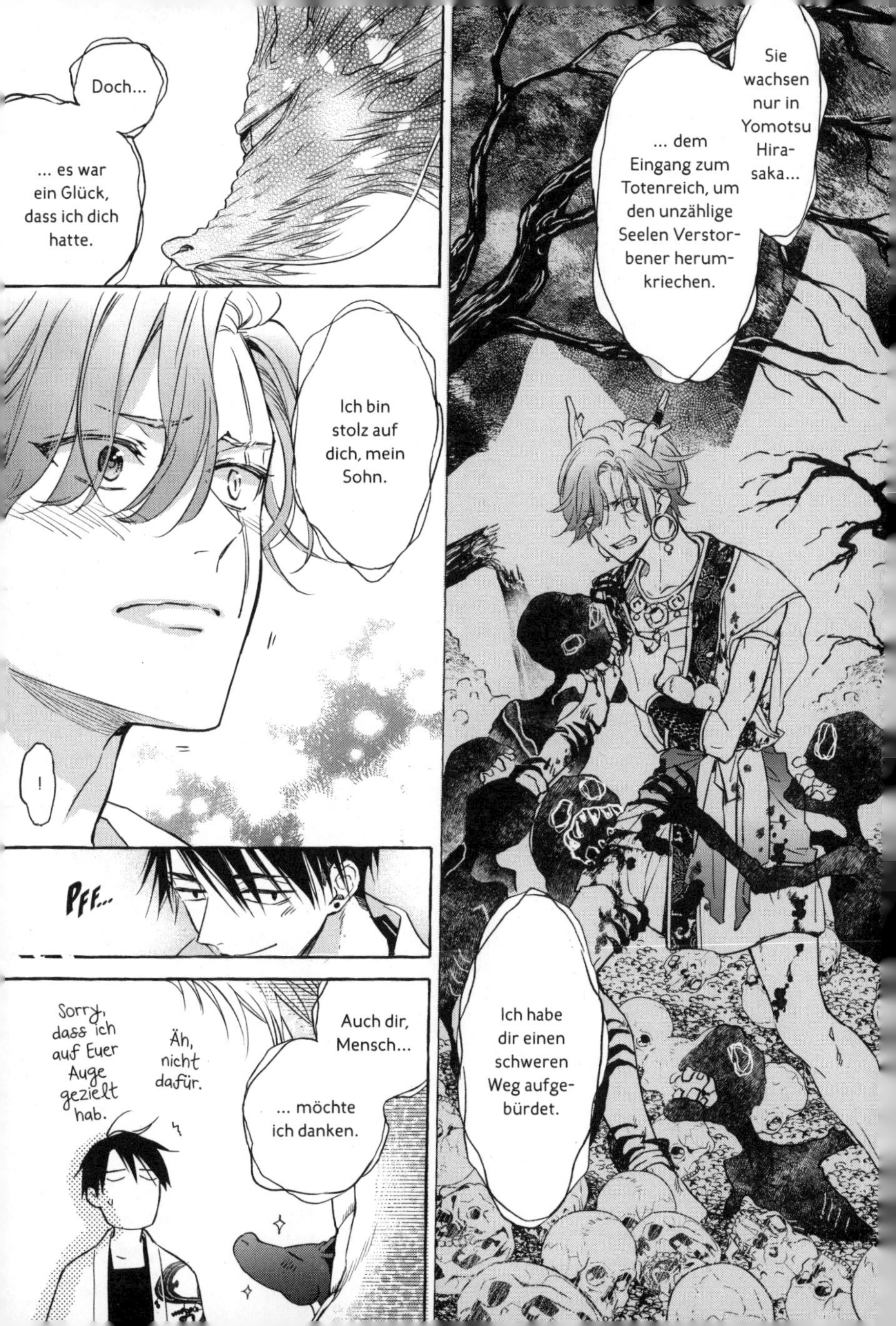

Sie wachsen nur in Yomotsu Hirasaka...
... dem Eingang zum Totenreich, um den unzählige Seelen Verstorbener herumkriechen.
Ich habe dir einen schweren Weg aufgebürdet.
Doch...
... es war ein Glück, dass ich dich hatte.
Ich bin stolz auf dich, mein Sohn.
!
PFF...
Auch dir, Mensch...
... möchte ich danken.
Äh, nicht dafür.
Sorry, dass ich auf Euer Auge gezielt hab.

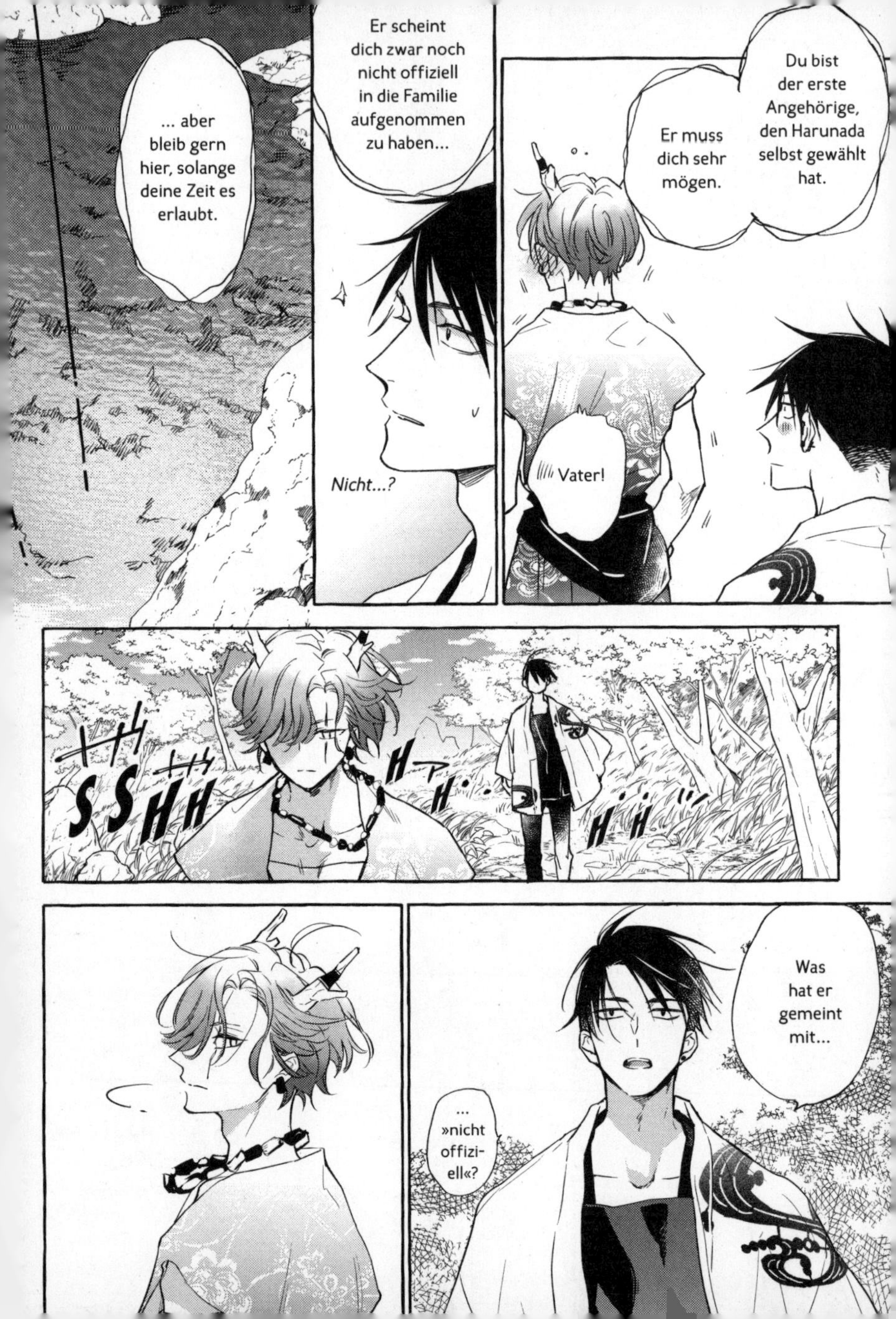
Du bist der erste Angehörige, den Harunada selbst gewählt hat.
Er muss dich sehr mögen.
Vater!
Er scheint dich zwar noch nicht offiziell in die Familie aufgenommen zu haben...
Nicht...?
... aber bleib gern hier, solange deine Zeit es erlaubt.
SSHH
HH
HH
Was hat er gemeint mit...
... »nicht offizi-ell«?

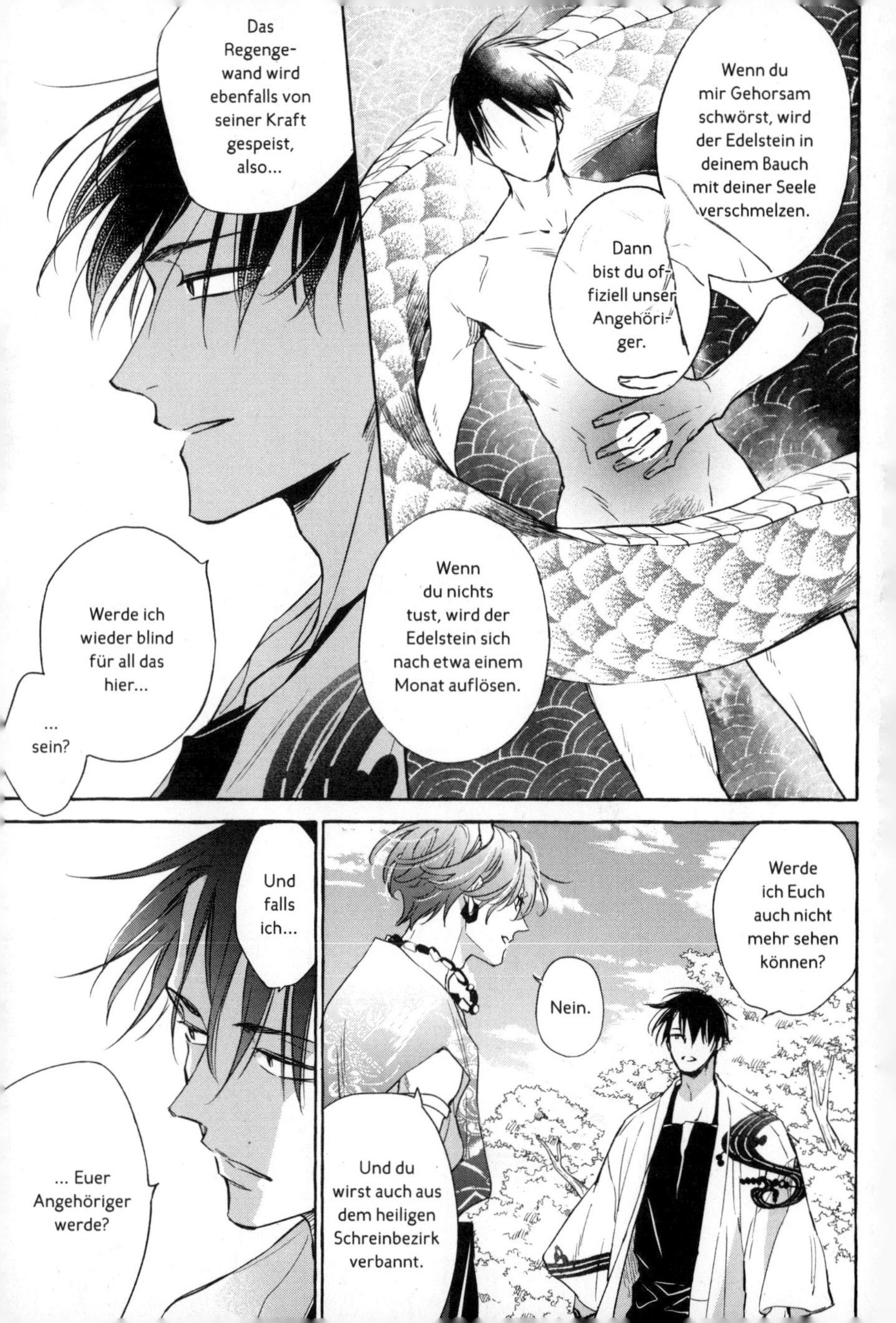
Wenn du mir Gehorsam schwörst, wird der Edelstein in deinem Bauch mit deiner Seele verschmelzen.
Dann bist du offiziell unser Angehöriger.
Das Regengewand wird ebenfalls von seiner Kraft gespeist, also...
Wenn du nichts tust, wird der Edelstein sich nach etwa einem Monat auflösen.
Werde ich wieder blind für all das hier...
... sein?
Werde ich Euch auch nicht mehr sehen können?
Nein.
Und du wirst auch aus dem heiligen Schreinbezirk verbannt.
Und falls ich...
... Euer Angehöriger werde?

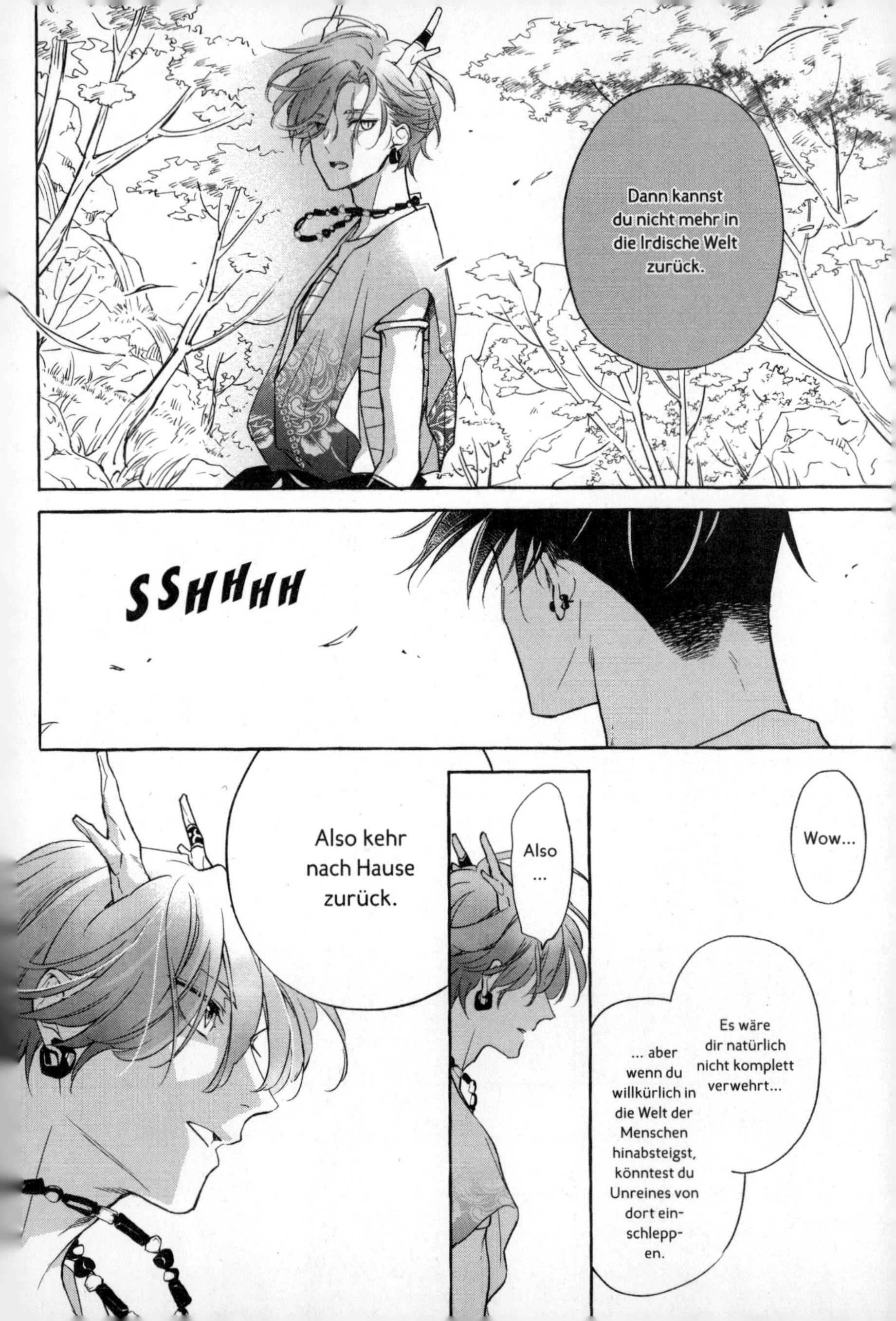
Dann kannst du nicht mehr in die Irdische Welt zurück.
SSHHHH
Wow...
Es wäre dir natürlich nicht komplett verwehrt...
... aber wenn du willkürlich in die Welt der Menschen hinabsteigst, könntest du Unreines von dort ein-schlepp-en.
Also ...
Also kehr nach Hause zurück.

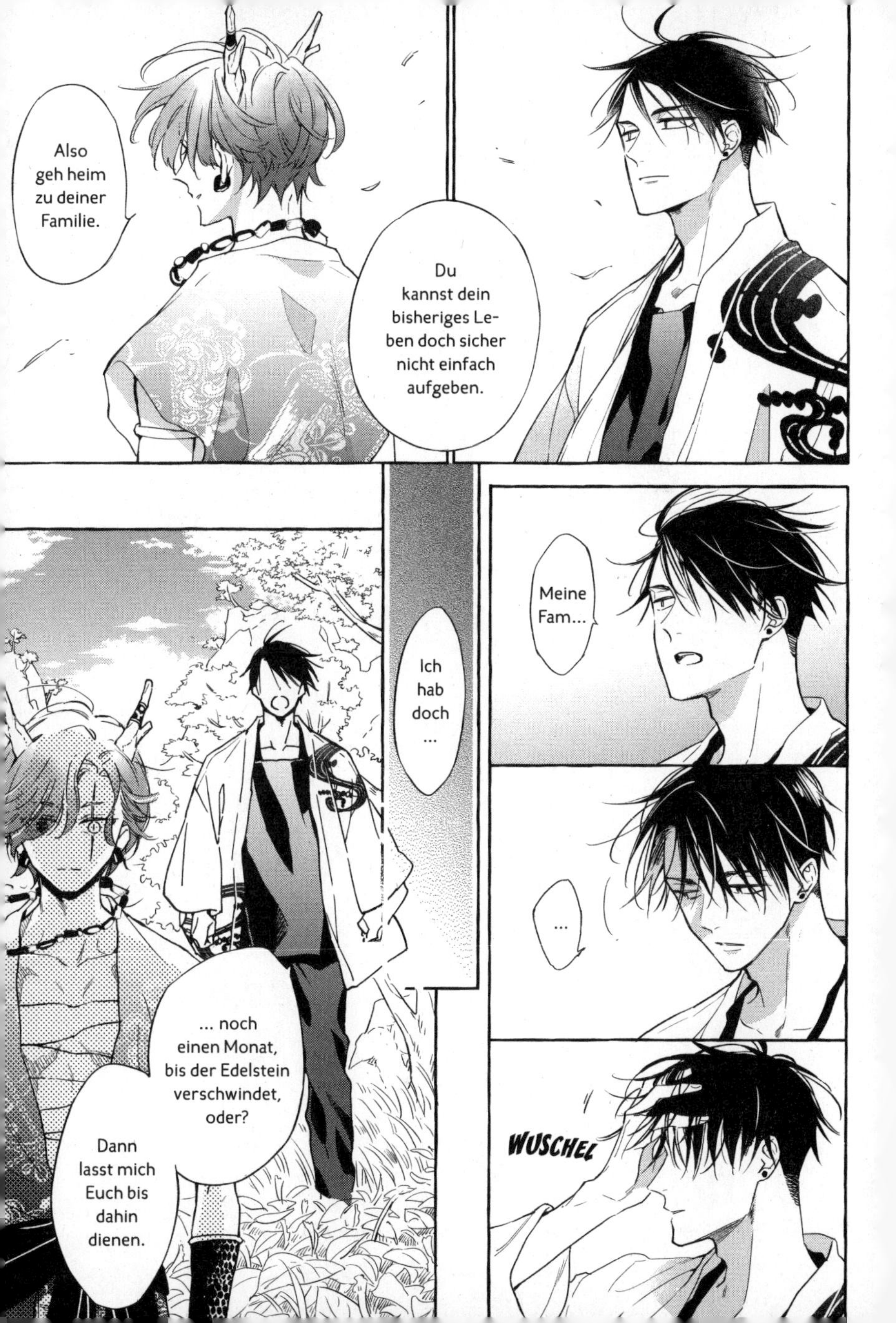
Du kannst dein bisheriges Leben doch sicher nicht einfach aufgeben.
Also geh heim zu deiner Familie.
Meine Fam…
Ich hab doch …
…
… noch einen Monat, bis der Edelstein verschwindet, oder?
Dann lasst mich Euch bis dahin dienen.
WUSCHEL

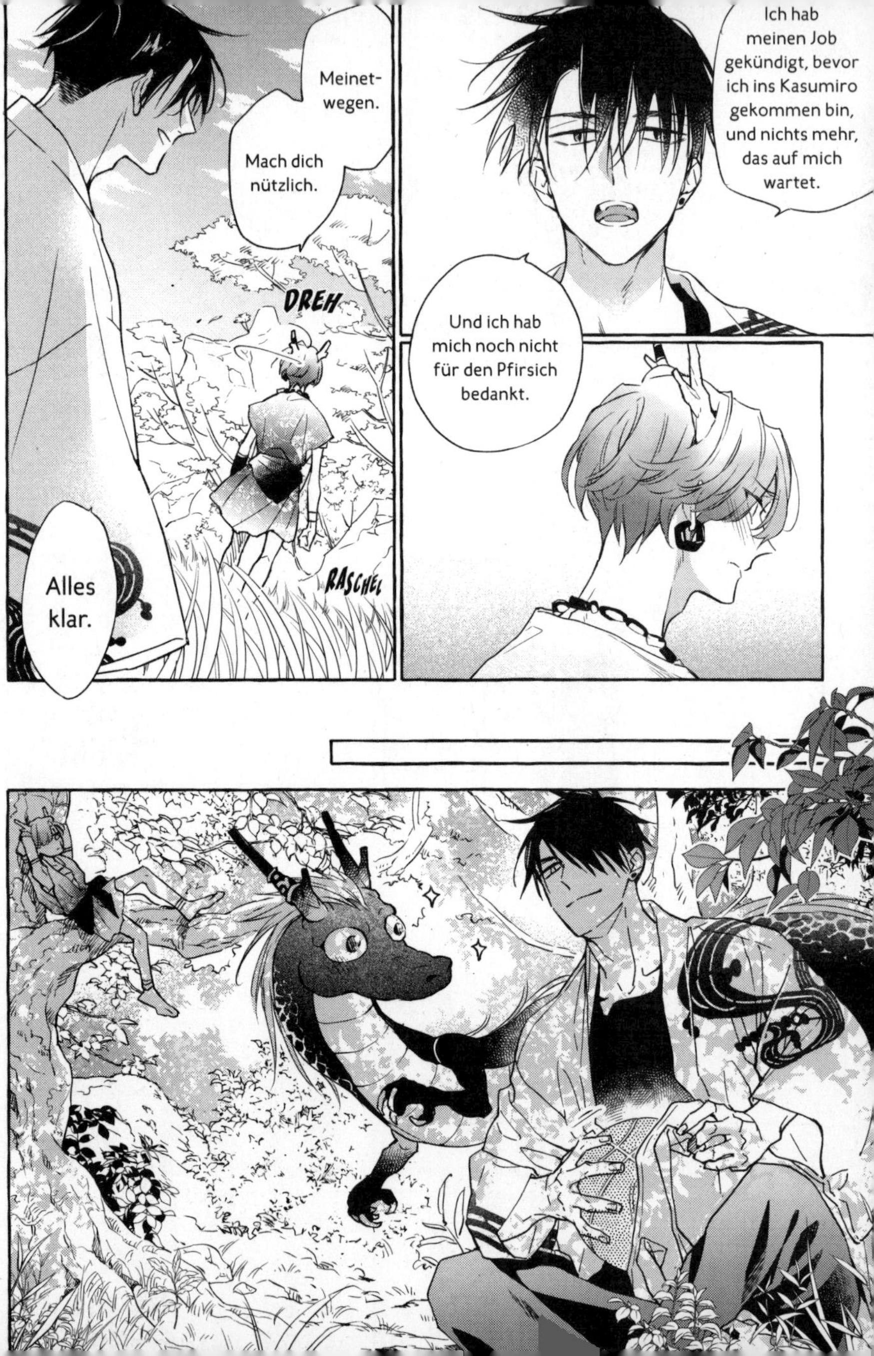
Ich hab meinen Job gekündigt, bevor ich ins Kasumiro gekommen bin, und nichts mehr, das auf mich wartet.
Und ich hab mich noch nicht für den Pfirsich bedankt.
Meinet-wegen.
Mach dich nützlich.
DREH
RASCHEL
Alles klar.

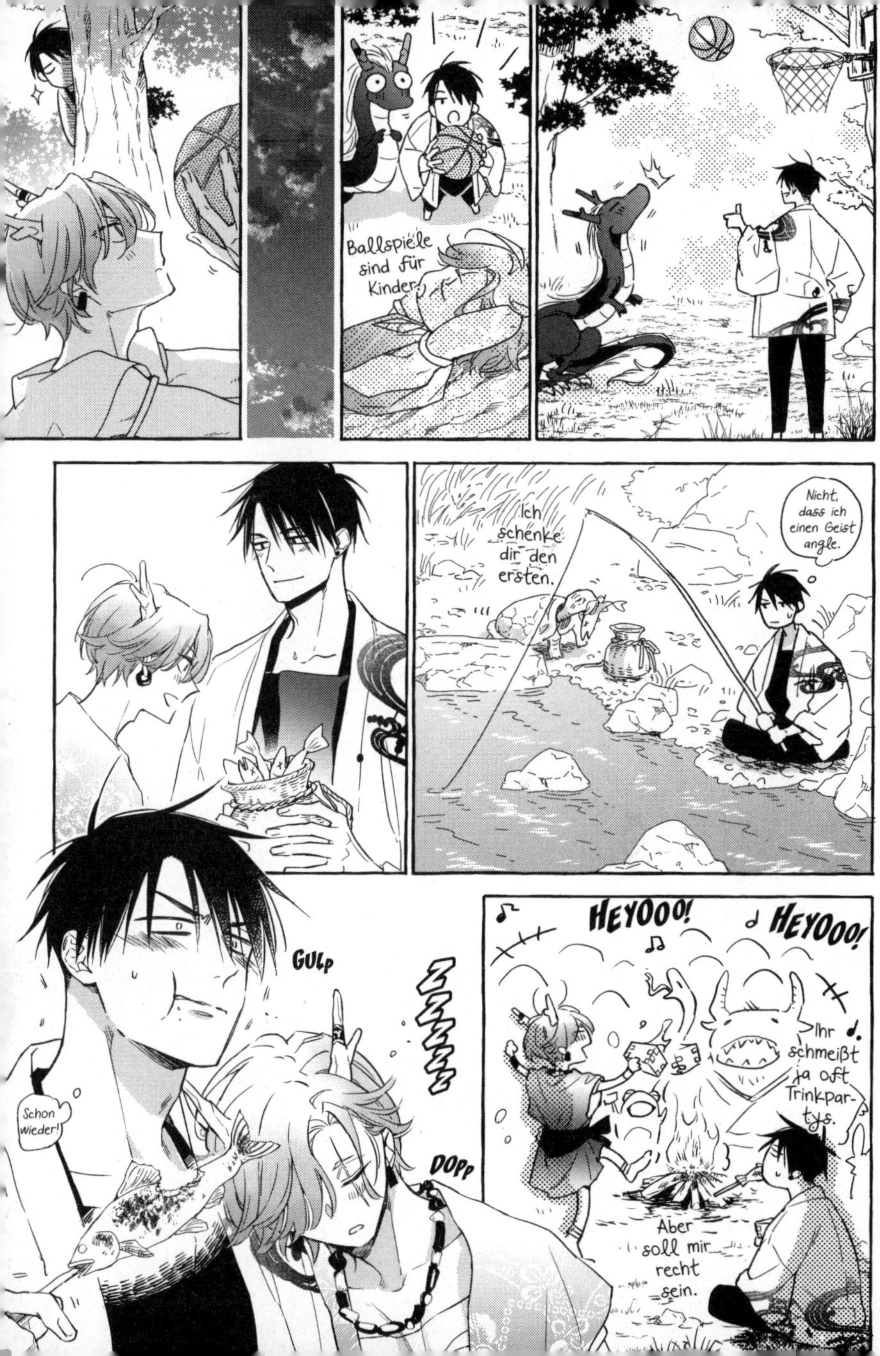
Ballspiele sind für Kinder.
Nicht, dass ich einen Geist angle.
Ich schenke dir den ersten.
HEYOOO!
HEYOOO!
Ihr schmeißt ja oft Trinkpartys.
Aber soll mir recht sein.
ZZZZZ
GULP
DOPP
Schon wieder!

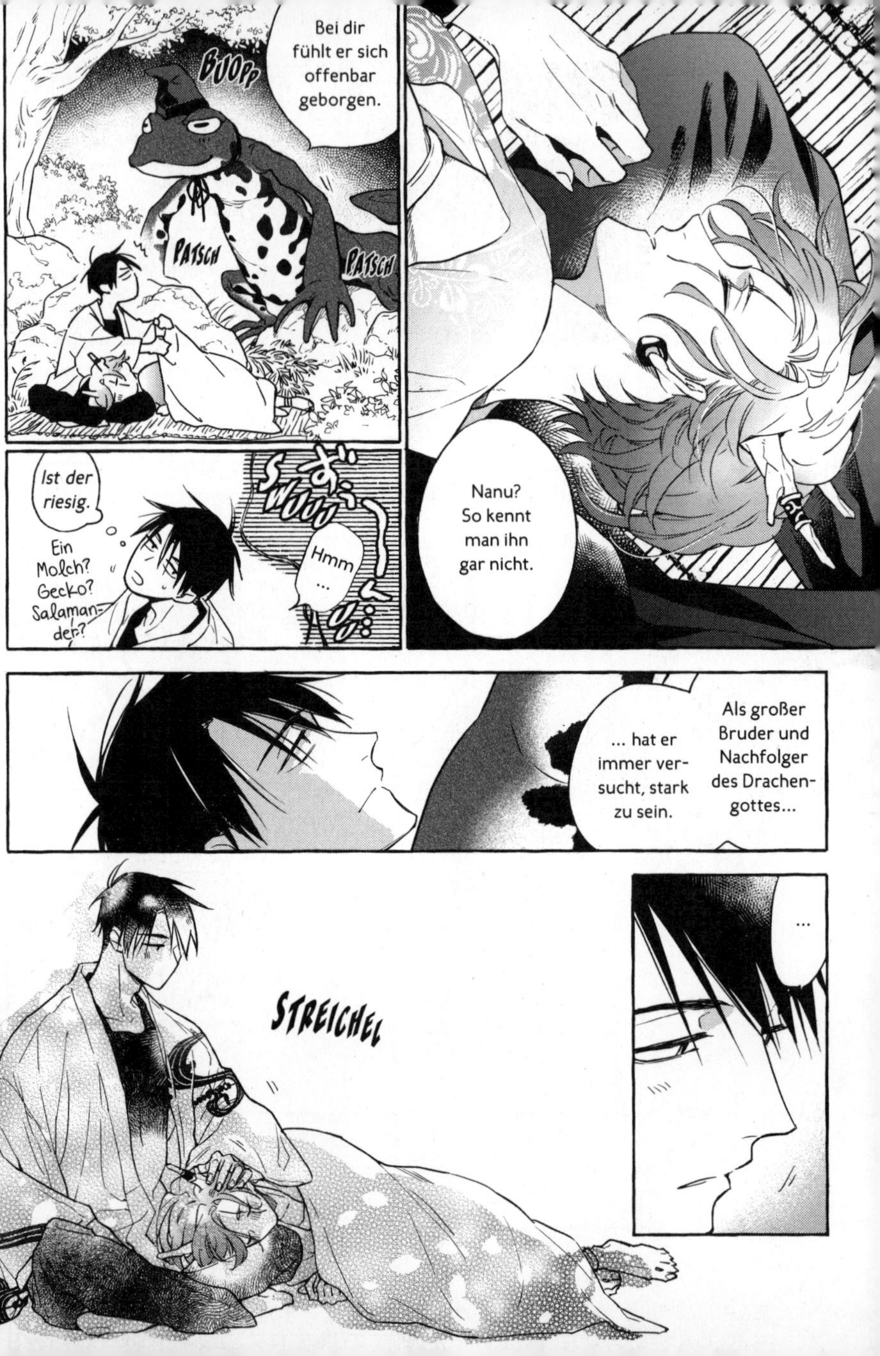
Nanu? So kennt man ihn gar nicht.
Bei dir fühlt er sich offenbar geborgen.
BJOPP
PATSCH
PATSCH
SWUUU
Hmm ...
Ist der riesig.
Ein Molch? Gecko? Salamander?
Als großer Bruder und Nachfolger des Drachengottes...
... hat er immer versucht, stark zu sein.
...
STREICHEL

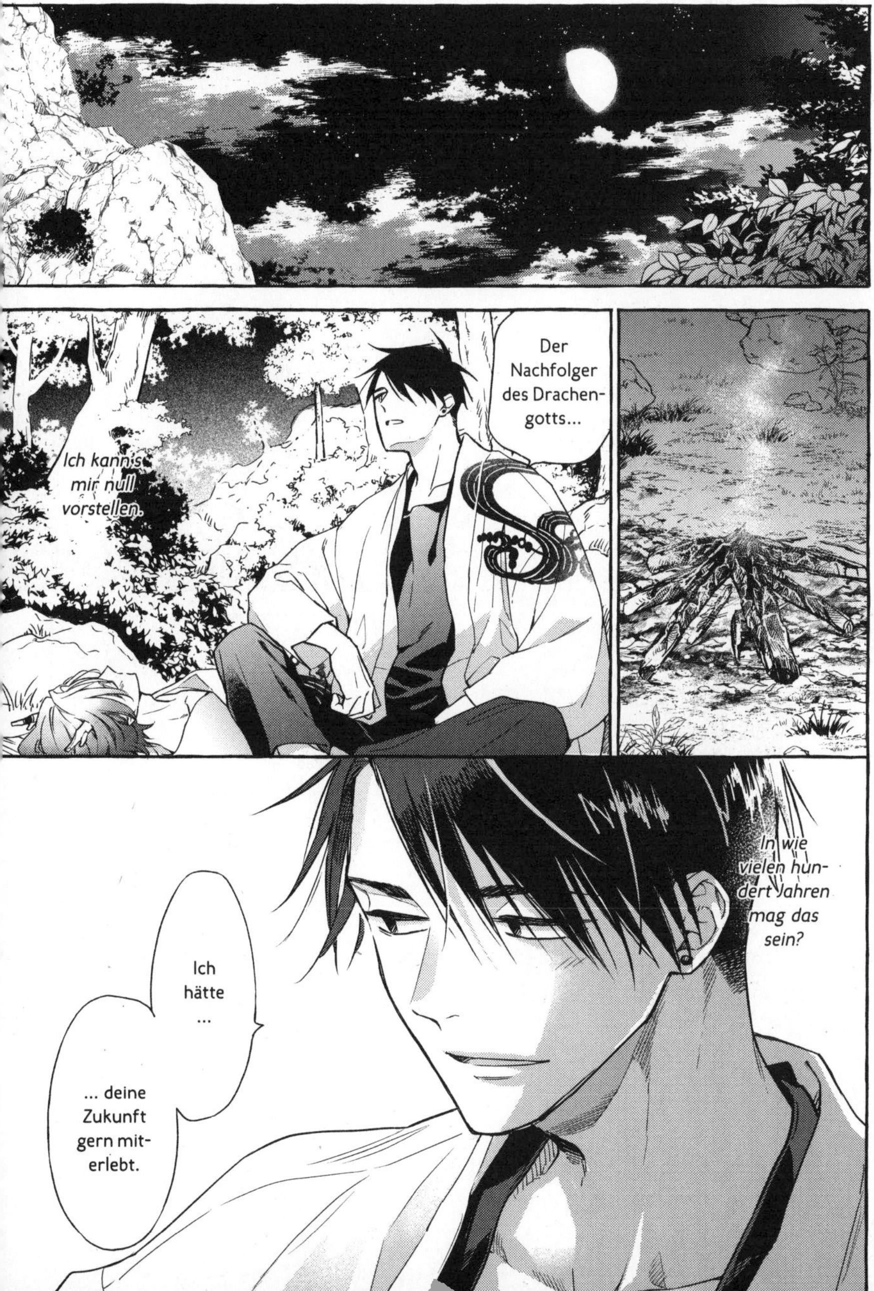
Der Nachfolger des Drachengotts...
Ich kann's mir null vorstellen.
In wie vielen hundert Jahren mag das sein?
Ich hätte ...
... deine Zukunft gern miterlebt.

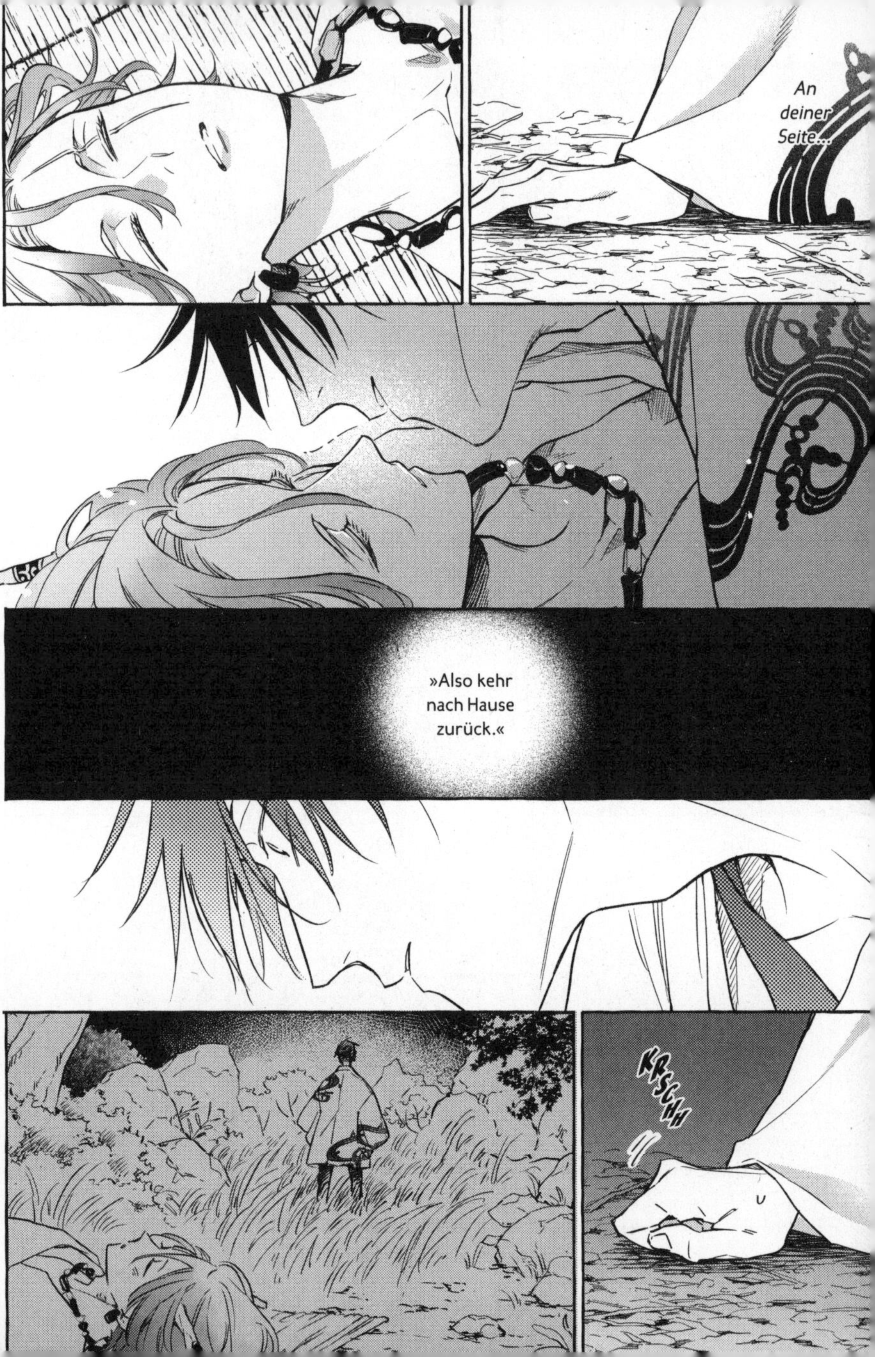

An deiner Seite ...
»Also kehr nach Hause zurück.«
KRSCHH

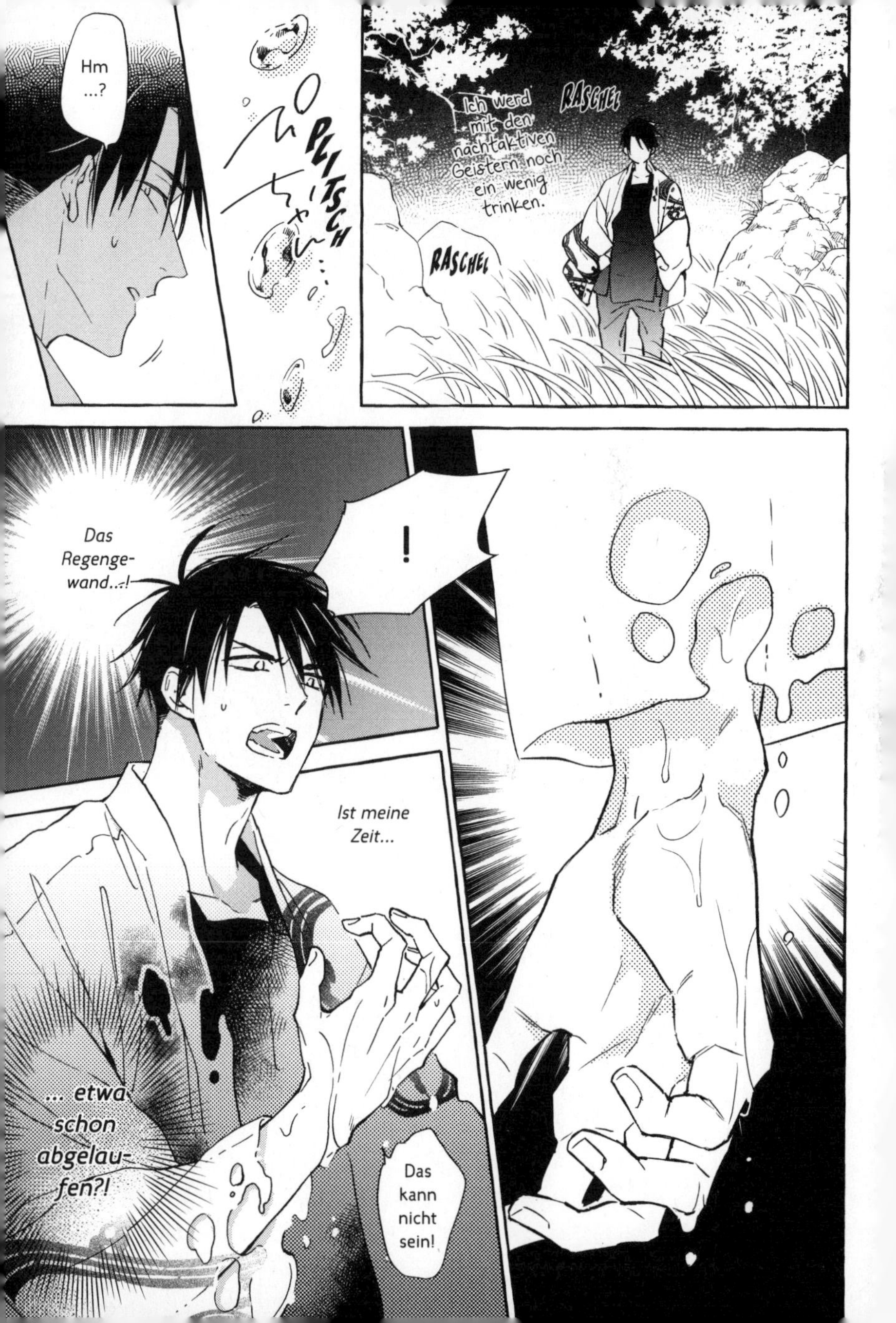

RASCHEL
Ich werd mit den nachtaktiven Geistern noch ein wenig trinken.
RASCHEL
PLITSCH
ぴちゃん…
Hm ...?
!
Das Regengewand...!
Ist meine Zeit...
... etwa schon abgelaufen?!
Das kann nicht sein!

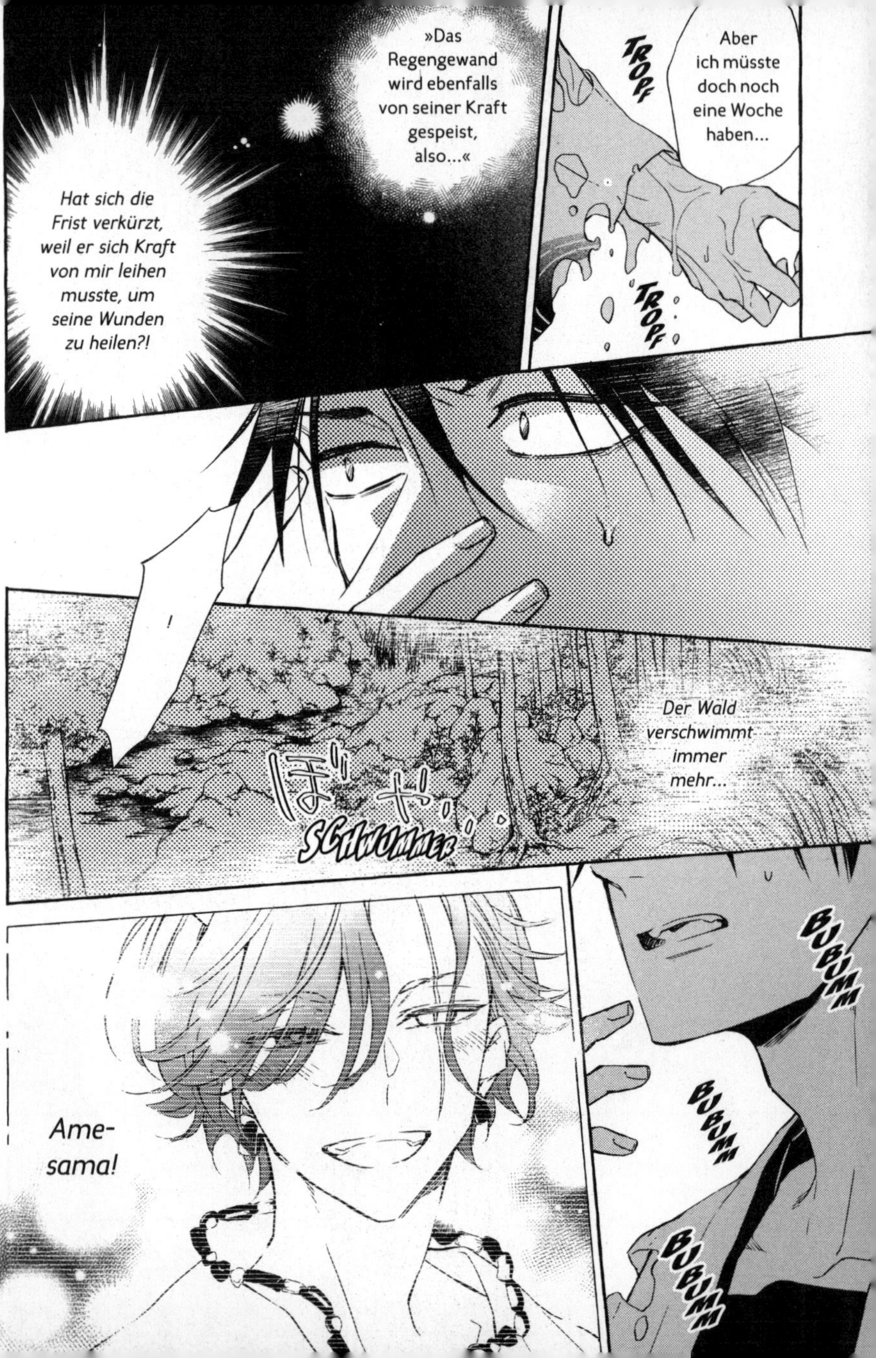

TROPF
Aber ich müsste doch noch eine Woche haben...
»Das Regengewand wird ebenfalls von seiner Kraft gespeist, also...«
Hat sich die Frist verkürzt, weil er sich Kraft von mir leihen musste, um seine Wunden zu heilen?!
TROPF
!
Der Wald verschwimmt immer mehr...
ぼや…
SCHWUMMER
BUBUMM
BUBUMM
BUBUMM
Ame-sama!

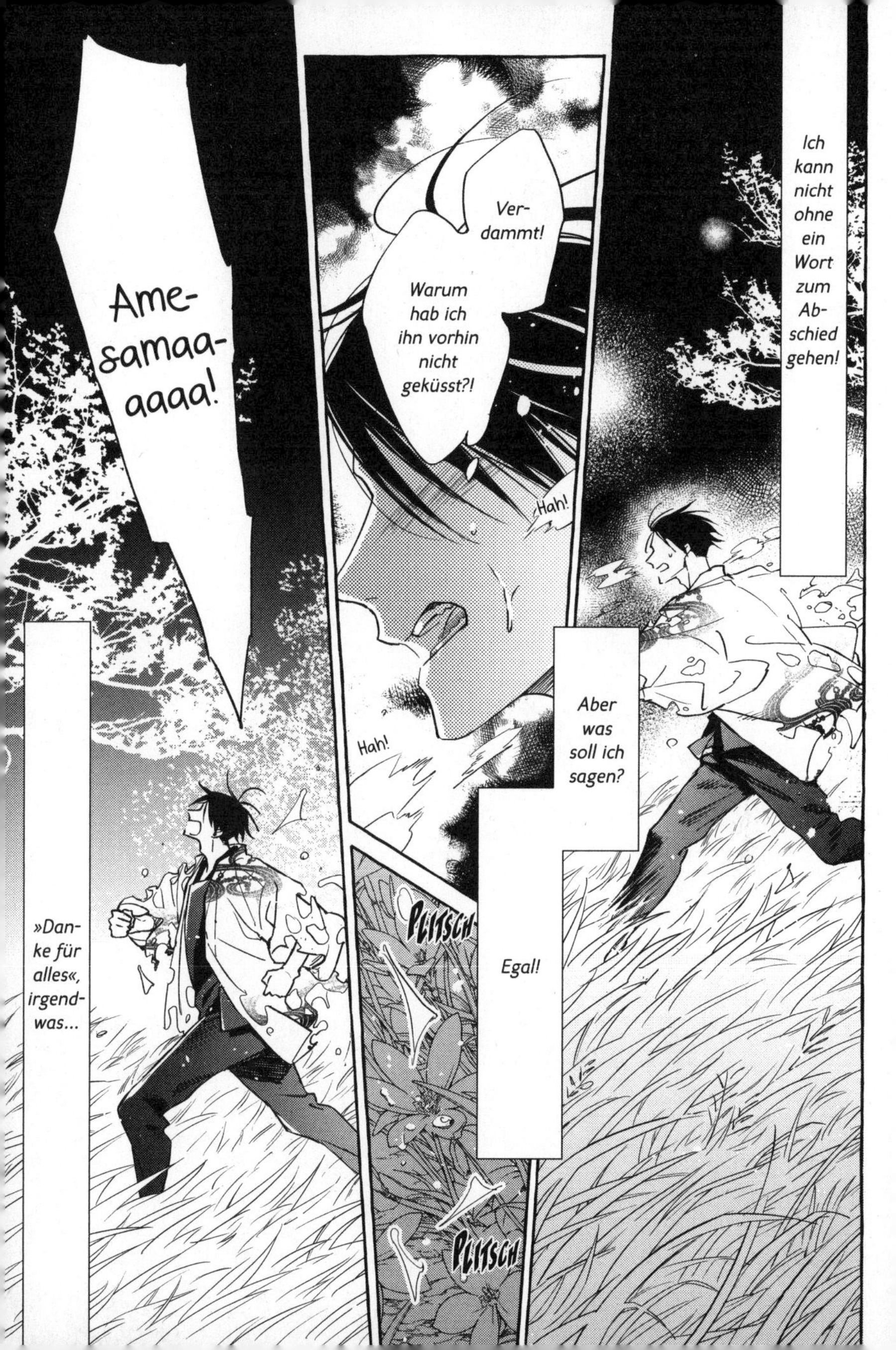
Ich kann nicht ohne ein Wort zum Abschied gehen!
Hah!
Aber was soll ich sagen?
Verdammt!
Warum hab ich ihn vorhin nicht geküsst?!
Hah!
Egal!
PLITSCH
PLITSCH
»Danke für alles«, irgendwas...
Ame-samaa-aaaa!

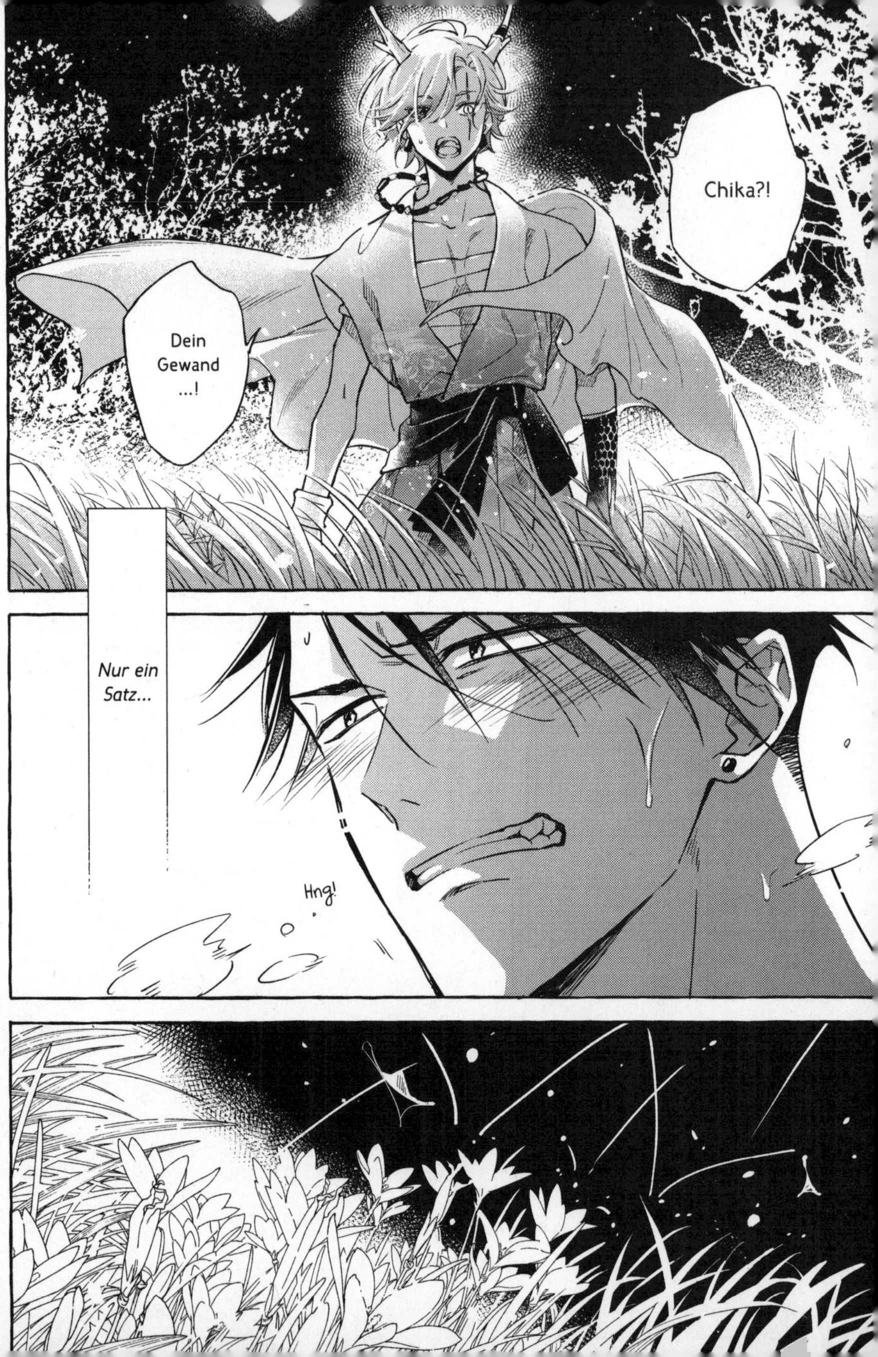
Chika?!
Dein Gewand ...!
Nur ein Satz...
Hng!

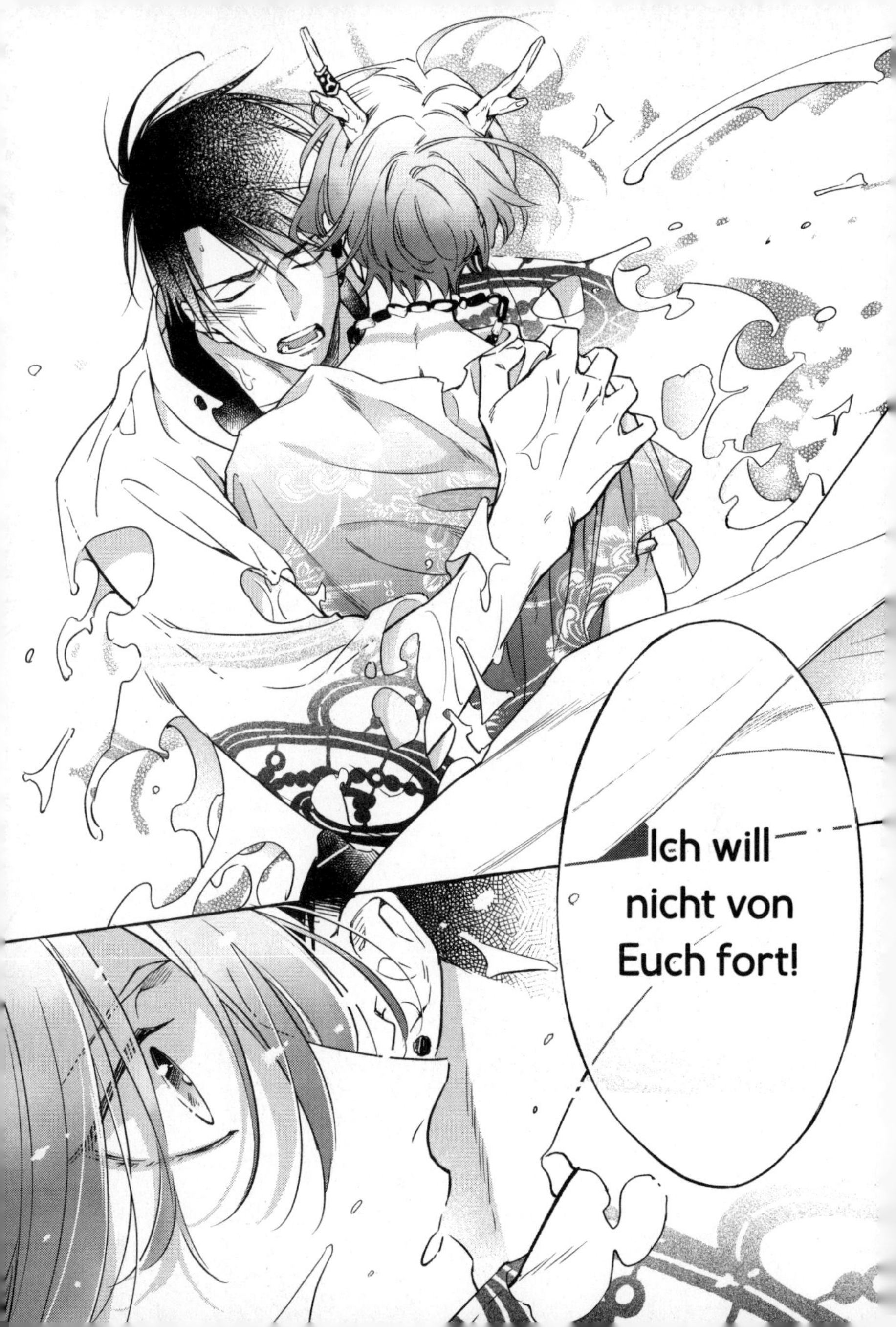
Ich will
nicht von
Euch fort!

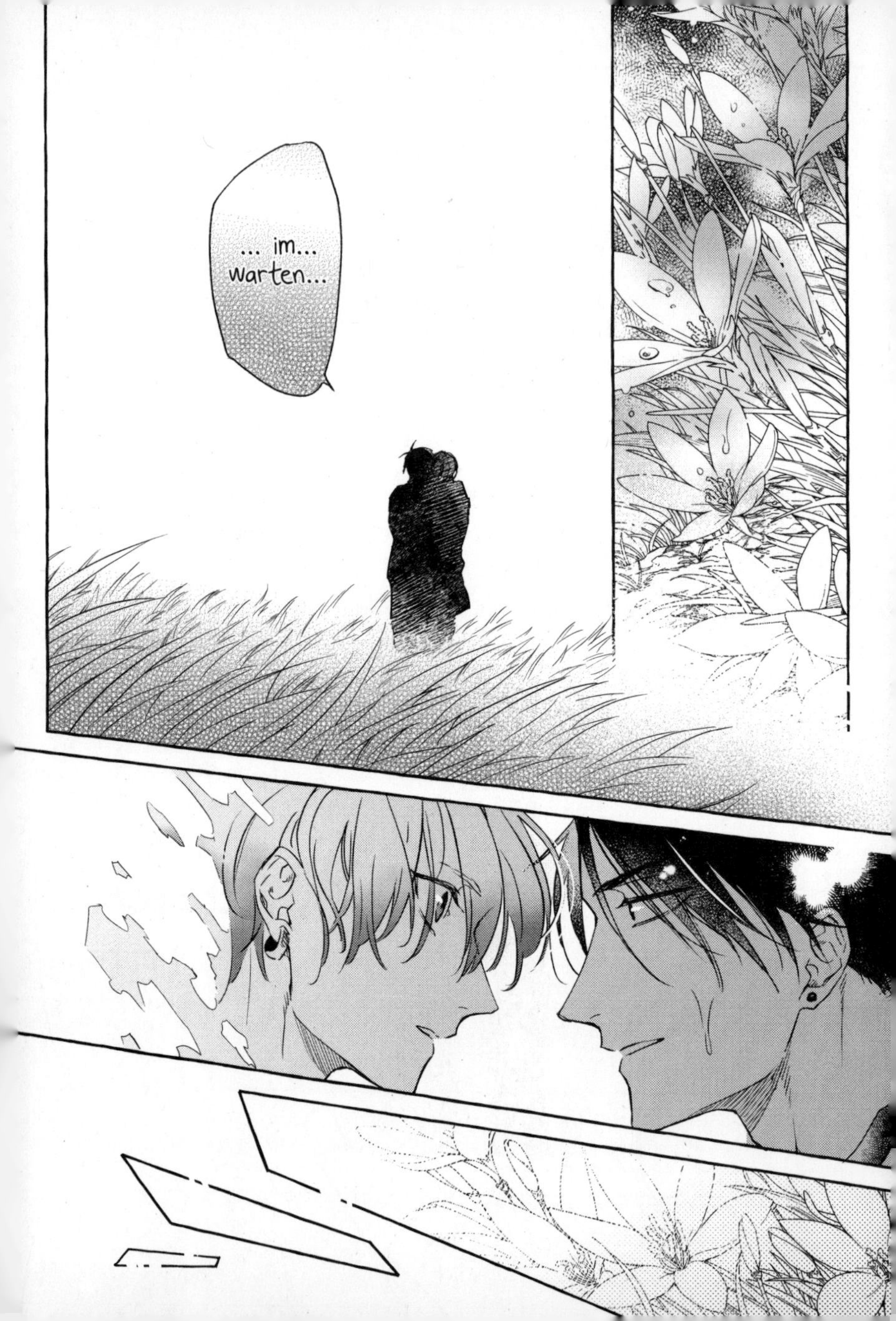
... im...
warten...

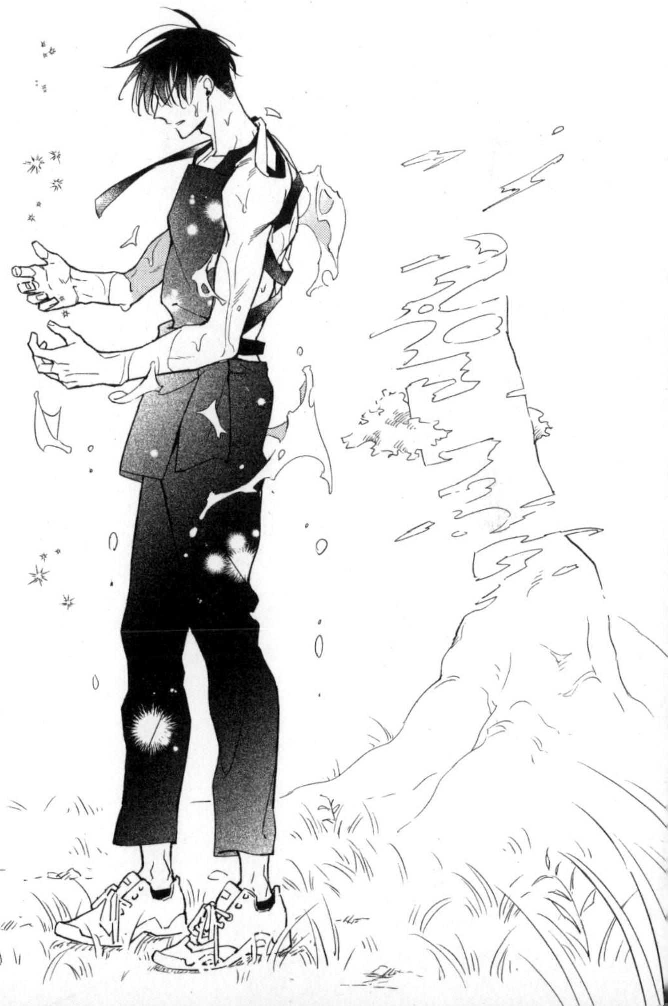

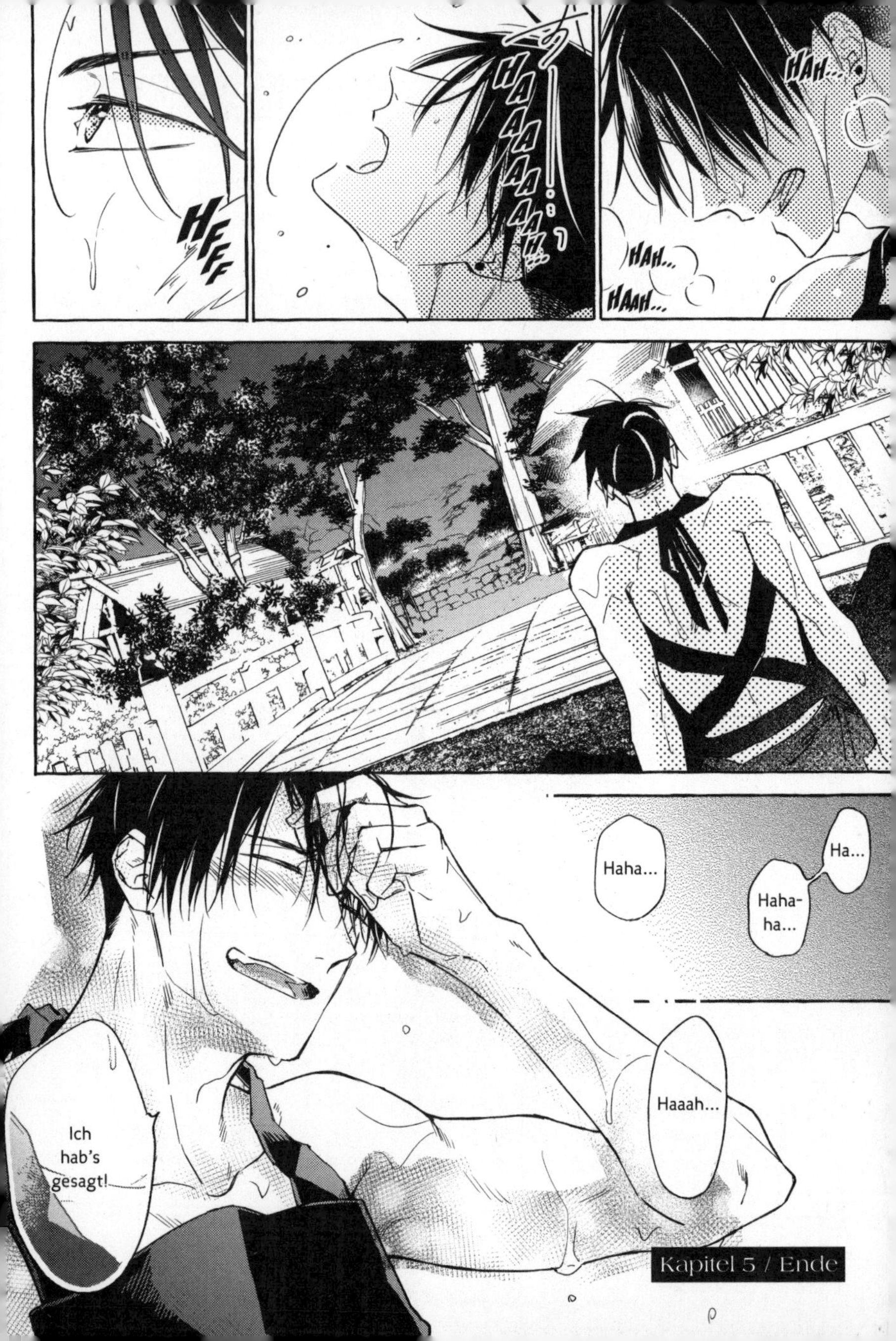
HAH...
HAH...
HAAH...
HAAAAAAAAAH...!
HFFF
Ha...
Haha...
Hahaha...
Haaah...
Ich hab's gesagt!
Kapitel 5 / Ende

Kapitel 6 Eine Verbindung zwischen Himmel und Erde

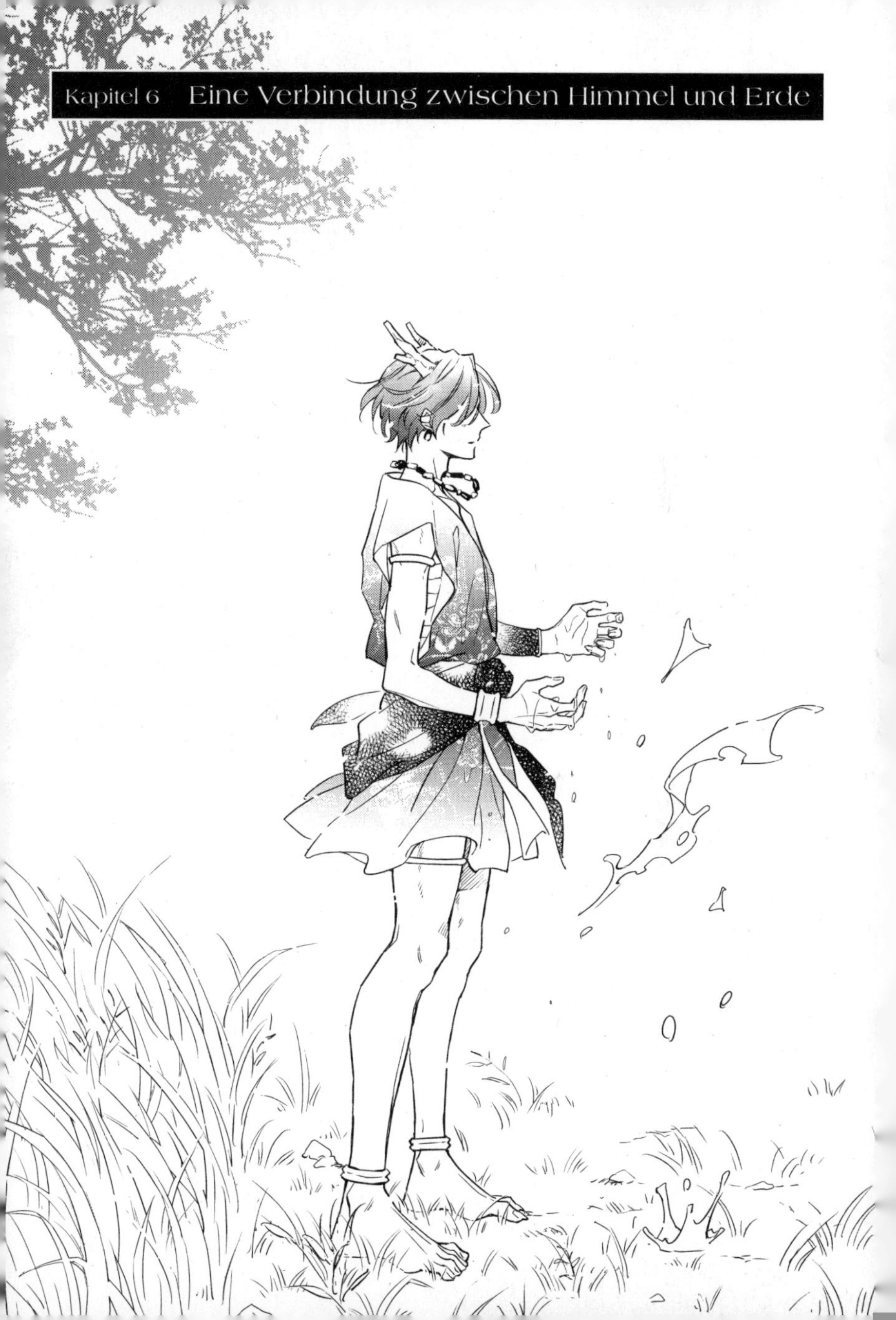

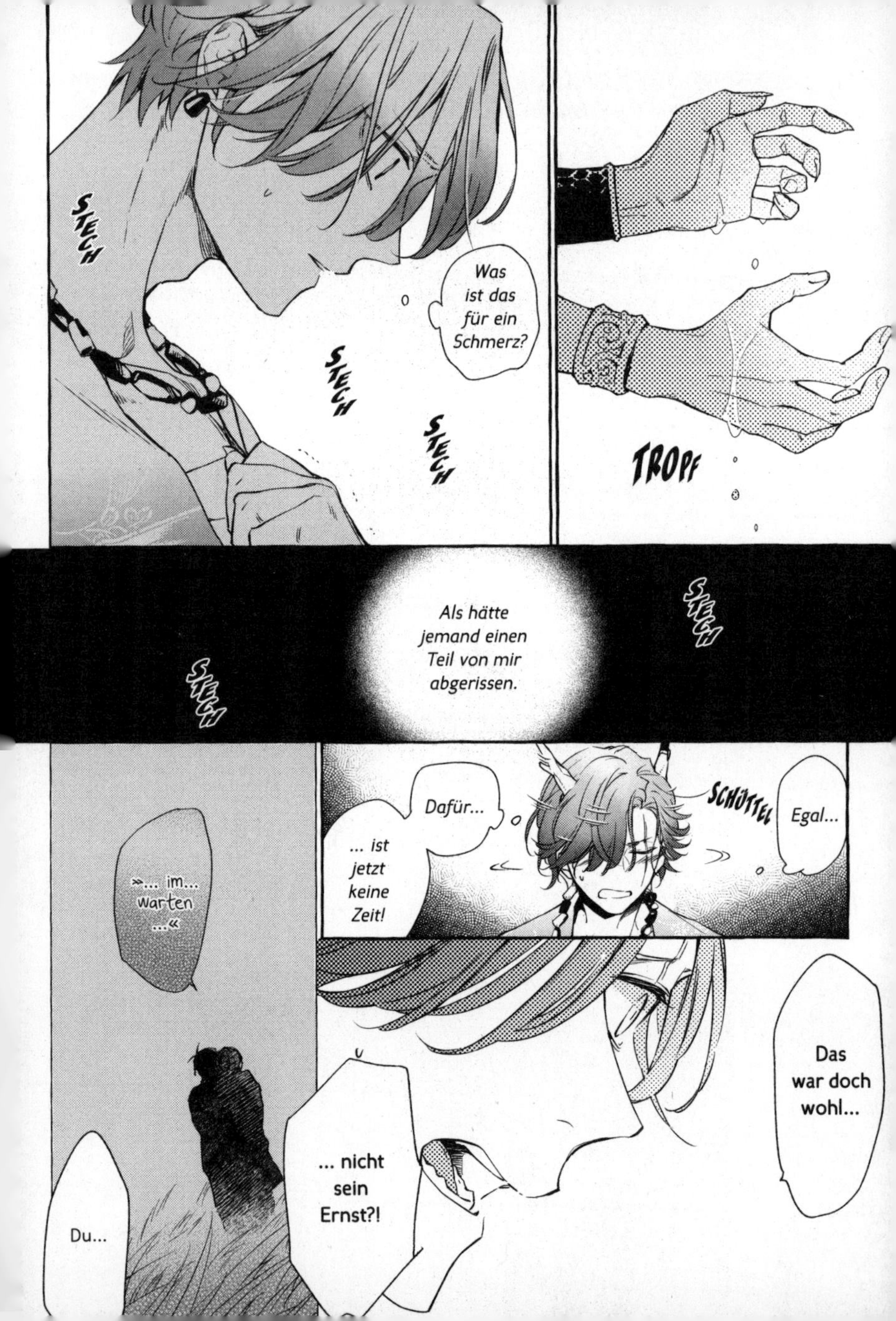

STECH
Was ist das für ein Schmerz?
STECH
STECH
TROPF
STECH
Als hätte jemand einen Teil von mir abgerissen.
STECH
SCHÜTTEL
Egal...
Dafür...
... ist jetzt keine Zeit!
»... im... warten ...«
Das war doch wohl...
... nicht sein Ernst?!
Du...

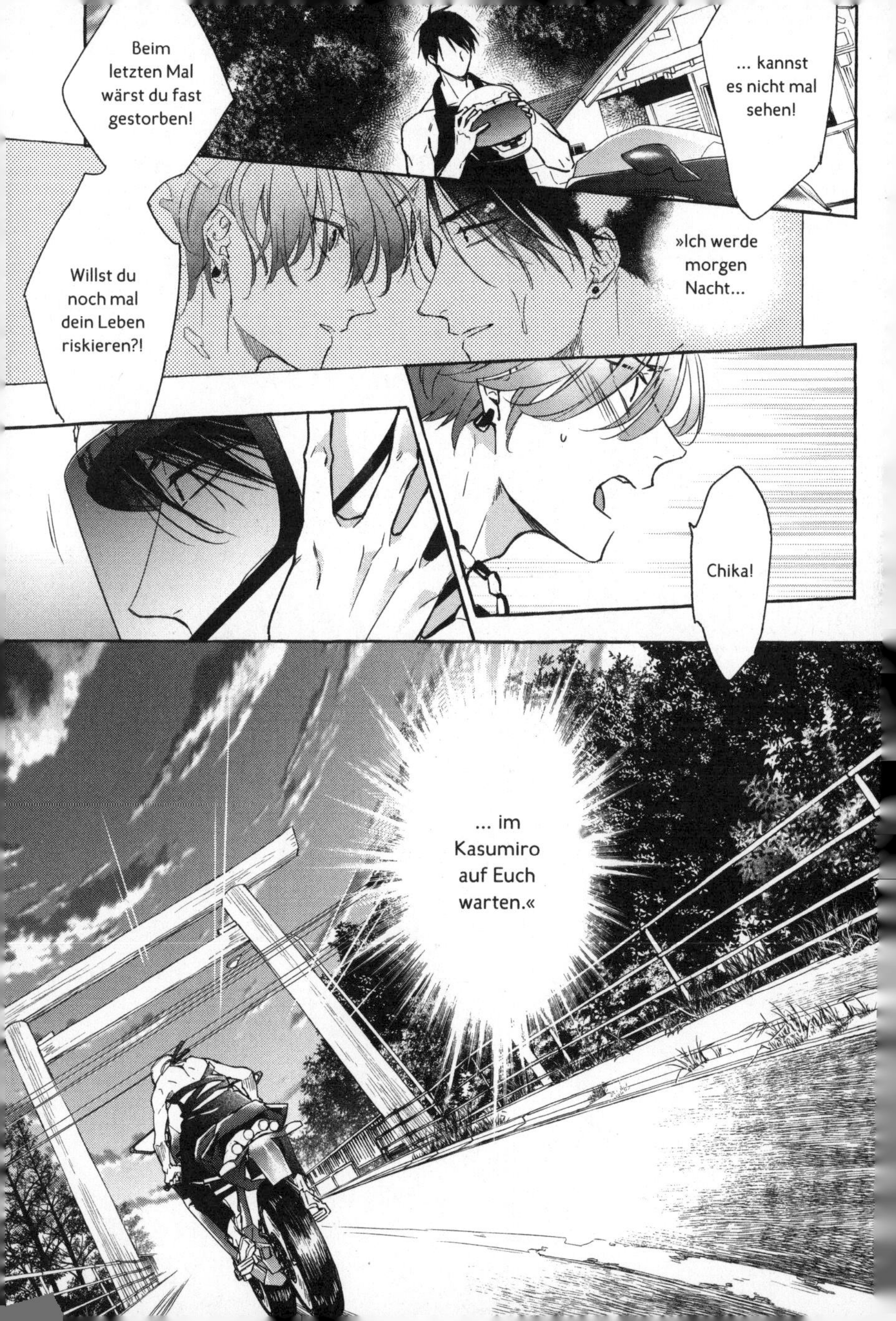
… kannst es nicht mal sehen!
Beim letzten Mal wärst du fast gestorben!
»Ich werde morgen Nacht…
Willst du noch mal dein Leben riskieren?!
Chika!
… im Kasumiro auf Euch warten.«

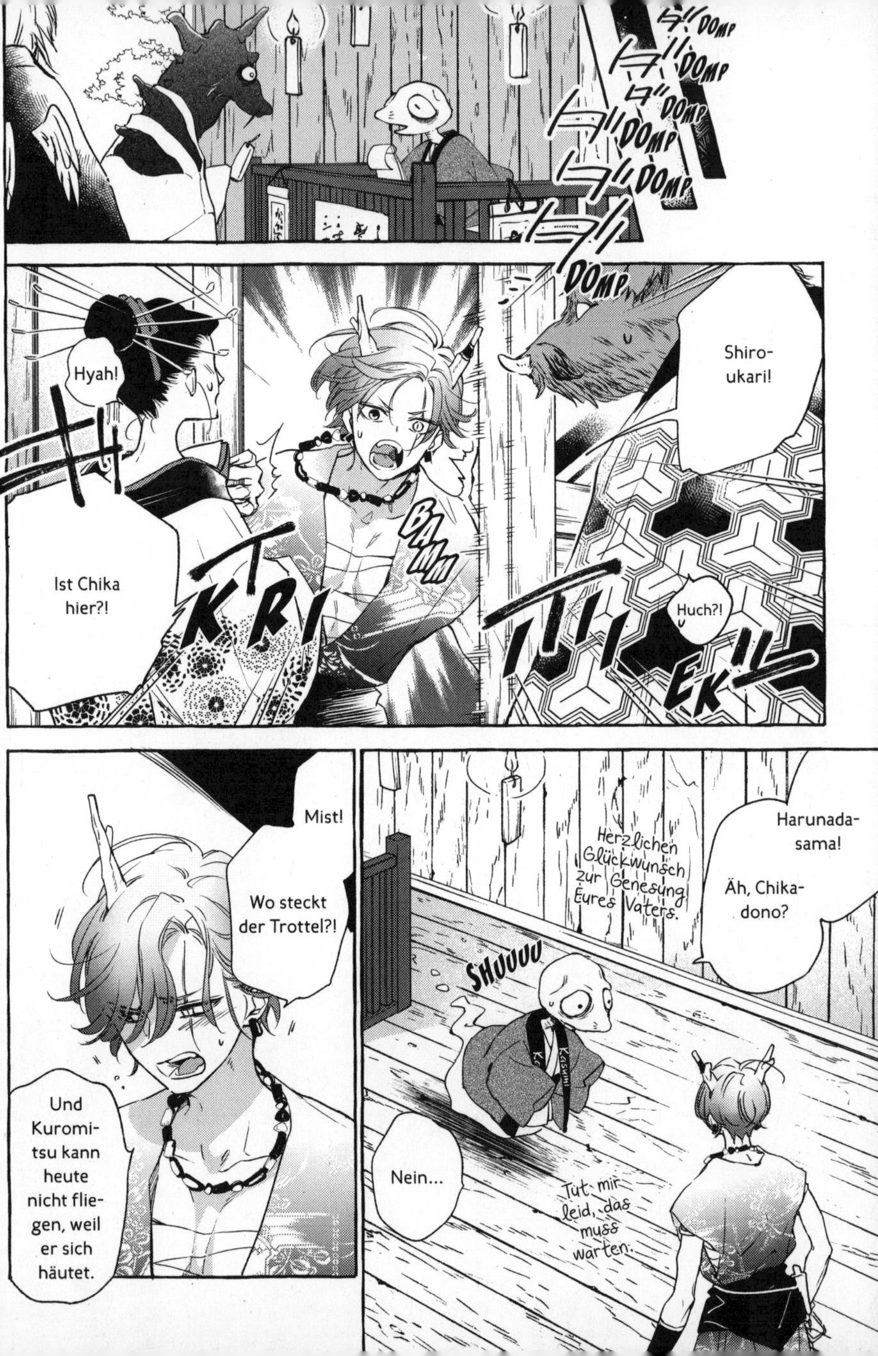
DOMP
DOMP
DOMP
DOMP
DOMP
DOMP
Shiro-ukari!
Huch?!
BAMM
Hyah!
KRI
Ist Chika hier?!
Harunada-sama!
Äh, Chika-dono?
Herzlichen Glückwunsch zur Genesung Eures Vaters.
SHUUUU
Nein...
Tut mir leid, das muss warten.
Mist!
Wo steckt der Trottel?!
Und Kuromitsu kann heute nicht fliegen, weil er sich häutet.

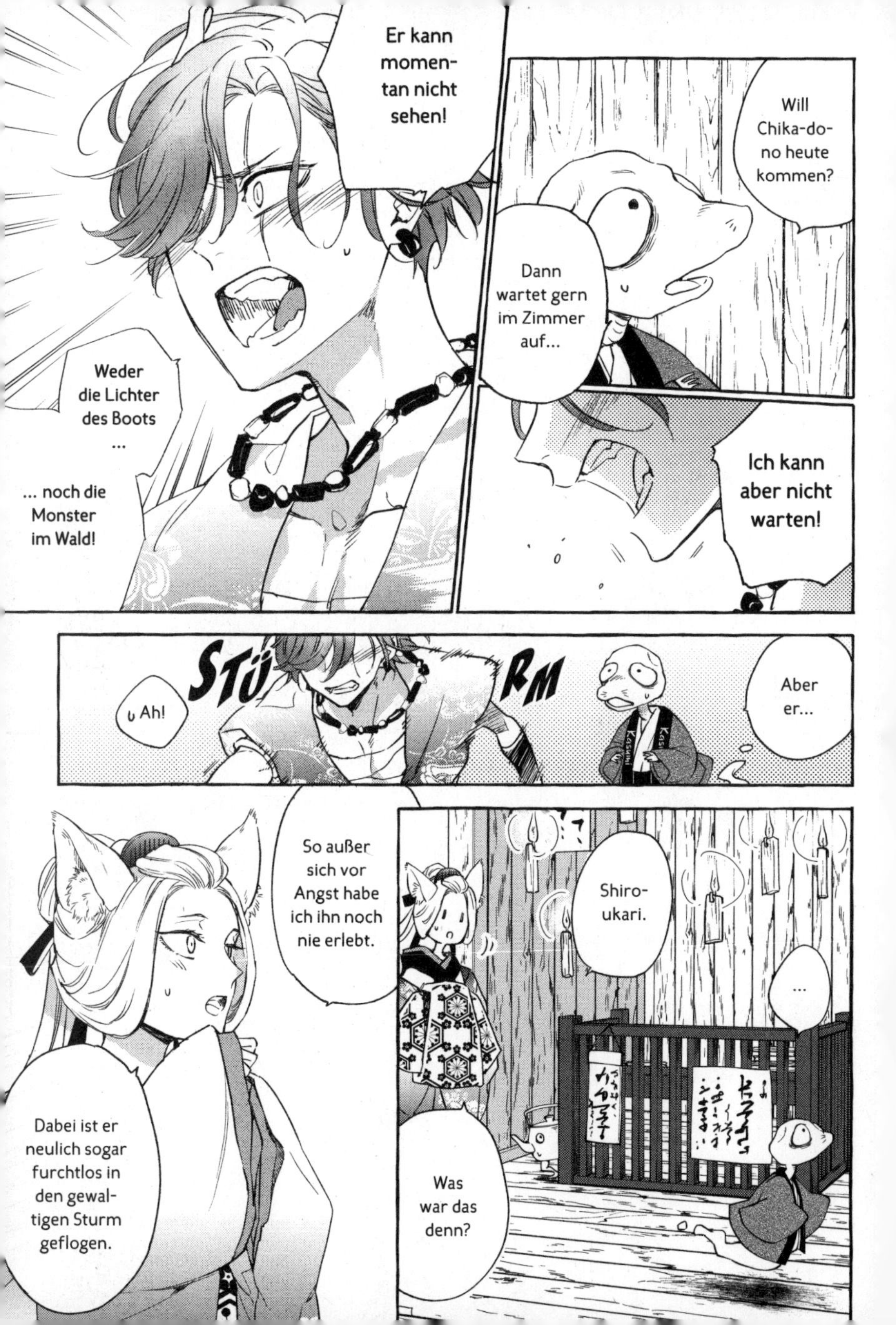
Will Chika-dono heute kommen?
Dann wartet gern im Zimmer auf…
Ich kann aber nicht warten!
Er kann momentan nicht sehen!
Weder die Lichter des Boots …
… noch die Monster im Wald!
Aber er…
STÜRM
Ah!
Shiro-ukari.
…
So außer sich vor Angst habe ich ihn noch nie erlebt.
Was war das denn?
Dabei ist er neulich sogar furchtlos in den gewaltigen Sturm geflogen.

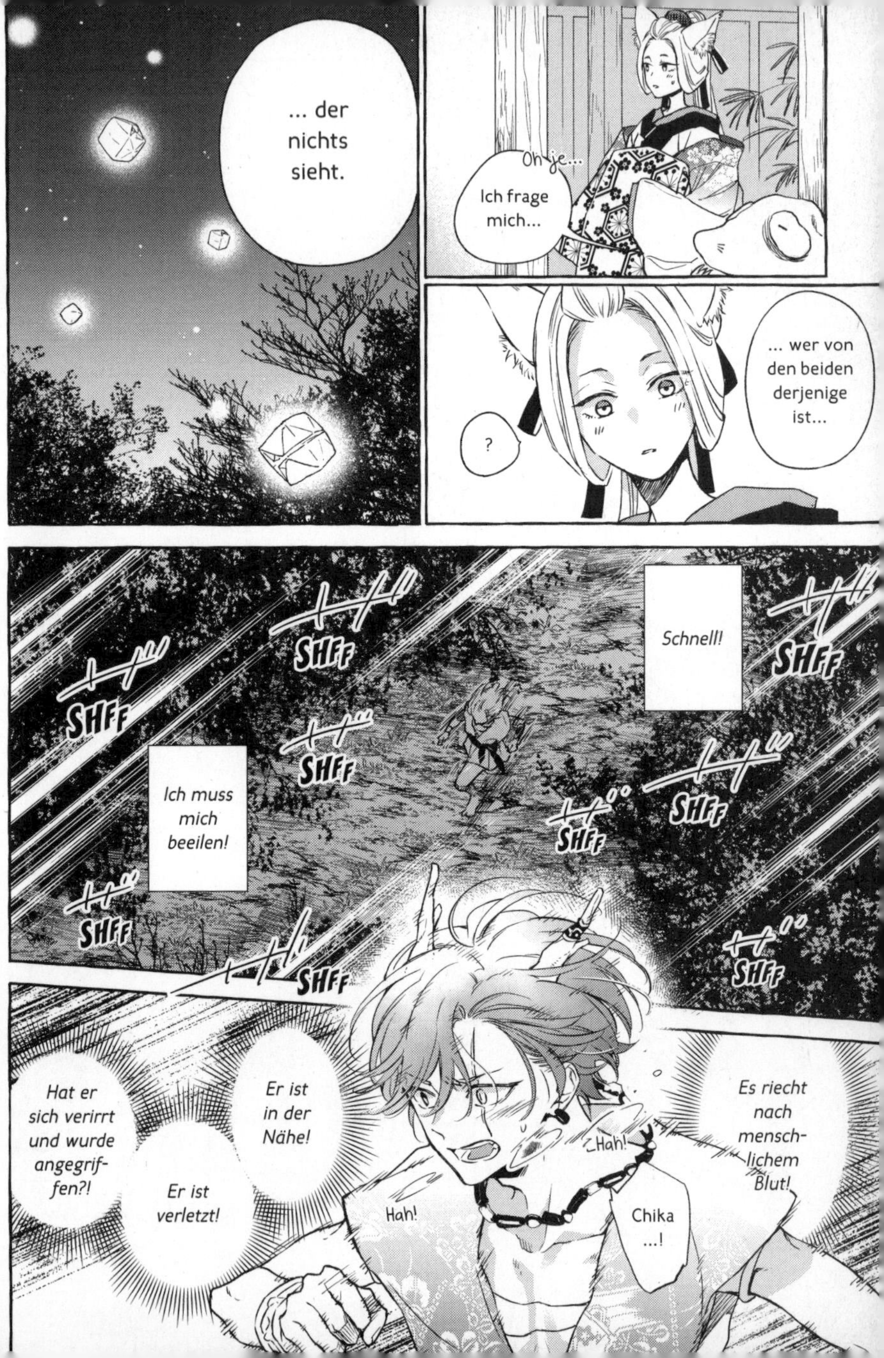

Oh je...
Ich frage mich...
... der nichts sieht.
... wer von den beiden derjenige ist...
?
Schnell!
SHFF
SHFF
SHFF
Ich muss mich beeilen!
SHFF
SHFF
SHFF
SHFF
SHFF
Es riecht nach menschlichem Blut!
Hah!
Chika ...!
Hah!
Er ist in der Nähe!
Er ist verletzt!
Hat er sich verirrt und wurde angegriffen?!

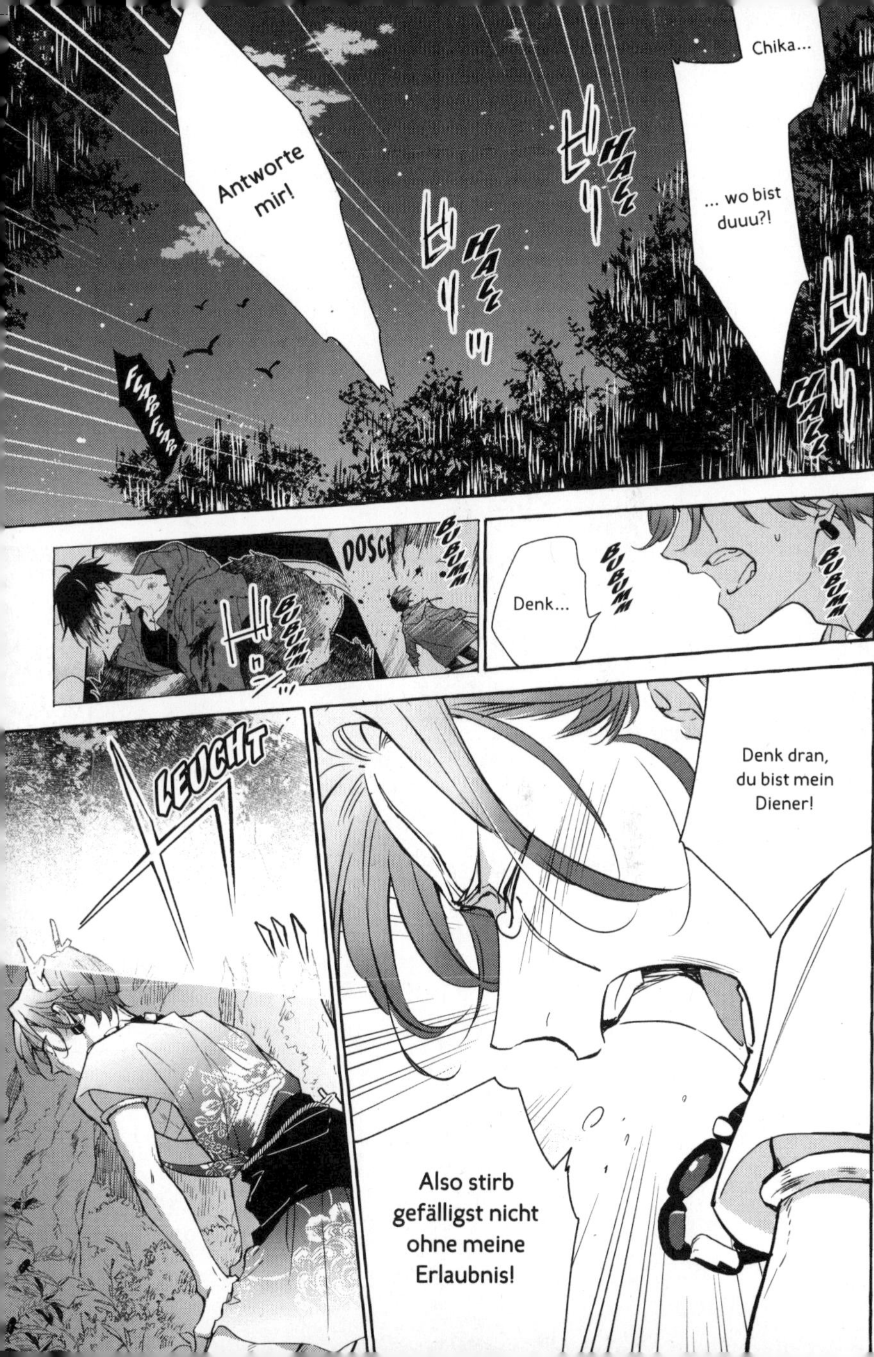
Chika...
... wo bist duuu?!
HALL
HALL
Antworte mir!
HALL
FLAPP FLAPP
BUBUMM
Denk...
BUBUMM
BUBUMM
DOSCH
BUBUMM
Denk dran, du bist mein Diener!
Also stirb gefälligst nicht ohne meine Erlaubnis!
LEUCHT

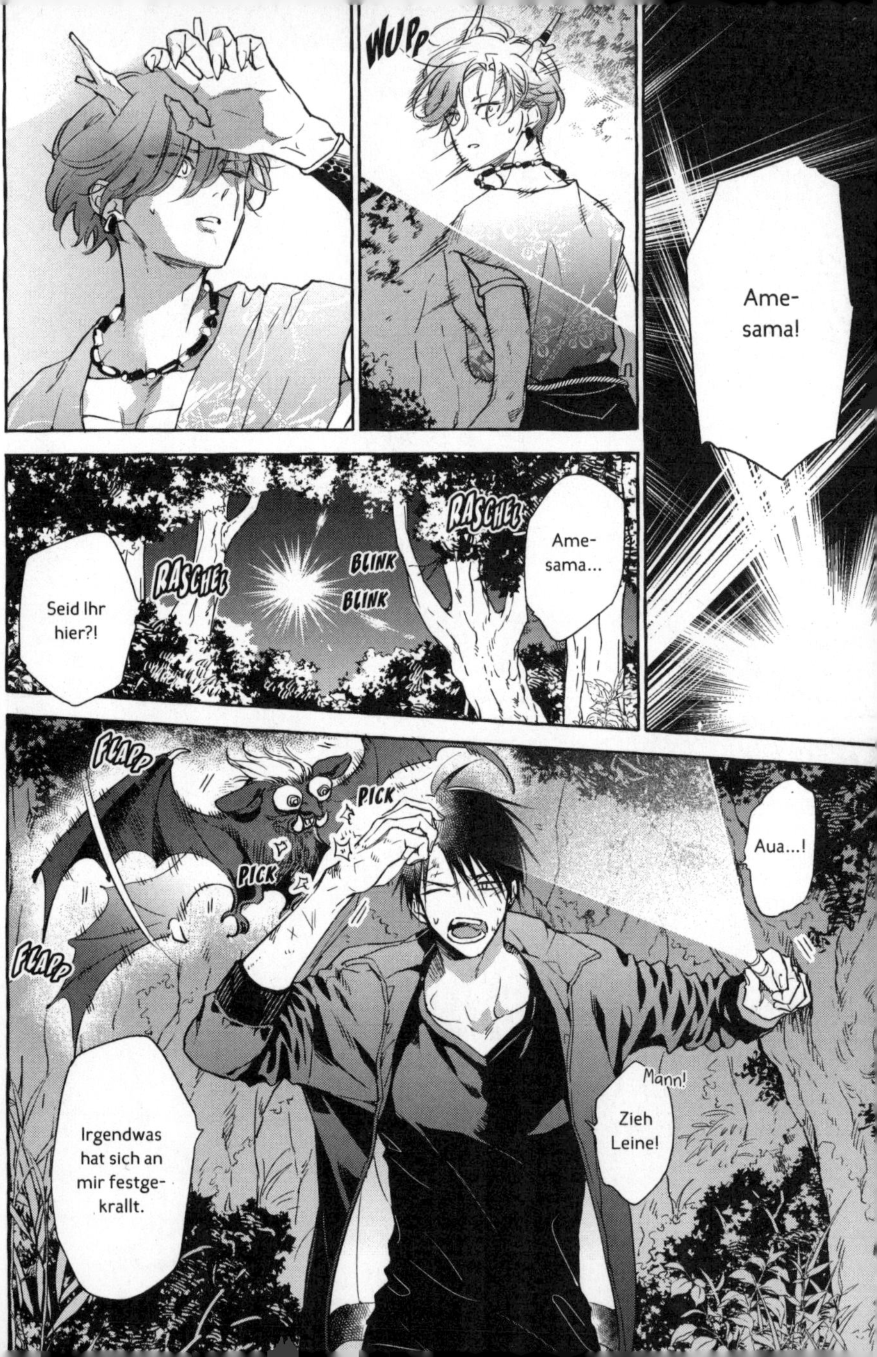

Ame-sama!
WUPP
RASCHEL
Ame-sama…
BLINK
BLINK
RASCHEL
Seid Ihr hier?!
Aua…!
PICK
PICK
FLAPP
FLAPP
Mann!
Zieh Leine!
Irgendwas hat sich an mir festgekrallt.

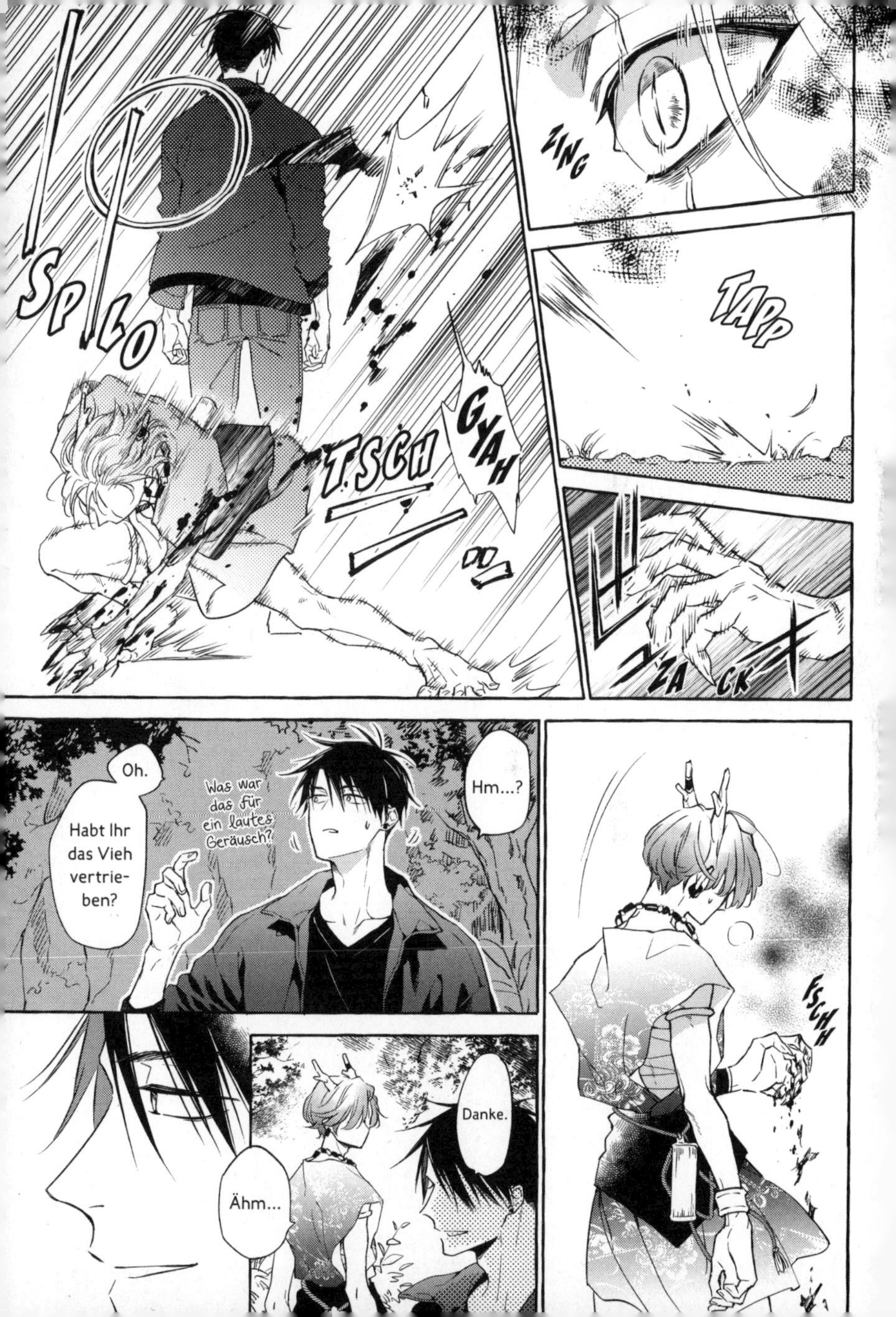
ZING
TAPP
ZACK
SPLO
TSCH
GYAH
FSCHH
Hm...?
Was war das für ein lautes Geräusch?
Oh.
Habt Ihr das Vieh vertrieben?
Danke.
Ähm...

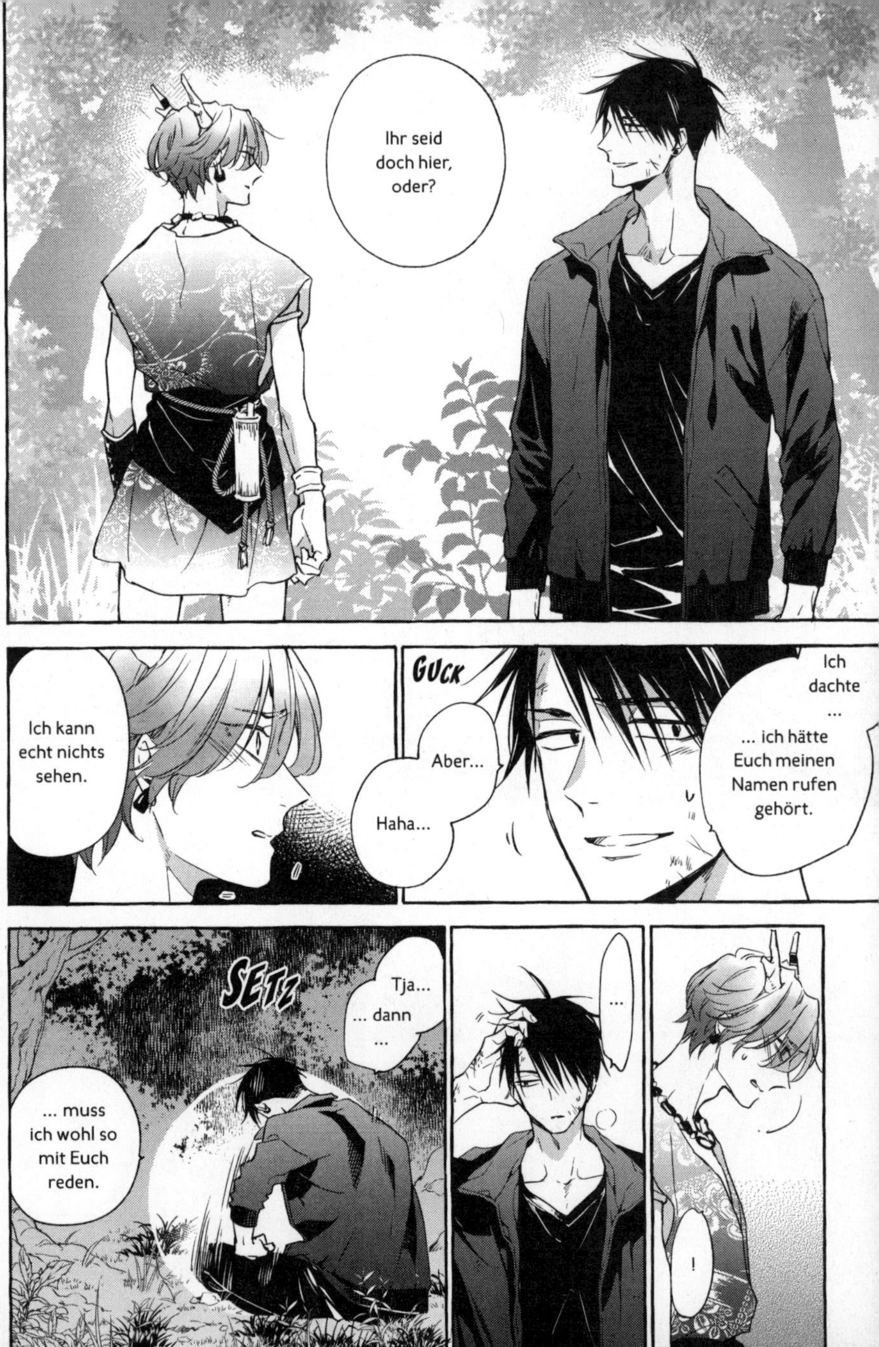

Ihr seid doch hier, oder?
Ich kann echt nichts sehen.
GUCK
Ich dachte …
… ich hätte Euch meinen Namen rufen gehört.
Aber…
Haha…
…
Tja…
… dann …
SETZ
… muss ich wohl so mit Euch reden.
!

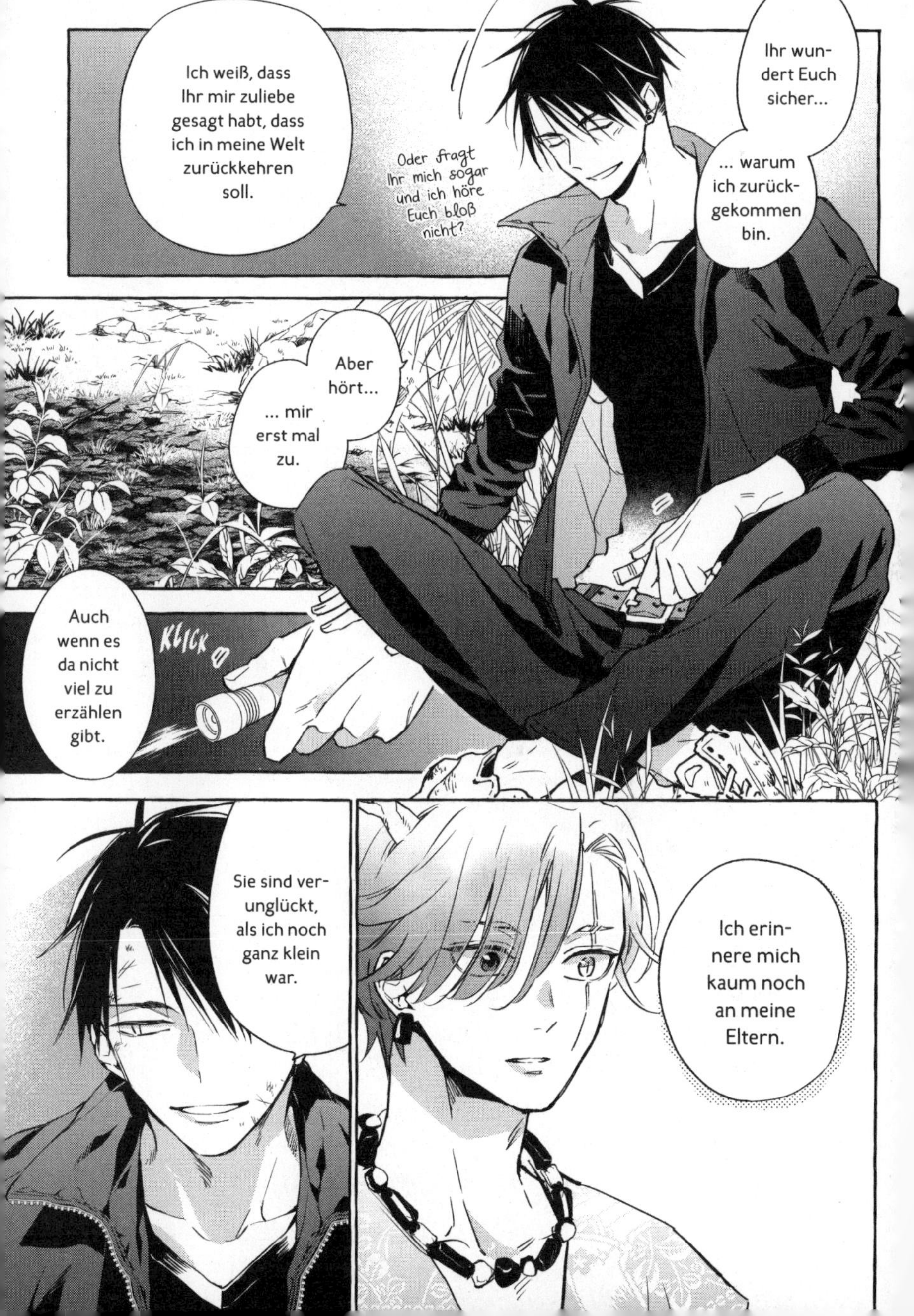
Ihr wundert Euch sicher...
... warum ich zurückgekommen bin.
Oder fragt Ihr mich sogar und ich höre Euch bloß nicht?
Ich weiß, dass Ihr mir zuliebe gesagt habt, dass ich in meine Welt zurückkehren soll.
Aber hört...
... mir erst mal zu.
KLICK
Auch wenn es da nicht viel zu erzählen gibt.
Ich erinnere mich kaum noch an meine Eltern.
Sie sind verunglückt, als ich noch ganz klein war.

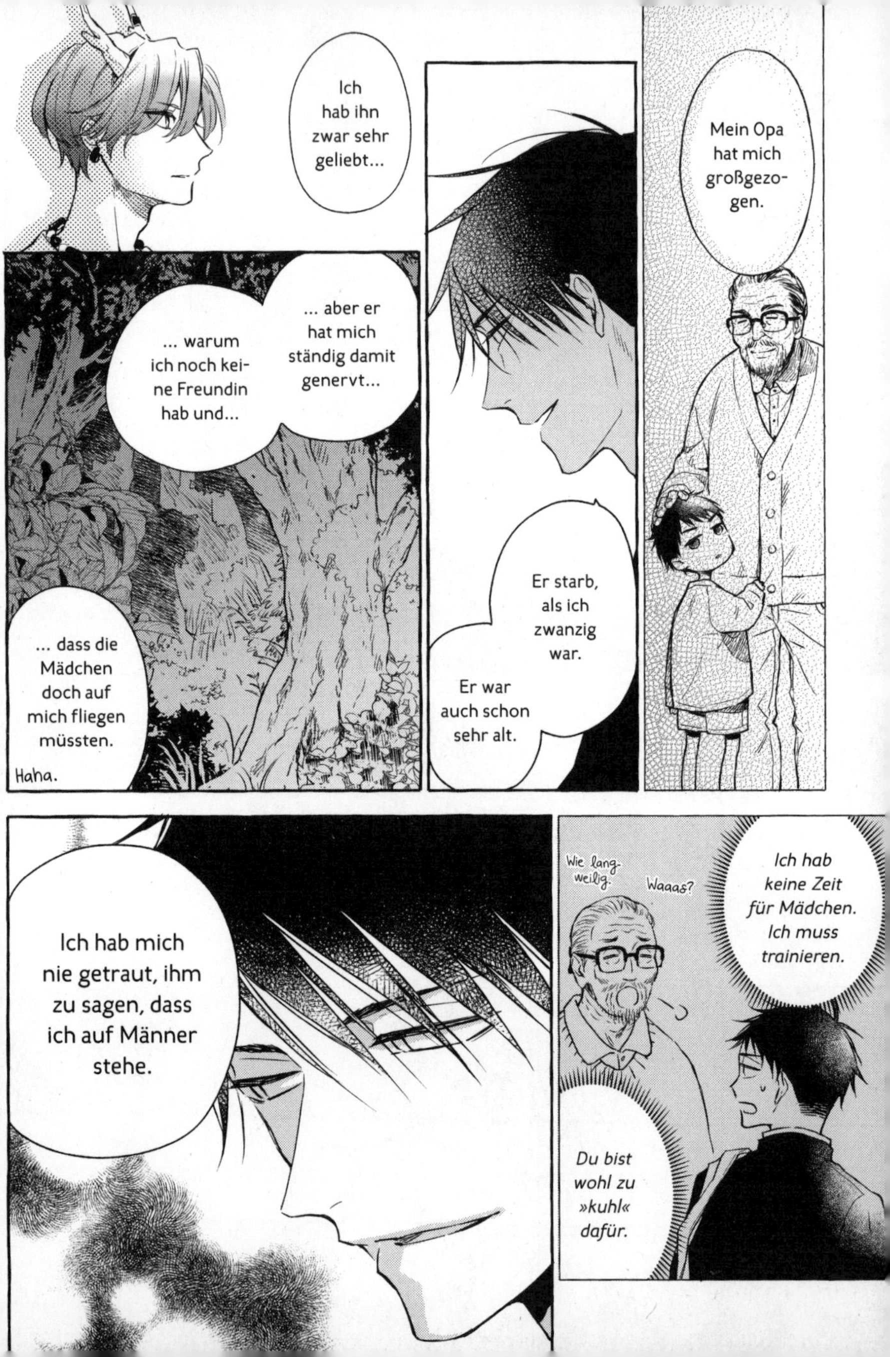
Mein Opa hat mich großgezogen.
Er starb, als ich zwanzig war.
Er war auch schon sehr alt.
Ich hab ihn zwar sehr geliebt...
... aber er hat mich ständig damit genervt...
... warum ich noch keine Freundin hab und...
... dass die Mädchen doch auf mich fliegen müssten.
Haha.
Ich hab keine Zeit für Mädchen. Ich muss trainieren.
Waaas?
Wie langweilig.
Du bist wohl zu »kuhl« dafür.
Ich hab mich nie getraut, ihm zu sagen, dass ich auf Männer stehe.

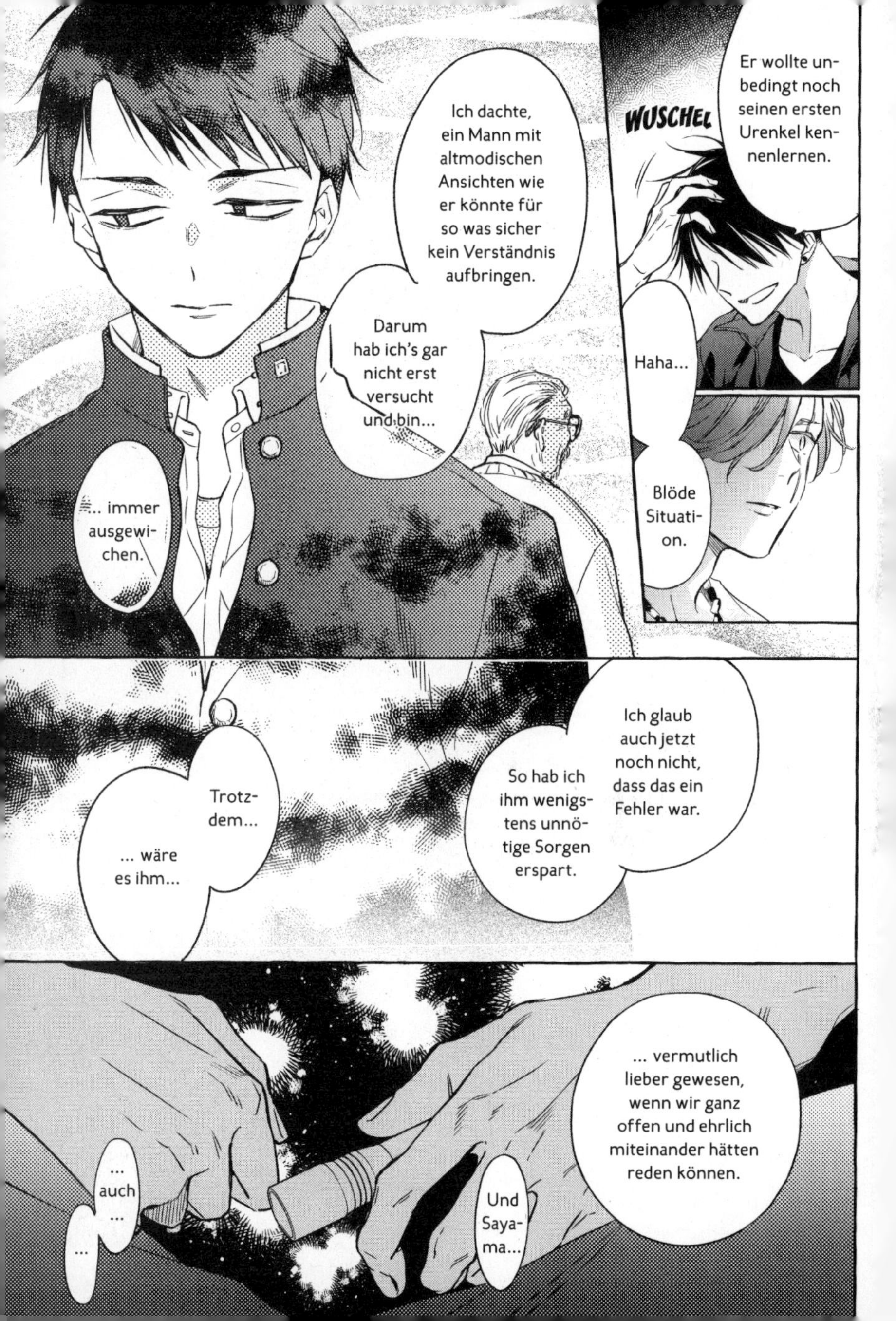
WUSCHEL
Er wollte unbedingt noch seinen ersten Urenkel kennenlernen.
Haha...
Blöde Situation.
Ich dachte, ein Mann mit altmodischen Ansichten wie er könnte für so was sicher kein Verständnis aufbringen.
Darum hab ich's gar nicht erst versucht und bin...
... immer ausgewichen.
Ich glaub auch jetzt noch nicht, dass das ein Fehler war.
So hab ich ihm wenigstens unnötige Sorgen erspart.
Trotzdem...
... wäre es ihm...
... vermutlich lieber gewesen, wenn wir ganz offen und ehrlich miteinander hätten reden können.
Und Sayama...
... auch ... ...

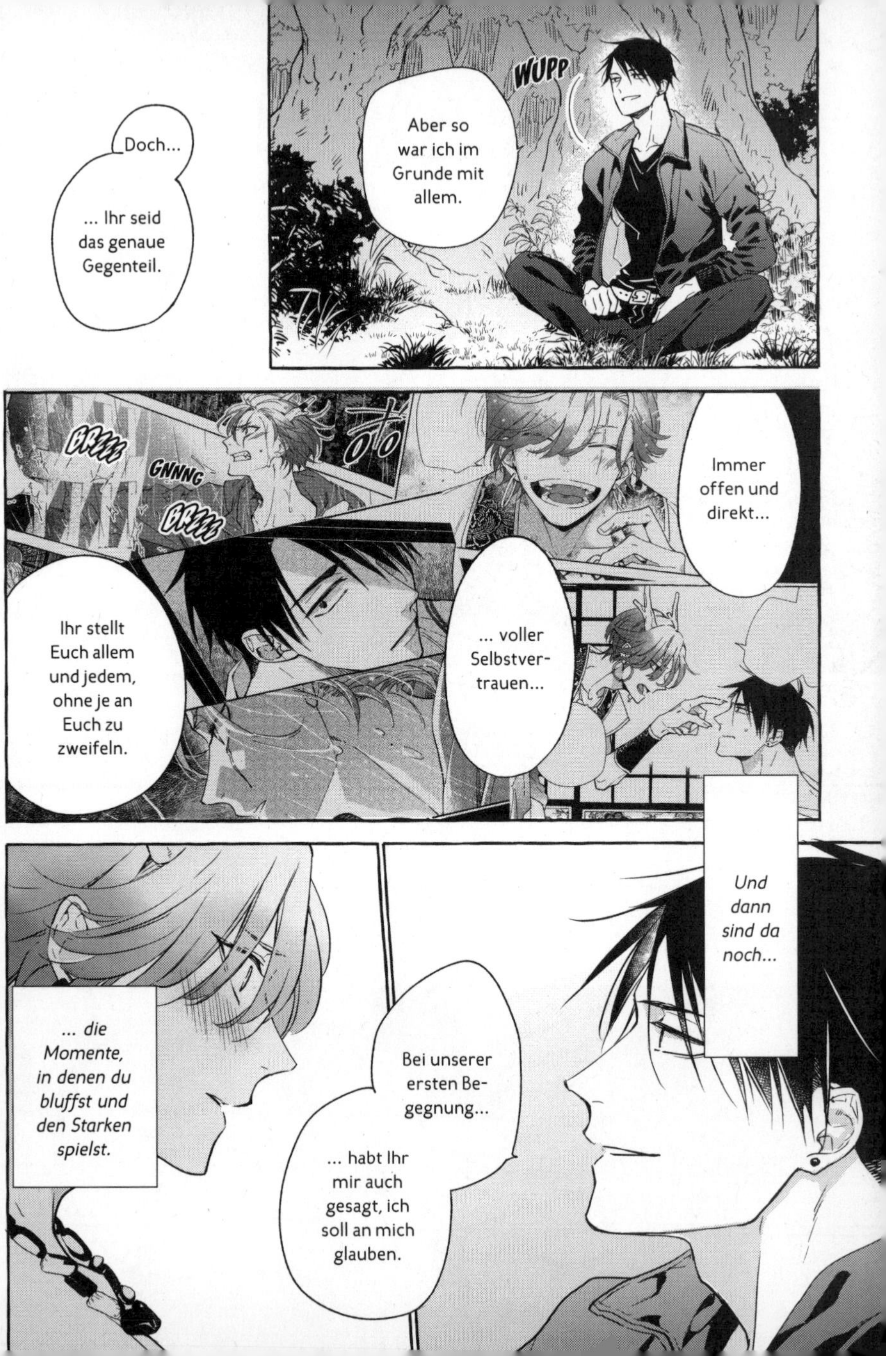
WUPP
Aber so war ich im Grunde mit allem.
Doch...
... Ihr seid das genaue Gegenteil.
Immer offen und direkt...
... voller Selbstver-trauen...
Ihr stellt Euch allem und jedem, ohne je an Euch zu zweifeln.
GNNNG
Und dann sind da noch...
Bei unserer ersten Be-gegnung...
... habt Ihr mir auch gesagt, ich soll an mich glauben.
... die Momente, in denen du bluffst und den Starken spielst.

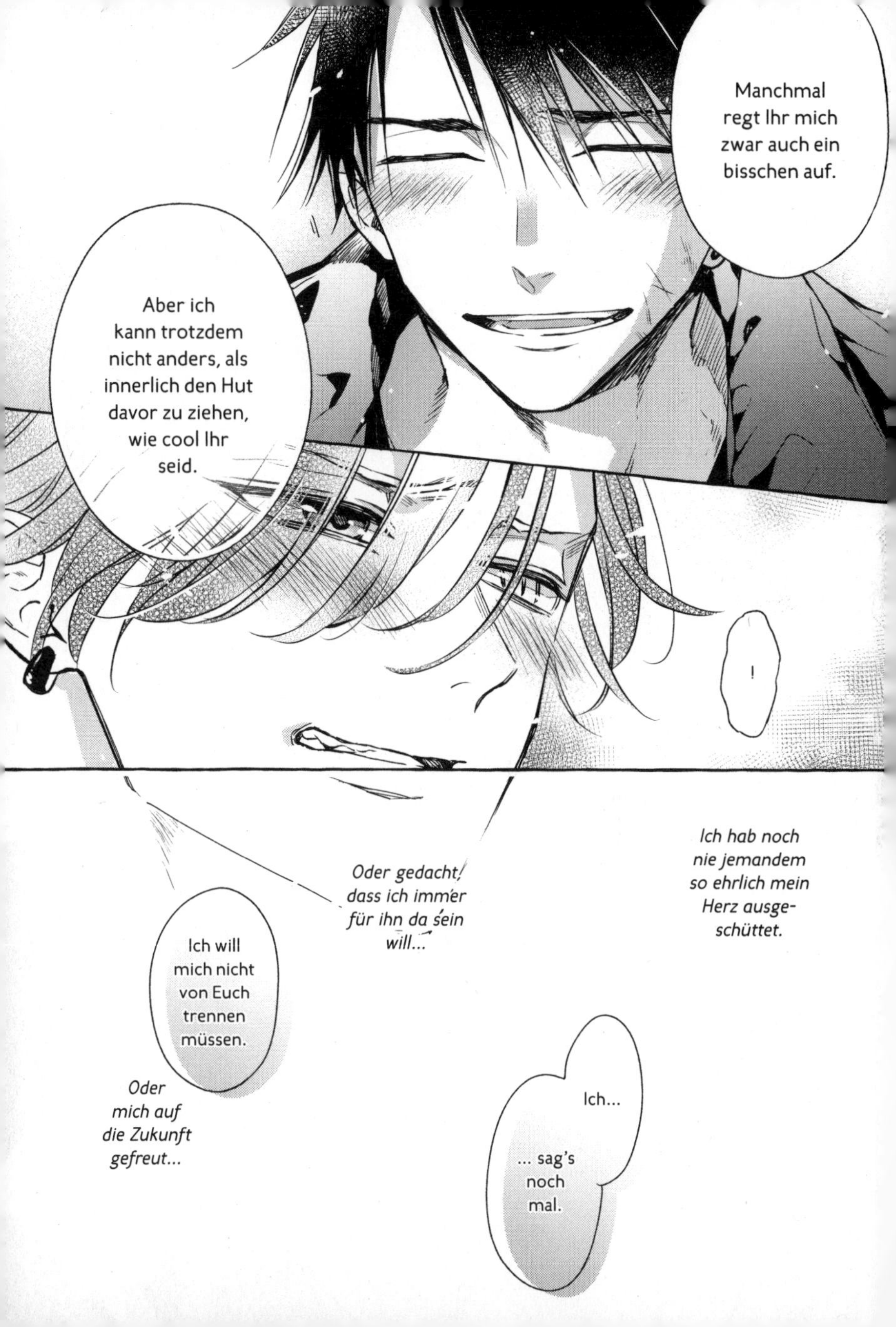

Manchmal regt Ihr mich zwar auch ein bisschen auf.
Aber ich kann trotzdem nicht anders, als innerlich den Hut davor zu ziehen, wie cool Ihr seid.
!
Ich hab noch nie jemandem so ehrlich mein Herz ausgeschüttet.
Oder gedacht, dass ich immer für ihn da sein will...
Ich will mich nicht von Euch trennen müssen.
Oder mich auf die Zukunft gefreut...
Ich...
... sag's noch mal.

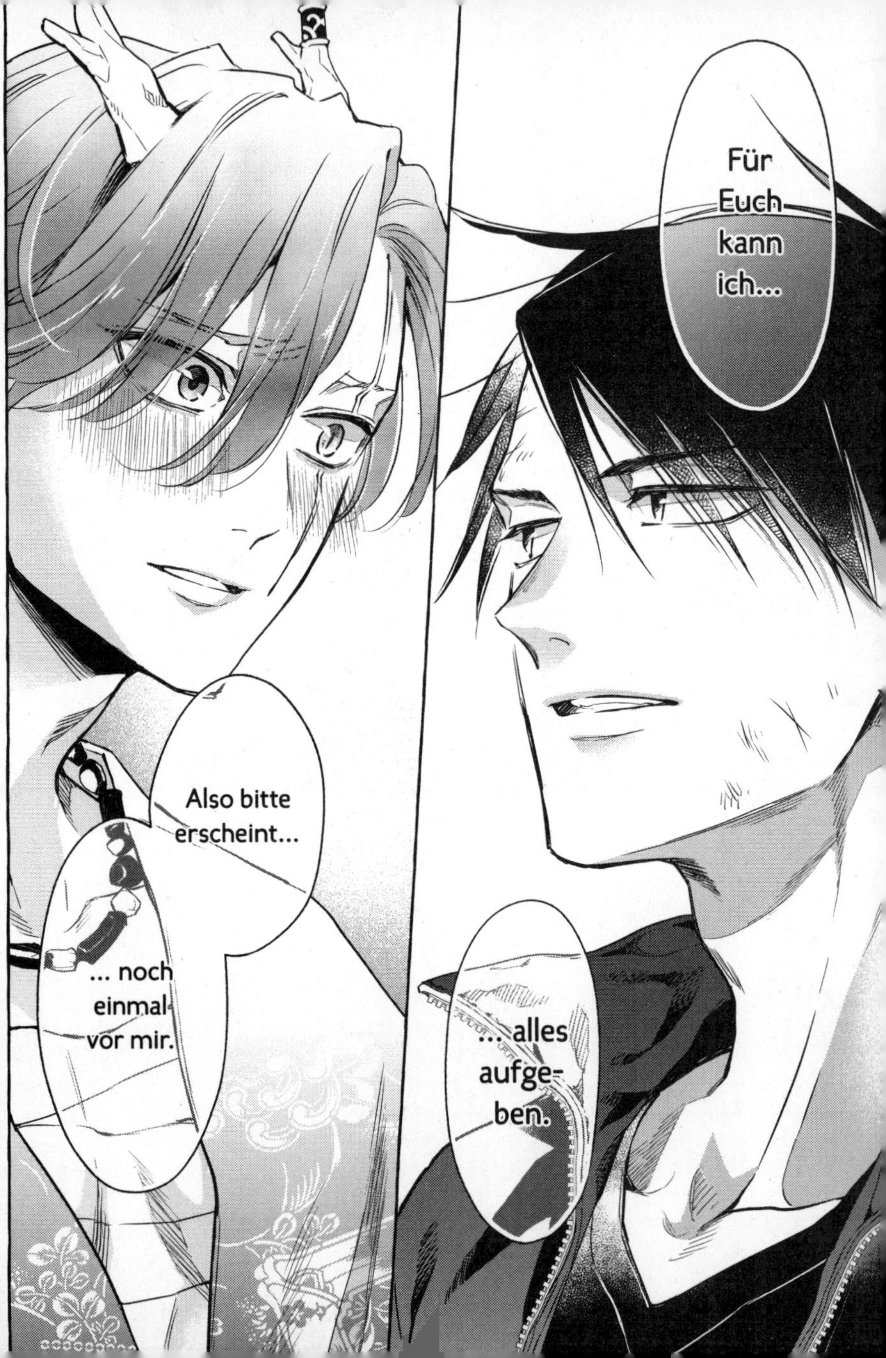
Für Euch kann ich...
... alles aufge- ben.
Also bitte erscheint...
... noch einmal vor mir.

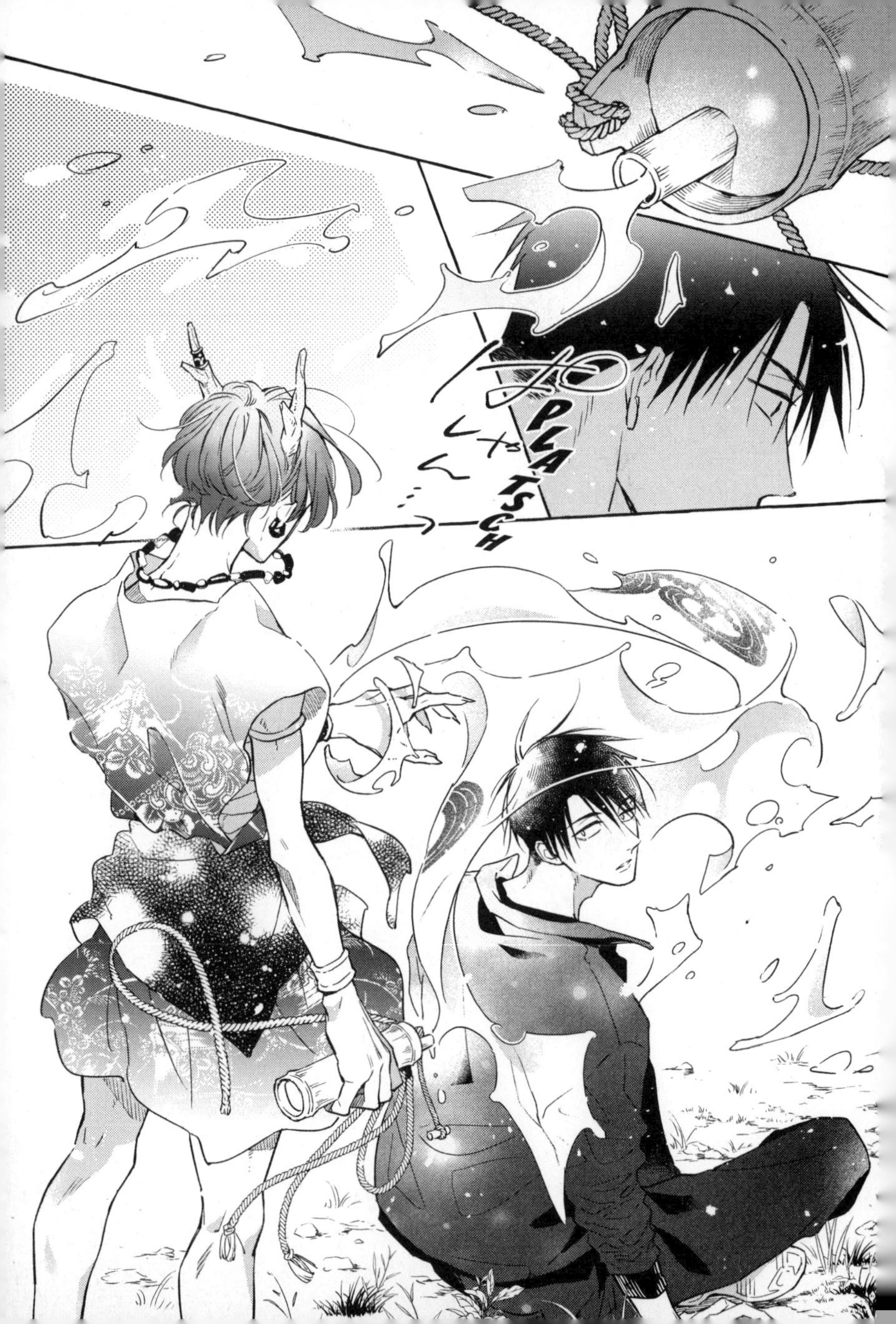
PLATSCH

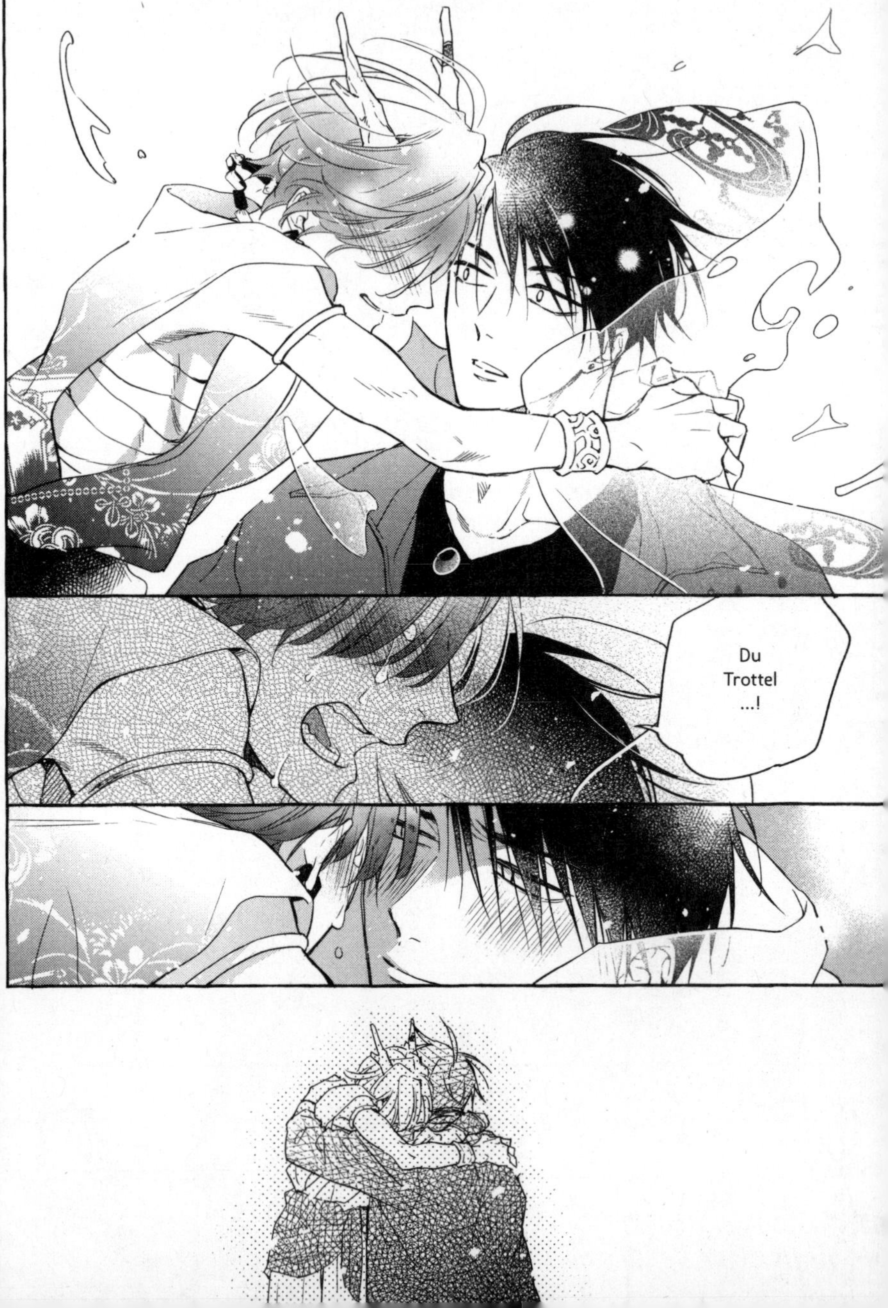
Du Trottel ...!

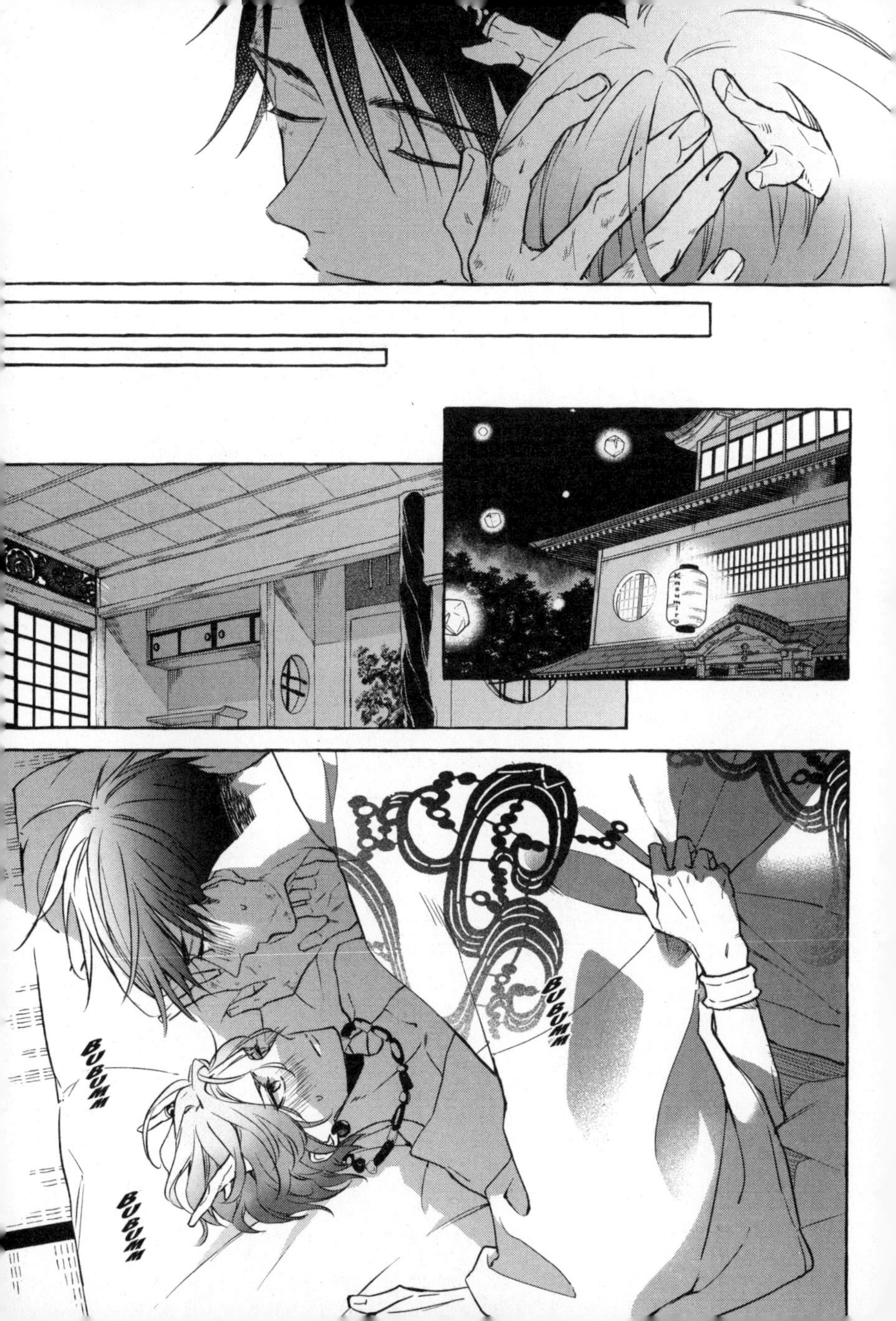
Kasumiro
BUBUMM
BUBUMM
BUBUMM

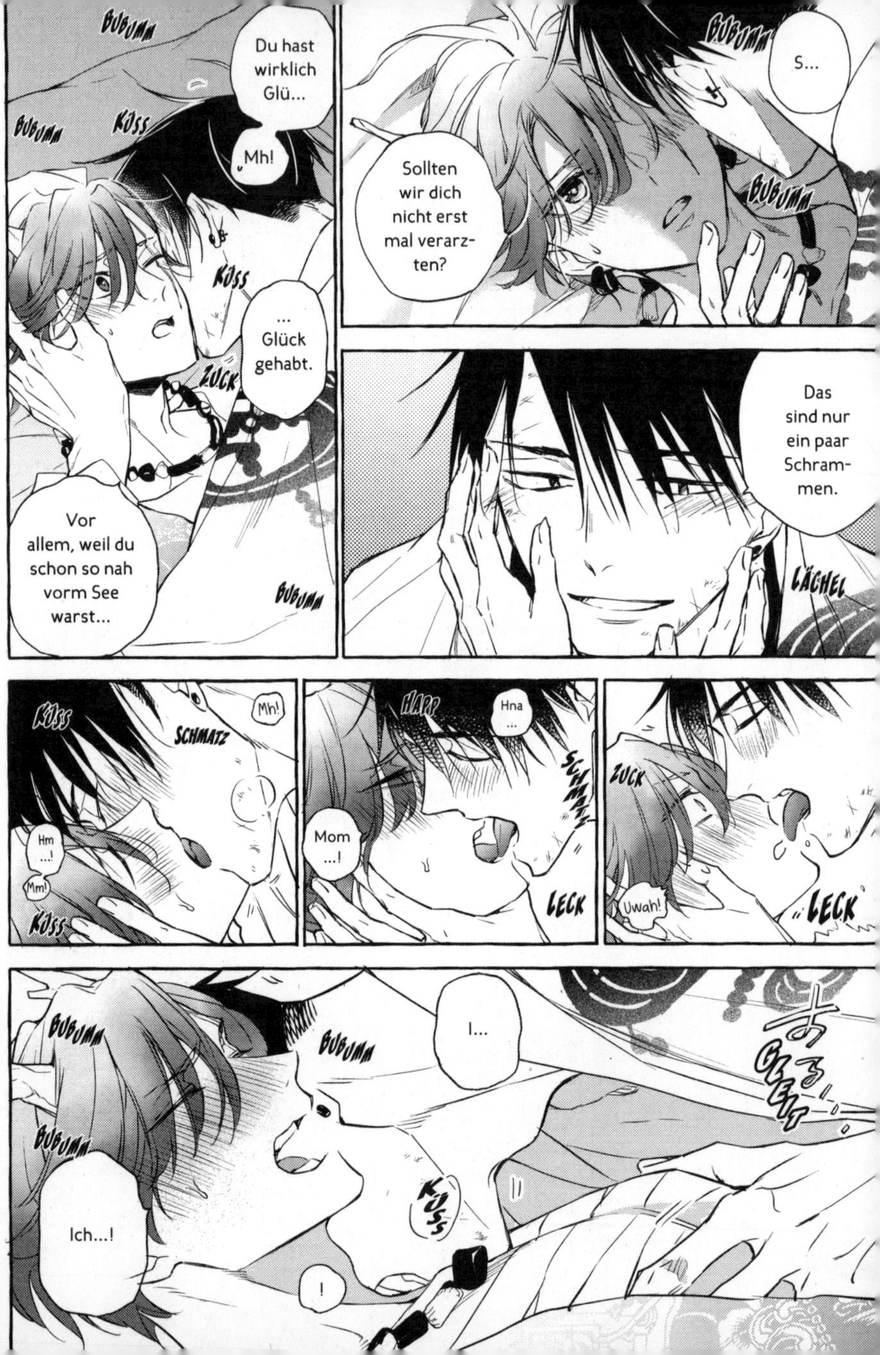
BUBUMM
S...
Sollten wir dich nicht erst mal verarzten?
BUBUMM
BUBUMM
Du hast wirklich Glü...
BUBUMM
KÜSS
Mh!
KÜSS
... Glück gehabt.
ZUCK
Vor allem, weil du schon so nah vorm See warst...
BUBUMM
Das sind nur ein paar Schrammen.
LÄCHEL
ZUCK
Uwah!
LECK
HAPP
Hna ...
SCHMATZ
Mom ...!
LECK
KÜSS
Mh!
SCHMATZ
Hm ...!
Mm!
KÜSS
I...
GLEIT
BUBUMM
BUBUMM
BUBUMM
KÜSS
Ich...!
!

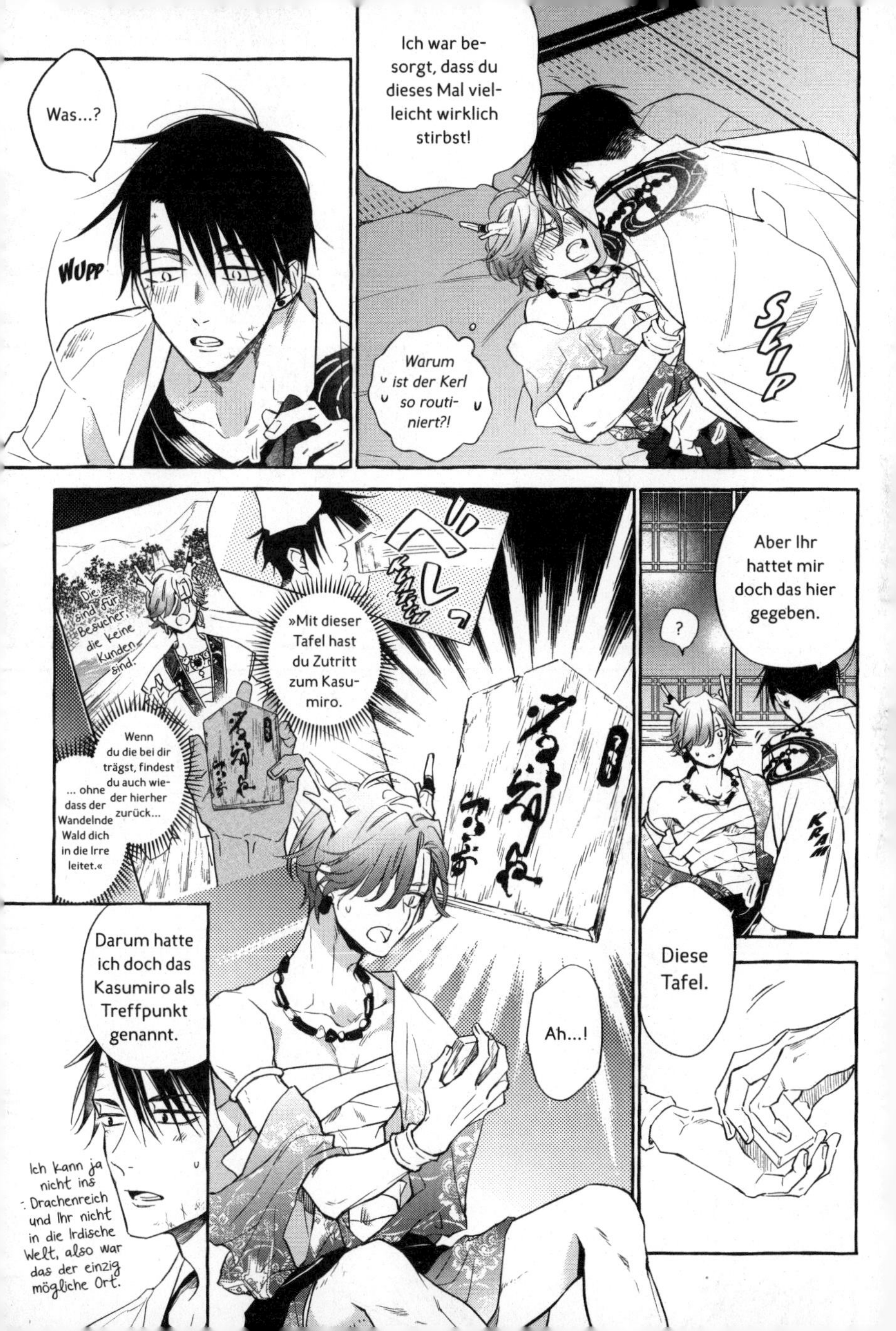

Ich war besorgt, dass du dieses Mal vielleicht wirklich stirbst!
SLIP
Warum ist der Kerl so routiniert?!
Was…?
WUPP
Aber Ihr hattet mir doch das hier gegeben.
?
KRAM
»Mit dieser Tafel hast du Zutritt zum Kasumiro.
Die sind für Besucher, die keine Kunden sind.
Wenn du die bei dir trägst, findest du auch wieder hierher zurück…
… ohne dass der Wandelnde Wald dich in die Irre leitet.«
Diese Tafel.
Ah…!
Darum hatte ich doch das Kasumiro als Treffpunkt genannt.
Ich kann ja nicht ins Drachenreich und Ihr nicht in die Irdische Welt, also war das der einzig mögliche Ort.

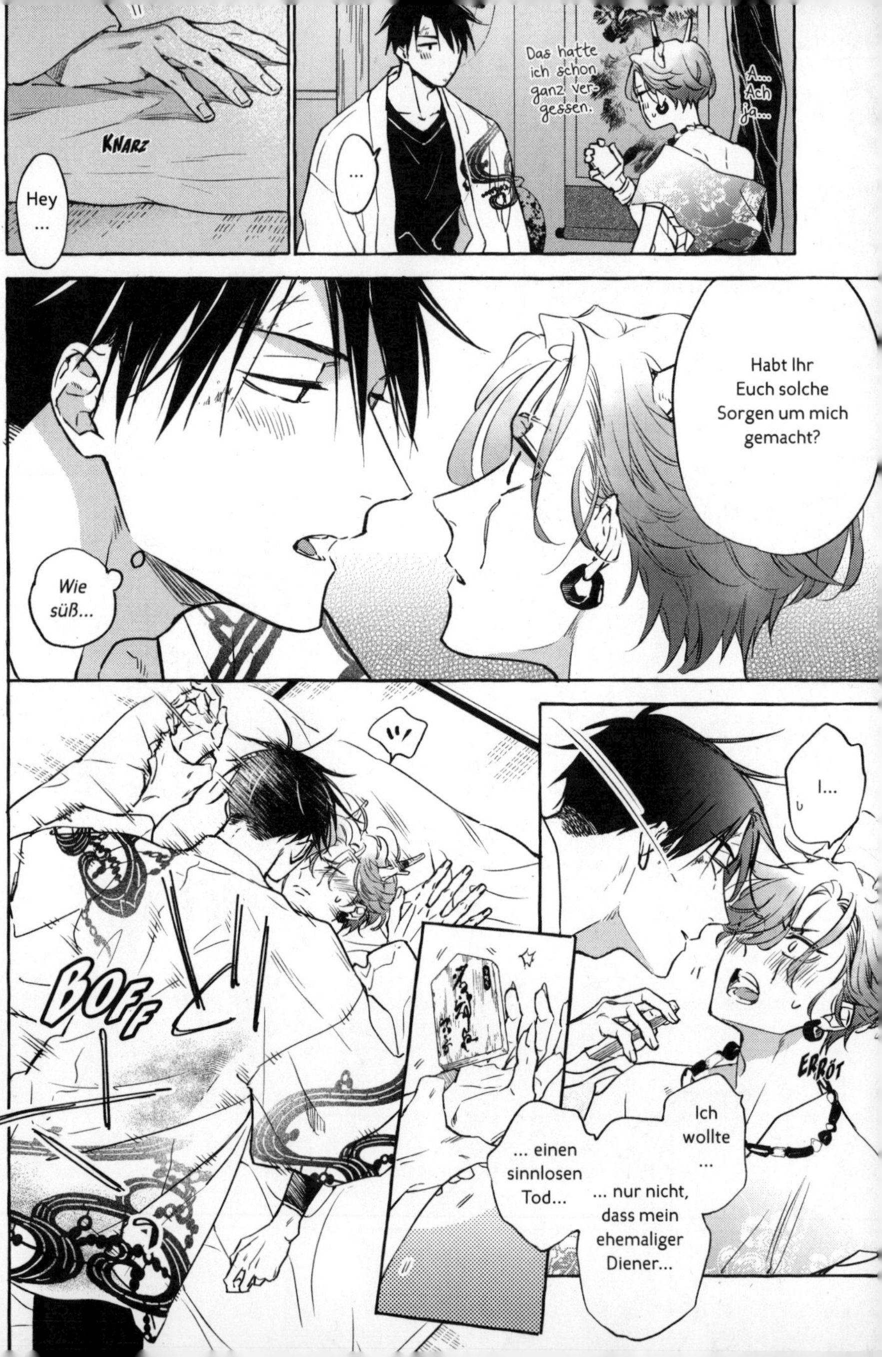
A...
Ach
ja...
Das hatte
ich schon
ganz ver-
gessen.
...
KNARZ
Hey
...
Habt Ihr
Euch solche
Sorgen um mich
gemacht?
Wie
süß...
I...
ERRÖT
Ich
wollte
...
... nur nicht,
dass mein
ehemaliger
Diener...
... einen
sinnlosen
Tod...
!!
BOFF

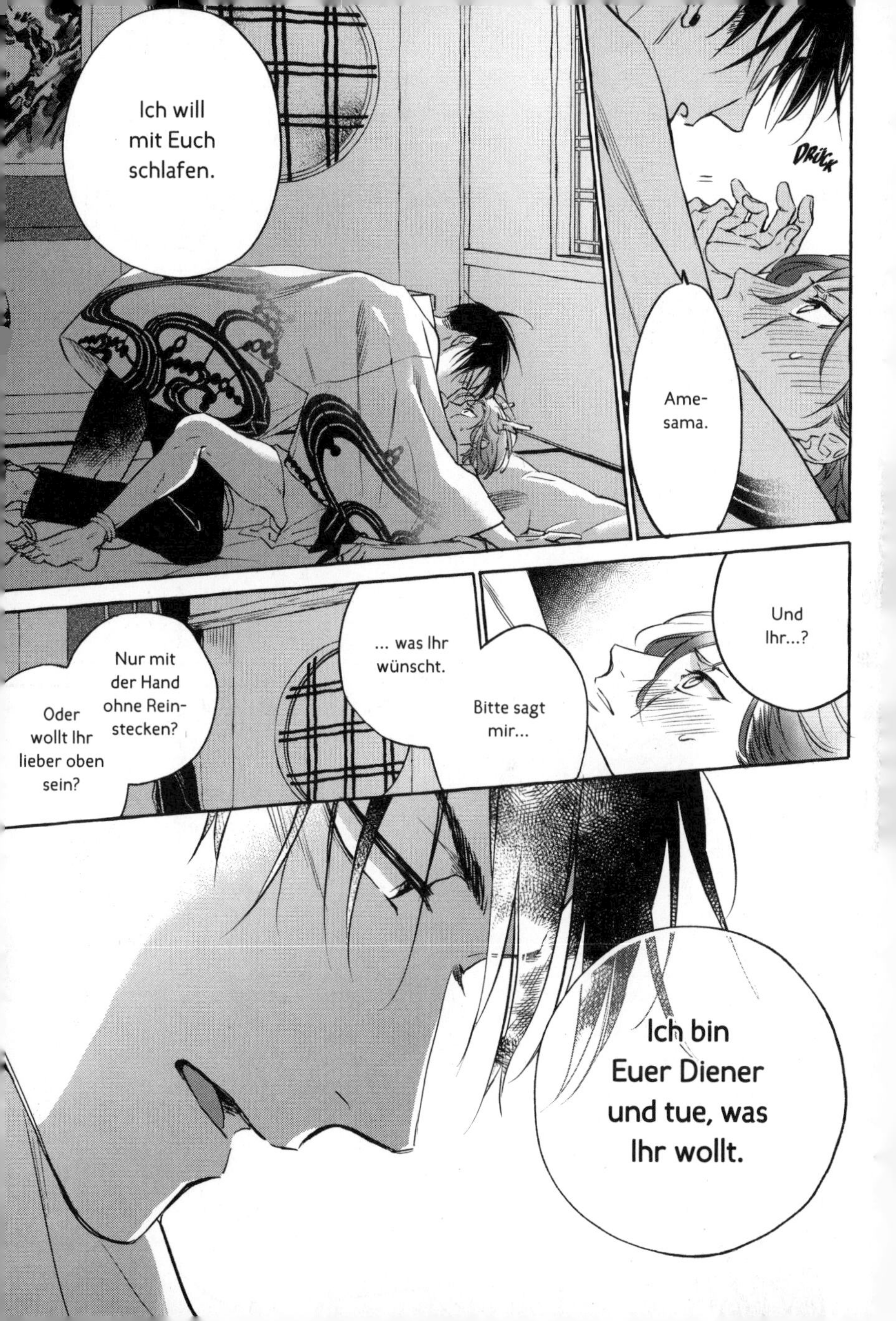
DRÜCK
Ame-sama.
Ich will mit Euch schlafen.
Und Ihr…?
Bitte sagt mir…
… was Ihr wünscht.
Nur mit der Hand ohne Reinstecken?
Oder wollt Ihr lieber oben sein?
Ich bin Euer Diener und tue, was Ihr wollt.

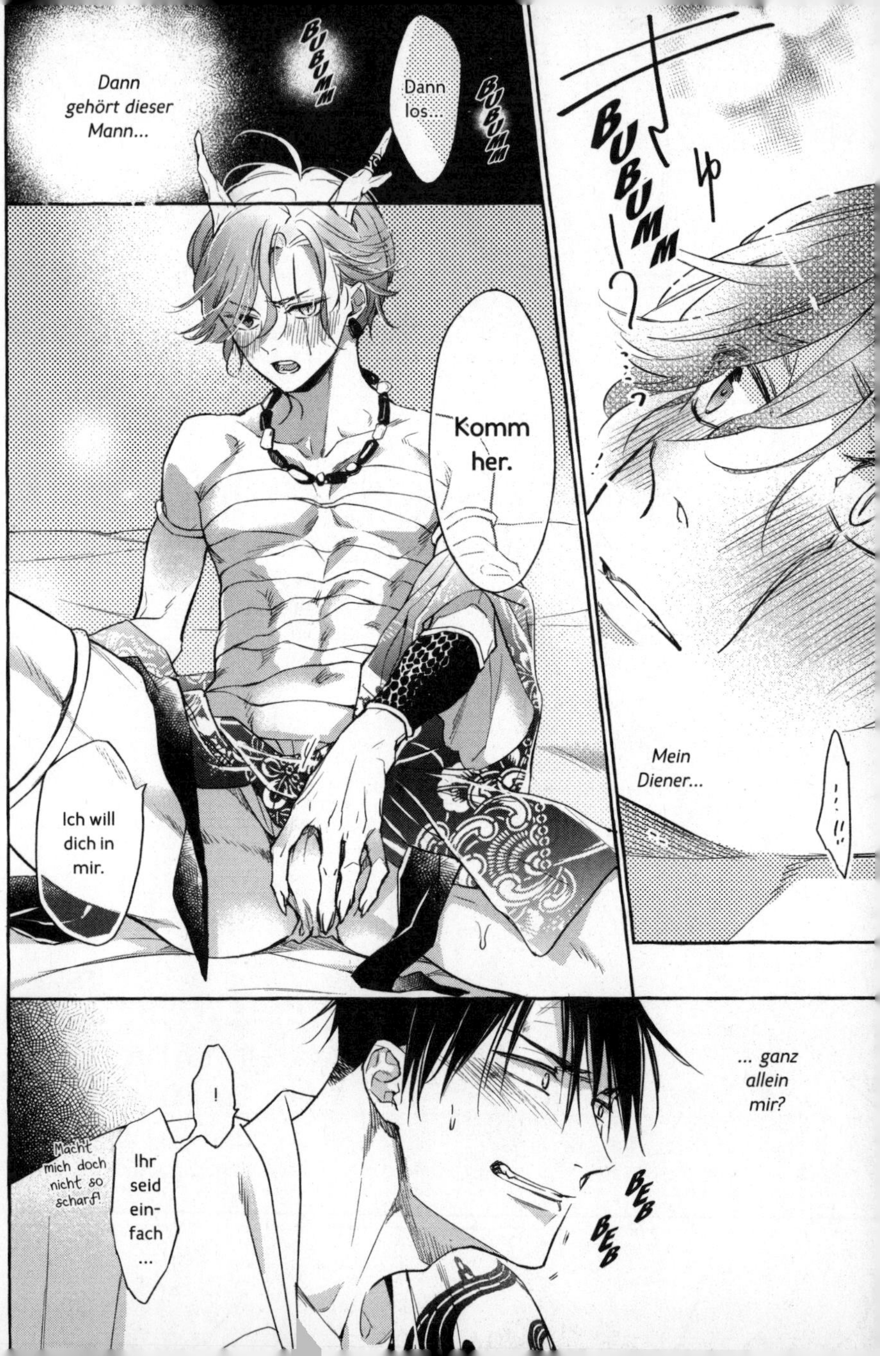
BUBUMM
ゆ
Dann los...
BUBUMM
BUBUMM
Dann gehört dieser Mann...
!!
Mein Diener...
Komm her.
Ich will dich in mir.
... ganz allein mir?
!
BEB
BEB
Ihr seid ein-fach ...
Macht mich doch nicht so scharf!

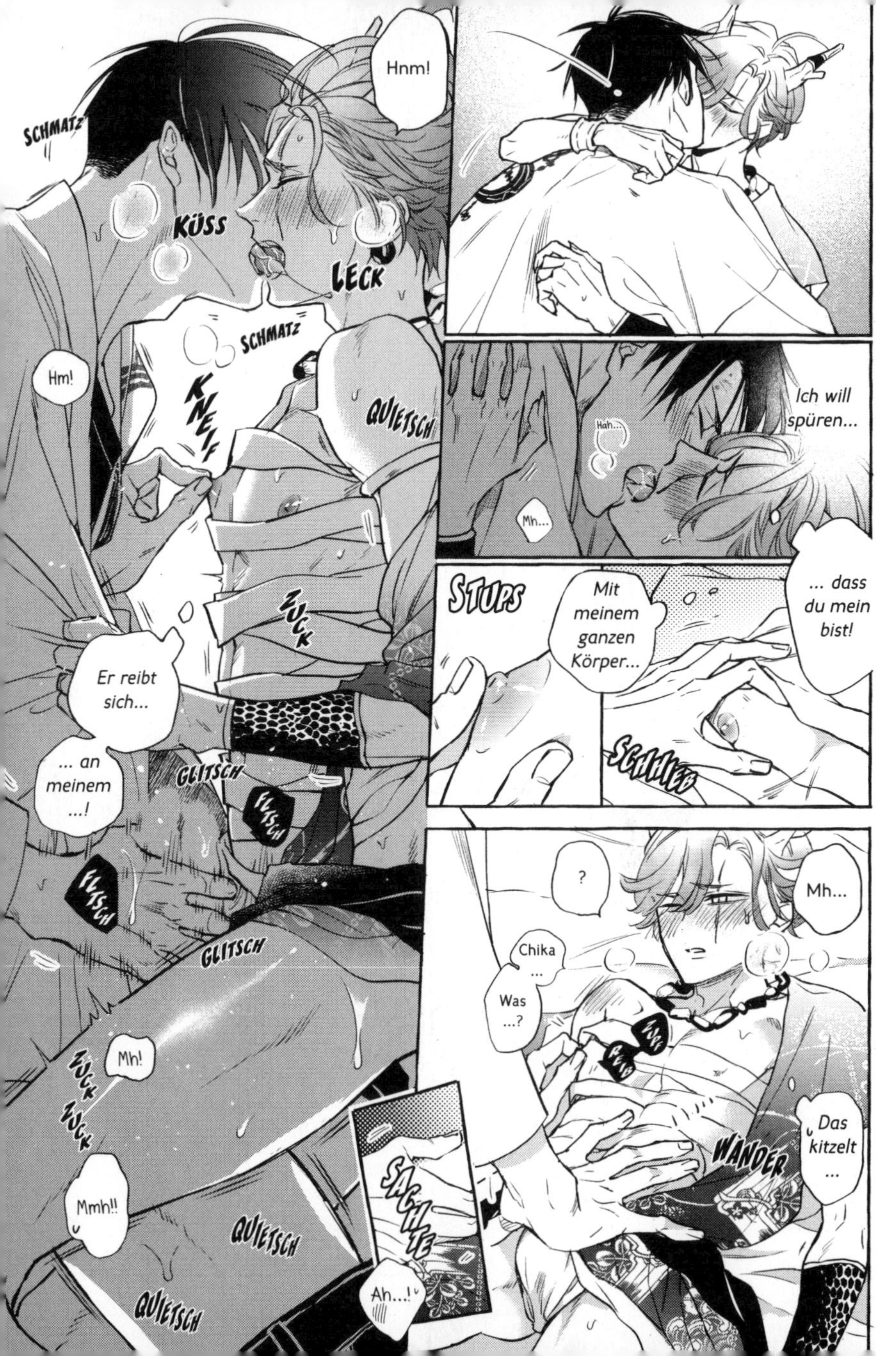
Ich will spüren...
Hah...
Mh...
... dass du mein bist!
Mit meinem ganzen Körper...
STUPS
SCHIEB
Mh...
?
Chika ...
Was ...?
Das kitzelt ...
WANDER
Hnm!
SCHMATZ
KÜSS
LECK
SCHMATZ
Hm!
KNEIF
QUIETSCH
ZUCK
Er reibt sich...
... an meinem ...!
GLITSCH
FLITSCH
FLITSCH
GLITSCH
Mh!
ZUCK ZUCK
Mmh!!
QUIETSCH
QUIETSCH
SACHTE
Ah...!

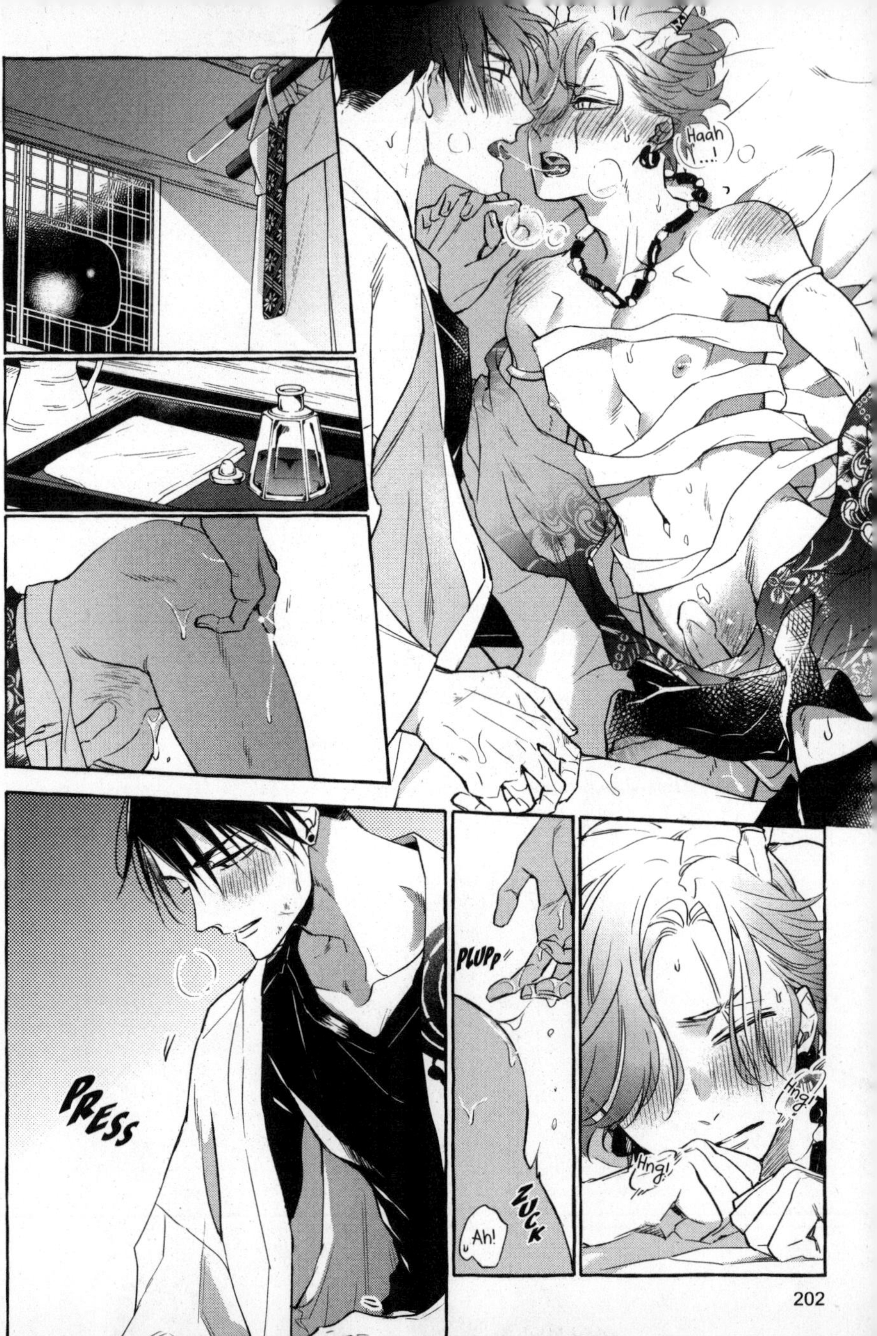
Haah ...!
Hng!
Hng!
PLUPP
ZUCK
Ah!
PRESS

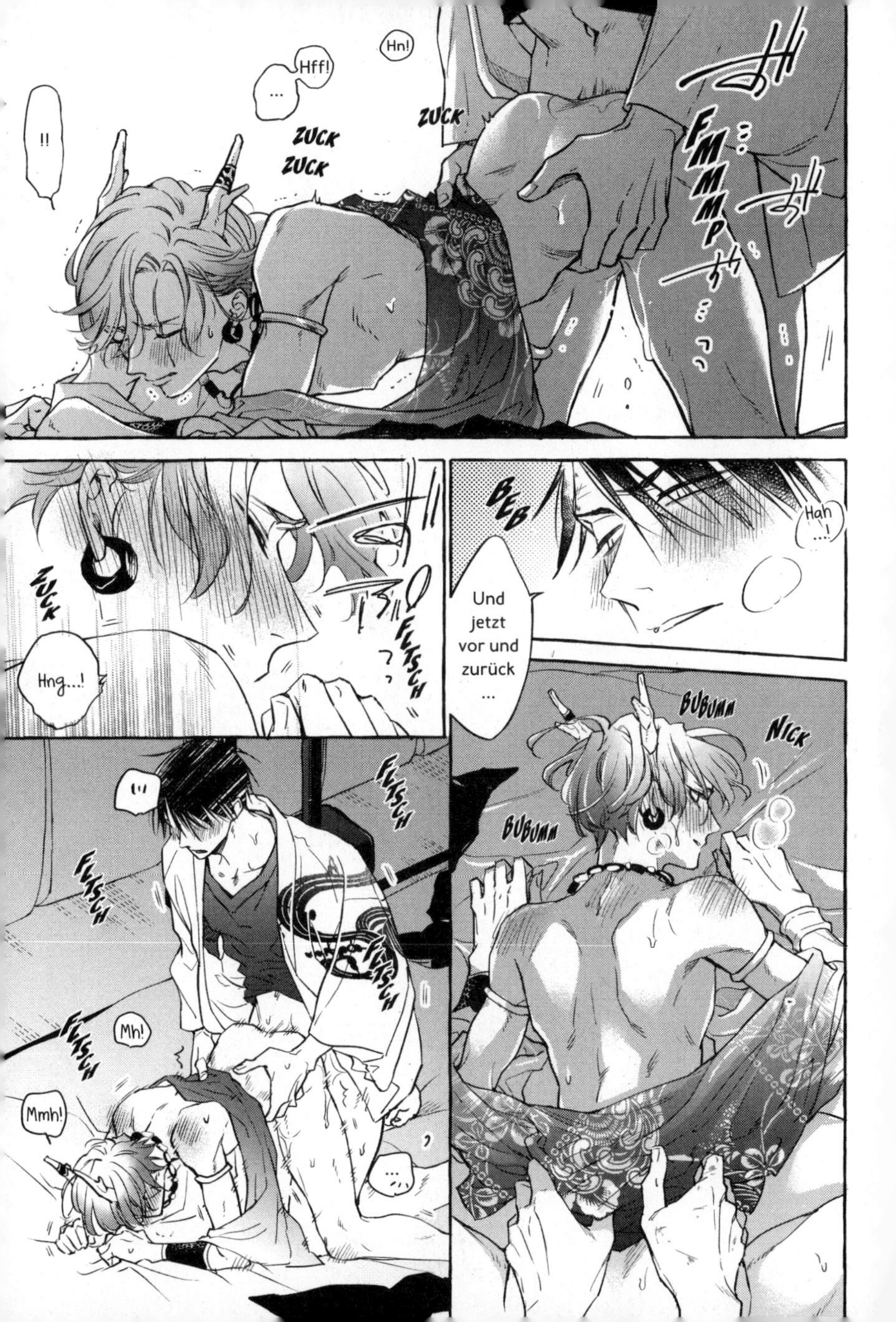
FMMMP
ZUCK
Hn!
Hff!
...
ZUCK
ZUCK
ZUCK
!!
BEB
Hah ...!
Und jetzt vor und zurück ...
ZUCK
Hng...!
BUBUMM
NICK
BUBUMM
Mh!
Mmh!
...

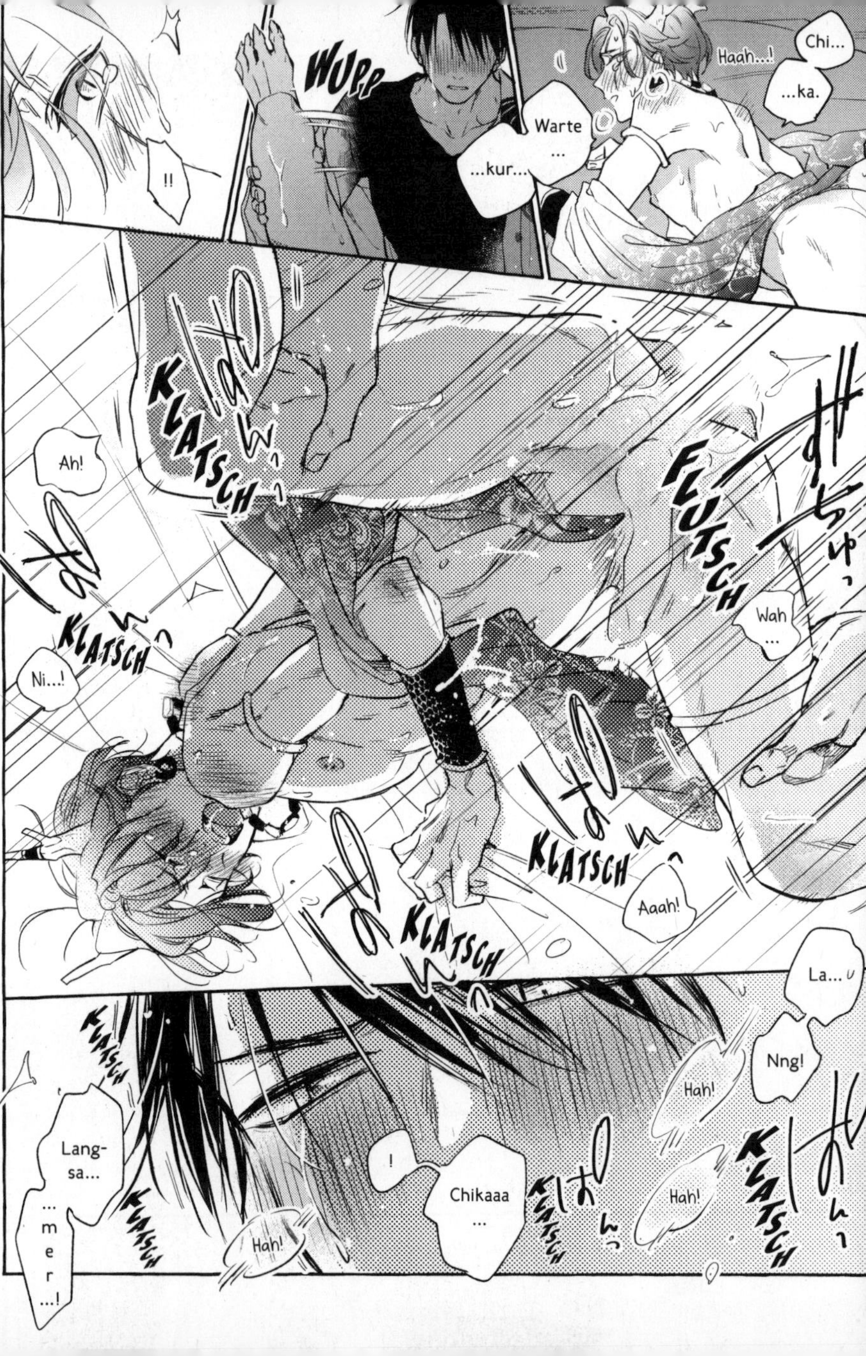
Chi...
...ka.
Haah...!
Warte ... ...kur...
WUPP
!!
FLUTSCH
Wah ...
KLATSCH
Ah!
KLATSCH
Ni...!
KLATSCH
Aaah!
KLATSCH
La...
Nng!
Hah!
KLATSCH
Hah!
KLATSCH
Chikaaa ...
!
Hah!
KLATSCH
KLATSCH
Lang-sa... ... m e r ...!
KLATSCH

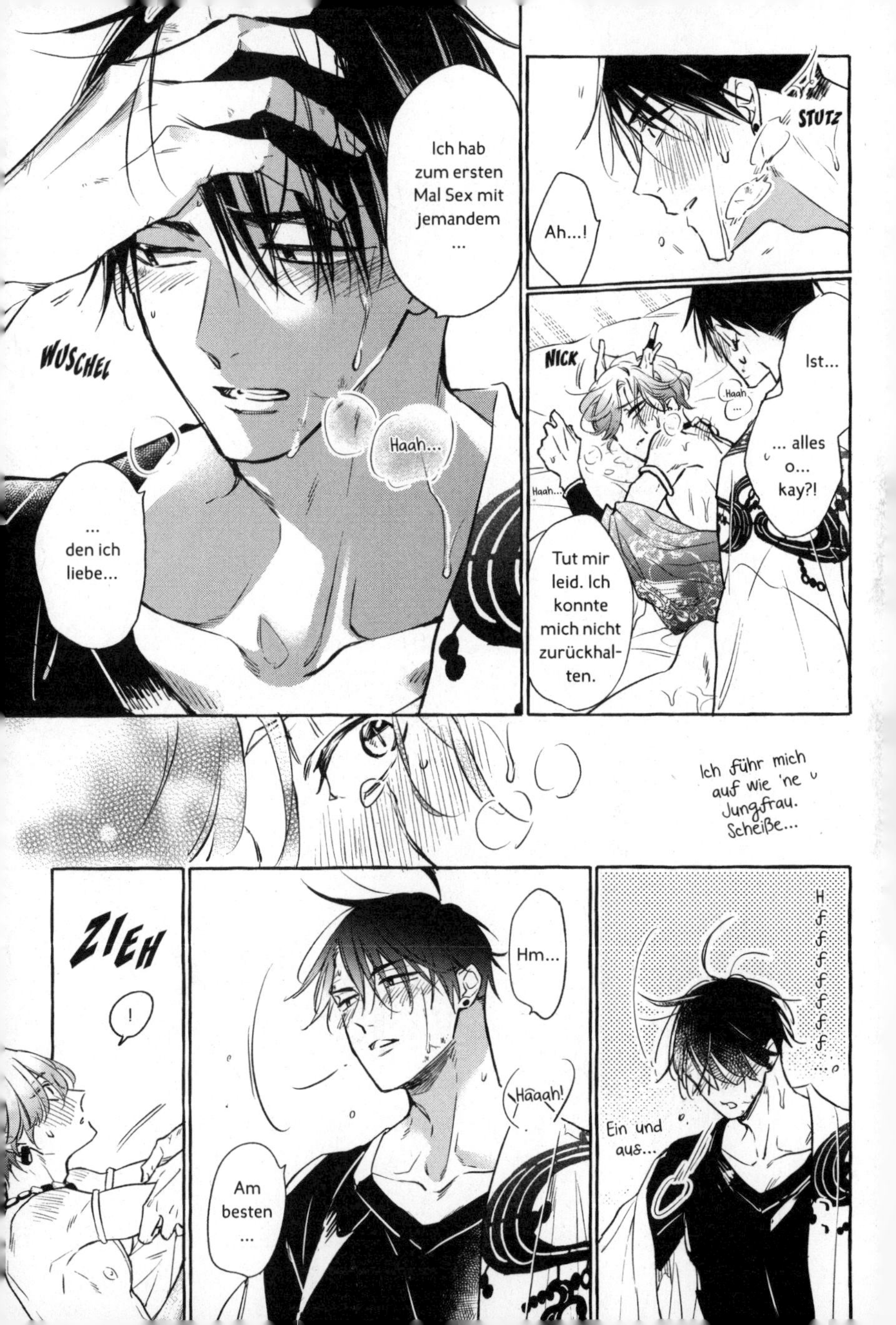
Ich hab zum ersten Mal Sex mit jemandem …
WUSCHEL
Haah…
… den ich liebe…
STUTZ
Ah…!
NICK
Ist…
Haah …
… alles o… kay?!
Haah…
Tut mir leid. Ich konnte mich nicht zurückhalten.
Ich führ mich auf wie 'ne Jungfrau. Scheiße…
Hfffffff…
Ein und aus…
Hm…
Haaah!
Am besten …
ZIEH
!

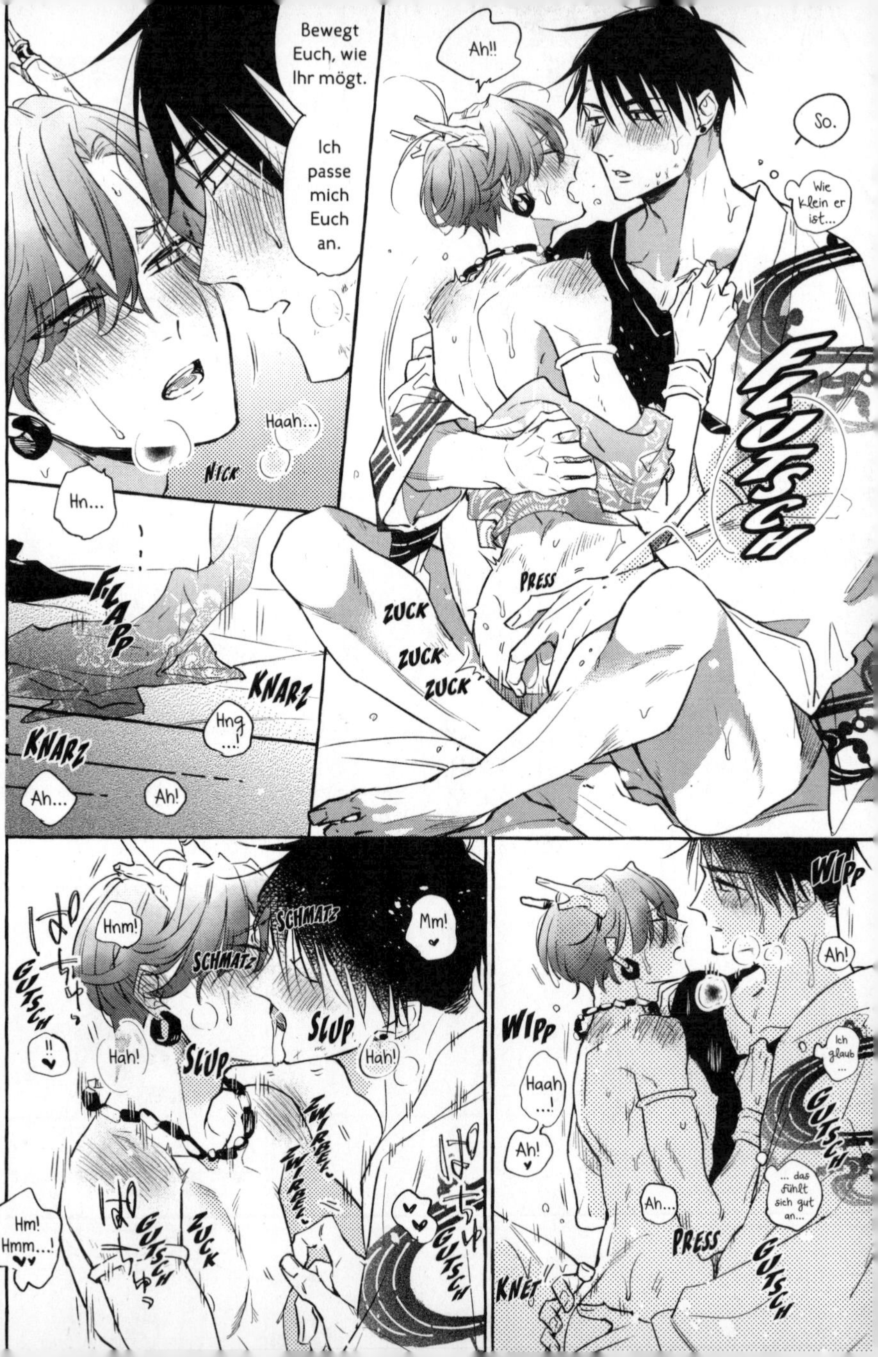

Ah!!
So.
Wie klein er ist...
FLUTSCH
PRESS
ZUCK
ZUCK
ZUCK
Bewegt Euch, wie Ihr mögt.
Ich passe mich Euch an.
Haah...
NICK
Hn...
FLAPP
KNARZ
Hng...!
KNARZ
Ah!
Ah...
WIPP
Ah!
WIPP
Ich glaub ...
GUTSCH
Haah...!
Ah!
... das fühlt sich gut an...
Ah...
PRESS
GUTSCH
KNET
Mm!
SCHMATZ
SCHMATZ
Hnm!
GUTSCH
!!
SLUP
Hah!
SLUP
Hah!
ZWIRBEL
ZWIRBEL
GUTSCH
ZUCK
GUTSCH
Hm! Hmm...!

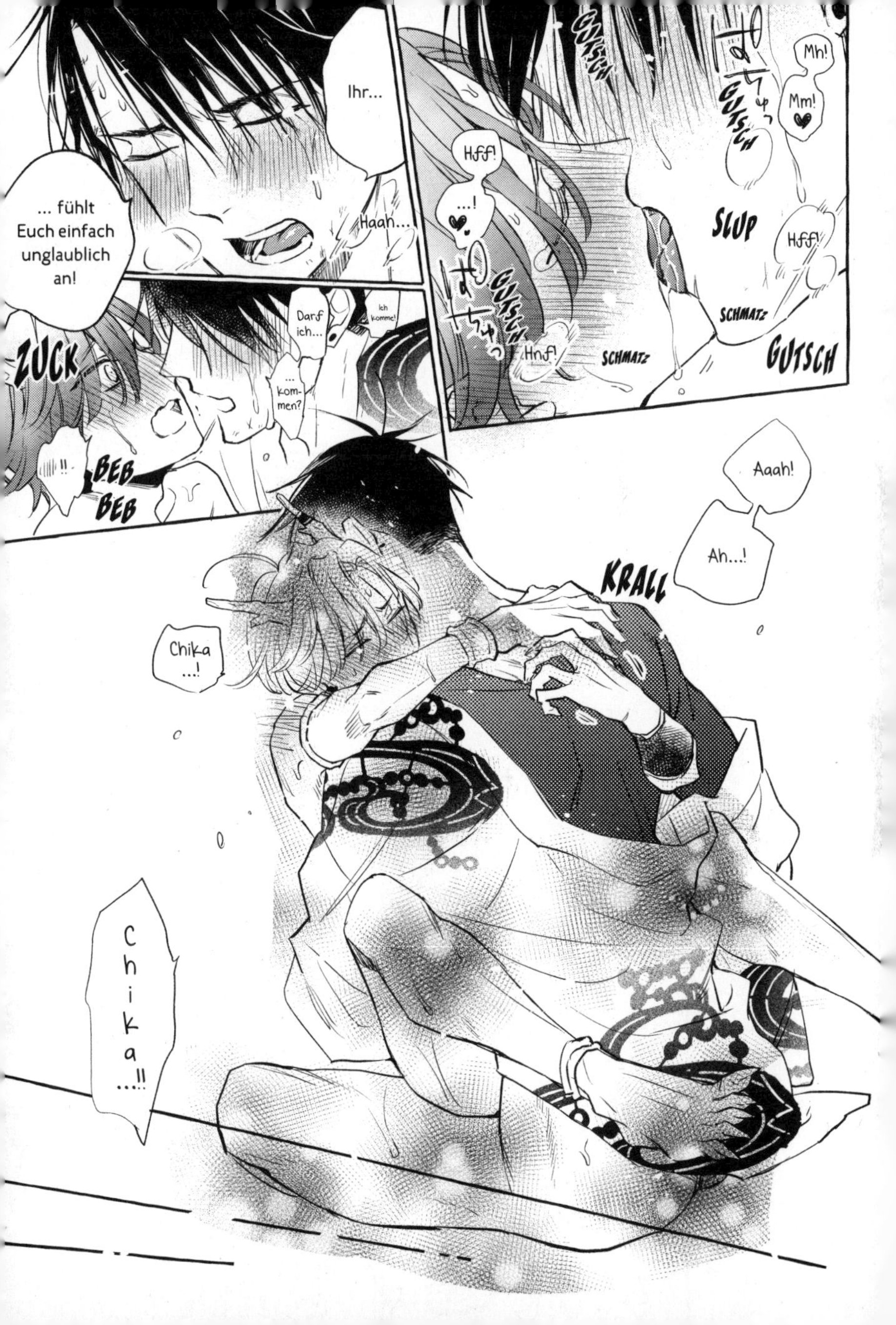
GUTSCH
Mh!
Mm! ♥
GUTSCH
Hff!
...! ♥
SLUP
Hff!
GUTSCH
Hnf!
SCHMATZ
SCHMATZ
GUTSCH
Ihr...
Haah...
... fühlt Euch einfach unglaublich an!
Ich komme!
Darf ich...
... kommen?
ZUCK
...!!
BEB BEB
Aaah!
Ah...!
KRALL
Chika ...!
Chika ...!!

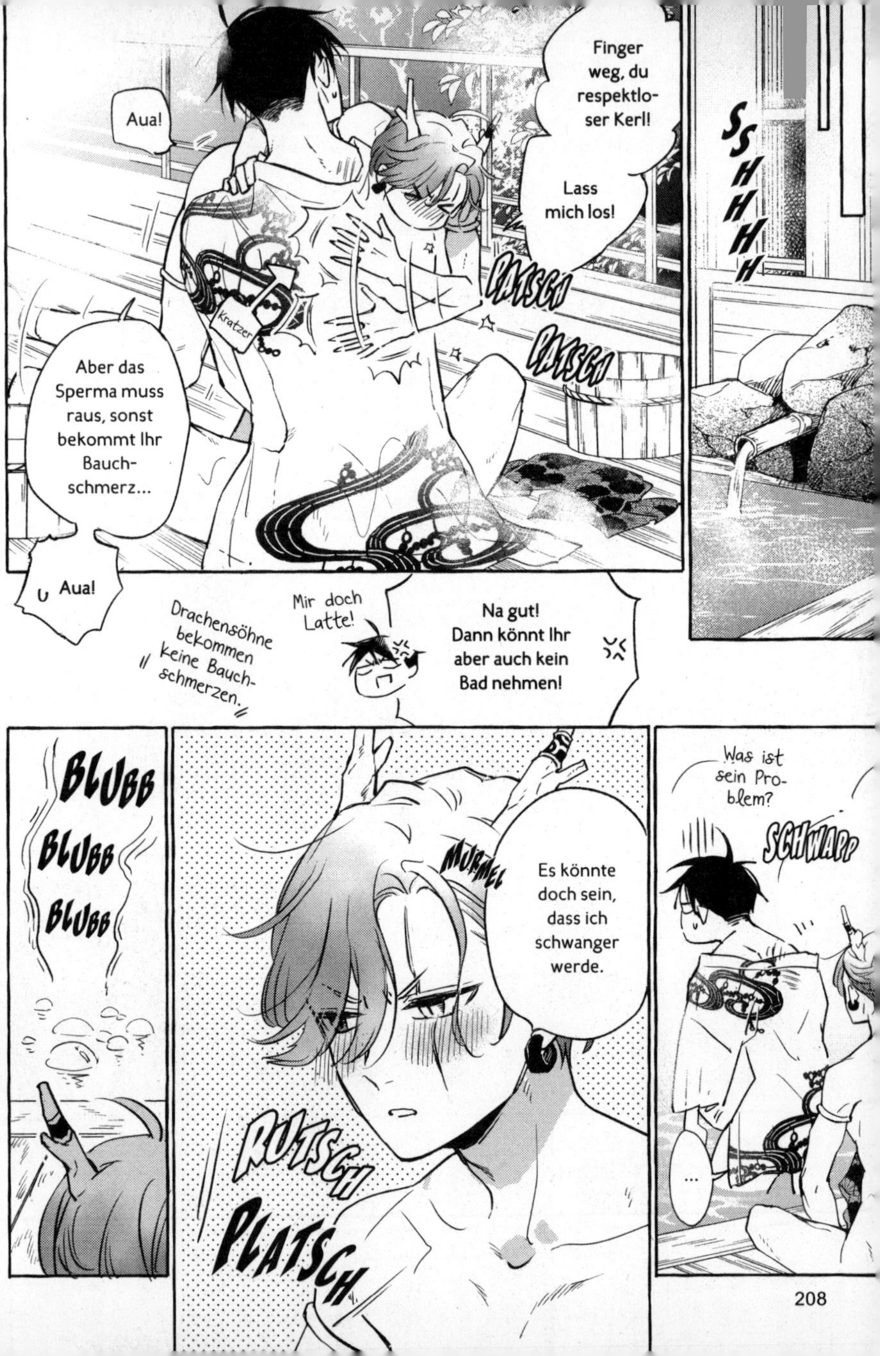

Finger weg, du respektloser Kerl!
Lass mich los!
SSHHHHH
PATSCH
PATSCH
Aua!
Kratzer
Aber das Sperma muss raus, sonst bekommt Ihr Bauchschmerz...
Aua!
Na gut! Dann könnt Ihr aber auch kein Bad nehmen!
Mir doch Latte!
Drachensöhne bekommen keine Bauchschmerzen.
Was ist sein Problem?
SCHWAPP
...
Es könnte doch sein, dass ich schwanger werde.
MURMEL
RUTSCH
PLATSCH
BLUBB
BLUBB
BLUBB

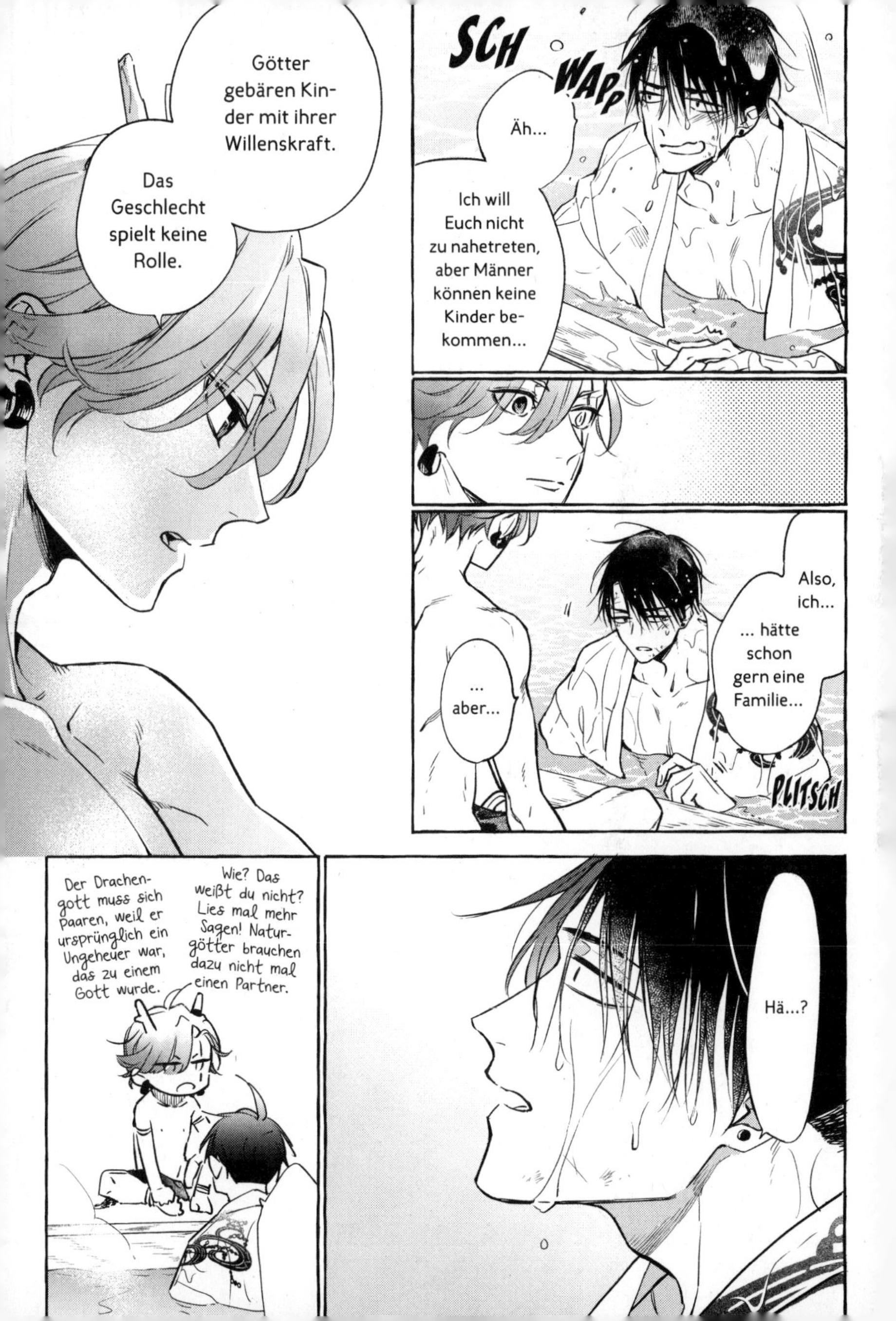
SCH WAPP
Äh...
Ich will Euch nicht zu nahetreten, aber Männer können keine Kinder bekommen...
Götter gebären Kinder mit ihrer Willenskraft.
Das Geschlecht spielt keine Rolle.
Also, ich...
... hätte schon gern eine Familie...
... aber...
PLITSCH
Hä...?
Wie? Das weißt du nicht? Lies mal mehr Sagen! Naturgötter brauchen dazu nicht mal einen Partner.
Der Drachengott muss sich paaren, weil er ursprünglich ein Ungeheuer war, das zu einem Gott wurde.

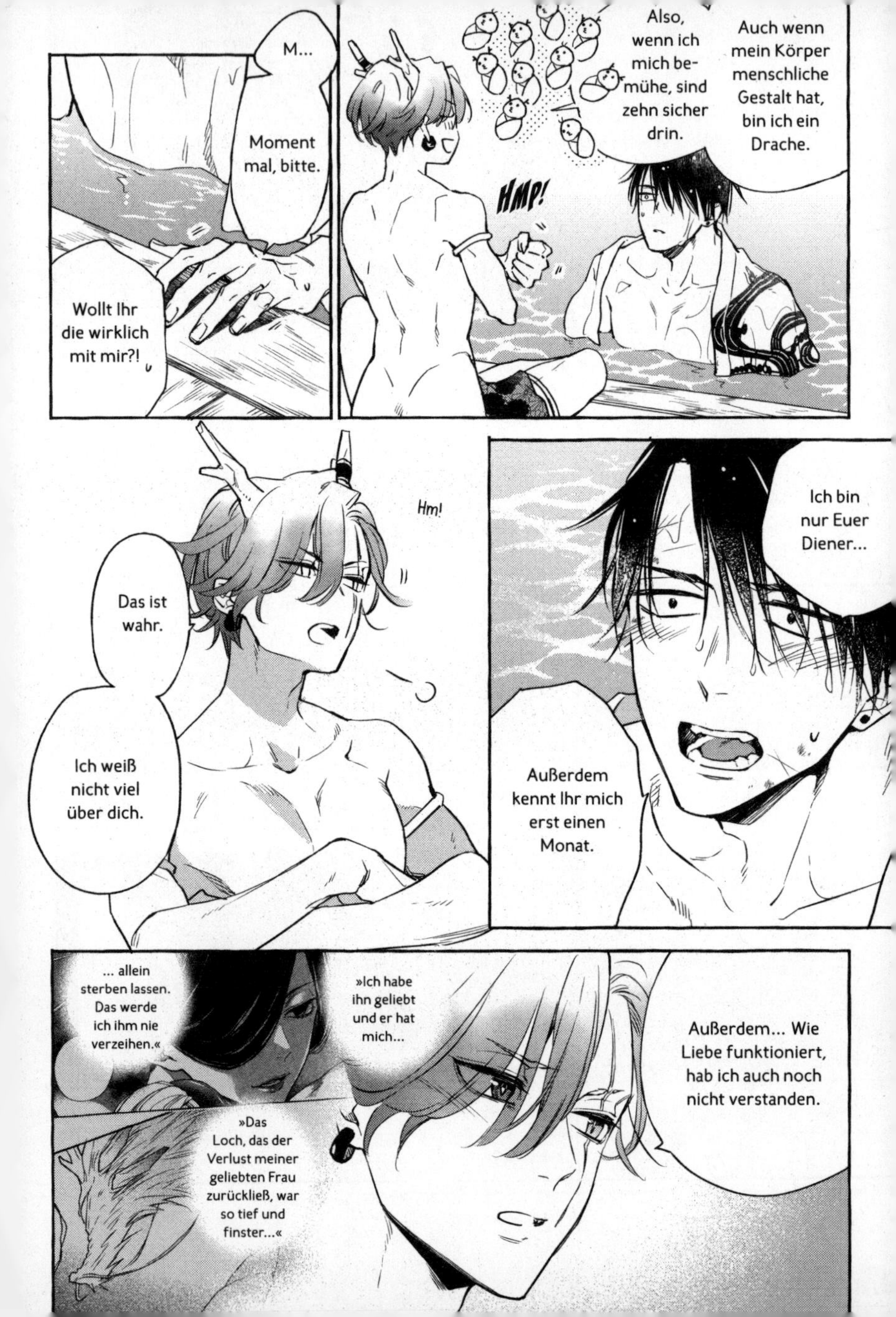

Auch wenn mein Körper menschliche Gestalt hat, bin ich ein Drache.
Also, wenn ich mich bemühe, sind zehn sicher drin.
HMP!
M...
Moment mal, bitte.
Wollt Ihr die wirklich mit mir?!
Ich bin nur Euer Diener...
Außerdem kennt Ihr mich erst einen Monat.
Hm!
Das ist wahr.
Ich weiß nicht viel über dich.
Außerdem... Wie Liebe funktioniert, hab ich auch noch nicht verstanden.
»Ich habe ihn geliebt und er hat mich...
... allein sterben lassen. Das werde ich ihm nie verzeihen.«
»Das Loch, das der Verlust meiner geliebten Frau zurückließ, war so tief und finster...«

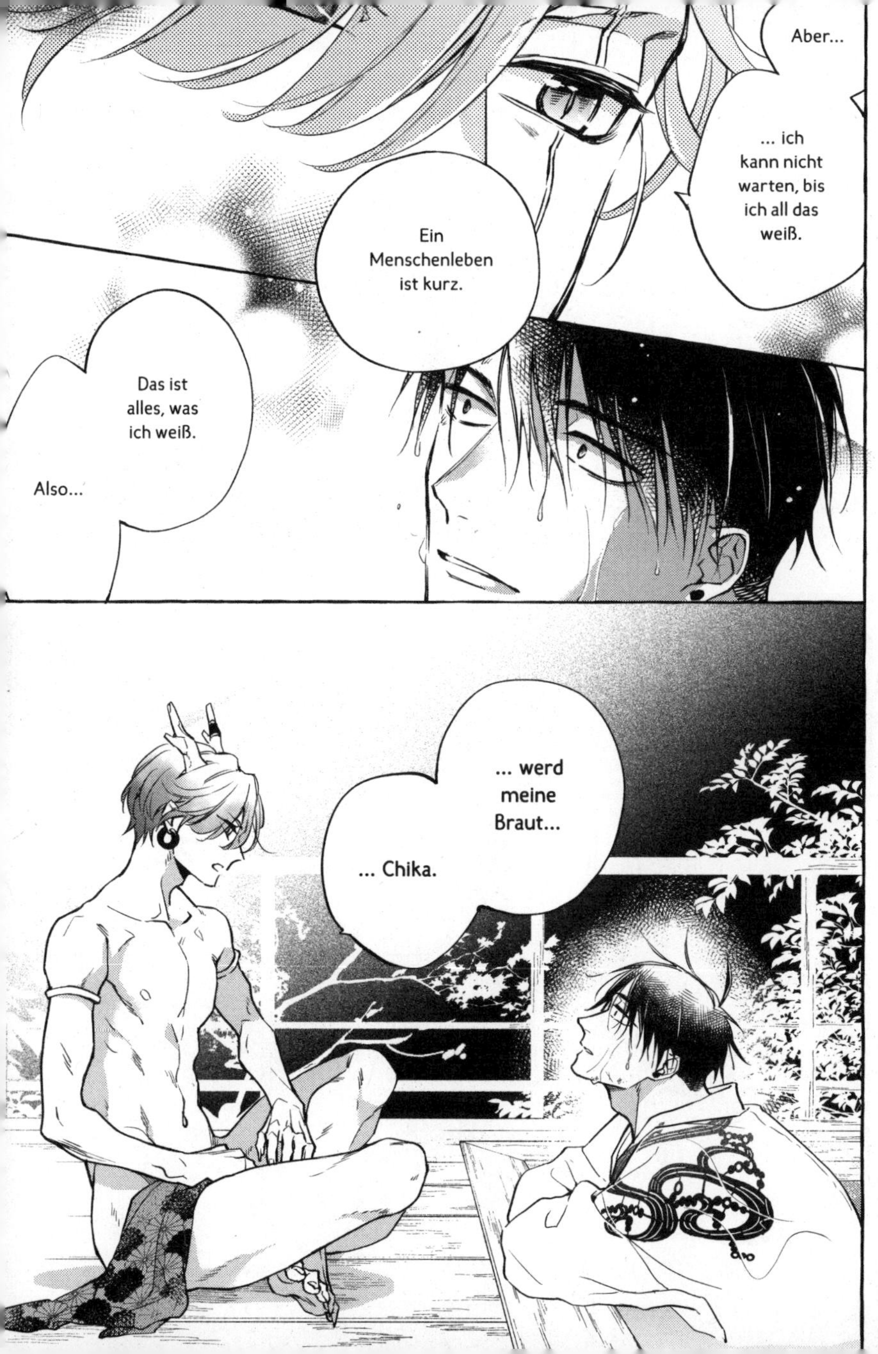
Aber...
... ich kann nicht warten, bis ich all das weiß.
Ein Menschenleben ist kurz.
Das ist alles, was ich weiß.
Also...
... werd meine Braut...
... Chika.

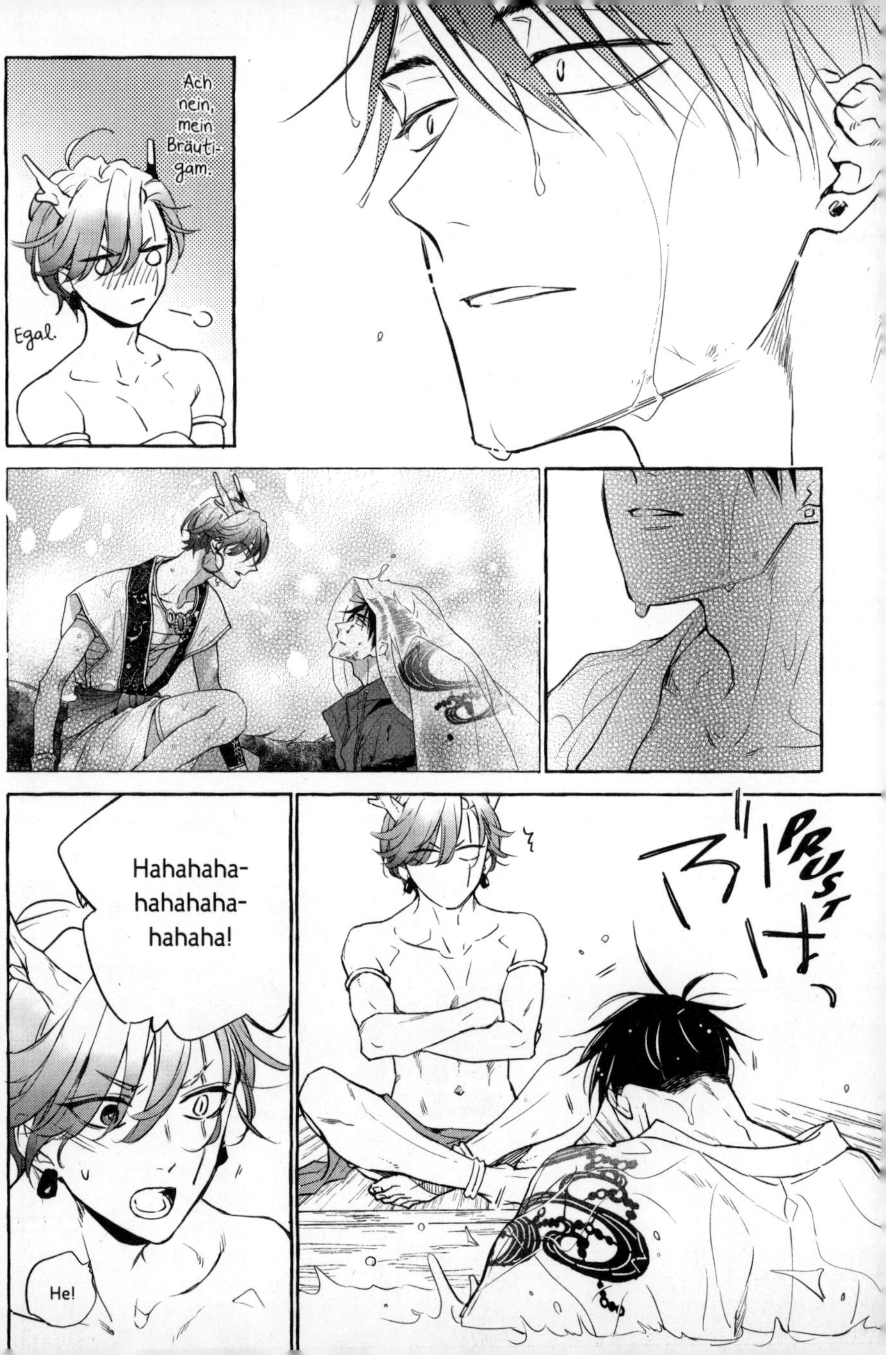
Ach nein, mein Bräutigam.
Egal.
PRUST
Hahahaha-hahahaha-hahaha!
He!

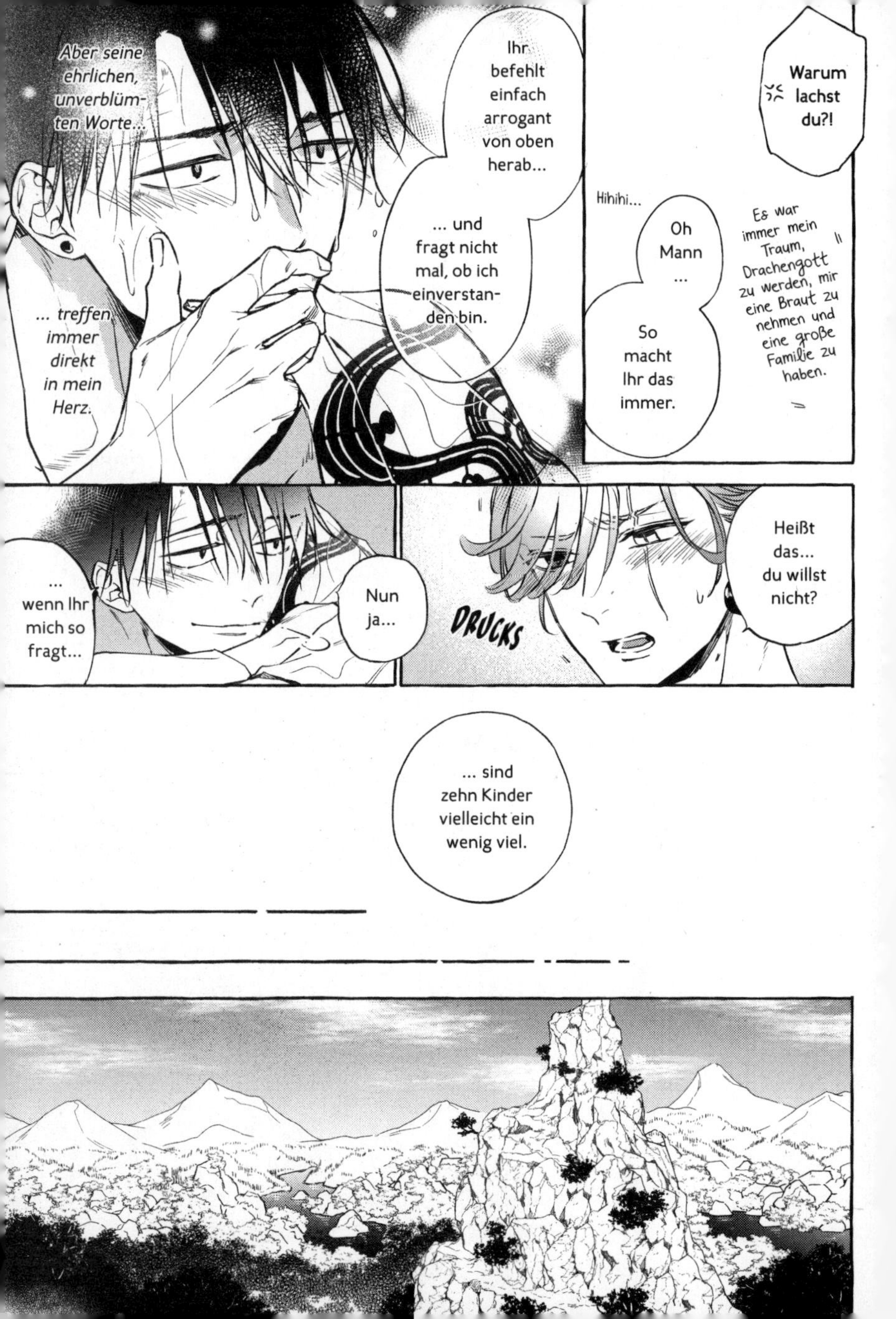
Warum lachst du?!
Es war immer mein Traum, Drachengott zu werden, mir eine Braut zu nehmen und eine große Familie zu haben.
Hihihi...
Oh Mann ...
So macht Ihr das immer.
Ihr befehlt einfach arrogant von oben herab...
... und fragt nicht mal, ob ich einverstanden bin.
Aber seine ehrlichen, unverblümten Worte...
... treffen immer direkt in mein Herz.
Heißt das... du willst nicht?
DRUCKS
Nun ja...
... wenn Ihr mich so fragt...
... sind zehn Kinder vielleicht ein wenig viel.

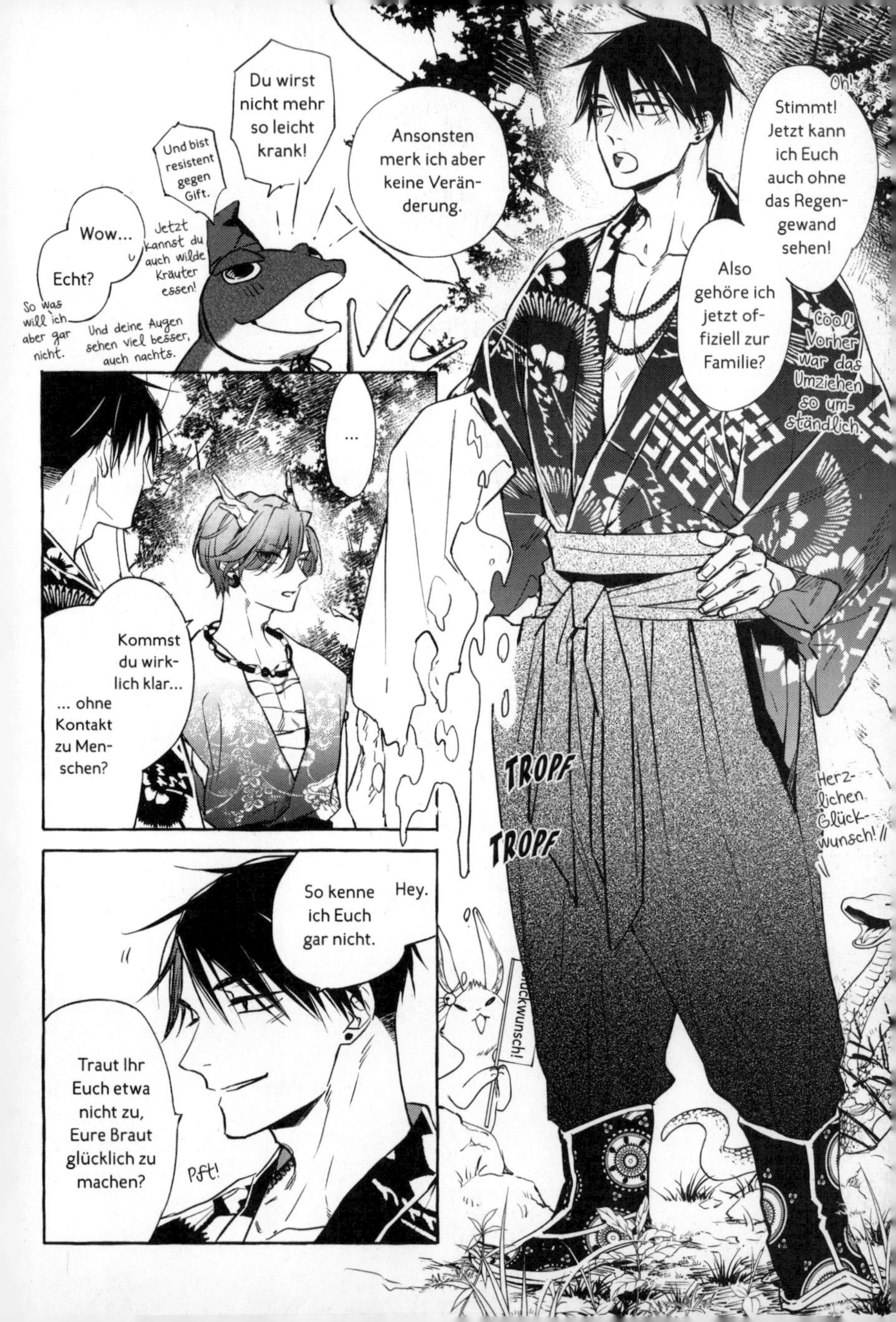
Oh! Stimmt! Jetzt kann ich Euch auch ohne das Regengewand sehen!
Cool! Vorher war das Umziehen so umständlich.
Also gehöre ich jetzt offiziell zur Familie?
Ansonsten merk ich aber keine Veränderung.
Du wirst nicht mehr so leicht krank!
Und bist resistent gegen Gift.
Jetzt kannst du auch wilde Kräuter essen!
Wow... Echt?
Und deine Augen sehen viel besser, auch nachts.
So was will ich aber gar nicht.
...
Kommst du wirklich klar...
... ohne Kontakt zu Menschen?
TROPF
TROPF
Herzlichen Glückwunsch!
Hey.
So kenne ich Euch gar nicht.
Pft!
Traut Ihr Euch etwa nicht zu, Eure Braut glücklich zu machen?

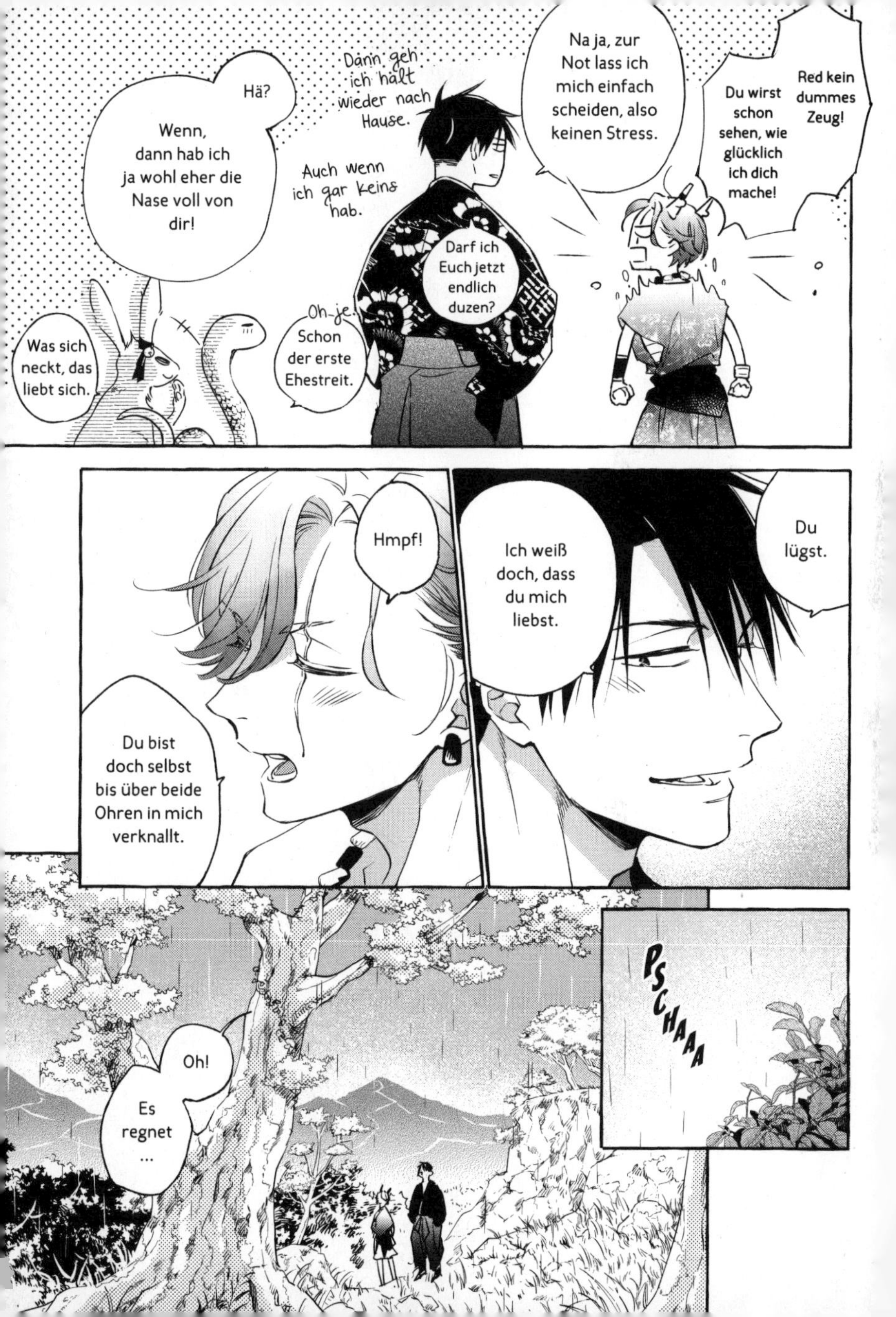
Red kein dummes Zeug!
Du wirst schon sehen, wie glücklich ich dich mache!
Na ja, zur Not lass ich mich einfach scheiden, also keinen Stress.
Dann geh ich halt wieder nach Hause.
Auch wenn ich gar keins hab.
Hä?
Wenn, dann hab ich ja wohl eher die Nase voll von dir!
Darf ich Euch jetzt endlich duzen?
Oh-je. Schon der erste Ehestreit.
Was sich neckt, das liebt sich.
Du lügst.
Ich weiß doch, dass du mich liebst.
Hmpf!
Du bist doch selbst bis über beide Ohren in mich verknallt.
PSCHAAA
Oh!
Es regnet ...

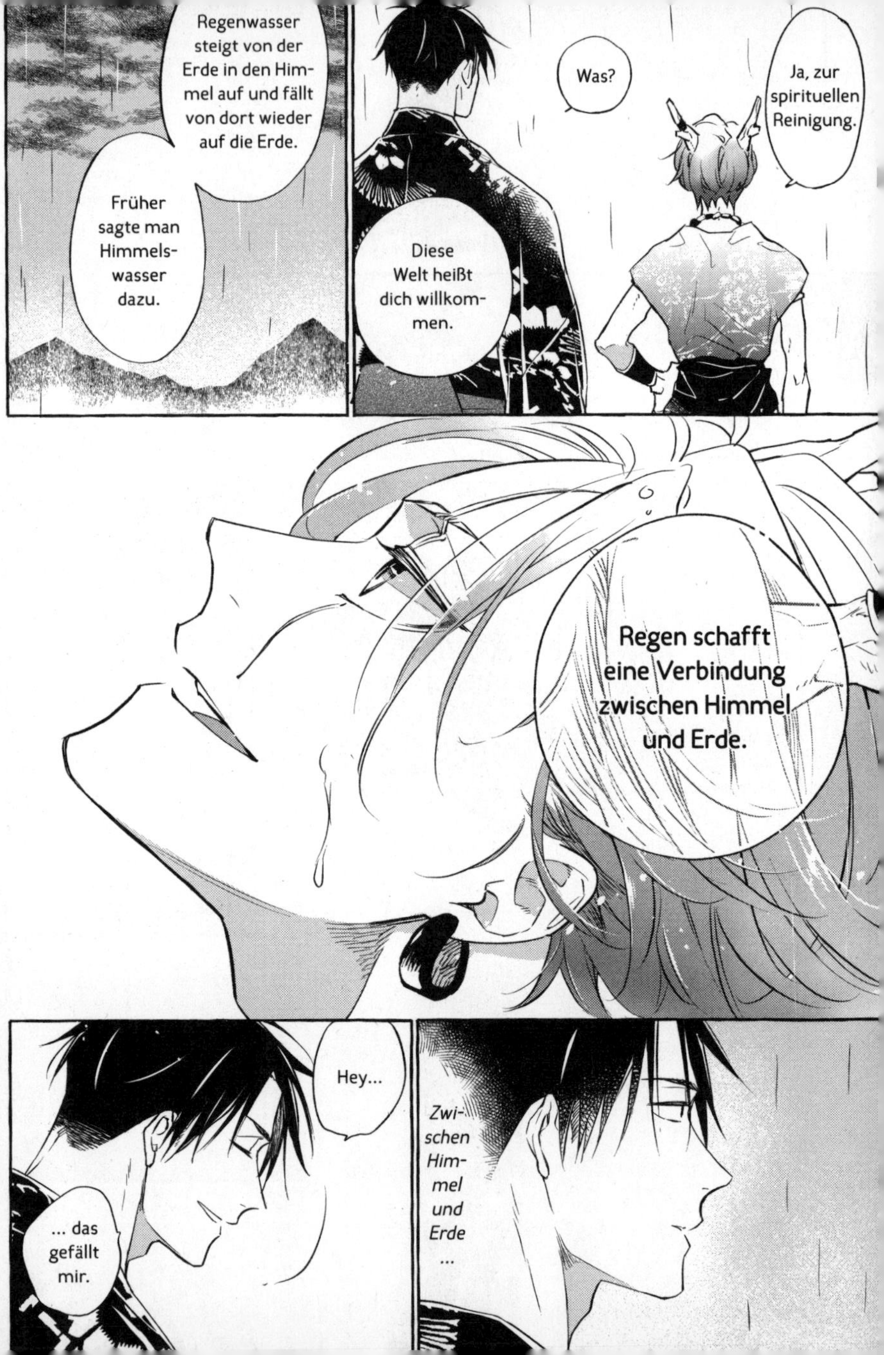
Ja, zur spirituellen Reinigung.
Was?
Diese Welt heißt dich willkommen.
Regenwasser steigt von der Erde in den Himmel auf und fällt von dort wieder auf die Erde.
Früher sagte man Himmelswasser dazu.
Regen schafft eine Verbindung zwischen Himmel und Erde.
Zwischen Himmel und Erde …
Hey…
… das gefällt mir.

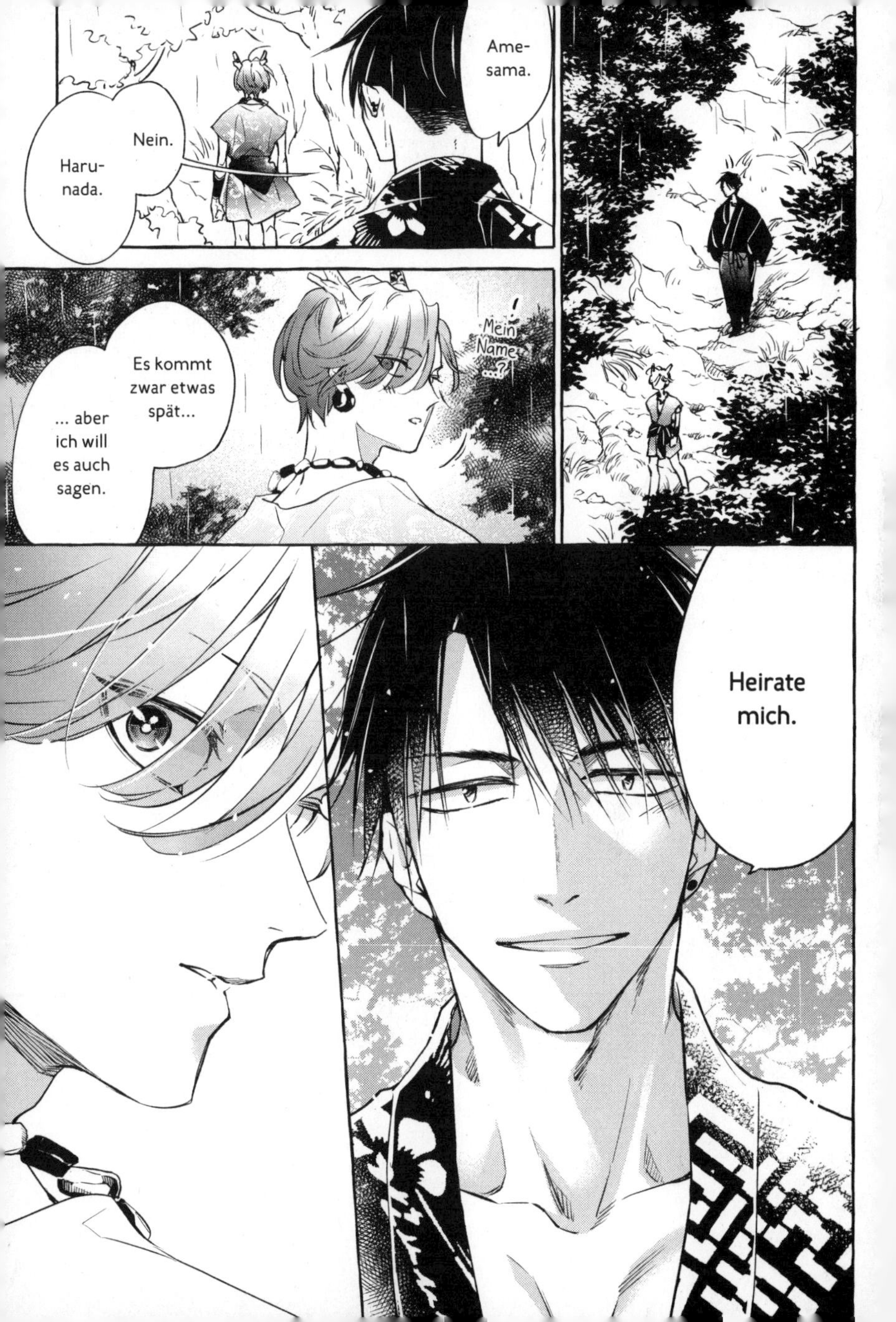

Ame-sama.
Nein.
Haru-nada.
! Mein Name ...?
Es kommt zwar etwas spät...
... aber ich will es auch sagen.
Heirate mich.

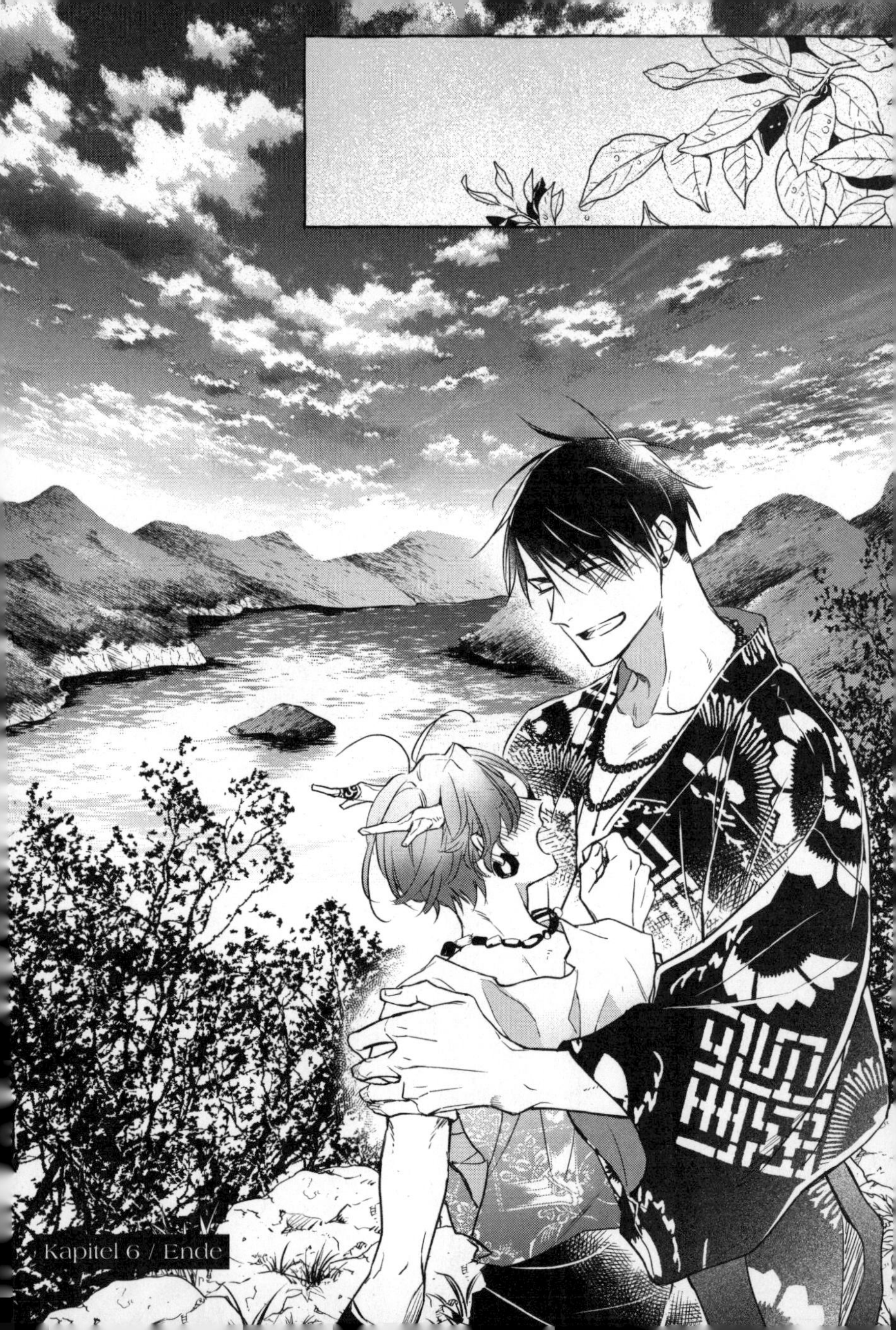
Kapitel 6 / Ende

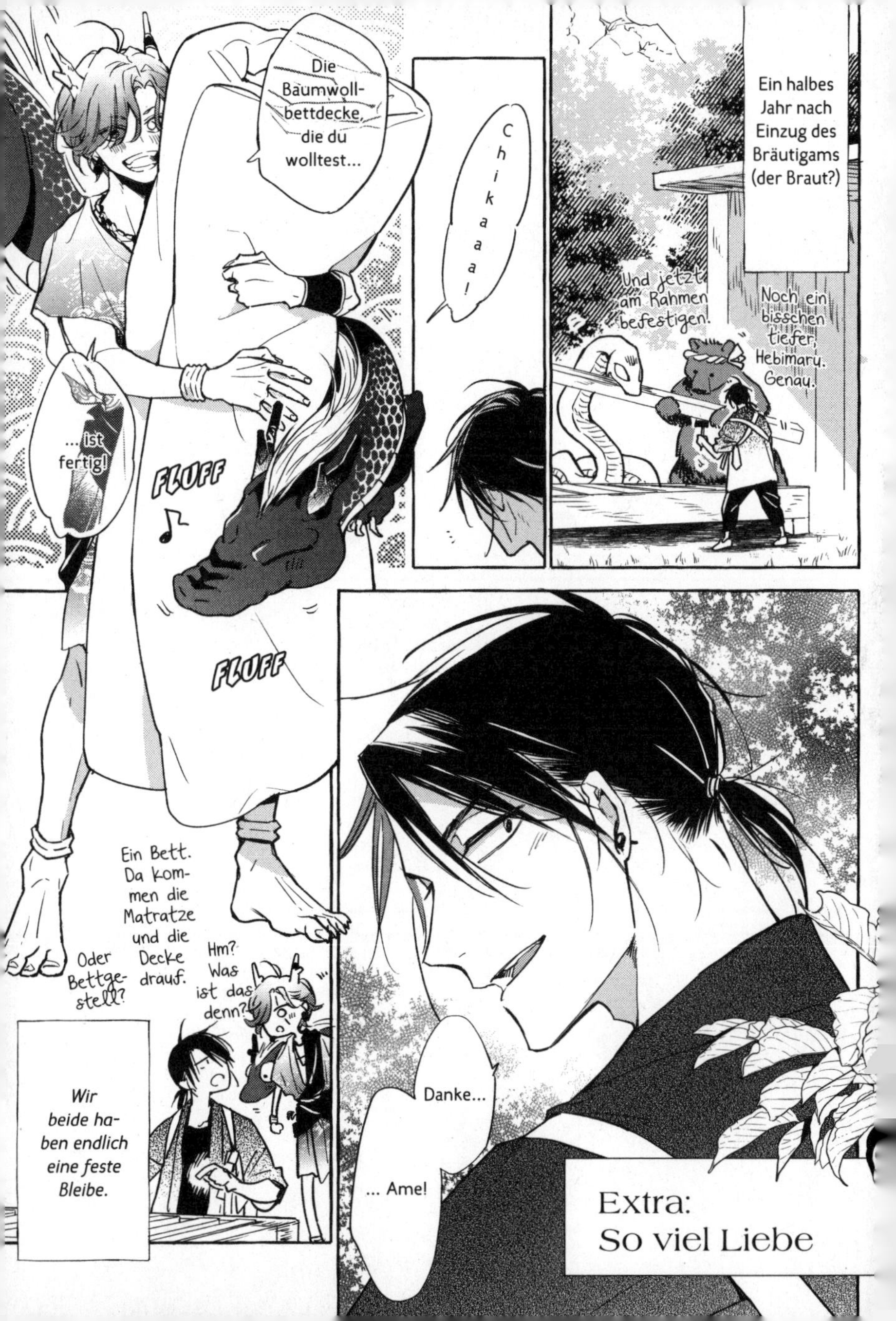

Ein halbes Jahr nach Einzug des Bräutigams (der Braut?)
Noch ein bisschen tiefer, Hebimaru. Genau.
Und jetzt am Rahmen befestigen!
Chikaaaa!
Die Baumwollbettdecke, die du wolltest...
... ist fertig!
FLUFF
FLUFF
Danke...
... Ame!
Extra: So viel Liebe
Hm? Was ist das denn?
Ein Bett. Da kommen die Matratze und die Decke drauf.
Oder Bettgestell?
Wir beide haben endlich eine feste Bleibe.

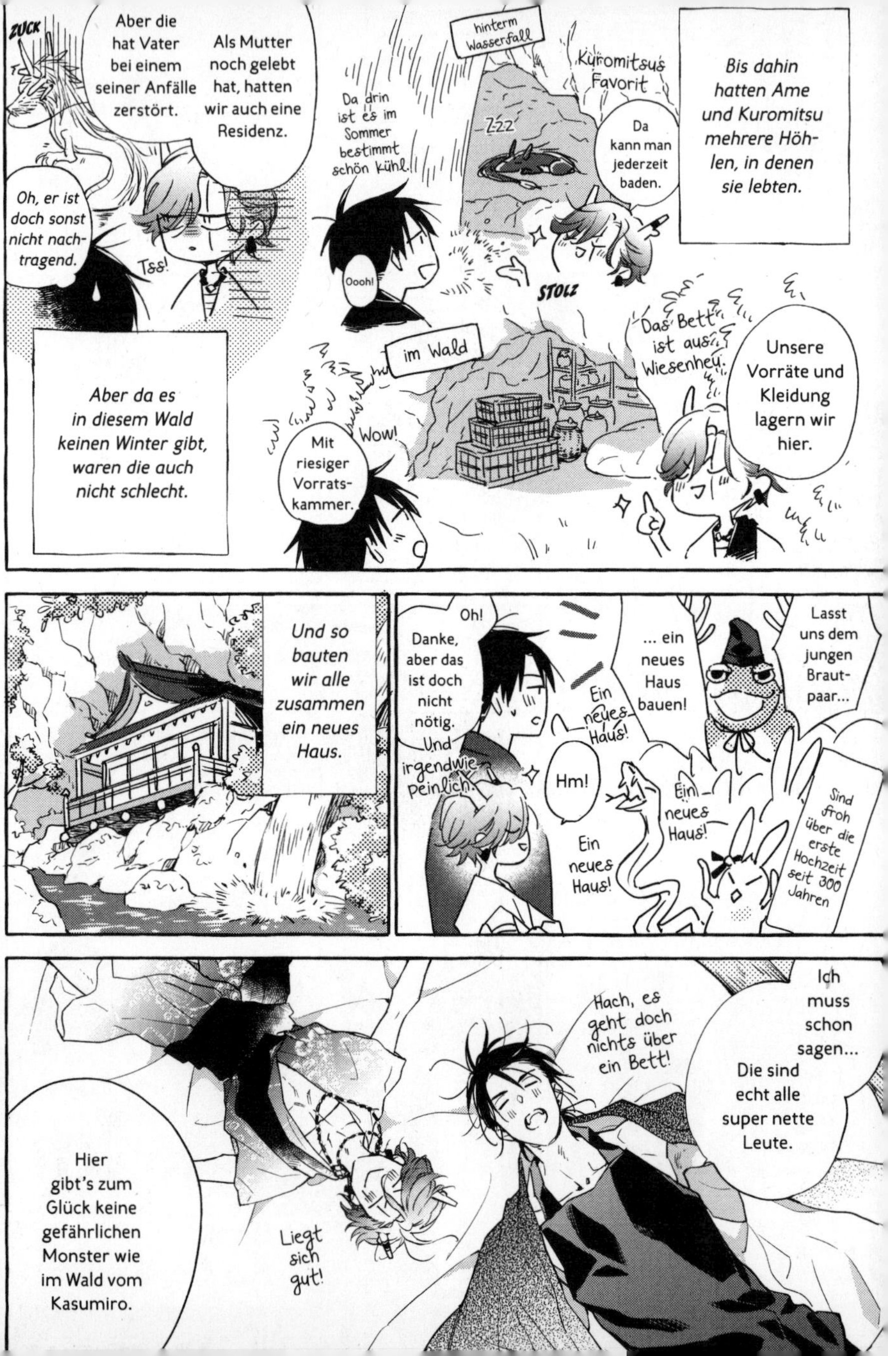

Bis dahin hatten Ame und Kuromitsu mehrere Höhlen, in denen sie lebten.
hinterm Wasserfall
Kuromitsus Favorit
Da kann man jederzeit baden.
Z-z-z
Da drin ist es im Sommer bestimmt schön kühl.
Oooh!
STOLZ
im Wald
Unsere Vorräte und Kleidung lagern wir hier.
Das Bett ist aus Wiesenheu.
Wow!
Mit riesiger Vorratskammer.
Als Mutter noch gelebt hat, hatten wir auch eine Residenz.
Aber die hat Vater bei einem seiner Anfälle zerstört.
ZUCK
Oh, er ist doch sonst nicht nachtragend.
Tss!
Aber da es in diesem Wald keinen Winter gibt, waren die auch nicht schlecht.
Lasst uns dem jungen Brautpaar...
... ein neues Haus bauen!
Sind froh über die erste Hochzeit seit 300 Jahren
Ein neues Haus!
Ein neues Haus!
Ein neues Haus!
Hm!
Oh! Danke, aber das ist doch nicht nötig.
Und irgendwie peinlich.
Und so bauten wir alle zusammen ein neues Haus.
Ich muss schon sagen... Die sind echt alle super nette Leute.
Hach, es geht doch nichts über ein Bett!
Liegt sich gut!
Hier gibt's zum Glück keine gefährlichen Monster wie im Wald vom Kasumiro.

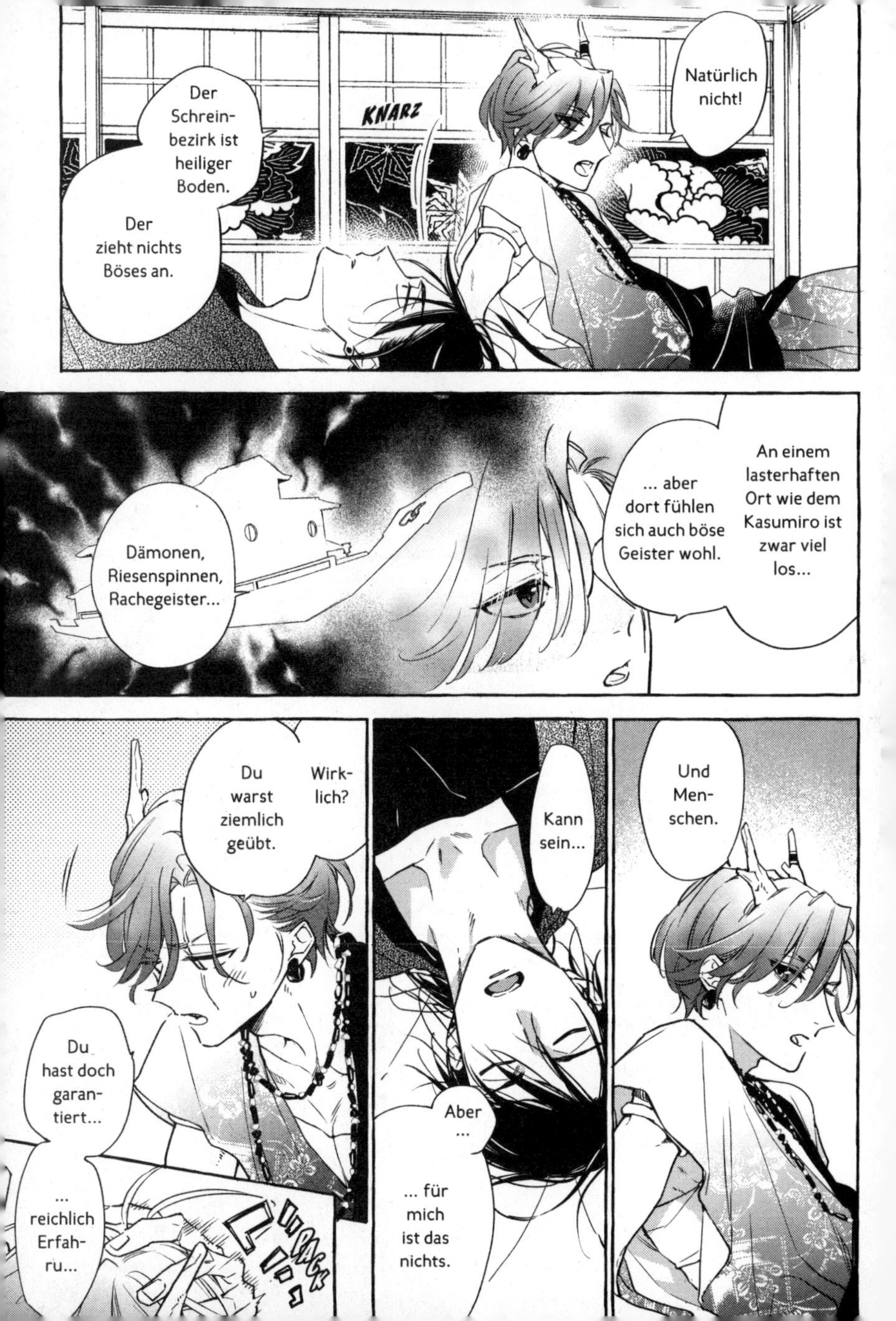
Natürlich nicht!
KNARZ
Der Schreinbezirk ist heiliger Boden.
Der zieht nichts Böses an.
An einem lasterhaften Ort wie dem Kasumiro ist zwar viel los...
... aber dort fühlen sich auch böse Geister wohl.
Dämonen, Riesenspinnen, Rachegeister...
Und Menschen.
Kann sein...
Aber ...
... für mich ist das nichts.
Wirklich?
Du warst ziemlich geübt.
Du hast doch garantiert...
... reichlich Erfahru...

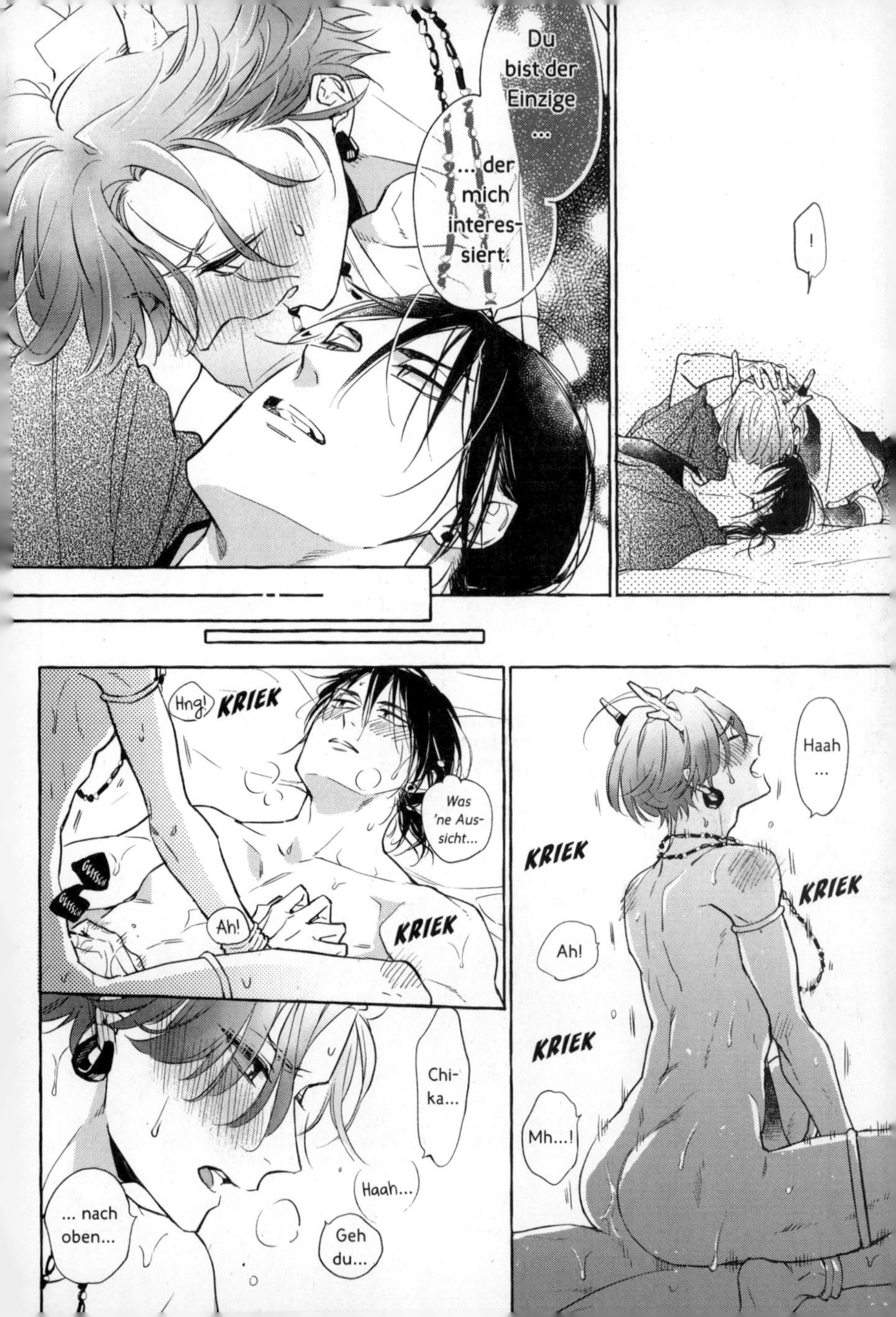
!
Du bist der Einzige ...
... der mich interessiert.
Haah ...
KRIEK
KRIEK
Ah!
KRIEK
Mh...!
Hng!
KRIEK
Was 'ne Aussicht...
Ah!
KRIEK
Chi-ka...
Haah...
Geh du...
... nach oben...

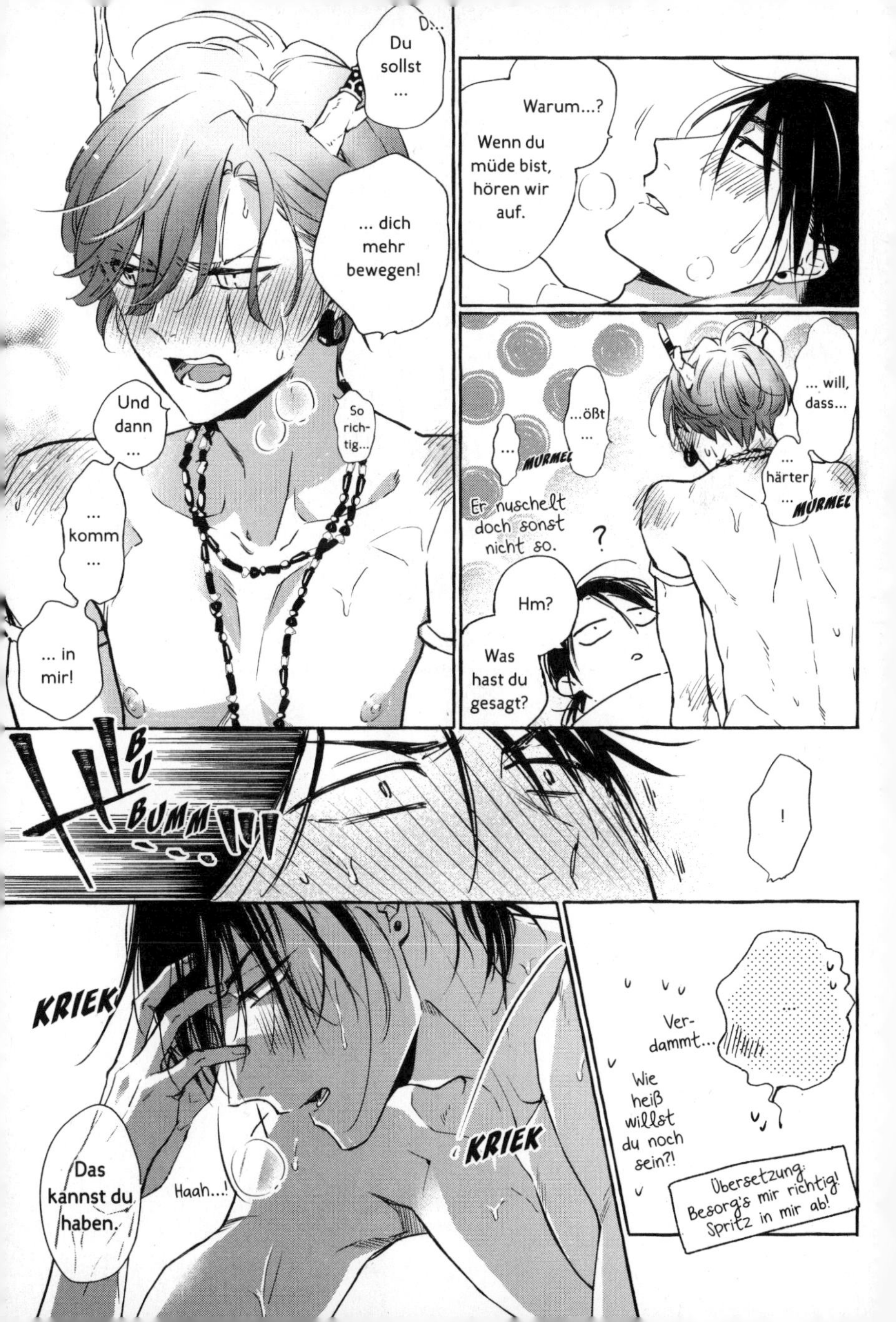
Warum...?
Wenn du müde bist, hören wir auf.
D...
Du sollst ...
... dich mehr bewegen!
So richtig...
Und dann ...
... komm ...
... in mir!
... will, dass...
... härter ...
MURMEL
...ößt ...
...
MURMEL
Er nuschelt doch sonst nicht so.
?
Hm?
Was hast du gesagt?
!
BUBUMM
...
Verdammt...
Wie heiß willst du noch sein?!
Übersetzung: Besorg's mir richtig! Spritz in mir ab!
KRIEK
KRIEK
Das kannst du haben.
Haah...!

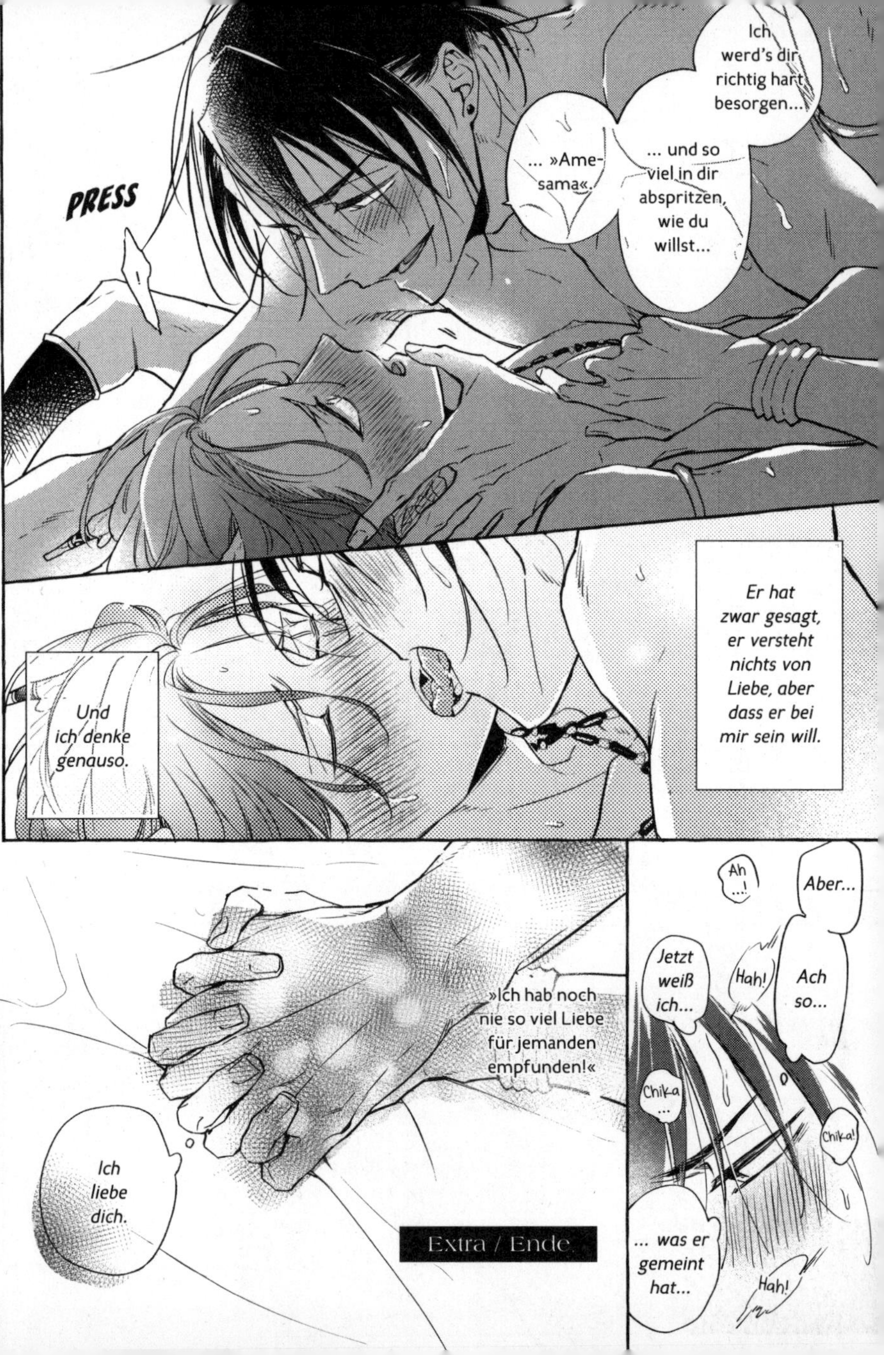

Ich werd's dir richtig hart besorgen...
... und so viel in dir abspritzen, wie du willst...
... »Ame-sama«.
PRESS
!
Er hat zwar gesagt, er versteht nichts von Liebe, aber dass er bei mir sein will.
Und ich denke genauso.
Aber...
Ah ...!
Ach so...
Hah!
Jetzt weiß ich...
Chika...
Chika!
... was er gemeint hat...
Hah!
»Ich hab noch nie so viel Liebe für jemanden empfunden!«
Ich liebe dich.
Extra / Ende